桥梁下部结构及基础加固成套技术

谌洁君　叶鹏飞　编著

人民交通出版社股份有限公司
北京

内 容 提 要

本书依据涉及桥梁的相关行业的有关规范条款,结合近年来的桥梁改造加固技术等研究成果进行编写,各篇既相互关联,又自成体系,方便读者根据工作需要选择阅读。主要内容包括:桥梁下部结构加固研究现状、目的和意义,桥梁下部结构加固的材料、设计及计算要点、施工要点及质量控制措施,桥墩、桥台、基础与地基的加固成套技术等,并给出了相关加固技术的实例。

本书对已有的、经实践证明切实有效的桥梁下部结构及基础加固成套技术进行研究,以便公路行业、市政行业及建筑行业的从业人员在实际工程中使用。

图书在版编目(CIP)数据

桥梁下部结构及基础加固成套技术 / 谌洁君,叶鹏飞编著. — 北京:人民交通出版社股份有限公司, 2019.12
ISBN 978-7-114-16102-5

Ⅰ. ①桥… Ⅱ. ①谌… ②叶… Ⅲ. ①桥梁结构—下部结构—地基处理 Ⅳ. ①U443

中国版本图书馆 CIP 数据核字(2019)第 301407 号

Qiaoliang Xiabu Jiegou ji Jichu Jiagu Chengtao Jishu

书　　名:	桥梁下部结构及基础加固成套技术
著 作 者:	谌洁君　叶鹏飞
责任编辑:	岑　瑜　张江成
责任校对:	孙国靖　扈　婕
责任印制:	刘高彤
出版发行:	人民交通出版社股份有限公司
地　　址:	(100011)北京市朝阳区安定门外外馆斜街 3 号
网　　址:	http://www.ccpress.com.cn
销售电话:	(010)59757973
总 经 销:	人民交通出版社股份有限公司发行部
经　　销:	各地新华书店
印　　刷:	北京虎彩文化传播有限公司
开　　本:	889×1194　1/16
印　　张:	20.5
字　　数:	586 千
版　　次:	2019 年 12 月　第 1 版
印　　次:	2019 年 12 月　第 1 次印刷
书　　号:	ISBN 978-7-114-16102-5
定　　价:	78.00 元

(有印刷、装订质量问题的图书由本公司负责调换)

前 言

在危、旧桥加固工作中，下部结构及基础的使用状况直接关系到全桥的安全性和可加固性。由于桥墩、台上架设有上部结构，基础埋置于地基中，选择加固方案时受诸多客观条件限制，需考虑的因素较上部结构更多，可采用的加固技术更少，若没有经济有效的方案可供选择，整座桥梁只能拆除重建。重建桥梁不仅花费的直接工程费用高、造成的社会影响大，运输成本、运输时间、事故概率等宏观经济损失也更大。显见，下部结构及基础加固技术研究对保障桥梁安全运营具有不可或缺的重要性。

现行国家标准及行业标准中有关结构加固技术的规定是以构件为对象制订的，构件又是以受力特性来区分的，有关下部结构及基础加固技术的规定以方案为主，没有详细的技术方面的规定。与之相关的研究成果虽然有很多，但没有做系统的总结、归纳。另外，随着国家交通、建设形势的改变，出现了地方公路超载严重、商品混凝土耐久性欠佳、采砂猖獗导致河床下切等新的问题，影响桥梁下部结构及基础的安全性和耐久性。

综合上述情况，本书对已有的、经实践证明切实有效的桥梁下部结构及基础加固成套技术进行研究，以便广大从业人员在实际工程中使用。考虑到技术人员在工作中须以规范为基准，作者以自己十余年来从事桥梁加固方面的工作经验为基础，以公路、市政及建筑行业的有关规范条款为落脚点，结合近年公开发表文献的研究成果展开研究。

本书各篇既相互关联，又自成体系，方便读者根据工作需要选择阅读。第一篇中对桥梁下部结构加固研究现状、目的和意义做了阐述。第二篇对几种规范中列明的，可用于下部结构加固的材料、设计及计算要点、施工要点及质量控制措施进行研究。考虑加固用到的材料种类繁多，有关单位在施工时总是按管理新建项目的办法控制质量，缺少对有关规范的了解，本篇对规范中不同于新建项目的部分作了适当摘录。第三篇至第五篇分别对桥墩、桥台、地基与基础的加固成套技术进行研究，对每种部件的构造特点、常见病害及成因、各种加固技术的机理与方案、设计要点、施工要点及质量控制措施分别作有关阐述，并附有工程实例。实例既说明了前述理论的应用情况，也表明理论在实际使用过程中的灵活性。为了体系完整，第六篇对不便于归类至各种部件的其他下部结构加固技术进行介绍，包括提高抗震性能的加固技术、下部结构加宽加高技术、墩柱纠偏技术等。第七篇提供了两项以下部结构加固及基础为主的工程实例，详细介绍了全桥现状检测、设计、结构计算、施工方案、经济比较等方面的内容。

全书由谌洁君、叶鹏飞负责统稿，李力、葛桓彤负责书中插图绘制。各章编写人员具体如下。第一篇：谌洁君；第二篇第一章至第四章：叶鹏飞；第二篇第五章、第六章：李力、叶鹏飞；第二篇第七章：谌洁君；第三篇第一章：周辅昆；第三篇第二章至第四章：谌洁君；第三篇第五章、第六章：张艳、谌洁君；第四篇第一章、第四章：周辅昆；第四篇第二章、第三章：谌洁君；第五篇第一章：周辅昆；第五篇第二章至第五章：谌洁君；第五篇第六章、第七章：李力、谌洁君；第五篇第八章：葛桓彤、谌洁君；第六篇：鄢真；第七篇第一章：谌乐强；第七篇第二章：鄢真。书中实例大部分为本书第一作者谌洁君在江西中煤建设集团有限公司工作期间主持完成的旧桥加固设计项目，设计项目主要参与人员有：鄢真、谌乐强、章亮亮、江林、刘小勤、吴月楠、李力。另外，还引用了部分技术报告、技术文献中的实例。

本项研究获"谌洁君江西省青年科学家培养对象计划（计划号：20142BCB23027）"资助。作者编著过程中，人民交通出版社股份有限公司提供了具体指导性意见，得到江西省煤田地质局和江西中煤建设集团有限公司多位领导的关心和支持；研究过程中获得多位同行专家、高校学者的指导；还与施工单位、监理单位有关人员就技术问题作共同探讨，收获颇丰，在此一并感谢。

受水平所限，书中疏漏、错误之处在所难免，恳请读者、同仁批评指正。

编著者
2019 年夏

目　录

第一篇　绪论

第一章　桥梁下部结构失效的安全问题简述	3
第二章　桥梁使用状况变化及下部结构加固理论研究现状	6
第三章　桥梁加固技术研究的目的和意义	8
本篇参考文献	9

第二篇　既有桥梁加固技术

第一章　增大截面加固技术	13
第一节　加固材料	13
第二节　加固设计、计算要点	20
第三节　施工要点及质量控制措施[12-13]	22
第二章　粘贴钢板加固技术	27
第一节　加固材料	27
第二节　加固设计、计算要点	29
第三节　施工要点及质量控制措施	30
第三章　粘贴纤维增强复合材料布加固技术	35
第一节　加固材料	35
第二节　加固计算、设计要点	36
第三节　施工要点及质量控制措施	37
第四章　新增预应力束加固技术	39
第一节　加固材料	39
第二节　加固设计、计算要求	46
第三节　施工要点及质量控制措施[27]	48
第五章　有黏结预应力碳纤维板加固技术	50
第一节　加固机理	50
第二节　加固材料	51
第三节　加固设计、计算要点	54
第四节　施工要点及质量控制措施	55
第六章　预张紧钢丝绳网-聚合物砂浆外加层技术	57
第一节　加固机理	57
第二节　加固材料	57
第三节　加固设计、计算要求	62
第四节　施工要点及质量控制措施[41-44]	63
第七章　既有桥梁加固技术的局限性	65
本篇参考文献	66

第三篇　桥墩加固成套技术

第一章　桥墩主要构造形式 … 71
第一节　重力式桥墩 … 71
第二节　轻型桥墩 … 72
第三节　高桥墩[1] … 77

第二章　桥墩常见病害及原因分析 … 80
第一节　墩帽(盖梁)常见病害及原因 … 80
第二节　实心式桥墩墩身病害及原因 … 84
第三节　轻型桥墩墩身病害及原因 … 87

第三章　增大截面技术加固桥墩 … 91
第一节　加固机理与方案 … 91
第二节　砌体圬工表面植筋施工要点 … 95
第三节　工程实例 … 95

第四章　粘贴钢板加固桥墩 … 102
第一节　加固机理与方案 … 102
第二节　工程实例 … 102

第五章　粘贴纤维复合材料布加固桥墩 … 107
第一节　加固机理与设计要点 … 107
第二节　水中墩柱缠绕纤维复合材料布施工要点 … 107
第三节　工程实例 … 108

第六章　体外预应力加固桥墩技术(工程实例) … 111
本篇参考文献 … 118

第四篇　桥台加固成套技术

第一章　桥台主要构造形式 … 121
第一节　重力式桥台 … 121
第二节　轻型桥台 … 123
第三节　承拉桥台 … 126
第四节　组合式桥台[2] … 126

第二章　桥台常见病害及原因分析 … 129
第一节　桥台背(耳)墙、挡块常见病害及原因分析 … 129
第二节　U形桥台常见病害及原因分析 … 129
第三节　柱式桥台常见病害及原因分析 … 132
第四节　肋式桥台常见病害及原因分析 … 135

第三章　重力式U形桥台加固技术 … 136
第一节　增大截面技术加固重力式U形桥台台身 … 136
第二节　凿除台后路面并重新施作整体式桥台盖板[7] … 139
第三节　对拉锚杆自平衡框架加固U形桥台[7] … 140
第四节　预应力锚杆加固重力式U形桥台[8] … 143
第五节　台后填料静力压浆加固 … 144
第六节　台后换填加固技术 … 147
第七节　工程实例 … 150

第四章　轻型桥台加固技术	168
第一节　加固方案	168
第二节　工程实例	170
本篇参考文献	177

第五篇　地基与基础加固成套技术

第一章　基础主要构造形式	181
第一节　明挖扩大基础	181
第二节　桩基础	182
第三节　沉井基础	185
第四节　组合式基础[2]	187
第二章　基础常见病害及原因分析	188
第一节　扩大基础常见病害及原因分析	188
第二节　桩基础常见病害及原因分析	188
第三节　沉井基础常见病害及原因分析	190
第三章　增大截面加固基础技术	192
第一节　增大截面技术加固(防护)扩大基础	192
第二节　增大截面技术加固桩基础	193
第三节　预制混凝土管片加固桩基础[5]	195
第四节　工程实例	197
第四章　增设桩基加固基础技术	204
第一节　加固机理与适用范围[6]	204
第二节　设计要点[6]	205
第三节　施工要点及周边环境保护措施	206
第四节　工程实例	207
第五章　注浆配合袋装干拌混合料加固基础技术	209
第一节　加固机理与适用范围[10]	209
第二节　技术要点	209
第三节　施工要点及质量控制措施	210
第四节　工程实例	215
第六章　微型钢管桩加固基础技术	220
第一节　加固机理和适用范围	220
第二节　设计及计算要点	221
第三节　施工要点及质量控制措施[11,17-20]	222
第四节　工程实例	224
第七章　水下玻璃纤维套筒加固技术	230
第一节　加固原理与适用范围	230
第二节　主要材料	230
第三节　施工要点及质量控制措施[22-23]	232
第四节　工程实例	233
第八章　注浆法加固地基	235
第一节　注浆法分类及加固原理[6,25]	235
第二节　静压注浆法设计及施工要点	236

第三节	高压喷射注浆法设计及施工要点	240
第四节	复合注浆法设计及施工要点[25]	243
第五节	工程实例	246
	本篇参考文献	248

第六篇　其他下部结构加固技术

第一章	**提高桥梁抗震性能的下部结构加固技术**	253
第一节	新增牛腿加宽盖梁	253
第二节	盖梁增设挡块	254
第三节	增设防震锚栓	255
第二章	**桥墩(台)加宽、加高技术**	257
第一节	加高、加宽盖梁技术	257
第二节	墩柱接高技术	258
第三章	**墩柱纠偏**	263
	本篇参考文献	266

第七篇　综合实例

第一章	**鄱阳大桥下部结构加固实例**	269
第一节	大桥概况	269
第二节	大桥结构使用情况及加固技术	270
第三节	结构计算	278
第四节	下部结构加固施工	292
第五节	加固经济效益分析	299
第二章	**会埠大桥下部结构加固实例**	301
第一节	大桥概况	301
第二节	基础专项检查及抢险加固技术	301
第三节	上、下部结构病害及加固设计、施工技术	304
第四节	结构计算	309
第五节	加固经济效益分析	316
	本篇参考文献	317

第一篇

绪论

- 桥梁下部结构失效的安全问题简述
- 桥梁使用状况变化及下部结构加固理论研究现状
- 桥梁加固技术研究的目的和意义

第一章　桥梁下部结构失效的安全问题简述

近几十年来，中国桥梁建设在学习和引进国外先进技术的基础上，坚持走自主建设和创新发展的道路，取得了令世人惊叹的进步和成就。我国桥梁建设经过20世纪80年代的"学习和赶超"和90年代的"跟踪和提高"两个发展阶段，当前正处于21世纪以来的"创新与超越"阶段[1]。如今，我国的桥梁数量居世界第一[2]。

在我国桥梁建设水平和速度飞速发展的同时，运营桥梁垮塌事故却依旧出现在人们的视野。1999年1月，重庆綦江彩虹桥突然整体垮塌，致40人死亡、14人受伤，给国家和人民的生命、财产造成了巨大损失。在20年后的今天，事故带来的警示和教训仍印刻在人们的心里，提醒着有关从业人员引以为戒。通过调查发现，在2007～2015年间，国内共有102座运营桥梁垮塌[3]。这样的数字触目惊心。幸而十余年来我国危桥改造实施力度逐渐加大，"十一五"期间（2006～2010年）全国改造危桥1.1万座/87万延米；"十二五"期间（2011～2015年）这个数字增加到1.7万座/151万延米，国、省道新增危桥处治率达100%，实现危桥总数和比重双降低[4-5]。

因下部结构失效导致桥梁垮塌的直接原因主要集中在以下几个方面：

原因一：桥址附近无序采砂导致扩大基础底面脱空、桩基础有效桩长缩短，在洪水暴发季节河床迅速下切，引发桥梁垮塌事故。

成都××大桥垮塌是一起典型的水毁事故（图1.1.1）[6]。大桥由平行的新、旧两幅桥梁构成。旧桥部分建成于1966年，为15×25m双曲拱桥；新桥部分建成于1994年，为15×25m刚架拱桥。全桥墩、台均采用扩大基础。大桥桥址附近原本存在上游河段过度采砂、河床变迁（15孔桥梁仅有5孔正常过水）的问题，加上2004年9月7日当天洪水的冲击，部分桥墩处最低冲刷线高程已低于基底高程，基础发生倾覆，最终新、旧桥第12跨～第14跨均全面垮塌。所幸整个垮塌过程缓慢，未造成人员伤亡。

图1.1.1　成都××大桥垮塌现场

2012年8月8日8时许，江西××大桥第1跨～第6跨依次垮塌；11时许，第7跨垮塌（图1.1.2）。事故导致2死2伤。大桥建成于1981年，全长215m，上部结构为8×24m空腹式双斜箱拱肋配微弯板组合拱，下部结构为重力式片石混凝土墩、台身配承台，承台下均设松木桩基础，木桩长9m，打穿砾砂层，桩底坐落在卵石层上。从垮塌后的现场可以看出，主河槽内的1号墩完全倾倒，2～6号墩均有不同程度倾斜，1～5号墩底部木桩被剪断，1～6号墩均向上游侧倾斜。垮塌事故发生时，采砂船作业点位于桥梁下游侧300m处，远小于2011年7月1日施行的《公路安全保护条例》（国务院令第593号）的有关要求。加上受2012年8月3日"苏拉"台风带来的降雨影响，河水水位暴涨3m，5日水位又急速下降。河床线在这段时间急剧变化，也是导致桥梁垮塌的主要原因[7]。

2013年，全国共有24座桥梁因洪水导致垮塌，且主要发生在四川省。这是因为2013年发生了2008年汶川地震后的第一次特大洪水，汶川地震及震后重建引起的无序采砂现象严重破坏了河床形态，导致短期内大量桥梁垮塌[3]。

原因二：船只撞击桥墩，桥墩断裂致桥梁垮塌。

佛山××大桥部分引桥坍塌(图1.1.3)是一起典型的因采砂船撞断桥墩引发的安全事故。

图1.1.2　江西××大桥垮塌现场

图1.1.3　佛山××大桥引桥垮塌现场

佛山××大桥建成于1988年,桥长1682.84m。主桥由2×160m独塔混凝土斜拉桥及21×50m连续箱梁组成,引桥由20×16m先张法预应力混凝土空心板组成。垮塌事故发生在2007年6月15日凌晨5时许,一辆满载河砂、质量约2400t的船只受浓雾影响偏离主航道,撞向非通航孔桥墩,致引桥23～25号墩范围内的上部结构坍塌,200m上部结构坠入河中,致8人死亡。事故引起了政府、建设部门、媒体、公众各方关注。6月19日,佛山××大桥事故处理领导小组技术安全鉴定勘察组,邀请国内知名桥梁、航道专家对垮塌事故提出评估意见。专家组意见认为,佛山××大桥通航孔主墩及非通航孔桥墩分别按横桥向船舶撞击力12000kN和400kN进行防撞设计是合适的,且具有一定的前瞻性;"南桂机035号"船舶偏离航道,误入非通航孔,直接撞击23号桥墩,该船产生的横桥向撞击力远大于设计横向撞击力,导致四跨非通航孔上部结构坍塌[8]。

原因三:独柱墩桥梁自身整体性较差,超载车辆综合作用导致其垮塌。

独柱墩具有节约用地、视觉通透、造型美观、下部结构工程量小的优点,广泛应用于高速公路和城市立交。但使用独柱墩的桥梁结构冗余度低,不具备多条传力路径,在意外情况下抵抗整体倒塌的能力弱[9]。

2012年8月24日清晨,建成仅9个月的哈尔滨××大桥,其上桥分离式匝道侧翻(图1.1.4),事故导致3人死亡5人受伤。侧翻部分为总跨径121.6m的三跨连续钢-混凝土叠合梁。事发时4辆总质量超300t的重车集中靠右侧行驶,桥梁左侧支座脱空,箱梁体冲破挡块发生坠落[10]。超载车辆集中通过桥梁是导致事故发生的主要诱因,但过去的设计规范缺少横向抗倾覆方面的规定也是不可忽视的因素之一。

图1.1.4　哈尔滨××大桥匝道桥垮塌

2007年10月23日包头××高架桥,及2009年7月15日津晋高速公路××公路互通式立交匝道桥,均因类似原因导致上部结构倾斜、垮塌。

原因四:软土地基处已建成桥梁附近违规堆载弃土,下部结构及基础大尺度位移、破坏,导致上部结构垮塌。

2016年3月25日下午5时,杭州××桥梁发生了局部垮塌事故,见图1.1.5。垮塌部分桥梁附近堆有大量土方,最高处超出桥面1m。事故造成了不良社会影响,所幸没有人员伤亡。为分析事故原因,范立盛[11]运用ABAQUS软件进行三维有限元建模,分析事故发生原因。分析结果表明:桥梁地基土为高压缩性、高流动性、低抗剪强度的软基,靠近桥梁的大面积堆土导致周围地基发生明显的挤土效应,致桥墩、基础与周围地基一起产生较大的横向位移,墩柱、基础的局部截面弯矩增大,超过了自身承载力极限值,最终导致桥墩、基础破坏,上部结构局部垮塌。

图1.1.5　杭州××桥垮塌现场

第二章　桥梁使用状况变化及下部结构加固理论研究现状

一、近年桥梁使用状况的变化

近十余年来，桥梁管养单位对危、旧桥的改造力度较过去相比明显加大，管理水平也日渐提高，"重建轻养"的现象得到改善。同时，新的问题正在显现，如：

（1）高速公路全面实行计重收费，大量重载车辆改走普通公路，使得地方公路不堪重负，桥梁超负荷运营。

（2）政府部门为保护环境，要求建设单位采用商品混凝土施工，部分混凝土供货商为提高混凝土的和易性，大量掺入粉煤灰，混凝土坍落度过大，影响桥梁耐久性。

（3）为保护耕地，政府部门要求建筑企业使用预制混凝土空心砖代替黏土砖，河砂需求量增大，在市场的刺激下违规采砂活动屡禁不止，桥址附近河床下切严重，甚至低于设计最低冲刷线。

桥梁下部结构及基础作为承受桥梁上部结构自重及过往车辆作用，并把作用传递至地基的结构，还承受着土侧压力、车辆荷载导致的附加土压力、流水压力、浮力、撞击力等，其受力状态较上部结构更为复杂。但下部结构较为隐蔽，出现病害不易被察觉，加固时有可能误认为使用状况良好，存在"重上部、轻下部"的情况。各种桥梁加固技术的理论研究和应用研究也多是针对上部结构展开的，加上近年上述三类问题中，有两类与下部结构密切相关，例如，混凝土耐久性降低易导致下部结构及基础这类体积大、且保护层较厚的混凝土结构表面易出现裂缝；河床因冲刷下切直接影响地基承载力，增加下部结构自由段的长度，增大二次弯矩，所以有必要在新形势下对下部结构及基础加固技术进行专门研究。

二、桥梁下部结构加固理论研究现状

1. 涉及桥梁加固的各标准体系状况

（1）国家标准

中国工程建设标准化协会于1990年推出了由四川省建筑科学研究院主编的标准《混凝土结构加固技术规范》（CECS 25—1990）。经过二十余年的发展，我国桥梁加固标准不断修订完善，现行标准为《混凝土结构加固设计规范》（GB 50367—2013）。

严格来说，该系列国家标准是针对房建结构制订的，但由于公路行业及市政行业桥梁加固标准在制订时均参考了该规范，在此一并列出。

（2）公路行业标准

自20世纪80年代以来，由交通部（现交通运输部）组织，交通部公路科学研究所牵头，各地方交通科学技术研究机构积极参与，完成了多项有关桥梁加固的科研课题，并积极推广研究成果，以满足我国桥梁加固技术需求。经过二十余年的发展交通运输部，于2008年正式发布了《公路桥梁加固设计规范》（JTG/T J22—2008）和《公路桥梁加固施工技术规范》（JTG/T J23—2008）。

（3）市政行业标准

2017年5月1日起，由住房和城乡建设部批准的《城市桥梁结构加固技术规程》（CJJ/T 239—2016）

开始实施。

(4)铁路行业标准

铁路行业目前尚没有系统针对桥梁加固技术的标准出台。

可见,建筑行业加固技术规范的起步要早于公路行业,且已发展为国家标准,现阶段其先进性和完善性也高于公路行业标准。但桥梁跨度大、承载重,构件受力特性与房建结构有所区别,对桥梁而言,公路行业加固规范条款也更具针对性。所以无论是城市桥梁、公路桥梁还是铁路桥梁,均应系统对照各行业有关规范,选择适用的条款作为依据,开展桥梁加固管理、设计、监理和施工等方面的工作。

目前,我国规范在对上述桥梁加固技术作有关设计、计算、施工等方面的规定时,主要是针对其上部结构制订的。例如,上述规范均没有针对偏心受压圆形构件及深受弯构件加固承载力的计算条款,但这是最常见的柱式墩身及其盖梁的截面形式;规范缺少台后换填、台后填料压浆、注浆锚杆加固台身等专属下部结构加固技术的规定。地基基础加固可依据《既有建筑地基基础加固技术规范》(JGJ 123—2012)进行设计和施工,但该规范是针对房建结构的,在有水环境下进行桥梁地基基础加固时可起参考作用,在工程实践中仍须结合实际情况进行研究。现有加固规范还缺少增设桩基础、增设微型钢管桩的具体结构计算要求和构造要求,只有指导性规定;也缺少玻纤套筒加固水下桩基础技术的相关规定。

2.其他技术文献研究状况

目前,有许多研究机构、高等院校、设计单位等对下部结构加固的特殊性开展研究。陈友杰在《双柱式桥墩桩基非对称加固受力特性研究》一文中,以福建省一座多跨钢筋混凝土简支 T 梁桥的双柱式墩为研究对象,采用 Ansys 13.0 对五种非对称增设桩基础方案建立有限元模型,进行静力分析和几何非线性分析,并对加固设计提出建议[12];苏龙对一座因施工单位违规弃渣导致出现环向开裂、偏位的 2~5 号桥墩开展维修加固方案比选研究,最终选择了将双柱式墩外包混凝土形成矩形墩的加固方案[13];苏佳乐在《体外预应力对开裂桥墩的维修加固》一文中,对空心墩病害及成因进行分析,继而采用 Ansys 软件对环形体外预应力加固空心墩进行计算,并依据计算结果对加固方案进行评估[14];胡昌斌在《斜交 U 形桥台台身破裂病害机理分析与加固设计》一文中,采用现场勘查、钻孔取芯、三维有限元分析等手段分析斜交 U 形桥台病害成因,对桥台随斜交角度和宽高比的不同组合进行力学工作机理变化规律研究,并提出对桥台侧墙采用预应力锚索的加固方案[15];徐海峰将张拉消除预应力钢丝外表面喷涂聚合物砂浆技术应用在开裂薄壁桥台加固工程中[16];段瑞峰将玻纤套筒加固技术应用到营口市一座大桥的水下桩基础加固中,并配合石笼防护[17];王东辉在《微型钢管桩加固既有桥墩基础施工技术》一文中,对桥墩桩基础增设微型钢管桩加固施工技术进行研究[18]。

可见,桥梁下部结构加固有许多值得研究和探讨的方面,国内一些学者也有一定成果,但目前未见成套、系统的总结面世。

第三章　桥梁加固技术研究的目的和意义

一、研究目的

桥梁是陆地运输跨越河流、山谷、道路的重要建筑物，其承载能力及安全性直接关系交通运输的畅通。引用范立础院士说过的一段饱含诗意的话："桥是人类发展的使者和帮手。没有桥的发展是艰难的，历史上曾经有过多少名城，因为没有桥而水运式微，日渐衰落。桥让城市与城市相连，让信息与信息交汇。"显见，利用现代科学，对桥梁加固技术开展研究，并应用到实际工程中，对保持和提高区域经济发展有着重要意义。加固使存在病害的桥梁恢复安全性、提高耐久性，是保障交通运输的生命线工程，对桥梁下部结构及基础进行加固改造成套技术研究是这项工程中不可或缺的一项。

我国正式大范围地开展桥梁加固技术研究已历时近四十年，相关标准也渐成体系。但已有加固规范主要还是针对上部结构制订的，涉及公路桥梁、城市桥梁、房建多个方向，且加固新材料、新技术研发速度较快，技术人员在从事桥梁加固工程设计和施工工作时，需收集多本规范及大量研究资料，反复对比，确定适合本工程的加固手段、计算方法、构造细节和施工技术。随着全国经济及交通运输行业的发展，仍存在桥梁超负荷运营的情况，这在普通公路上更为严重；大量使用商品混凝土的行业现状影响了结构耐久性，下部结构及基础这类大体积混凝土表面易出现裂缝；违规开采河砂现象猖獗，河床线低于设计最低冲刷线，严重降低基础承载力。

鉴于上述存在的实际问题和现象，为便于广大桥梁加固设计和施工技术人员有效应用已有的、经实践证明切实有效的下部结构及基础加固成套技术，并创新形成自有技术，开展本项研究工作。

二、研究意义

下部结构和基础作为桥梁中将其上全部荷载传递给地基的重要受力构件，它的使用状态直接影响桥梁的整体安全性。因下部结构和基础位于水中、深谷中或正在运营的道路中，上面又架有各式上部结构，已有加固技术应用起来受到各种限制，措施费用也较高，所以能否采取安全可靠、经济有效的加固手段保障下部结构及基础的安全使用，是决定整座桥梁能否继续运营的重要因素之一。对下部结构和基础加固成套技术进行研究的社会和经济效益如下：

（1）符合党的十八届五中全会提出的"创新、协调、绿色、开放、共享"的五大发展理念。主要体现在：

①现行公路、市政、建筑三个行业有关结构加固的规范中涉及的各项条款，多是依据上部结构加固技术研究成果制订的。通过系统研究并集成创新形成桥梁下部结构和基础加固成套技术，有助于桥梁养护加固工程从要素驱动的粗放式发展，转变为创新驱动发展。

②桥梁遍布各等级公路、城市道路、铁路。通过对下部结构及基础加固成套技术的研究，为保障既有各条运输线路的安全运营提供技术支撑。交通运输的畅通无疑有助于城乡协调发展。

③坚持节约资源和保护环境是我国的基本国策。加固下部结构及基础有助于恢复甚至提高既有桥梁的承载能力、安全性及耐久性，延长了桥梁的使用寿命、间接降低了寿命周期内的费用。与拆除老桥建设新桥相比，可避免大量建筑垃圾，也可节约建筑材料和成本，符合绿色低碳循环发展产业体系的

建设。

④开展下部结构和基础成套加固技术研究,有助于提升桥梁加固技术水平、提高建筑企业参与国际市场竞争的能力。

⑤交通运输行业是为公众服务的行业,保障既有桥梁下部结构和基础的安全性,有利于公共运输服务供给,使各地居民共享交通运输的便利。

(2)本项研究促进社会进步及公路交通事业的发展。

①保障既有桥梁的安全可以改善当地的交通条件,促进人们交往和信息的流通;可以促进科学技术的传播,有助于生产力的提高;能够促进文化教育的发展;为医疗卫生保健创造便利条件。

②促进桥梁加固技术的发展,对人们利用改造现有交通条件满足现在乃至未来经济发展的观点有良好的导向作用。

③加固桥梁的实施促进了交通条件的改善,加快了生产资料的流通,公路沿线的工商企业数量增多,生产效益增加。

④改善交通条件可使潜在的土地资源、人力资源、自然资源等得到开发和利用,并对沿线旅游提供便利的条件。资源的开发利用又可吸纳新的产业集聚,引起生产力和人口分布的变化。

(3)降低直接经济成本和间接经济成本。

通常认为加固一座桥梁的直接成本为拆除老桥重建新桥直接成本的一半以内,方案是可行的。从本书第七篇的两项综合实例来看,鄱阳大桥和会埠大桥都满足这项指标。另外桥梁加固施工工期要远短于拆除重建方案,而且重建桥梁的整个施工期间必须完全中断交通,加固桥梁可视施工组织安排,仅在部分时间中断交通或全期半幅施工,因此加固方案导致的客货运输成本提高、客货运输时间延长、相关公路增加拥挤、行车速度降低、由车辆绕行增加里程导致运输成本提高、交通事故增加、货损事故增加等宏观经济损失会远低于拆除重建方案。对收费公路,加固项目较重建项目的工期更短,需中断交通的时间也更短,当地公路管理部门因此产生的收费损失也比重建方案少。

本篇参考文献

[1] 项海帆,潘洪萱,张圣城,等.中国桥梁史纲[M].上海:同济大学出版社,2013.
[2] 张喜刚,刘高,马军海,等.中国桥梁技术的现状与展望[J].中国科学,2016年,(61)(4-5).
[3] 刘沅,刘均利,余文成.2007~2015年洪水导致垮塌桥梁的统计分析[J].城市道桥与防洪,2017(1).
[4] 冯正霖.在全国养护管理工作会上的讲话[R].2011.
[5] 杨传堂.在全国养护管理工作会上的讲话[R].2016.
[6] 张方,钱永久,唐继舜.成温邛公路三渡水大桥垮塌事故分析[C].2005年中外桥梁病害诊治大会论文集,西宁:中国土木工程学会,《桥梁》杂志社,2005.
[7] 严定坤,黄新赞,钟红霞.某双曲拱桥垮塌事故原因分析[J].公路与汽运,2013(6).
[8] 张隽,尚正强.断桥之痛——写在广东九江大桥坍塌之后[J].中国公路,2007(13).
[9] 陈宝春,黄冀卓,余印根.桥梁倒塌能力鲁棒性设计研究[J].重庆交通大学学报(自然科学版),2014,33(1).
[10] 李曼曼.阳明滩垮桥事故分析[J].城市建设理论研究,2013(33).
[11] 范立盛.大面积堆土引起桥梁结构破坏的数值分析及影响因素的敏感性分析[D].杭州:浙江工业大学,2017.
[12] 陈友杰.双柱式桥墩桩基非对称加固受力特性研究[J].福建建筑,2013(2).
[13] 苏龙,周礼平.某双柱式桥墩病害成因分析及维修加固方案探讨[J].交通科技,2015(1).
[14] 苏佳乐,马坤全.体外预应力对开裂桥墩的维修加固[J].科协论坛,2011(9).
[15] 胡昌斌,张涛,孙晓亮.斜交U形桥台台身破裂病害机理分析与加固设计[J].福州大学学报(自然

科学版),2007,35(4).
[16] 徐海峰.薄壁桥台体外预应力加固的施工技术研究[J].交通建设与管理,2015(8).
[17] 段瑞峰."夹克法"在桥墩桩基加固中的实际应用[J].黑龙江科技信息,2016(3).
[18] 王东辉.微型钢管桩加固既有桥墩基础施工技术[J].北方交通,2009(6).

第二篇

既有桥梁加固技术

- 增大截面加固技术
- 粘贴钢板加固技术
- 粘贴纤维增强复合材料布加固技术
- 新增预应力束加固技术
- 有黏结预应力碳纤维板加固技术
- 预张紧钢丝绳网-聚合物砂浆外加层技术
- 既有桥梁加固技术的局限性

第一章　增大截面加固技术

第一节　加固材料

增大截面加固技术应用到的材料有混凝土、钢筋、植筋胶、新(老)混凝土间界面剂等。

一、普通水泥混凝土

依据《公路桥梁加固设计规范》(JTG/T J22—2008)[1]的相关要求及类似工程经验，桥梁结构加固用混凝土的强度等级应比原结构构件提高一级，且不得低于C30。

1. 水泥[1]

配制新增混凝土应采用强度等级不低于32.5级的硅酸盐水泥、快硬硅酸盐水泥或普通硅酸盐水泥。

2. 集料[1]

粗集料应选用质密、坚硬、强度高、耐久性好的碎石，且集料最大粒径应不超过20mm，不得使用含有活性二氧化硅石料制成的粗集料。

细集料应选用中、粗砂，其细度模数宜控制在2.6~3.7之间。混凝土拌和用水宜使用供饮用的水；不应含有影响水泥正常凝结与硬化的有害杂质或油脂、糖类及游离酸类等；不得使用污水、pH值小于5的酸性水，及含硫酸盐量按SO_4^{2-}计超过水的质量$0.27mg/cm^3$的水及海水。

3. 外加剂

(1) 粉煤灰[2-3]

规范规定增设混凝土所掺粉煤灰应是Ⅰ级灰，且烧失量不应大于3%。但对于厚度薄、表面积大的新增混凝土，为避免产生收缩裂缝不建议掺入粉煤灰。

(2) 微膨胀剂

新增混凝土厚度薄、体表比小、收缩量大，原结构混凝土收缩已经完成。为避免或减少新、老结构间因新增混凝土收缩产生裂缝，可在新增混凝土中掺入微膨胀剂。从过去的研究结果和工程实践来看，我国用膨胀剂配制的补偿收缩混凝土，在中等强度等级(C25~C40)的水平上较适于体现膨胀的有益作用。微膨胀剂种类：根据《混凝土外加剂应用技术规范》(GB 50119—2013)的要求，混凝土工程可采用硫铝酸钙类、硫铝酸钙-氧化钙类、氧化钙类混凝土膨胀剂。微膨胀剂特性及要求如下。

①自应力：用于补偿因混凝土收缩产生的拉应力、提高混凝土的抗裂能力，掺入微膨胀剂形成的补偿收缩混凝土，其自应力一般为0.2~0.7MPa。由于导入混凝土的自应力值很小，在计算补偿收缩混凝土的设计轴向压缩极限应力和设计弯曲拉伸极限应力时，可不考虑膨胀的影响。补偿收缩混凝土自应力为：

$$\sigma = \varepsilon E \mu$$

式中：ε——限制膨胀率；

E——限制钢筋的弹性模量,取 $2.0 \times 10^5 MPa$;

μ——试件配筋率。

②限制膨胀率。限制膨胀率(即混凝土的膨胀被钢筋等约束体限制时导入钢筋的应变值,用钢筋的单位长度伸长值表示)设计取值应符合表2.1.1的规定,限制膨胀率通过《混凝土外加剂应用技术规范》(GB 50119—2013)附录B规定的试验方法得到。对强度等级大于C50的混凝土,限制膨胀率宜提高一个等级(以0.005%的间隔为一个等级);对气候干燥地区、夏季炎热且养护条件差的构件,宜适当增大限制膨胀率设计值。

补偿收缩混凝土的限制膨胀率   表2.1.1

用 途	限制膨胀率(%)	
	水中14d	水中14d转空气中28d
用于补偿混凝土收缩	≥ +0.015	≥ -0.030

注:表中"+"值表示膨胀率,"-"值表示收缩率。

③微膨胀剂掺量。微膨胀剂掺量应根据设计要求的限制膨胀率,采用实际工程使用的材料,经过混凝土配合比试验后确定。配合比试验的限制膨胀率值应比设计值高0.005%。试验时,单位体积混凝土膨胀剂用量可按30~50kg/m³选取。为确保补偿收缩混凝土强度发展符合工程需求,要求其胶凝材料(水泥、矿物掺合料和膨胀剂)最小用量为300kg/m³。补偿收缩混凝土的水胶比不宜大于0.5,这是因为试验研究表明水胶比大于0.5不仅对补偿收缩混凝土的膨胀性能有一定影响,而且混凝土的耐久性也不好,故规定不宜大于0.5。

二、自密实混凝土(SCC)

1. 免振捣原理[4]

自密实混凝土(Self-Compacting Concrete,简称SCC)这一概念最早由日本学者Okamura于1986年提出。随后,东京大学的Ozawa等开展了自密实混凝土的研究。1988年,自密实混凝土第一次使用市售原材料研制成功。自密实混凝土拌合物的自密实过程可用图2.1.1表示,粗骨料悬浮在具有足够黏度和变形能力的砂浆中,在自重的作用下,砂浆包裹粗骨料一起沿模板向前流动,通过钢筋间隙,进而形成均匀密实的结构。

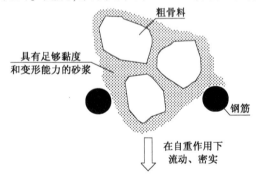

图2.1.1 自密实混凝土拌合物自密实过程

2. 配制材料[5]

(1)胶凝材料

配制自密实混凝土宜选用普通硅酸盐水泥,不宜采用铝酸盐水泥、硫铝酸盐水泥等凝结时间短、流动性经时损失大的水泥。《自密实混凝土应用技术规程》(JGJ/T 283—2012)[以下简称《自密实混凝土规程》(JTG/T 283—2012)]规定宜采用通过增加粉体材料用量和选用高性能减水剂的方法适当增加浆体体积,使浆体充分包裹粗、细骨料颗粒,使骨料悬浮于浆体中,达到自密实性能;也可通过添加外加剂的方法来改善浆体的黏聚性和流动性。所以,在配制自密实混凝土时可掺入优质粉煤灰、粒化高炉矿渣粉、硅灰等矿物掺合料。掺入矿物掺合料也可取代部分水泥,减少水泥化学收缩。

不同的矿物掺合料对混凝土工作性能、物理力学性能及耐久性所产生的作用既有共性之处,又不完全相同。因此,应依据混凝土所处环境、设计要求、施工工艺要求等因素,经试验确定矿物掺合料种类及用量。当使用磨细矿化碳酸钙、石英粉等其他掺合料时,应考虑掺合料的粒径分布、形状和需水量,减少对混凝土拌合物需水量或敏感度的影响,并通过试验验证,方可使用。

(2)骨料

可选用天然骨料、人工骨料或两者混合骨料来制备自密实混凝土。

①粗骨料。粗骨料对自密实混凝土的工作性能影响最大,宜采用连续级配或2个及以上单粒径级配搭配使用,最大公称粒径不宜大于20mm;对于结构紧密的竖向构件、复杂形状的结构,以及有特殊要求的工程,粗骨料的最大公称粒径不宜大于16mm。粗骨料的针片状颗粒会增加拌合物的流动阻力,同时对混凝土的强度性能也存在不利影响,故应限制针片状颗粒的含量、含泥量及泥块含量,即符合表2.1.2的规定。

粗骨料的针片状颗粒含量、含泥量及泥块含量(%)　　　　表2.1.2

项目	针片状颗粒含量	含泥量	泥块含量
指标	≤8	≤1.0	≤0.5

②细骨料。细骨料宜采用级配Ⅱ区的中砂。天然砂的含泥量、泥块含量应符合表2.1.3的规定。人工砂中含有适量石粉能改善混凝土的工作性,但过量的石粉会吸附更多的水分,导致混凝土工作性变差。规定人工砂中石粉含量应符合表2.1.4的规定。细骨料的其他性能及试验方法应符合《普通混凝土用砂、石质量及检验方法标准》(JGJ 52—2006)的规定[6]。

天然砂的含泥量和泥块含量(%)　　　　表2.1.3

项目	含泥量	泥块含量
指标	≤3.0	≤1.0

人工砂的石粉含量　　　　表2.1.4

项　目		≥C60	C55～C30	≤C25
石粉含量(%)	MB<1.4	≤5.0	≤7.0	≤10.0
	MB≥1.4	≤2.0	≤3.0	≤5.0

注:MB指人工砂的亚甲蓝值。

(3)外加剂

外加剂应符合国家标准《混凝土外加剂》(GB 8076—2008)和《混凝土外加剂应用技术规范》(GB 50119—2013)的有关规定。为获得外加剂的最佳性能,需考虑胶凝材料的物理与化学特性,如细度、碳含量、碱含量和C_3A等因素对外加剂产生的影响。聚羧酸系高性能减水剂具有掺量低、减水率高、混凝土强度增长快、混凝土拌合物坍落度损失小、拌合物黏滞阻力小等优点,而且与其他类型的高效减水剂相比,聚羧酸系高性能减水剂还具有引气功能,可以明显改善混凝土的收缩性能,并在一定程度上弥补自密实混凝土收缩较大的缺陷。所以,聚羧酸系高性能减水剂适用于配制自密实混凝土,尤其在配制高强自密实混凝土方面,表现出更加明显的性能优势。

为了使拌合物在高流动性条件下获得良好的黏聚性而不产生离析,配制低强度等级自密实混凝土及水下自密实混凝土时,可用增稠剂、絮凝剂等其他外加剂来改善混凝土拌合物的和易性,但需通过试验进行验证。

为使新增混凝土与原结构间紧密结合,以利共同工作,也可采取掺入微膨胀剂来补偿混凝土收缩,但微膨胀剂掺量需通过试验确定。混凝土浇筑完后蓄水养护,以减少混凝土早期塑性收缩。

3. 混凝土性能

硬化后自密实混凝土性能需达到设计要求。

自密实混凝土拌合物性能与普通混凝土有较大差别,对凝结时间、黏聚性、保水性和自密实性都有要求。《自密实混凝土规程》(JGJ/T 283—2012)对不同应用范围的自密实混凝土确定了相应的性能等级,见表2.1.5。

不同性能等级自密实混凝土的应用范围 表2.1.5

自密实性能	性能等级	应 用 范 围	重 要 性
填充性	SF1	1. 从顶部浇筑的无配筋或配筋较少的混凝土结构物; 2. 泵送浇筑施工的工程; 3. 截面较小,无需水平长距离流动的竖向结构物	控制指标
	SF2	适合一般的普通钢筋混凝土结构	
	SF3	适用于结构紧密的竖向构件、形态复杂的结构等(粗骨料最大公称粒径宜小于16mm)	
	VS1	适合一般的普通钢筋混凝土结构	
	VS2	适用于配筋较多的结构或有较高混凝土外观性能要求的结构,应严格控制	
间隙通过性①	PA1	适用于钢筋净距80～100mm	可选指标
	PA2	适用于钢筋净距60～80mm	
抗离析性②	SR1	适用于流动距离小于5m、钢筋净距大于80mm的薄板结构和竖向结构	可选指标
	SR2	适用于流动距离超过5m、钢筋净距大于80mm的竖向结构,也适用于流动距离小于5m、钢筋净距小于80mm的竖向结构,当流动距离超过5m,SR值宜小于10%	

注:①钢筋净距小于60mm时宜进行浇筑模拟试验;对于钢筋净距大于80mm的薄板结构或钢筋净距大于100mm的其他结构可不作间隙通过性指标要求。
②高填充性(坍落扩展度指标为SF2或SF3)的自密实混凝土,应有抗离析性要求。

为了使加固后构件质量尽量小,增设混凝土尺寸往往采用小值,对自密实混凝土的填充性要求也较高,建议选择性能等级为SF3、VS2的混凝土,并视钢筋净距和流动距离选择间隙通过性能等级和抗离析性能等级。不同性能等级的自密实混凝土性能及要求见表2.1.6。

自密实混凝土拌合物的性能及要求 表2.1.6

自密实性能	性能指标	性能等级	技术要求
填充性	坍落扩展度(mm)	SF1	550～655
		SF2	660～755
		SF3	760～850
	扩展时间T_{500}(s)	VS1	≥2
		VS2	<2
间隙通过性	坍落扩展度与J环扩展度差值(mm)	PA1	25<PA1≤50
		PA2	0≤PA2≤25
抗离析性	离析率(%)	SR1	≤20
		SR2	≤15
	粗骨料振动离析率(%)	f_m	≤10

注:当抗离析性试验结果有争议时,以离析率筛析法试验结果为准。

4. 混凝土配合比

进行自密实混凝土配合比设计时,应先计算初始配合比,经试验室试配、调整得出满足自密实性能要求的基准配合比,再经强度、耐久性复核得到设计配合比。配合比设计宜采用绝对体积法,以避免因胶凝组分密度不同引起的计算误差。《自密实混凝土规程》(JGJ/T 283—2012)在条文中给出了自密实混凝土初始配合比设计的相关规定,及配合比试配、调整与确定的相关规定;并在条文说明中详细阐述了初始配合比设计的相关要求,及配合比试配、调整与确定的方式;还给出了各种调整措施对自密实混凝土拌合物性能的影响,以及在大量实践的基础上,水胶比、胶凝材料用量、不同填充性指标下粗骨料体积用量、矿物掺合料用量等指标的参考取用范围。

三、钢筋

依据《公路桥梁加固设计规范》(JTG/T J22—2008)的规定,桥梁加固用普通钢筋应采用热轧R235、HRB335、HRB400及KL400钢筋。参考《公路钢筋混凝土及预应力混凝土桥涵设计规范》(JTG 3362—2018)[以下简称《公路桥涵设计规范》(JTG 3362—2018)]的要求,建议桥梁加固用普通钢筋及箍筋采用HPB300、HRB400钢筋,受力普通钢筋应采用HRB400、HRB500钢筋。各种钢筋抗拉强度标准值f_{sk}、抗拉强度设计值f_{sd}、抗压强度设计值f'_{sd}、弹性模量E_s见表2.1.7。

普通钢筋技术参数一览表　　　　　　表2.1.7

钢筋种类、直径(mm)	符号	抗拉强度标准值 f_{sk}(MPa)	抗拉强度设计值 f_{sd}(MPa)	抗压强度设计值 f'_{sd}(MPa)	弹性模量 E_s(MPa)
HPB300 $d=6\sim22$	φ	300	250	250	2.10×10^5
HRB400 $d=6\sim50$	⏀	400	330	330	2.00×10^5
HRB500 $d=6\sim50$	⏀	500	415	400	2.00×10^5

植入钢筋应采用热轧带肋钢筋,以利钢筋与原结构混凝土的连接。

四、植筋胶

桥梁结构是重要的承重民生工程,严禁使用不饱和聚酯树脂和醇酸树脂用作胶黏剂[8]。这是由于这两种材料的耐水性、耐潮湿性和耐湿热老化性很差,而且已有一些工程因使用这类胶黏剂出现安全事故。

根据《工程结构加固材料安全性鉴定技术规范》(GB 50728—2011)[以下简称《加固材料鉴定规范》(GB 50728—2011)]的规定,用于既有建筑物加固的结构胶黏剂,其设计使用年限宜为30年,需对基本性能、长期使用性能和耐介质侵蚀能力分别予以鉴定,尤其要对其进行耐湿热老化能力的试验,不能用过去采用的人工老化试验替代湿热老化试验。这样规定,一是因为建筑物对胶黏剂的使用年限要求长达30年以上,其后期黏结强度必须得到保证;二是因为该规范采用的耐湿热老化检验法,其检出不良固化剂的能力很强,而固化剂的性能在很大程度上决定着胶黏剂长期使用的可靠性。这是因为:一是,湿气总能侵入胶层,而在一定温度促进下,还会加快其渗入胶层的速度,使之更迅速地起到破坏胶层易水解化学键的作用,使胶黏剂分子链更易降解;二是,水分子渗入胶黏剂与被黏物的界面,会促使其分离;三是,水分子还起着物理增塑作用,降低了胶层抗剪和抗拉性能;四是,热的作用还可使键能小的高聚物发生裂解和分解等。因此,设计人员、监理人员和业主必须坚持进行见证抽样的耐湿热老化试验[8-9]。

《加固材料鉴定规范》(GB 50728—2011)中规定,根据施工环境温度的不同,结构胶黏剂分为室温固化型、低湿固化型和高湿面(或水下)固化型三种类型。其中,室温固化型胶黏剂是指能在不低于5℃的室温下进行正常化学反应的固化过程;低温固化型胶黏剂是能在低于5℃的低温环境中进行正常化学反应的固化过程,分为−5℃、−10℃和−20℃三档;高湿面(或水下)固化型胶黏剂能在潮湿面上或饱含水分的黏合面上正常固化。以混凝土为基材,锚固用室温固化型结构胶的基本性能鉴定标准见表2.1.8,长期使用基本性能鉴定标准见表2.1.9,耐介质侵蚀性能鉴定标准见表2.1.10,工艺性鉴定标准见表2.1.11[9]。

以混凝土为基材,锚固用结构胶基本性能鉴定标准　　表2.1.8

检验项目		检验条件		鉴定合格指标 I类胶
胶体性能	劈裂抗拉强度(MPa)	在23±2℃、50%±5%RH条件下,以2mm/min加荷速度进行测试		≥8.5
	抗弯强度(MPa)			≥50 且不得呈碎裂状破坏
	抗压强度(MPa)			≥60
黏结能力	钢对钢拉伸抗剪强度(MPa)	标准值	23±2℃、50%±5%RH	≥10
		平均值	60±2℃、10min	≥11
			-45±2℃、30min	≥12
	约束拉拔条件下带肋钢筋(或全螺杆)与混凝土黏结强度	23±2℃、50±5%RH	C30 φ25 l=150mm	≥11
			C60 φ25 l=125mm	≥17
	钢对钢T冲击剥离长度(mm)	23±2℃、50%±5%RH		≤25
热变形温度(℃)		使用0.45MPa弯曲应力的B法		≥65
不挥发物含量(%)		105±2℃、180±5min		≥99

注:表中各项指标,除标有标准值外,均为平均值。

以混凝土为基材,锚固用结构胶长期使用基本性能鉴定标准　　表2.1.9

检验项目		检验条件	鉴定合格指标 I类胶	
			A级	B级
耐环境作用	耐湿热老化能力	在50℃、95%RH环境中老化90d(B级胶为60d)后,冷却至室温进行钢对钢拉伸抗剪试验	与室温下短期试验结果相比,其抗剪强度降低率(%)	
			≤12	≤18
	耐热老化能力	在80±2℃温度环境中老化30d后,以同温度进行钢对钢拉伸抗剪试验	与同温度10min短期试验结果相比,其抗剪强度降低率	
			≤5	不要求
	耐冻融能力	在-25℃⇌35℃冻融循环温度下,每次循环8h,经50次循环后,在室温下进行钢对钢拉伸抗剪试验	与室温下,短期试验结果相比,其抗剪强度降低率不大于5%	
耐应力作用	耐长期应力作用能力	在23±2℃、50%±5%RH环境中承受4.0MPa剪应力持续作用210d	钢对钢拉伸抗剪试件不破坏,且蠕变的变形值小于0.4mm	
	耐疲劳应力作用能力	在室温下,以频率为5Hz,应力比5:1.5、最大应力为4.0MPa的疲劳荷载下进行钢对钢拉伸抗剪试验	经2×10⁶次等幅正弦波疲劳荷载作用后,试件不破坏	

注:若在申请安全性鉴定前已委托有关科研机构完成该品牌结构胶耐长期应力作用能力的验证性试验与合格评定工作,且该评定报告已通过安全性鉴定机构的审查,则允许免做此项检验,而改作楔子快速测定。

以混凝土为基材,结构胶耐介质侵蚀性能鉴定标准　　表2.1.10

应检验性能	介质环境及处理要求	鉴定合格指标	
		与对照组相比强度下降率(%)	处理后的外观质量要求
耐盐雾作用	5%NaCl溶液;喷雾压力0.08MPa;试验温度35±2℃;每0.5h喷雾一次,每次0.5h;盐雾应自由沉降在试件上;作用持续时间:A级胶及Ⅱ、Ⅲ类胶90d、B级胶60d;到期进行钢对钢拉伸抗剪强度试验	≤5	不得有裂纹或脱胶

续上表

应检验性能	介质环境及处理要求	鉴定合格指标	
		与对照组相比强度下降率(%)	处理后的外观质量要求
耐海水浸泡作用(仅用于水下结构胶)	海水或人造海水;试验温度35±2℃;浸泡时间:A级胶90d,B级胶60d;到期进行钢对钢拉伸抗剪强度试验	≤7	不得有裂纹或脱胶
耐碱性介质作用	$Ca(OH)_2$饱和溶液;试验温度35±2℃;浸泡时间:A级胶60d,B级胶45d;到期进行钢对混凝土正拉黏结强度试验	不下降,且为混凝土破坏	不得有裂纹、脱胶、剥离或起泡
耐酸性介质作用	5% H_2SO_4溶液;试验温度35±2℃;浸泡时间:各类胶均为30d;到期进行钢对混凝土正拉黏结强度试验	混凝土破坏	不得有裂纹或脱胶

Ⅰ类锚固用结构胶工艺性鉴定标准　　　　表2.1.11

结构胶黏剂类别及其用途	工艺性鉴定合格指标				
	触变指数	25℃下垂流度(mm)	在各季节试验温度下测定的适用期(min)		
			春秋用(23℃)	夏用(30℃)	冬用(5℃)
锚固用非快固型结构胶 A级	≥4.0	≤2.0	≥40	≥30	40~120

注:表中的指标,除已注明外,均是在23±0.5℃试验温度条件下测定。

低温固化型锚固用结构胶基本性能鉴定要求见表2.1.12。

低温固化型结构胶基本性能鉴定要求　　　　表2.1.12

检验项目	检验条件	鉴定合格指标
钢对钢拉伸抗剪强度标准值(MPa)	低温固化、养护7d,到期立即在23±2℃、50%±5%RH条件下测试	与室温固化型同品种、A级结构胶合格指标相比,强度下降不大于10%
	低温固化、养护7d,再在23±2℃下养护3d,到期立即在23±2℃、50%±5%RH条件下测试	与室温固化型同品种、A级结构胶合格指标相比,强度不下降
钢对钢黏结抗拉强度(MPa)	低温固化、养护7d,再在23±2℃下养护3d,到期立即在23±2℃、50%±5%RH条件下测试	≥30
钢对C45混凝土正拉黏结强度(MPa)		≥2.5,且为混凝土内聚破坏
钢对钢T冲击剥离长度(mm)		≤35

五、新老混凝土界面剂

由于浇筑新增混凝土时,原结构混凝土已经完成收缩,两者因收缩水平不一致加上新、旧混凝土结合面是新浇混凝土泌水的积聚区,导致新、老结构间黏结性差。前面提到在新浇混凝土内掺入微膨胀剂就是为了减小新、老结构的收缩差。为了提高两者的结合能力,还需在原有结构表面涂刷界面剂,最常见的界面剂是水泥砂浆。为了达到更好的效果,也可以采用符合《混凝土界面处理剂》(JC/T 907—2002)[10][以下简称《界面处理剂》(JC/T 907—2002)]要求的材料。

《界面处理剂》(JC/T 907—2002)中将界面剂按成分分为两类:

(1)P类:由水泥等无机胶凝材料、填料和有机外加剂等组成的干粉状产品。产品应均匀一致,不应有结块,需与水泥等无机胶凝材料和水等按比例拌和后使用。

(2)D类:含聚合物分散液的产品,分为单组分和多组分界面剂。液状产品经搅拌后应呈均匀状态,不应有块状沉淀。

用于桥梁结构混凝土表面的界面剂应用 I 型(即适用于水泥混凝土的界面处理剂),其物理力学性能指标如表 2.1.13 所示。

I 型界面剂的物理力学性能   表 2.1.13

项 目			
剪切黏结强度(MPa)	7d		≥1.0
	14d		≥1.5
拉伸黏结强度(MPa)	未处理	7d	≥0.4
		14d	≥0.6
	浸水处理		≥0.5
	热处理		
	冻融循环处理		
	碱处理		

注:I 型产品的晾置时间,根据工程需要由供需双方确定。

第二节 加固设计、计算要点

一、适用范围

按构件受力特性来区分,增大截面技术可用于加固桥梁下部结构的受弯构件(如墩、台盖梁),以提高构件正截面抗弯承载力、斜截面抗剪承载力及刚度;可加固轴心受压和偏心受压构件[如墩(台)柱、肋式台身及桩基础],以提高构件正截面受压承载力及刚度。

二、计算要点

1. 分阶段计算

增大截面技术属于被动加固法。在施工时出于降低社会影响、便于施工、降低造价的目的,通常不移除上部结构,桥梁上可以继续通行行人及小轿车等轻型车辆。但即使施工时不再通行或全部限行重车,加固设计时也要充分考虑到新增部分的二次受力特性,即加固前原构件已经承受上部结构自重作用(即第一次加载),新加部分在加固后并不立即承载,而是有了其他作用后(即第二次加载)才开始受力。

增大截面技术加固构件的破坏形式与一次成形构件有很大区别,往往是原结构首先破坏和退出工作,之后新增部分的应力才会陡增。设计时若按一次成型构件进行计算,得到的承载力将超过实际承载力,是不安全的。在计算时应考虑构件分阶段受力的特点。

在上部结构尚未架设的施工期间采用增大截面技术进行加固时,结构二阶段受力特性不明显,应力滞后水平很低,可近似地按一次成型构件计算。

(1)第一阶段

新浇混凝土层达到强度标准值前,按原构件截面计算,荷载应考虑原构件自重、新增混凝土自重及施工时附加的其他荷载。

$$S_{1d} = \gamma_0 (S_{1Gd} + S_{1Qd}) \tag{2-1-1}$$

式中:S_{1d}——承载能力极限状态下第一阶段原构件作用效应设计值;

γ_0——结构重要性系数；

S_{1Gd}——原构件自重及新增混凝土自重效应设计值，取作用标准值乘以作用效应分项系数1.2；

S_{1Qd}——加固时施工荷载效应设计值，取作用标准值乘以作用效应分项系数1.4。

（2）第二阶段

新浇混凝土达到强度标准值后，构件按加固后整体截面计算，荷载包括加固后构件自重（含二期恒载）、使用阶段的可变作用。

$$S_d = \gamma_0(S_{1Gd} + S_{2Gd} + S_{2Qd})\tag{2-1-2}$$

式中：S_d——承载能力极限状态下第二阶段加固构件作用效应设计值；

S_{2Gd}——二期恒载效应设计值，取作用标准值乘以作用效应分项系数1.2；

S_{2Qd}——第二阶段可变作用效应设计值，其作用效应分项系数按《公路桥涵设计通用规范》（JTG D60—2015）取用。

2. 依据盖梁跨中部分的跨高比确定计算模型[7]

跨高比为 l/h，其中 l 为盖梁的计算跨径，宜取支承中心的距离。盖梁跨中部分跨高比 $l/h > 5.0$ 时，可以忽略节点不均衡弯矩的分配及传递，按普通钢筋混凝土一般受弯构件计算；$2.5 < l/h \leqslant 5.0$ 时，应当按深受弯构件（包括短梁和深梁）计算。这是由于 $l/h \leqslant 5.0$ 时截面应变分布不符合平截面假定；通过受剪试验发现该类梁不会出现斜拉破坏；剪切变形对梁的挠度影响仅在7.8%左右，可以忽略不计。

3. 确定盖梁悬臂段计算模型[7]

对外悬臂伸出的盖梁，当竖向力作用点至柱边缘的距离（圆形截面柱可换算为边长等于0.8倍直径的方形柱）大于盖梁截面高度时，属于一般钢筋混凝土悬臂梁；当竖向力作用点至柱边缘的距离小于或等于盖梁截面高度 h 时，应按悬臂深受弯构件的拉压杆模型计算，其抗剪承载力可按一般受弯构件计算。

4. 桩柱截面支承宽度的影响

计算盖梁支座处负弯矩时考虑支承宽度的影响，圆形截面柱可换算为边长等于0.8倍直径的方形截面柱，按规范进行折减。

5. 计算公式的选用

目前涉及增大截面加固技术的现行规范有《公路桥梁加固设计规范》（JTG/T J22—2008）、《混凝土结构加固设计规范》（GB 50367—2013）（以下简称《结构加固规范》（GB 50367—2013））及《城市桥梁加固技术规程》（CJJ/T 239—2016）[以下简称《城市桥梁加固规程》（CJJ/T 239—2016）]。

上述三部规范有关于增大截面技术加固一般受弯构件及轴心受压构件、偏心受压构件的计算公式。其中《城市桥梁加固规程》（CJJ/T 239—2016）详细比较了另两部规范的有关规定，并结合近年的研究成果，对增大截面加固构件的计算作了详细规定，建议以该规范为主，参考另两部规范进行设计计算。

三、构造设计要求

1. 有关增设混凝土

现行桥梁加固规范规定新浇混凝土强度等级宜比原构件混凝土强度提高一级，且不低于C30；新浇混凝土层的最小厚度，对板不宜小于100mm，对梁和受压构件不宜小于150mm[1]。

桥墩盖梁虽为梁式构件，以受弯为主，规范要求新增混凝土厚度不宜小于150mm。经施工实践证明，采用普通混凝土浇筑新增截面部分，在设置单层钢筋网的情况下，厚度≥120mm可以得到理想的浇筑效果。

对墩柱增设钢筋混凝土系梁或横隔板时,新增构件尺寸可参考新建桥梁设计,并保证新、老结构间有可靠连接。

2. 有关新、老结构连接

(1)设计必须要求对原结构增设混凝土范围进行凿毛,并在结合面上涂刷界面剂。

(2)新、旧结构间通过植筋相连。

规范规定植筋宜采用 HRB335 级带肋钢筋,也可采用 HRB400 级和 RRB400 级热轧带肋钢筋[1]。对盖梁进行加固时通常是对底面和侧面增设钢筋混凝土。文献[11]的试验结果表明:侧面和斜上、下面的黏结效果明显弱于顶面黏结,而底面水平方位的黏结性能最差,所以必须对新、老结构间设置植筋以利于两者黏结。植筋设置间距和数量以不破坏原结构为限度,尽量多地设置。建议植筋深度不小于按规范构造要求植筋时受拉钢筋的最小锚固长度: $\max(0.3l_s, 0.3d, 100\text{mm})$ 。l_s 为植筋的基本锚固深度,计算公式见规范规定。

《公路桥梁加固设计规范》(JTG/T J22—2008)要求采用增大截面技术加固时,原受弯构件混凝土强度等级不应低于 C20,受压构件不应低于 C15;预应力混凝土构件不应低于 C30[1]。这是由于原结构混凝土的强度是新、老混凝土间良好黏结的前提条件。若原结构混凝土强度较新浇混凝土过低,则可能成为新的薄弱环节。另外,植筋的黏结性能也随原结构混凝土强度的提高而增大。这是因为:随着混凝土强度的提高,混凝土与结构胶之间的化学吸附力及机械咬合力提高,同时混凝土抗拉强度增大,延迟了拔出试件内部裂缝的产生,限制了裂缝的发展,从而提高了植入剪力筋的极限黏结强度和黏结刚度。

(3)植筋宜按梅花形布置。与方形布置相比,梅花形布置可在植筋数量相同的情况下间距更大,对原构件造成的损伤更小。

第三节 施工要点及质量控制措施[12-13]

一、施工流程

增大截面技术施工流程:原结构表面处理→植筋→绑扎钢筋网或钢筋骨架→立模→涂刷界面剂→浇筑新增混凝土→湿润养护。绑扎钢筋网或钢筋骨架与新建结构类似,本节就上述流程中与新建构件不同的方面予以阐述。

二、原结构表面处理

(1)根据原构件混凝土表面状况的不同,可分别采取以下方法处理:

①旧、脏的混凝土表面,先用硬毛刷沾高效洗涤剂,刷除表面油垢污物,后用冷水冲洗,再进行打磨,除去 2~3mm 厚表层,直至完全露出新鲜面,并用压缩空气吹除粉尘或用清水冲净后,用丙酮喷洗。

②对干净的混凝土表面,可直接打磨,去掉 1~2mm 表层,完全露出新鲜面,用压缩空气除去粉尘或用清水冲洗干净,待完全干燥后用丙酮喷洗表面即可。

③对于湿度较大的混凝土构件表面,还需要进行人工干燥处理。

④对新、旧混凝土结合面存在的裂缝应予以修补。

(2)为更好确保新、旧混凝土结合面黏结效果,应对旧混凝土表面进行凿毛,凿毛要凿掉原表层混凝土及原结构混凝土缺陷部分,露出粗骨料,凿毛凹凸差不宜小于 6mm,并尽可能使用振动较小的设备进行。另外,凿毛面积应大于拟结合面积的95%,凿毛深度大于碳化层厚度。混凝土表面常用凿毛方式的优、缺点见表2.1.14。工程实践证明,在有条件的情况下,采用高压射水凿毛机械化作业程度高,对原混凝土表面的处理速度快,工人的劳动强度低,施工进度快。

混凝土表面常用凿毛方式及优、缺点　　　　　　　　表2.1.14

序号	凿毛方式	优　点	缺　点
1	人工手锤凿毛	简单、方便、对混凝土影响小	工作效率低、劳动强度大
2	电动钢钎凿毛	凿毛较深	效率较低、劳动强度较大
3	风动凿毛机凿毛	凿毛速度快、对混凝土影响大	设备投入大、消耗、损耗大
4	高压射水凿毛	可全机械化作业、凿毛速度快、人工劳动强度低,对混凝土影响小	设备投入大、用水量大、费用稍高

(3)混凝土表面处理质量要求:

①混凝土表面应无剥落、无疏松、无蜂窝、无腐蚀、无空穴、无劣化,现场可用小锤对混凝土表面敲击进行缺陷检查。

②混凝土表面碳化层被清除且露出新鲜结构面,现场用酚酞酒精溶液(酚酞浓度1%~1.5%)检验,在打磨后混凝土基面溶液变红表明该处混凝土的碳化层处理较好,不变色表明碳化层未清除。

③对混凝土异常突起部位、凹陷部位、错台部位、拐角部位进行平整处理,在处理完成后用靠尺现场检查平整度,经过处理后的平整度应满足设计及规范的要求。

④凿毛后混凝土整个基面形成一个粗糙的平面。

三、植筋

植筋施工流程如图2.1.2所示。

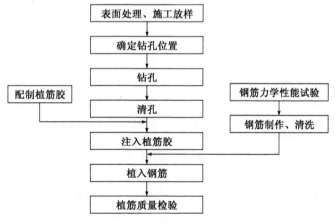

图2.1.2　植筋施工流程图

1. 定位、钻孔

(1)技术要求

①认真阅读施工图,清楚种植钢筋规格及植筋范围。清理凿毛面后,根据图纸设计尺寸,按设计要求进行植筋孔位放样。在需要植筋的位置用记号笔标出点位记号。

②对植筋孔位放样后,用钢筋探测仪探测原混凝土结构内部的钢筋、波纹管、钢绞线,并予以标识。若设计孔洞位置与经过探测得到原结构钢筋位置冲突,可在不改变钻孔直径和深度的前提下,适当调整孔位。

③钻孔前用游标卡尺对钻头直径进行检查,要求钻头直径不大于设计孔径。设计孔径一般比植筋

螺纹最外围直径大 2mm。在钻头上设定标尺,以便确定成孔深度。钻孔时使电钻垂直对中于孔位放样中心。初钻时要慢,待钻头定位稳定后,再全速钻进,以确保钻孔质量。钻孔孔道应保证垂直于原结构表面,以免结构表面崩裂。

④植筋时应分批次钻孔,钻孔后尽早植入钢筋(当天钻孔宜当天植筋),待植筋胶达到强度后再钻下一批孔洞。这样做的目的是为了尽量少地削弱截面。

⑤废孔处理:施工中钻出的废孔,应植入短钢筋补强。

(2)定位、钻孔的质量检查

钻孔后对成孔质量进行检查验收。钻孔位置允许偏差 ±2mm;钻孔深度允许偏差 ±5mm,垂直度允许偏差 3°;钻孔直径允许偏差 ±0.5mm。孔深及垂直度检查采用细钢钎与钢板尺配合检查。孔径检查采用游标卡尺进行。

2. 清孔

(1)植筋孔钻到设计深度后,用刷子刷落孔壁灰渣;将硬毛刷插入孔中,往返旋转清刷 3 次;再将喷嘴伸入成孔底部并吹入洁净无油的压缩空气,向外拉出喷嘴,反复 3 次;最后再用干净棉布或脱脂棉球沾丙酮或酒精彻底清洗孔道内部。

(2)植筋前用丙酮或工业酒精擦拭孔壁、孔底。检查验收合格后,应立即对植筋孔进行封闭保护,避免水汽、粉尘进入。

3. 注胶

(1)注胶前,须详细阅读植筋胶使用说明书,掌握其正确的使用方法,查看胶的有效期,过期的坚决不能使用;检查植筋孔是否干净、干燥;检查准备植入的钢筋是否洁净、干燥。

(2)采用专用灌注器或注射器灌注植筋胶,严禁采用将植筋胶直接涂抹在钢筋上植入孔中的植筋方式。把植筋胶注入胶枪中,接上混合管(必要时接上延长管);每支胶最先挤出胶体颜色不均匀的部分(约 10cm)并弃之;见到颜色一致的胶体后再将混合管插入孔底,从孔底向外注入植筋胶,注满约孔洞的 2/3,并应保证在植入钢筋后有少许植筋胶溢出,确保植筋后饱满。

(3)对垂直向上的植筋孔注胶,胶液容易流出,种植大直径钢筋时胶体无法黏附在孔内,胶体流出不但浪费材料,而且难以保证植筋质量。在此类植筋数量较多时可自制相应孔径的枪筒,先将植筋胶注入枪筒,再由枪筒将胶体整体推入孔内,移除枪筒的同时马上插入种植钢筋。这样可有效防止胶体流出,解决了材料浪费的问题,孔内注胶饱满,植筋质量也能得到保证。

4. 植筋

(1)制作好的植筋在使用前,应进行表面处理,确保无锈蚀、污渍等,并应保持干燥;对要植入钢筋上的锈迹、油污进行除锈与清理。

(2)注入植筋胶后应立即将加工好并洁净的种植钢筋单向旋转插入至孔底,钢筋旋转插入要缓慢,直至达到设计深度,并保证植入钢筋与孔壁间的间隙基本均匀,校正钢筋的位置和垂直度,植入钢筋不得有松动。插入钢筋时要防止黏结剂在钢筋的快速挤压下喷出,造成钢筋与孔壁之间不能完全紧密结合。

(3)在植筋外露端部加套塑料管以封堵胶液,防止胶液流出形成孔内空隙。

(4)构件底面植筋时,为防止植筋胶未凝固前植入钢筋下滑,在外露端部填塞牙签或者小铁钉将其完全固定。

(5)种植钢筋时应严格按照设计要求的钢筋线形进行安装,如考虑分段植筋再连接,应确保植筋外露部分能够满足钢筋的搭接长度要求。

(6)种植钢筋可预先做成 L 形,并与新增钢筋可靠连接,钢筋种植后植筋胶固化之前,不得扰动已种植钢筋。

5. 静置养护固化

静置养护至达到设计强度的 70% 以上，固化期间尽量防止振动。植筋胶完全固化前不得触动或振动已植钢筋，如有必要需采取固定措施，以免影响其黏结性能。为防止施焊时温度过高而影响植筋胶的黏结性能，要求在植筋根部采取合理有效的降温措施，必要时可选择耐高温植筋胶。

四、浇筑新增混凝土

1. 浇筑普通新增混凝土

（1）因新增混凝土厚度较薄、钢筋较密，施工时务必做好振捣工作，既要保证振捣密实，又不能过振。振捣器以附着式为宜。

（2）对振捣难以满足要求的结构部位，也可采用自密实混凝土浇筑。

（3）新增混凝土模板可在植筋后设置，并采用吊模的方式固定在原结构表面。

（4）对加固时未实际全封闭交通管制的桥梁，若车辆经过会引起被加固构件（如盖梁、墩柱等）振动，需在混凝土初凝之后、终凝之前禁止一切车辆通行，以避免车辆振动导致混凝土离析。

（5）对掺入微膨胀剂的补偿收缩混凝土表面应及时进行保水养护，养护期不得少于 14d；冬期施工时，构件拆模时间应延至 7d 以上，表层不得直接洒水，可采用塑料薄膜保水，薄膜上部应覆盖岩棉被等保温材料。

（6）补偿收缩混凝土强度试件的制作和检验，应符合国家标准《普通混凝土力学性能试验方法标准》(GB/T 50081—2002) 的有关规定。其验收评定应符合国家标准《混凝土强度检验评定标准》(GB/T 50107—2010) 的有关规定。

2. 浇筑自密实混凝土

（1）由于自密实混凝土流动性大、侧压力大，浇筑时应进行过程控制。当混凝土自密实性能不能满足要求时，可加入适量的与原配合比相同成分的外加剂，外加掺入剂后搅拌运输车滚筒应快速旋转。外加剂掺量和旋转搅拌时间应通过试验验证。

（2）与普通混凝土相比，自密实混凝土屈服值较低，几乎没有支撑自重的能力，浇筑过程中，下部模板承受的侧向压力会随浇筑高度增长线性增加。新浇筑自密实混凝土对模板的侧压力按下式计算：

$$F = \gamma_c H \tag{2-1-3}$$

式中：F——新浇筑混凝土对模板的最大侧压力（kN/m^2）；

γ_c——混凝土的重度（kN/m^3）；

H——混凝土侧压力计算位置处至新浇筑混凝土顶面的总高度（m）。

（3）自密实混凝土流动性大，模板的接缝应作密封处理；否则会造成跑浆、漏浆的现象，影响自密实混凝土的均匀性和强度发展。混凝土上表面模板应有抗自密实混凝土浮力的措施。在浇筑形状复杂或封闭模板空间内混凝土时，应在模板上适当位置设置排气口和浇筑观察口。增大截面混凝土构件通常较薄，且形状复杂，宜延长拆模时间，并在侧面作辅助敲击。

（4）自密实混凝土性能对水灰比非常敏感。降雨、降雪或模板内积水均会对其自密实性能产生较大影响，甚至导致离析。在降雨、降雪时不宜直接在露天浇筑混凝土，在采取适当的挡雨、挡雪措施后方可操作。

（5）浇筑自密实混凝土时应保持连续性。如停泵时间过长，自密实性能变差，必须对泵管内混凝土进行处理。

（6）大体积自密实混凝土采用分层连续浇筑或推移式连续浇筑时，应缩短间歇时间，并应在前层混凝土初凝之前浇筑次层混凝土，同时减少分层浇筑的次数。

（7）为保证混凝土质量，自密实混凝土浇筑最大水平距离应根据施工部位具体要求确定，且不宜超过7m。布料点应根据混凝土自密实性能确定，并通过试验确定布料点的间距。

（8）为防止自密实混凝土离析，其倾落高度不宜大于5m。当不能满足规定时，应加设串筒、溜管、溜槽等装置。

（9）宜避开高温时段浇筑自密实混凝土，当水分蒸发速率过快时，应在施工作业面采取挡风、遮阳等措施。

（10）与普通混凝土相比，自密实混凝土养护更为严格。浇筑后应及时采取覆盖、蓄水、薄膜保湿、喷涂或涂刷养护剂等养护措施，养护时间不得少于14d。

（11）冬季施工时，不得向裸露部位的自密实混凝土直接浇水养护，应用保温材料和塑料薄膜进行保温、保湿养护。

第二章 粘贴钢板加固技术

第一节 加固材料

一、钢板

《公路桥梁加固设计规范》(JTG/T J22—2008)要求桥梁加固用钢板、型钢、扁钢和钢管应采用Q235钢、Q345钢、Q390钢、Q420钢。根据"四节一环保"的要求,提倡应用高强、高性能钢筋。建议加固粘贴钢板采用Q345钢以上级别的钢板。钢板的强度设计值应结合钢材的不同厚度按表2.2.1的规定采用[14]。

粘贴钢板的强度设计值   表2.2.1

钢材		抗拉、抗压和抗弯 f_d(MPa)	抗剪 f_{vd}(MPa)	端面承压(刨平顶紧) f_{ed}(MPa)
牌号	厚度(mm)			
Q235钢	≤16	190	110	280
	16~40	180	105	
	40~100	170	100	
Q345钢	≤16	275	160	355
	16~40	270	155	
	40~63	260	150	
	63~80	250	145	
	80~100	245	140	
Q390钢	≤16	310	180	370
	16~40	295	170	
	40~63	280	160	
	63~100	265	150	
Q420钢	≤16	335	195	390
	16~40	320	185	
	40~63	305	175	
	63~100	290	165	

注:表中厚度是指计算点的钢材厚度。

二、粘贴钢板用胶黏剂[15]

粘贴钢板用胶黏剂按施工工艺分为涂布型和压注型;按施工环境温度分为室温固化型、低温固化型和高湿面(或水下)固化型。建议按施工地点选用改性室温固化型或低温固化型胶黏剂。室温固化型黏钢胶基本性能指标、长期使用性能、耐介质侵蚀性能指标见《桥梁结构加固修复用粘贴钢板结构胶》（JT/T 988—2015）。

三、化学锚栓及锚固胶

可采用普通化学锚栓（图2.2.1）将钢板锚固在原构件上。

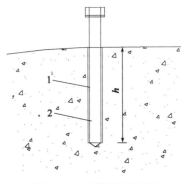

图2.2.1　化学锚栓示意图
1-锚固胶；2-标准螺纹全牙螺杆

依据《混凝土结构后锚固技术规程》（JGJ 145—2013）[16]的规定，正常室内环境锚栓材质可选择碳素钢、合金钢或不锈钢；在室外环境、常年潮湿的室内环境、海边、高酸碱度的大气环境中应使用不锈钢材质的锚栓，含氯离子的环境中应使用高抗腐不锈钢。不同环境条件下适用的锚栓材质类别可按表2.2.2选用。碳素钢、合金钢机械锚栓表面应做镀锌防腐处理，电镀锌层平均厚度不应小于5μm，热浸镀锌平均厚度不应小于45μm。

碳素钢和合金钢锚栓的性能等级应按所用钢材的极限抗拉强度标准值f_{stk}及屈强比f_{yk}/f_{stk}确定，相应的力学性能指标应按表2.2.3采用。弹性模量E_s可取$2 \times 10^5 \text{N/mm}^2$ [16]。

不同环境下适用的锚栓材质类别　　　　　　　　　　　　　　　　表2.2.2

环境条件	适用的锚栓材质类别
正常室内环境	碳素钢、合金钢或不锈钢
无明显的氯离子或碳化物腐蚀影响，且易修复	S30408、S30488、S32168、S32169、S30153等不锈钢
有氯离子或硫化物腐蚀影响、且不易修复或修复代价较大	S31608、S31603、S31668、S31723、S23043等不锈钢
暴露在氯离子或硫化物腐蚀环境	S34553、S31252等不锈钢

碳素钢及合金钢锚栓的力学性能指标　　　　　　　　　　　　　　表2.2.3

性　能　等　级		3.6	4.6	4.8	5.6	5.8	6.8	8.8
极限抗拉强度标准值	f_{stk}（MPa）	300	400		500		600	800
屈服强度标准值	f_{yk}或$f_{s,0.2k}$（MPa）	180	240	320	300	400	480	640
伸长率	δ_s（%）	25	22	14	20	10	8	12

奥氏体不锈钢锚栓的性能等级应按所用钢材的极限抗拉强度标准值f_{stk}及屈服强度标准值f_{yk}确定，相应的力学性能指标应按表2.2.4采用。

奥氏体不锈钢锚栓的力学性能指标　　　　　　　　　　　　　　表2.2.4

性能等级	螺纹直径（mm）	极限抗拉强度标准值 f_{stk}（MPa）	屈服强度标准值 f_{yk}或$f_{s,0.2k}$（MPa）	伸长值δ
50	≤39	500	210	0.6d
70	≤24	700	450	0.4d
80	≤24	800	600	0.3d

化学锚栓的锚固胶性能要求应与混凝土为基材的植筋胶要求相同。适用于开裂混凝土的化学锚栓，其性能应满足表2.2.5的要求[17]。

普通化学锚栓的锚固性能要求 表2.2.5

序号	项目	混凝土立方体抗压强度标准值（MPa）	裂缝宽度（mm）	试验形式	锚栓埋深	性能要求
1	不开裂混凝土中的基本抗拉性能	25 60	0	约束抗拉	—	$\gamma \geq 0.70, \nu_N \leq 0.20, \tau_{Rk,ver}^r \geq 6.0MPa$
2	开裂混凝土中的基本抗拉性能	25 60	0.3	约束抗拉	—	$\gamma \geq 0.70, \nu_N \leq 0.20, \tau_{Rk,cr}^r \geq 2.4MPa$
3	抗拉临界边距	25	0	非约束抗拉	最小	$\gamma \geq 0.70, \nu_N \leq 0.20$，承载力平均值不低于大边距参照试验的95%
4	最小边、间距	25	0	—	最小	以最小边间距安装锚栓不造成裂缝
5	安装性能	25	0	约束抗拉	最大	$\gamma \geq 0.70, \nu_N \leq 0.30$，干燥混凝土中 $\alpha \geq 0.80$，潮湿和有明水混凝土中 $\alpha \geq 0.75$
6	裂缝反复开合	25	0.1~0.3	—	中间值	$\gamma \geq 0.70, \nu_N \leq 0.30, \alpha \geq 0.90$
7	长期荷载	25	0	约束抗拉	中间值	$\gamma \geq 0.70, \nu_N \leq 0.30, \alpha \geq 0.90$，位移增长率趋近于零
8	冻融循环	60	0	约束抗拉	中间值	$\gamma \geq 0.70, \nu_N \leq 0.30, \alpha \geq 0.90$，位移增长率趋近于零
9	最高温度测试	25	0	约束抗拉	最小	$\gamma \geq 0.70, \nu_N \leq 0.30$，短期最高温度承载力与长期最高温度承载力之比 ≥ 0.80
10	安装方向测试	25	0	约束抗拉	中间值	$\gamma \geq 0.70, \nu_N \leq 0.30, \alpha \geq 0.90$

注：1. 表中 $\tau_{Rk,ver}^r$ 为不开裂混凝土中化学锚栓黏结强度标准值；$\tau_{Rk,cr}^r$ 为开裂混凝土中化学锚栓黏结强度标准值；γ 为每根化学锚栓滑移系数；ν_N 为化学锚栓抗拉承载力变异系数；α 为抗拉锚固系数，应按《混凝土结构后锚固技术规程》（JGJ 145—2013）附录B的规定计算。
2. 最小间距及最小边距均为6倍锚栓外径。
3. 最小锚固深度，锚栓直径 $d \leq 10mm$，为60mm；$d = 12mm$，为70mm；$d = 16mm$，80mm；$d = 20mm$，90mm；$d \geq 24mm$，为 $4d$。

第二节 加固设计、计算要点

一、适用范围

粘贴钢板技术适用于墩、台盖梁及其他受弯构件加固，以提高其正截面抗弯承载力、斜截面抗剪承载力。

二、计算要点

与增大截面技术类似，粘贴钢板加固盖梁在计算时亦须考虑分阶段计算。有关盖梁计算的规定与增大截面法相同，本节仅就粘贴钢板加固盖梁计算公式的选用作出阐述。

《结构加固规范》（GB 50367—2013）、《公路桥梁加固设计规范》（JTG/T J22—2008）及《城市桥梁加固规程》(CJJ/T 239—2016)均对粘贴钢板加固受弯构件正截面及斜截面承载力给出有关计算公式。其中后两种规范的有关计算公式基本相同，《结构加固规范》(GB 50367—2013)与后两者的不同之处在于：

（1）正截面承载力计算方面，《结构加固规范》(GB 50367—2013)没有考虑原结构已经开裂的问题，以及粘贴钢板与原梁底面宽度不一致的问题，其余两部规范考虑了。

（2）斜截面承载力计算方面，《结构加固规范》(GB 50367—2013)仅考虑了对梁体粘贴 U 形钢板箍的情况，后两部规范还考虑了粘贴加锚箍、L 形箍、斜向钢板等情况。

故推荐采用《公路桥梁加固设计规范》(JTG/T J22—2008)对粘贴钢板加固墩、台盖梁进行承载力计算。

三、设计构造要求

1. 有关钢板

《公路桥梁加固设计规范》(JTG/T J22—2008)和《结构加固规范》(GB 50367—2013)均规定：手工涂胶粘贴的钢板厚度不应大于 5mm，采用压力注胶粘贴的钢板厚度不应大于 10mm。考虑到桥梁承受汽车荷载较大，且为动荷载，会使桥梁结构振动，为保证粘贴钢板能够与桥梁结构共同变形、受力，且根据类似工程经验，粘贴钢板以单层为宜，且厚度不大于 8mm。

钢板以条带形式粘贴在盖梁表面，且宽厚比不大于 50。

2. 有关锚固螺栓

规范要求直接涂胶粘贴钢板宜使用锚固螺栓，对压力注胶钢板没有提出此类要求。考虑到桥梁结构会受到车辆振动的影响，建议采用压力注胶法粘贴钢板时，也应当设置锚固螺栓。鉴于该螺栓只是出于构造考虑予以设置，不必受规范中有关布置间距规定的限制，锚固方式可按植筋的方式进行，锚固长度满足植筋构造要求即可。根据《混凝土结构后锚固技术规程》(JGJ 145—2013)第 4.1.2 条要求，对无明显的氯离子或硫化物腐蚀影响，且易修复的室外环境条件下，应当采用 S30408、S30488、S32168、S32169、S30153 等不锈钢材质的锚栓，相应螺母、垫片也应为同规格不锈钢材质。

3. 有关锚固胶

考虑到工厂化制作的锚固胶质量稳定、锚固效果好，建议设计要求采用与产品配套的一对一锚固胶。

4. 有关粘贴钢板防腐

《公路桥梁钢结构防腐涂装技术条件》(JT/T 722—2008)[18]规定，按保护年限的不同，将钢结构表面涂层体系分为普通型(10~15 年)和长效型(15~25 年)。应当依据业主对被加固桥梁的使用年限要求不同选择涂层体系。设计时依据环境的不同，选择涂层配套体系。

第三节　施工要点及质量控制措施

一、施工流程

压力注胶法粘贴钢板施工工艺流程：拟粘贴钢板位置施工放样→磨平并清洗待粘贴表面→固定锚固螺栓(钻孔、清孔、灌浆、植锚固螺栓)→钻钢板锚孔(与实际固定好的锚杆位置相对应)→安装注胶管、排气管→封闭钢板周边→压力注胶→排气孔出浆后停止加压→封堵注浆孔→下一孔压浆→扭紧锚固螺栓以对钢板加压→钢板外露防锈。

二、待粘贴表面的处理要求

待粘贴表面应密实、平整、洁净并有一定的粗糙度,需做表面处理的待粘贴表面应比钢板各方向尺寸均宽出 2cm[19]。对原结构表面有破损的部位,应当采用聚合物砂浆或聚合物混凝土作修补。聚合物砂浆应当符合《混凝土结构修复用聚合物水泥砂浆》(JG/T 336—2011)[20]的要求。由于目前尚未出台聚合物混凝土的有关标准,可按聚合物水泥砂浆规范的要求提出技术指标。

对于混凝土构件粘贴面,应根据其新旧程度、坚实程度、干湿程度,分别按以下四种情况处理[19]:

(1) 对于很旧很脏的混凝土构件粘贴面,应先用硬毛刷沾高效洗涤剂,刷除表面油垢至无污物,用水冲洗干净后,再对粘贴面进行打磨,除去表面 2~3mm 厚表层,直至完全露出新鲜面,并用无油压缩空气吹除粉粒。处理后,对待粘贴表面的严重凹凸不平处,可采用聚合物水泥砂浆进行修补。粘贴前用丙酮将黏合面擦拭干净。

(2) 如果混凝土表面不是很脏很旧,可直接对粘贴面进行打磨,去掉 1~2mm 厚表层,用压缩空气除去粉尘或用高压水枪清洗干净,待完全干燥后用丙酮擦拭干净。

(3) 对于新混凝土粘贴面,先用钢丝刷将表面松散浮渣刷去,打磨去除浮浆、粉尘后,用丙酮擦拭干净即可。

(4) 对于湿度较大的混凝土面,因一般树脂类胶在潮湿的基层上,粘贴强度会大幅度降低,因此除满足上述要求外,还需要进行人工干燥处理。

打磨完成后,为保证钢板的最大黏结效应,对打磨面进行刷毛处理,形成平整的粗糙面,表面不平处应用尖凿整平,再用钢丝刷刷毛。最后用无油压缩空气吹除表面粉尘或清水冲洗干净,完全干燥后用脱脂棉沾丙酮擦拭表面。

三、对锚固螺栓的要求

可购买全丝螺杆制作锚固螺栓,并从厂家配套螺母和垫片。植螺栓要求与植筋相同,不再赘述。

四、对钢板加工的要求

(1) 钢板下料宜采用工厂自动、半自动切割方法,切割边缘表面光滑,无毛刺、咬口及翘曲等缺陷。

(2) 钢板黏合面可用喷砂或平砂轮打磨直至露出金属光泽,打磨纹路应与钢板受力方向垂直,钢板黏结面应有一定的粗糙度;钢板外露面必须除锈至呈现金属光泽;打磨完成采用丙酮擦拭干净,并保持干燥。钢板侧面也应当与黏合面同样处理,以利与封边胶的黏结。

(3) 按实际已成孔的锚孔位置对钢板钻孔,孔的边缘应清除毛刺。

五、安装钢板

将开孔、除锈打磨、清洗并经验收合格的钢板抬起,与已植螺杆进行对孔安装。此过程中,为避免长钢板弯曲并减轻工人的劳动强度,应使用撑杠或螺旋顶升支架对钢板进行同步支撑。安装过程中,若开孔与个别已植螺杆有偏差,应避免大力锤击钢板或螺杆,以免损伤钢板、砸断或震松螺杆。应将存在偏差的孔口标记后将钢板卸下,通过磁力钻对偏差孔进行扩孔后重新安装。钢板安装到位后,为了保证注入的结构胶厚度均匀,应在钢板与混凝土之间对应螺杆的位置放进与结构胶厚度相等的垫片,再将螺母拧紧[19]。

为避免焊接过程产生的超高温加速胶黏剂老化,应当将加工好的钢板一次粘贴到位,杜绝先粘贴再焊接。

六、压力注胶法粘贴钢板

为保证施工质量、便于施工过程中进行检验,建议粘贴任何厚度的钢板都应采用压力注胶法粘贴钢板。施工流程:安装注胶管和排气管安装→封边→压力注胶,具体工艺要求如下[19]:

1. 注胶管和排气管安装(图 2.2.2)

钢板安装后、调整到位前,应在钢板周边、钢板与混凝土粘贴面之间按 50～100cm 的间距安装长度 20cm 左右(满足注胶施工需要的长度)的塑料软管作为注胶及排气管。塑料软管插入长度不宜太长,满足通过钢板的夹压产生的摩擦力使注胶管在压力注胶时不被拔出的要求即可。一般插入端长度应在 1～2cm,不宜超过 2cm。这是因为通过试验发现,如果插入钢板空隙的塑料软管过长,则注入的结构胶很容易在塑料软管插入端与钢板封边胶之间的夹角处包裹气泡,造成注胶不饱满,且塑料软管插入端越长,则包裹的气泡越大,空鼓面积越大。

图 2.2.2 注胶管及排气管安装

2. 钢板周边封闭

(1)原则:钢板周边封闭的主要目的是在所要粘贴钢板与混凝土间形成一个封闭的空腔,并能承受注胶时所施加的压力。周边封闭应做到强度足够、边线平顺规整。

(2)封闭前应检查钢板与混凝土粘贴面的间隙是否均匀并符合设计要求,注胶、排气管是否牢固等,并及时进行处理。

(3)钢板周边封闭时,用抹刀将配好的封边胶均匀抹于钢板侧面与混凝土面的夹角处,并适当用力按压,使封边胶与混凝土面及钢板侧面黏结紧密。同时,封边胶表面应与混凝土粘贴面形成 45°的倒角,以便与混凝土粘贴面形成足够大的粘贴面积,为克服注胶时所施加的压力提供足够的支撑。封边胶涂抹完成后应及时对封边胶表面及边缘进行修整,达到边线顺直,表面平整、光滑的效果。

(4)螺栓处封闭,在螺母垫片内侧抹上封边胶并将螺母拧紧即可,或用早凝的无机封堵料将外露的螺杆、螺母、垫片整个包裹,为了美观可以在螺杆上盖一个碗状的盖子。

3. 压力注胶

(1)选择注胶压力罐

应根据设计单块钢板的面积大小选择注胶压力罐:单块钢板面积较小(用胶量较小),则选择容积较小的注胶压力罐;单块钢板面积较大(用胶量较大),则选择容积较大的注胶压力罐。

(2)注胶

①注胶压力须控制在 0.2～0.4MPa,须防止压力过大导致封边胶损坏、漏胶的情况发生。

②在确认封边不漏气后开始灌注结构胶。当相邻注胶管开始有胶液流出后,在当前注胶管持续灌注 2～5min。注胶过程中禁止摇晃注胶罐,以防止露出压力注胶罐的注胶口,导致气泡注入钢板空腔内部。注胶过程中要密切注意压力注胶罐中的剩余胶量,尽量不要将罐中的结构胶排完,以免在压力作用下空气快速灌入已注胶体中。

③如空气已进入连接注胶罐的注胶管,应立即将注胶管靠近钢板的连接处将注胶管拔开、关掉压力注胶罐的进气阀门,将钢板处的注胶管临时绑扎,防止已注入的胶体返流。往压力注胶管中重新加入拌好的结构胶后,必须先将注胶管中空气彻底排出后,才允许将注胶管连接至此前位置继续注胶。

④注胶的同时用橡皮锤持续敲击钢板,提高胶液流动性,检查当前注胶管与下一注胶管之间钢板段的注胶密实度,并观察相邻注胶管(排气管)是否还有气泡排出,在确认该段钢板内胶液已密实且相邻注胶管(排气管)无气泡排出后,方可将当前注胶管封闭,移至下一注胶管继续注胶。

⑤封堵后维持较低压力稳压注入 3~10min 后封堵注胶管,以防胶层脱空。

⑥灌胶过程中须注意检查各注胶管和排气管是否流胶或渗胶,若出现流胶或渗胶必须立即封堵。

4. 注胶质量检验

单片钢板注胶完成,待结构胶初凝后(初凝时间根据结构胶的使用说明或现场试验确定,一般为 4h),用小钢锤逐点敲击已粘贴的钢板,根据声音判断是否存在空鼓的地方。敲击点的间距一般为 3cm 左右,敲击点的间距越小,越小的空鼓部位越容易被发现。如确定局部存在空鼓,应加大敲击的密度(即减小敲击点的间距),确定空鼓的范围,并用粉笔等将空鼓的范围标出。

5. 注胶质量缺陷产生的原因及处理方法

注胶质量检验完成后,计算钢板有效黏结面积。若有效黏结面积小于设计要求,则应对空鼓部位进行处理。注胶空鼓产生的原因及处理方法有以下几种:

1)边角空鼓

(1)成因

造成这种缺陷的原因主要有:①注胶管插入端过长,造成气泡在注胶管插入端与封边胶夹角处被包裹而无法排出;②压力注胶时排气管处气泡未完全排尽即封堵排气管;③注胶完成后封边或注胶管处存在漏胶。

(2)处理方法

①如果空鼓的面积较小,可用电钻配小直径钻头在空鼓部位两端边缘封边开孔,通至空腔,用大号注射器将丙酮注入空腔中,以确认两孔贯通并清洗空腔后,再用大号注射器将拌好的结构胶注入空腔。连续反复多次操作直至将空腔中的空气排完后将孔口封闭即可。

②如果空鼓的面积较大,则按上述方法开孔,插入注胶管,利用压力注胶罐进行补充注胶。

2)钢板中部空鼓

(1)成因

造成这种缺陷的原因主要是注胶过程中胶体包裹的气泡无法排出,或压力注胶结束后存在螺杆处漏胶没能及时封堵。

(2)处理方法

此类空鼓可用电钻配小直径钻头在空鼓部位两端边缘处钢板上各开一孔,用大号注射器将丙酮注入空腔中以确认两孔贯通并清洗空腔,再用大号注射器将拌好的结构胶注入空腔中,连续反复多次操作,直至将空腔中的空气排完后将孔口封闭即可。

3)蜂窝状空鼓

(1)成因

造成这种缺陷的主要原因是在压力注胶过程中,由于压力注胶罐中的胶液已排完或摇晃压力注胶罐,高压空气通过注胶管进入钢板与混凝土之间的空腔。高压空气团突然进入低压环境中,会爆裂成小气泡并被包裹于胶体中,形成由胶液薄膜分隔并紧挨在一起的气泡群。

(2)处理方法

因该缺陷中各气泡间无法贯通,无法通过补灌进行处理,只能将钢板拆下重新安装、重新注胶,或在旁边加贴钢板补强。

七、对钢板防腐的要求

（1）规范要求施工人员应通过涂装专业培训，关键施工工序（喷砂、喷漆、质检）的施工人员应获得涂装中级工及以上证书。

（2）施工前按《公路桥梁钢结构防腐涂装技术条件》（JT/T 722—2008）要求进行取样检验，施工后亦按规范要求进行现场检测，并验收。

（3）施工过程中务必按规范要求做好安全、卫生和环境保护工作。

第三章 粘贴纤维增强复合材料布加固技术

第一节 加固材料

一、纤维增强复合材料布

《公路桥梁加固设计规范》(JTG/T J22—2008)第4.5.1条规定了用于桥梁加固的纤维复合材料类型及主要力学性能指标。但随着《纤维增强复合材料建设工程应用技术规范》(GB 50608—2010)的批准发布,及《结构加固规范》(GB 50367—2013)的修订,桥梁加固工程中应用到的纤维复合材料的相关要求应予以调整。

纤维增强复合材料布应当采用连续纤维的碳纤维、玻璃纤维或芳纶纤维复合材料。其中碳纤维应选用聚丙烯腈基(PAN基纤维)不大于15k(1k=1000)的小丝束纤维;玻璃纤维应使用高强型、含碱量小于0.8%的无碱玻璃纤维或耐碱玻璃纤维,不得使用中碱玻璃纤维及高碱玻璃纤维;芳纶纤维应选用饱和吸水率不大于4.5%的对位芳香族聚酰胺长丝纤维,且经人工气候老化5000h后,1000MPa应力作用下蠕变值不应大于0.15mm。严禁采用预浸法生产的纤维织物。加固用纤维复合材料布主要力学性能指标见表2.3.1[8]。

加固用纤维复合材料布主要力学性能指标　　　　表2.3.1

品　种	等级或代号	结构类别	抗拉强度标准值(MPa)	抗拉强度设计值(MPa)	弹性模量(MPa)	拉应变设计值
碳纤维复合布	高强度Ⅰ级	重要构件	3400	1600	2.3×10^5	0.007
		一般构件		2300		0.010
	高强度Ⅱ级	重要构件	3000	1400	2.0×10^5	0.007
		一般构件		2000		0.010
	高强度Ⅲ级	重要构件	1800	—	1.8×10^5	—
		一般构件		1200		
芳纶纤维复合布	高强度Ⅰ级	重要构件	2100	960	1.1×10^5	0.008
		一般构件		1200		0.010
	高强度Ⅱ级	重要构件	1800	800	0.8×10^5	0.008
		一般构件		1000		0.010
玻璃纤维复合布	高强度玻璃纤维	重要构件	2200	500	0.7×10^5	0.007
		一般构件		700		0.010
	无碱玻璃纤维布、耐碱玻璃纤维布	重要构件	1500	350	0.5×10^5	0.007
		一般构件		500		0.010

注:1.纤维复合材料布抗拉强度标准值根据置信水平为0.99、保证率为95%的要求确定。
　　2.重要构件是指自身失效将影响或危及承重结构体系整体工作的承重构件;一般构件是指自身失效为孤立事件,不影响承重结构体系整体工作的承重构件。

二、粘贴纤维布材用树脂

粘贴纤维布材用树脂包括用于构件表面处理的底层黏结树脂和浸透并粘贴纤维布的浸渍树脂。根据施工环境温度的不同,分为室温固化型、低温固化型及高湿面(或水下)固化型。

各类树脂的基本性能、长期使用性能和耐介质侵蚀性能见《桥梁结构加固修复用纤维黏结树脂》(JT/T 989—2015)[21]的相关规定。

三、表面防护材料

建议采用聚合物水泥砂浆对粘贴表面作防护,使粘贴前、后结构表面具有相近颜色。

第二节 加固计算、设计要点

一、适用范围

缠绕粘贴纤维增强复合材料布用来提高墩柱的抗压承载力和延性的效果较好。考虑纤维布材较薄,且粘贴层数不宜超过3层[1],用于提高墩、台身及盖梁等体积较大的构件加固效果有限。

二、计算要点

缠绕复合材料布以提高墩柱的抗压承载力和延性的计算公式均可采用《公路桥梁加固设计规范》(JTG/T J23—2008)"7 粘贴纤维复合材料加固法"中的相关规定。该规定与《结构加固规范》(GB 50367—2013)及《城市桥梁加固规程》(CJJ/T 239—2016)中的相关规定基本一致。

(1)纤维布的抗拉强度应按纤维布的净截面面积计算。净截面积应取纤维布的计算厚度乘以宽度。纤维布的计算厚度应为纤维布的单位面积质量除以纤维密度[22]。

(2)缠绕复合材料布加固轴心受压构件的计算一般规定:

①轴心受压构件可采用全长无间隔环向连续粘贴复合材料布的方法(环向围束法)进行加固。

②环向围束加固轴心受压构件适用于下列情况:

(a)长细比 $l/D \leqslant 12$ 的圆形截面柱;

(b)长细比 $l/D \leqslant 14$、截面高宽比 $h/b \leqslant 1.5$,且截面棱角经过圆化打磨的正方形或矩形截面柱。

三、构造设计要求

粘贴增强纤维复合材料布加固墩柱的构造要求,主要是关于搭接的要求[22]:

(1)纤维片材的搭接宜避开受拉力较大部位。

(2)横向搭接长度应满足下式要求:

$$L_1 = \max(150\text{mm}, f_{tk} \cdot t_{l1}/\tau_{ave})$$

式中:L_1——复合材料布的搭接长度;

f_{tk}——复合材料布的抗拉强度标准值;

t_{l1}——单层复合材料布的厚度;

τ_{ave}——复合材料布搭接平均剪切强度，取 4MPa；

（3）当采用多条或多层复合材料布加固时，各条或各层布材之间的搭接位置相互错开距离不应小于 250mm，且不应小于搭接长度的 1.5 倍。

（4）通过环向围束纤维复合材料布提高墩柱延性时，对圆形截面不应少于 2 层，对矩形截面不应少于 3 层。环向围束上、下层之间的搭接宽度不应小于 50mm，环向截断点的延伸长度不应小于 200mm，且各条带搭接位置应相互错开[1]。

第三节 施工要点及质量控制措施

粘贴增强纤维复合材料布施工工艺流程见图 2.3.1。

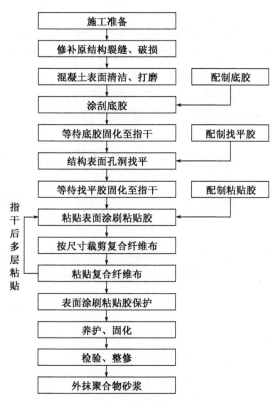

图 2.3.1 粘贴复合纤维布施工工艺流程图

1. 对原结构表面处理

修补原结构表面破损及裂缝与粘贴钢板加固法基本相同。当纤维复合材料布缠绕过构件棱角或外倒角时，应当将其打磨成圆弧面，圆化半径不小于 20mm[22]。

2. 涂刷底胶

将待粘贴表面清理完成之后，在其上涂刷一层薄层底胶，达到有效提高复合材料布与混凝土间黏结性能的目的，施工要点如下：

（1）根据厂家提供的标准用量，计算出所涂布面积的黏结底胶用量，视现场气温等实际情况，确保在适用期内一次用完。

（2）调制好的底胶应及时使用，用一次性软毛刷或特制滚筒将底胶均匀涂抹于混凝土表面，不得漏刷、流淌或有气泡。待底胶固化（指触干燥）后检查涂胶面，如涂胶面上有毛刺，应用砂纸打磨平顺，如胶层被磨损，应重新涂刷。

(3)底胶固化后应尽快进行下一道工序,若涂刷时间超过7d,应用砂轮机磨除原底胶,重新涂抹。

3. 修补找平

(1)底胶干燥后,若发现粘贴表面有缺损、坑洼、凹陷拐角、模板接头处存在高度差等情况,再用找平胶进行刮填修补,保证接头处无明显高度差,缺损、坑洼处平缓顺畅,凹陷拐角处填补圆角过渡。

(2)找平材料的调制和施工要点与底胶相同。

4. 粘贴复合材料布的要求[11]

(1)要求浸渍树脂将复合材料布完全浸润,以确保黏结效果。

(2)雨天或空气潮湿条件下不宜施工。对玻璃纤维复合材料布,相对湿度不宜大于80%。如确需在潮湿的构件上施工,必须人工干燥构件表面或采用专门的胶黏剂。

(3)宜在5~35℃环境温度条件下进行复合材料布粘贴,胶黏剂的选用应满足使用环境温度的要求。

(4)裁剪的复合材料布材必须呈卷状,妥善摆放并编号。已裁剪的布材应尽快使用。

(5)粘贴复合材料布前,应对混凝土表面再次擦拭,确保粘贴面无粉尘。混凝土表面涂刷胶黏剂时应做到:胶体不流淌,胶体涂刷不出控制线,涂刷均匀。

(6)粘贴立面复合材料布时,应按照由下到上的顺序进行。用滚筒将纤维复合材料布从一端向另一端滚压,除去胶体与布材之间的气泡,使胶体渗入布材,浸润饱满。选用的滚筒应在滚压过程中不产生静电。

(7)当采用多条或多层复合材料布加固时,在前一层纤维布表面用手指触摸感到干燥后,立即涂胶黏剂粘贴下一层复合材料布。

(8)最后一层布材施工结束后,在其表面均匀涂抹一层浸渍树脂(面层防护),自然风干。

5. 养护

(1)每处施工完成后,自然养护24h,养护期间确保不受外力硬性冲击等干扰。

(2)每道工序过程中及完工后,均采取适当措施保证不受污染或雨水侵袭。

(3)视施工期间温度不同确定养护天数。

(4)对粘贴施工完成的复合材料布,经自然养护至黏结胶完全固化后,仔细检查表面,如果布材黏层有空鼓或气泡,可以用刀片将纤维布顺着纤维方向划开(注意不要划断得太长),然后采用注射器针管将黏结胶注入空鼓或气泡内填充至密实。应保证密实粘贴面积大于95%。

第四章 新增预应力束加固技术

对已有结构施加后期预应力属于主动加固体系范畴,与之前各项被动加固技术相比,其可以改善原结构的应力状态,闭合原有裂缝,从根本上解决后加补强材料的应力滞后问题,提高材料利用效率。目前,根据体系的不同,新增预应力束加固技术包括预应力钢筋(钢绞线)体系、预应力复合材料筋体系和预应力钢套箍体系。

预应力钢筋体系按与原结构是否连接,可分为无黏结体外预应力筋体系和有黏结预应力筋体系。有黏结预应力筋设置在新增混凝土内,可视作新增预应力束与增大截面两种方法的结合。典型新增体外预应力束构造如图2.4.1所示。

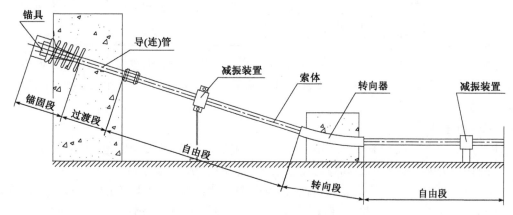

图2.4.1 典型新增体外预应力束构造图

第一节 加 固 材 料

一、预应力筋

增设有黏结预应力钢筋(钢绞线)与新建桥梁结构相同,在此不再赘述。

《公路桥梁加固设计规范》(JTG/T J22—2008)指出,体外预应力索包括钢绞线、高强钢丝束和精轧螺纹钢筋,并应具有防腐能力和可更换性。该规范第4.3.3条第2款中规定"体外预应力索应采用防腐性能可靠的产品,宜采用成品索;采用环氧涂层预应力钢材时,应检测涂层的质量及主要性能指标。"但规范中没有相关具体要求,在设计时应当参照其他规范对工程采用体外预应力索提出具体要求。20世纪80年代开始,因纤维增强复合材料筋具有轻质、高强、耐腐蚀、耐疲劳、低松弛、电磁绝缘性好等特点,在土木工程领域应用于加固工程中。

1.成品体外预应力钢绞线

(1)制作体外索用钢绞线性能要求

制作成品体外预应力索的钢绞线性能应符合《预应力混凝土用钢绞线》(GB/T 5224—2014)[23]的

规定,弹性模量 E 宜取 1.95×10^5 MPa。最常采用的是用 7 根钢丝捻制的钢绞线,结构代号为 1×7。1×7 钢绞线公称直径有 9.5mm、11.1mm、12.7mm、15.2mm、15.7mm、17.8mm、18.9mm、21.6mm 8 种,其中,以公称直径为 15.20(15.24)mm 最为常用。公称直径为 15.20(15.24)mm 钢绞线的力学性能见表 2.4.1[23]。

公称直径为 15.20(15.24)mm 的 1×7 钢绞线力学性能　　表 2.4.1

钢绞线代号	钢绞线公称直径 D_m(mm)	公称抗拉强度 R_m(MPa)	整根钢绞线最大力 F_m(kN),≥	整根钢绞线最大力的最大值 $F_{m,max}$(kN),≤	0.2%屈服力 $F_{p0.2}$(kN),≥	最大力总伸长率($L_0 \geqslant 400$) A_{gt}(%),≥	应力松弛性能 初始负荷相当于实际最大力的百分数(%)	应力松弛性能 1000h 应力检验率 r(%),≤
1×7	15.20 (15.24)	1470	206	234	181	3.5	70	2.5
		1570	220	248	194			
		1670	234	262	206			
		1720	241	269	212			
		1860	260	288	229			
		1960	274	302	241			

环氧涂覆钢绞线是采用高压静电喷涂法将环氧树脂粉末喷射于钢绞线上,然后加热熔融、固化、冷却,从而在钢绞线表面形成一层致密的环氧涂膜。应符合《单丝涂覆环氧涂层预应力钢绞线》(GB/T 25823—2010)的要求。

(2) 成品体外索构造

成品体外预应力钢绞线有采用普通钢绞线、镀锌钢绞线、环氧涂覆和外包 PE 防护的单根无黏结钢绞线等。体外预应力索管道有钢管和高密度聚乙烯(HDPE)两种,考虑到钢管的防腐性较差,现大多采用 HDPE 管。对不可更换的体外索,可在管道内真空灌注水泥浆;对可更换的体外索,可在管道内灌注油脂或其他防腐蚀材料,且灌注材料符合《无黏结预应力筋用防腐润滑脂》(JG/T 430—2014)的相关要求。

体外预应力钢绞线经过若干年的改进,并根据采用普通钢绞线还是环氧涂覆钢绞线、是否采用单根 PE 防护无黏结钢绞线、采用散束式或集束式,分为各种类型。常用的几种预应力钢绞线成品体外索基本构造如图 2.4.2 所示。

(3) 推荐成品体外索形式

集束式无黏结钢绞线体外索为工厂制作,防腐性能最为优越,可实现整体换索。散束式无黏结钢绞线体外索是购买单根无黏结钢绞线后现场制作,防腐性能低于集束式,但可实现单根换索。为加强其保护性,采用哈弗式 HDPE 管作整体防护。

2. 高强精轧螺纹钢筋

高强精轧螺纹钢筋也称预应力混凝土用螺纹钢筋,以屈服强度划分等级,其代号用"PSB"加上规定屈服强度最小值表示。参考国家标准《预应力混凝土用螺纹钢筋》(GB/T 20065—2016)[24]的规定,可选择的精轧螺纹钢筋规格及力学性能参数如表 2.4.2 所示。

3. 纤维增强复合材料筋

(1) 特性

纤维增强复合材料是指采用连续纤维或纤维织物为增强相,聚合物树脂为基体相,两相材料通过复合工艺组合而成的一种聚合物基复合材料。纤维增强复合材料筋是按拉挤成型工艺生产的棒状纤维增强复合材料制品[25],具有轻质、高强(强度接近或大于预应力钢筋)、耐腐蚀、耐疲劳、非磁性等优点。

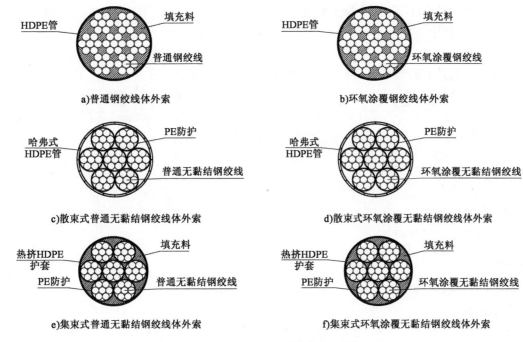

图 2.4.2　预应力钢绞线体外索基本构造图

精轧螺纹钢筋规格及力学性能参数　　　　　　表 2.4.2

公称直径（mm）	级别	屈服强度（MPa）	抗拉强度（MPa）	断后伸长率（%）	最大力下总伸长率（%）	应力松弛性能	
						初始应力	1000h后应力松弛率（%）
18、25、32、40、50	PSB785	≥785	≥980	≥7	≥3.5	0.8倍屈服强度	≤3
	PSB830	≥830	≥1030	≥6			
	PSB930	≥930	≥1080	≥6			
	PSB1080	≥1080	≥1230	≥6			

注：无明显屈服时，用规定非比例延伸强度代替。

它们的共同特点是"应力-应变"关系直至材料断裂仍几乎是线性关系，它们的强度远大于钢材，但断裂时的应变远小于钢材，且没有延性。纤维增强复合材料筋的弹性模量比钢筋低，将减小由于混凝土收缩、徐变引起的预应力损失。但由于受力的不均匀性、很低的抗剪强度（仅为钢材的1/3）、在高荷载下强度被减弱的蠕变作用、延展性差和不能采用常规锚具锚固，使得纤维的抗拉强度在工程实际中得不到全部应用[26]。

（2）分类

①按复合材料分类。

应用于土木工程的复合材料筋主要有碳纤维筋（CFB）、玻璃纤维筋（GFB）和芳纶纤维筋（AFB）。其中，玻璃纤维增强复合材料筋强度较低，且耐碱性差，在长期荷载作用下较芳纶纤维筋和碳纤维筋更易发生徐变断裂，不宜用作预应力筋[27]。碳纤维筋和芳纶纤维筋的主要力学性能参数见表 2.4.3[27]。

纤维增强复合材料筋主要力学性能参数　　　　　　表 2.4.3

复合材料筋种类	抗拉强度标准值（MPa）	弹性模量（MPa）	断裂伸长率（%）
碳纤维筋（CFB）	≥1800	≥1.4×10^5	≥1.5
芳纶纤维筋（AFB）	≥1300	≥0.65×10^5	≥2.0

②按表面状态分类。

按复合材料筋表面状态不同,可分为光面筋(P)、带肋筋(R)及其他(O)。考虑到光面筋与锚具间的摩擦力较小,加固工程中不应采用。

(3)规格

纤维增强复合材料筋存在剪切滞后问题,导致其抗拉强度随直径的增大而降低,因此应用于加固工程的复合材料筋的截面面积应小于 300mm^2。《结构工程用纤维增强复合材料筋》(GB/T 26743—2011)规定复合材料筋按公称直径可分为 6mm、8mm、10mm、12mm、14mm、20mm 等规格,按长度可分为 2m、4m、6m、10m、20m 等规格。复合材料筋公称直径及面积包含了树脂部分。

二、锚固系统

体外预应力加固锚固系统的作用包括承受张拉力、将张拉力传递给原结构。下面分别就不同预应力材料使用的锚固系统进行介绍。

1.锚固块

根据材料不同,锚固块分为钢锚箱和混凝土锚固块两大类。

(1)钢锚箱

钢锚箱的主要特点:①便于后期大批量更换体外预应力筋;②可在现场进行焊接预制,制作方式较混凝土锚固块更为简便;③承载能力强;④整体自重轻,对原桥结构的影响小;⑤抗疲劳性能强等。一般适用于跨径较大且张拉预应力束较多的体外预应力加固工程中。钢锚箱结构与原结构间通过锚栓连接成整体,主要由锚栓、端部承压板、横向加劲肋、纵向加劲肋及底板等五大部分组成,如图 2.4.3 所示[28]。

(2)混凝土锚固块

相对于钢锚箱而言,混凝土锚固块的主要特点为:①造价低;②与原结构黏结性能好;③钢筋设计及构造复杂;④抗腐蚀性强;⑤抗疲劳性较差等。一般适用于跨径较小、张拉钢束较少的桥梁加固项目中[28]。混凝土锚固块的构造与形状大同小异,大多呈块状。加固时墩顶已架设上部结构,只能从侧面新增预应力筋。对于桥墩盖梁,为了使混凝土锚固块尽可能与原有结构密切连接,可将锚固块设置为 U 形,如图 2.4.4 所示。对桥墩墩身,可设置与原结构紧密连接的钢筋混凝土锚固块。

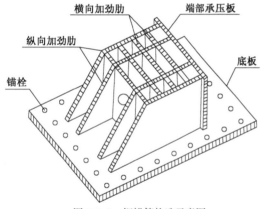

图 2.4.3 钢锚箱构造示意图

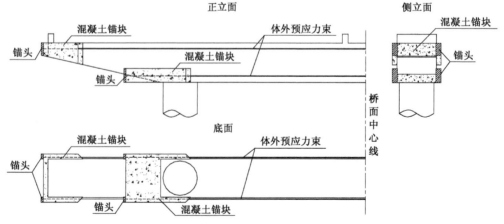

图 2.4.4 桥墩盖梁体外预应力构造图

2. 锚具

1) 无黏结预应力钢绞线锚具

体外预应力锚具分为可更换式锚具和永久式锚具两大类型。永久式锚具锚垫板和钢束管道直接与混凝土相连，在体外索被锚固后无法进行更换，其张拉力也不可调整。可更换锚具与锚块混凝土分离，分为可换不可调和可换可调两种。可换不可调型锚具不能调整张拉后的体外索的索力；可换可调型锚具可在完成体外索的张拉后留有一定调节长度，以实现索力调整。可换不可调锚具包括更换单根钢绞线和更换整束两种；可换可调型锚具只有更换整束一种。

为使体外预应力筋实现二次张拉，使用一段时间后便于补张拉，以及更换预应力筋，应当选用可换可调型体外预应力筋锚具。以某知名厂家锚具产品为例，其构造如图2.4.5所示。

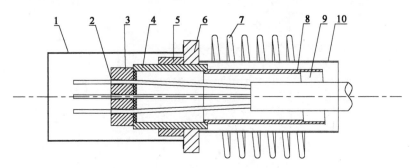

图2.4.5　可换可调型体外预应力筋锚具构造图

1-保护罩；2-工作夹片；3-工作锚板；4-支撑筒；5-螺母；6-锚垫板；7-螺旋筋；8-密封筒；9-密封装置；10-预埋管

2) 预应力纤维筋锚具

CFB筋为各向异性材料，其轴向性能优异，轴向抗拉强度可达到高强钢丝的2倍，而横向抗压强度和抗剪强度较低，CFB筋剪切强度仅为其抗拉强度的2%~5%。CFB筋的上述缺点致使其不能采用传统的锚固方式进行锚固，在工程中，是锚具的性能而不是CFB筋本身的强度起控制作用[29]。

现行规范尚没有对预应力纤维筋锚具给出具体形式，只有《无黏结预应力混凝土结构技术规程》（JGJ 92—2016）对其技术性能提出相关要求。目前研究较多的预应力纤维筋锚具有机械夹持型和黏结型两种[29-30]：

（1）机械夹持型锚具

①传统型。

构造：机械夹持型锚具（图2.4.6）主要通过锚杯、夹片和CFB筋材间的摩擦力及挤压力起锚固作用，锚杯的长度可根据需要进行调整。为了使锚固区域的CFB筋受力比较均匀，避免因局部夹伤致使非正常破坏，需在CFB筋锚固区上设置软金属、特种塑料或其他类型的套管。夹片的齿距和齿深、套管壁厚、夹片锚杯的锥度及长度等，是机械夹持式锚具锚固性能的主要影响因素。

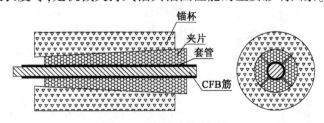

图2.4.6　机械夹持式锚具

优点：避免了湿作业、比较简洁、组装方便、可重复利用、组装完成后即可使用，特别适合后张法施工和体外预应力施工。这种锚具系统和现有预应力钢筋夹片锚具系统差别不大，通过对现有张拉机具进行较小改进，即可满足张拉和对夹片的加压安装同步进行。

缺点：此类锚具对CFB筋容易造成损伤，在性能的稳定性方面相对于黏结型锚具较差。

②改进型[30]。

改进要点：一是将夹片对CFB筋的预夹紧由原来的手动方式改进为螺旋推动套筒方式。这种预夹紧方式可使CFB筋表面受到的压力更趋均匀和平稳，减小了预夹紧时的应力集中，减轻对CFB筋的剪切破坏。二是将锚具的支撑板一侧设计成球面，增加一个球面垫圈。原来的锚具支撑板为平面，施加预拉力时可能因预应力构件安装端面不平整或预留孔与预应力构件安装端面不垂直，造成夹持部分的CFB筋与受拉部分的CFB筋不同轴，使其承受预拉力的同时，在夹持端处还受到附加弯曲正应力和剪切应力，加剧了应力集中和受剪破坏。采用新的设计方案可使锚具的轴线在预拉力作用下自动调整到与预拉力方向一致，避免了施加预拉力时夹持端处的CFB筋产生附加应力。建筑用碳纤维筋预应力锚具的设计图如图2.4.7所示[30]。

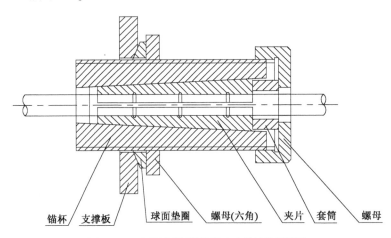

图2.4.7 建筑用碳纤维筋预应力锚具的设计图

工作原理：两个夹片的外锥面与锚杯锥孔设计3:100的锥度，夹片向小端方向轴向移动时实现对筋的夹紧。工作时，在对CFB筋施加拉力后，旋转螺母并且推动套筒实现夹片向小端方向轴向移动，实施对CFB筋的预夹紧。拉力施加结束后，受预应力的CFB筋通过与夹片之间的摩擦力拖动两夹片进一步向小端方向轴向移动，实现夹紧锚固。在预夹紧后和拉力施加结束前的过程中，应通过六角螺母、球面垫圈将支撑板与预应力构件安装端面贴紧。夹紧锚固后，受到预应力的CFB筋对锚具产生拉力，因支撑板与球面垫圈之间的球面接触，在该拉力作用下的锚具可自行调整其轴线与拉力方向基本一致。

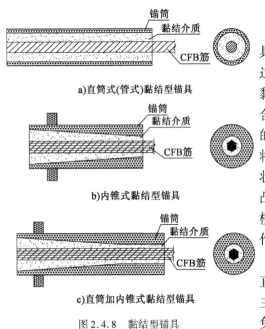

图2.4.8 黏结型锚具

(2) 黏结型锚具[29]

黏结型锚具按黏结介质的不同，分为环氧树脂封装锚具和水泥砂浆封装锚具。CFB筋与其外围黏结介质之间通过一种复杂的相互作用来传递二者间的应力，协调变形。黏结型锚具与CFB筋通过界面的黏结力、摩擦力和机械咬合力来传递剪力，黏结应力沿CFB筋长度而变化。CFB筋的黏结强度在滑动前主要取决于化学胶着力，发生滑动后将取决于CFB筋与黏结介质间的摩擦力，以及与筋材表面状况有关的机械咬合作用，即CFB筋凸起部分与黏结介质凸起部分的抗剪强度比。同一个锚具中也可设置不同弹性模量的黏结介质，以避免CFB筋受到过大的峰值剪应力作用。

黏结型锚具包括3种形式：直筒式（管式）、内锥式及直筒加内锥式，见图2.4.8。影响黏结型锚具黏结性能的主要因素有锚具形式、黏结长度、黏结介质。此类锚具可避免咬伤筋材，性能比较稳定。一个黏结型锚具可锚固单根或多根 CFB 筋,但灌胶工艺难以控制,对胶的性能要求高,固化时间长。

三、转向系统

1. 分类

转向系统起到使体外索转向的作用,并将预应力传递至原结构混凝土。从受力角度区分,转向块形式主要分为承压型及剪切型两种。

(1)承压型转向块:

承压型转向块主要是将体外索的预应力以压力的形式作用于原结构。承压型转向块与体外预应力索相接触的部分会受到横向压力与摩擦力的共同作用,若转向块结构设置不合理或体外索线形存在问题,常常会发生体外索局部硬化、预应力损失过大以及原结构应力集中等问题,严重时甚至会导致原结构局部受压破坏。

(2)剪切型转向块:

剪切型转向块主要是将体外索的预应力以剪力的形式传递给原结构。张拉体外预应力筋会使转向块与原结构相接触的混凝土受到较大的剪力,其应力并不是均匀分布的,局部应力较大,且出现应力集中现象,但在设计中往往将其应力简化为均匀分布情况。若相关设计人员经验不足,这种简化设计往往并不合理,有可能造成在部分区域加固材料过于浪费,部分区域承载力不足,导致接触部位混凝土的局部破坏,影响桥梁的加固效果和安全。所以在施工过程中应对转向块的质量进行严密监测。

鉴于转向块只能设置在桥墩结构的侧面,通常为剪切型转向块。

2. 构造

《公路桥梁加固设计规范》(JTG/T J22—2008)规定,转向装置宜采用钢部件、现浇混凝土块体或附加钢锚箱结构。根据体外索穿过方式的不同,分为散束式转向器和集束式转向器两种。散束式转向器主要由导管、挡板、隔板、ZH 砂浆组成,如图 2.4.9 所示。根据形状不同,散束式转向器有圆形和方形两种。集束式转向器由无缝钢管弯制,可实现整体式换索,见图 2.4.10。

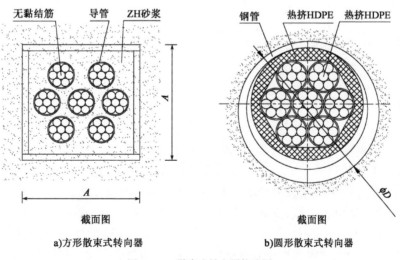

图 2.4.9 散束式转向器构造图

图 2.4.10 集束式转向器构造图

四、定位系统

体外预应力钢束自由段较长,在设计体外预应力体系时,应确保体外预应力钢束的振动频率与构件固有频率、外荷载频率之间具有一定的差异,避免因三者的振动频率过于接近而产生共振。《公路桥梁加固设计规范》(JTG/T J22—2008)规定体外索的自由段长度超过10m时应设置定位装置,目的就是为了减小振动、避免疲劳。另外,该定位(减振)装置可保证体外索位置的准确,缩短体外索自由段长度,减小因振动幅度及位置偏差产生的二次效应。

体外索的定位装置构造简单,将索箍将体外索与原结构固定即可,见图2.4.11和图2.4.12。

图2.4.11 定位器构造图(1)

图2.4.12 定位器构造图(2)

第二节 加固设计、计算要求

一、适用范围

新增预应力束包括有黏结钢束和无黏结钢束两种,可大范围主动提高被加固构件的承载能力。适用于墩、台帽及墩、台身的加固。

二、加固计算

《结构加固规范》(GB 50367—2013)和《公路桥梁加固设计规范》(JTG/T J22—2008)均仅对体外预应力加固梁体构件规定了计算公式。《城市桥梁加固规程》在《公路桥梁加固设计规范》(JTG/T J22—2008)的基础上,结合近年研究成果给出了有黏结及无黏结钢束加固梁构件的整体计算公式。局部计算,如转向构造、锚区等可参见《公路桥梁加固设计规范》(JTG/T J22—2008)的规定。

对于那些刚施工完,或施工完不久就需采用体外预应力技术加固的桥墩盖梁,应当依据《公路钢筋混凝土及预应力混凝土桥涵设计规范》(JTG 3362—2018)的相关规定,按新建结构进行计算。

三、设计构造要求

1. 有关被加固构件混凝土强度等级要求

《结构加固规范》(GB 50367—2013)中要求采用体外预应力技术加固钢筋混凝土结构、构件时,原构件混凝土强度等级不宜低于C20;《公路桥梁加固设计规范》(JTG/T J22—2008)要求原构件混凝土强度等级不宜低于C25。两部规范对体外预应力加固构件混凝土强度等级的要求远低于新建预应力构件混凝土强度等级(C40混凝土)的要求,是因为需要做预应力加固的既有构件已经使用了一段时间,且平时已经承受了较大的荷载,加固所施加的预应力不会产生较大的预压应力,相反会同时减小混凝土截面受压边缘的最大压应力和受拉边缘的最大拉应力,故可以降低对混凝土强度的要求,只要求两端锚固区的局部承压强度能满足规范对新建构件的要求即可。若局部承压不足,也只需要做局部处理。鉴于对桥梁结构加固时施加的预应力通常比房建结构大,建议按《公路桥梁加固设计规范》(JTG/T J22—2008)的规定,要求原构件混凝土强度等级不低于C25。

2. 有关体外索线形布置

对下部结构,体外预应力技术多用于盖梁加固。下部结构盖梁高度有限,一般不论是无黏结体外索还是有黏结体外索,多采用直线型布置方式(图2.4.13)。当两锚固块间无黏结体外索长度超过10m时应当设置定位装置,保证体外索位置的准确性,缩短钢束自由长度,减小其振动幅度及位置偏差产生的二次效应。

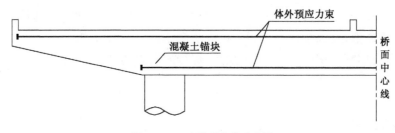

图2.4.13 直线型布索示意图

3. 有关体外索锚固端构造

对有黏结体外索,其锚固端构件与新建预应力构件相同。无黏结体外索的锚固构造应保证传力可靠且变形符合设计要求,可采用的方式如下[27]:

(1)采用钢板箍或钢板块直接将预应力传至盖梁端部。

(2)当锚固端采用钢筋混凝土锚块锚固预应力筋时,钢筋混凝土锚块与盖梁间应有可靠的连接构造,如螺栓、套箍等。

(3)对可更换的体外索,在锚固端与原结构相连接的鞍座套管应与体外索的外套管分离,以便更换体外索。

4. 有关体外索的防护

有黏结体外索与新建构件预应力束都被钢筋混凝土所包裹,不需特别考虑其表面防腐问题,当然也无法更换预应力束。无黏结体外索应当按可更换体系考虑,保留必要的预应力束长度,在防护罩内灌注专用防腐油脂或其他可清洗的防腐蚀材料。体外束的保护套管可采用高密度聚乙烯或镀锌钢管,并符合下列规定[27]:

(1)保护套管应能抵抗运输、安装和使用过程中的各种作用力、不得损坏。

(2)采用水泥灌浆时,管道应能承受1.0MPa的内压,其内径应不小于$1.6\sqrt{A_p}$,其中A_p为束的计及单根无黏结筋塑料护套厚度的截面面积,使用塑料管道时应考虑灌浆时温度的影响。

(3)采用防腐化合物,如专用防腐油脂等填充管道时,除应遵守有关规定的温度和内压外,在管道和防腐化合物之间,因温度变化发生的效应不得对钢绞线产生腐蚀作用。

(4)镀锌钢管的壁厚不宜小于管径的1/40,且不应小于2mm;高密度聚乙烯管的壁厚宜为2~5mm,且应具有抗紫外线功能。

(5)刚性外套管应具有可靠的防腐蚀性能,在使用一定时期后应重新涂刷防腐蚀涂层。

(6)应保证高密度聚乙烯等塑料外套管长期使用的耐老化性能,并允许在必要时进行更换。

第三节 施工要点及质量控制措施[27]

一、施工准备

施工前应根据设计图纸与现场施工条件编制预应力施工方案,并经有关单位审核后实施。

采用高强钢丝、钢丝束、钢绞线用作体外预应力束时宜采用千斤顶张拉,也可根据工程实际,采用电热法、手拉葫芦、力矩扳手或横向收紧等方式张拉。

二、预应力筋加工制作

预应力筋的下料长度应通过计算确定。计算时综合考虑其孔道长度、锚具长度、千斤顶长度、张拉伸长值和混凝土压缩变形量,以及根据不同张拉方法和锚固形式预留的张拉长度等因素。制作预应力筋时,宜采用砂轮锯或切断机切断,不得采用加热、焊接或电焊切割,且施工过程中应避免电火花和电流损伤预应力筋。

三、预应力筋安装

体外预应力束在穿索过程中注意排序,无法进行整束穿索的宜采用单根穿索的方法,并在张拉之前对所有预应力束均进行预紧。在穿索过程中需进行严格的防护措施,严禁拖曳体外束,以避免造成对表面防护层的损害,减弱体外束的防腐性能。在体外束未张拉前,应由定位支架或其他措施控制预应力束位置。具体的保护措施:在地面铺垫一定厚度的软垫层,如麻袋;上面每隔3m距离设置支撑架,支撑架可采用150mm×150mm×800mm的方木,方木上面铺彩条布。

四、预应力张拉

1. 张拉方式

体外预应力筋的张拉控制应力应符合设计要求,可一端张拉也可两端张拉。张拉过程中应对张拉力、压力表读数、张拉伸长值、异常现象等做出详细记录。

2. 张拉应力

施工中如需超张拉,可比设计规定提高5%,但需控制其最大张拉应力。对于预应力钢丝和钢绞线,张拉应力不宜超过$0.65f_{pk,e}$,且不应小于$0.4f_{pk,e}$。

3. 伸长值

当要求部分预加应力用于抵消由于应力松弛、摩擦、分批张拉等因素时,预应力筋实际伸长值与计算伸长值之差应控制在±6%以内;否则应暂停张拉,待查明原因并采取措施予以调整后,方可继续张拉。千斤顶张拉体外预应力筋的计算伸长值Δl可按下式计算:

$$\Delta l = \frac{P \cdot l}{A_p \cdot E_s} \tag{2-4-1}$$

$$P = P_\text{j}\left(\frac{1 + \mathrm{e}^{-(kx+\mu\theta)}}{2}\right) \tag{2-4-2}$$

式中：P——预应力筋平均张拉力，取张拉端拉力 P_j 与计算截面扣除孔道摩擦损失后的拉力平均值；

l——预应力筋的实际长度。

后张预应力筋的实际伸长值在初应力 σ_0 时开始量测，初应力 σ_0 一般可取张拉控制应力的 10% ~ 20%。实际伸长值 Δl_0 可按下式确定，并须分级记录。

$$\Delta l_0 = \Delta l_1 + \Delta l_2 - \Delta l_3 - \Delta l_4 - \Delta l_5 \tag{2-4-3}$$

式中：Δl_1——从初应力 σ_0 至最大张拉应力间的实测伸长值；

Δl_2——初应力以下的推算伸长值，可根据张拉力与伸长值成正比关系确定；

Δl_3——张拉过程中构件的弹性压缩值；

Δl_4——千斤顶内的预应力筋张拉伸长值；

Δl_5——张拉过程中工具锚和固定锚等工作锚楔紧引起的预应力筋内缩值。

4. 低松弛预应力筋超张拉

采用低松弛预应力筋时，为减少预应力筋的松弛损失，采用超张拉方法张拉时，其张拉程序可根据张拉方式、预应力筋种类及锚具类型进行如下选择：

(1)当不需要超张拉时，预应力筋的张拉程序为：0→初应力→2 倍初应力→σ_{con}(持荷 2min)→σ_{con}(锚固)。初始张拉力取值以预应力筋绷紧为准。对直线预应力筋宜取张拉力的 10% ~ 15%，对曲线预应力筋宜取张拉力的 15% ~ 20%。

(2)当采用超张拉方法减小预应力损失时，预应力筋的张拉程序：

①对可调节锚具：0→初应力→2 倍初应力→$1.05\sigma_{\text{con}}$(持荷 2min)→σ_{con}(锚固)；

②对不可调节锚具：0→初应力→2 倍初应力→$1.03\sigma_{\text{con}}$(持荷 2min)→σ_{con}(锚固)。

张拉锚固后预应力值与设计值偏差不应超过 ±5%。发生断裂或滑脱的数值严禁超过同一截面预应力筋总根数的 3%，且每根钢丝不超过 1 根。

五、转向器与锚具安装

(1)转向器的安装位置按设计要求确定，安装误差应在设计允许范围内。

(2)安装定位与设计参照点空间坐标误差不大于 10mm，角度误差小于 1°。

(3)因在浇筑转向块混凝土时，部分转向器内有水泥浆或其他杂物进入，须先逐孔清理干净，确保孔道都能顺利通过且不会对索体造成损坏。

(4)锚具预埋件的安装位置按设计要求确定，安装误差应在设计允许范围内。

第五章 有黏结预应力碳纤维板加固技术

第一节 加固机理

有黏结预应力碳纤维板加固体系是一种应用于受弯、受拉及大偏心受压构件的主动加固技术。具体做法是将涂覆有专用环氧胶的碳纤维板进行预应力张拉,再将碳纤维板粘贴、锚固在构件上,从而达到提高构件承载能力、减小挠度变形,减少、封闭构件裂缝的目的。预应力碳纤维板锚固体系主要由锚具、碳纤维板、碳纤维专用环氧胶、张拉装置和张拉设备、化学锚栓等组成。预应力碳纤维板加固体系可以充分发挥材料的高强特性,具有在对原构件几乎不产生影响的情况下改善构件使用阶段的受力性能、防止层间剥离破坏的发生、减弱应变滞后现象,以及施工便捷等优点。

碳纤维板锚固体系包括单根体系和多根体系两种。其中单根布置相对灵活、操作方便、适用于安装面较宽的情况,具体构造如图2.5.1所示;群锚式多根布置体系紧凑,适用于安装面较狭小的情况,具体构造如图2.5.2所示。

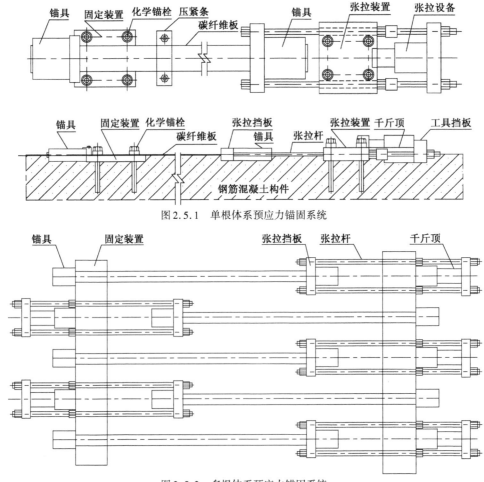

图 2.5.1 单根体系预应力锚固系统

图 2.5.2 多根体系预应力锚固系统

这种加固技术主要适用于截面偏小或配筋不足的钢筋混凝土构件的加固,也就是说加固构件的质量基本上是完好的,能够正常工作的。当构件有严重损伤或缺陷时,不应选用这种加固方法。

第二节 加 固 材 料

一、预应力碳纤维板

碳纤维板是将同一方向排列的碳素纤维使用树脂浸润硬化形成碳纤维板材,具有质量轻、拉伸强度高、耐腐蚀性、抗震性、抗冲击性等良好性能。《公路桥梁加固设计规范》(JTG/T J22—2008)第 4.5.1 条指出,桥梁加固用碳纤维板材的品种和性能应满足下列要求:碳纤维应选用不大于 12k 的小丝束聚丙烯腈基(PAN 基纤维),不得使用大丝束纤维。桥梁加固用碳纤维板的主要力学性能指标应符合表 2.5.1 的规定;单向碳纤维板材的厚度不宜小于 1.0mm,不宜大于 2.0mm;板的宽度不宜大于 150mm;碳纤维的体积含量不应低于 60%。

桥梁加固用碳纤维板主要力学性能指标　　　　　　　　　表 2.5.1

板材级别	性能项目				
	抗拉强度标准值（MPa）	弹性模量（MPa）	伸长率（%）	碳纤维材料-混凝土正拉黏结强度（MPa）	层间剪切强度（MPa）
碳纤维板材Ⅰ级	≥2400	≥1.6×10^5	≥1.7	≥2.5 且为混凝土内聚破坏	≥50
碳纤维板材Ⅱ级	≥2000	≥1.4×10^5	≥1.5		≥40

国内某知名厂家的碳纤维板材力学参数见表 2.5.2。

某知名厂家碳纤维板力学参数表　　　　　　　　　表 2.5.2

型号	规格($A \times B$)（mm）	拉伸强度（MPa）	拉伸弹性模量（MPa）	伸长率（%）
CFB50-1.2	50×1.2	≥2400	≥160	≥1.7
CFB50-1.4	50×1.4			
CFB50-2.0	50×2.0			
CFB50-3.0	50×3.0			
CFB50-4.0	50×4.0			
CFB80-1.2	80×1.2			
CFB80-1.4	80×1.4			
CFB80-2.0	80×2.0			
CFB100-1.2	100×1.2			
CFB100-1.4	100×1.4			
CFB100-2.0	100×2.0			

二、胶黏剂

预应力碳纤维板加固体系用胶黏剂与粘贴复合纤维布用胶黏剂相同,亦分为常温固化型和低温固化型,具体指标详见本篇第三章及《桥梁结构加固修复用纤维黏结树脂》(JT/T 989—2015),在此不再赘述。

三、预应力碳纤维板锚具

1. 分类

国内预应力碳纤维板加固常用的锚具大致可分为三类：

(1) 平板锚具。系由两块形状与尺寸都相同的钢板，通过螺栓连接夹持碳纤维板，从而达到锚固碳纤维板的作用，具有施工便捷、操作简单、费用低的优点[31]，具体构造见图2.5.3。

(2) 波形齿夹具锚。通过压紧及锁定装置挤压上、下波形齿板，波形齿板再将挤压力转化为对碳纤维板的摩擦阻力，从而对碳纤维板起到锚固作用。相对于平板锚具，波形齿夹具锚的波形齿不仅能够给加固体系提供更大的阻力系数，还可以有效增加碳纤维板和锚具之间的接触面积，从而加强锚具对碳纤维板的夹持效果[32]，具体构造见图2.5.4。

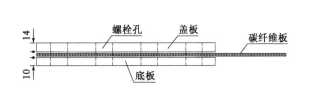

图2.5.3 平板锚具（尺寸单位：cm）　　　　图2.5.4 波形齿夹具锚

(3) 夹片式锚具。其锚固原理与预应力钢筋的夹片锚类似，由一块锥形的锚板和两片楔形夹片组成，在安装碳纤维板时，先对夹片施加预紧力，使夹片和锚板之间产生很大的挤压力，挤压力通过夹片传递到碳纤维板从而产生很大的摩擦力，达到锚固碳纤维板的效果[33-34]，具体构造见图2.5.5。

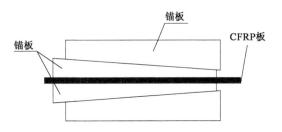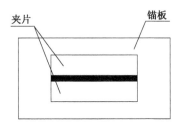

图2.5.5 夹片式锚具

2. 规格、参数

由于预应力碳纤维板锚具尚无国家标准，故相关指标可参考《预应力筋用锚具、夹具和连接器》(GB/T 14370—2015)。现列举知名厂家纤维板锚固体系规格及参数，详见表2.5.3、图2.5.6、图2.5.7。

某知名厂家碳纤维板锚具及附件规格参数表　　　表2.5.3

型号规格	$C \times D \times$ 厚度 (mm)	$\phi G \times H$ (mm)	$K \times J$ (mm)	$K' \times J'$ (mm)
CFP50-1.4	125×100×45	φ12×160	200×220	280×200
CFP50-2.0	125×100×45	φ12×160	200×220	280×200
CFP50-3.0	125×100×45	φ24×300	200×220	280×200
CFP100-1.4	150×150×55	φ24×300	210×260	260×210
CFP100-2.0	150×150×55	φ24×300	210×260	260×210

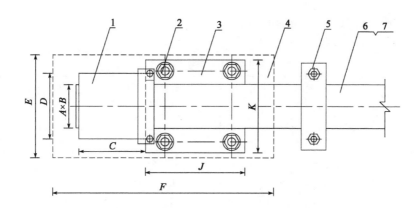

图 2.5.6 固定端示意图

1-锚具；2-化学锚栓；3-固定端锚固装置；4-封锚防腐材料；5-压紧条；6-碳纤维板；7-专用黏结胶

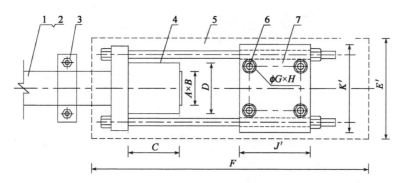

图 2.5.7 张拉端示意图

1-碳纤维板；2-专用黏结胶；3-压紧条；4-锚具；5-封锚防腐材料；6-化学锚栓；7-张拉端锚固装置

3. 张拉机具

锚具采用张拉机具由小型千斤顶和高压油泵(可采用小型的手动泵)组成,见图2.5.8及图2.5.9。小型千斤顶规格参数见表2.5.4。

图 2.5.8 小型千斤顶

图 2.5.9 千斤顶安装张拉

小型千斤顶规格参数表　　　表2.5.4

型号规格	公称顶压力 (kN)	外形尺寸 (mm)	行程 (mm)
YD300-62	300	$\phi 102 \times 118$	62
YD137-100	137	$\phi 62 \times 160$	100

为了实现碳纤维板与原构件外表面密贴,需将安装锚具处原构件表面切槽,切槽尺寸如表2.5.5所示。

张拉施工锚固区间空间尺寸　　　　表2.5.5

型号规格	固定端切槽尺寸 $E \times F \times$ 深度 （mm）	张拉端切槽尺寸 $E' \times F' \times$ 深度 （mm）	化学锚栓打孔尺寸 （mm）
CFP50-1.4	$240 \times 405 \times 25$	$320 \times 1100 \times 25$	$\phi 14 \times 110$
CFP50-2.0	$240 \times 405 \times 25$	$320 \times 1100 \times 25$	$\phi 14 \times 110$
CFP50-3.0	$240 \times 405 \times 25$	$320 \times 1100 \times 25$	$\phi 28 \times 210$
CFP100-1.4	$250 \times 500 \times 25$	$300 \times 1100 \times 25$	$\phi 28 \times 210$
CFP100-2.0	$250 \times 500 \times 25$	$300 \times 1100 \times 25$	$\phi 28 \times 210$

第三节　加固设计、计算要点

一、适用范围

碳纤维板只能直线布置,所以有黏结预应力碳纤维板适用于需提高正截面抗弯承载力的墩、台盖梁。

二、计算要求

《城市桥梁加固规程》（CJJ/T 239—2016）给出了有关计算公式,其中与碳纤维板有关的预应力损失计算公式采用的是《结构加固规范》（GB 50367—2013）的有关规定。《公路桥梁加固设计规范》（JTG/T J22—2008）中没有相关规定。建议依据《城市桥梁加固规程》（CJJ/T 239—2016）中的公式进行设计计算。

三、设计构造要求[8,35]

1. 有关被加固构件混凝土强度等级要求

《结构加固规范》（GB 50367—2013）规定采用预应力碳纤维板加固混凝土构件时,原构件强度等级不得低于C25,且混凝土表面的正拉黏结强度不得低于2.0MPa。《公路桥梁加固设计规范》（JTG/T J22—2008）中未涉及该项技术。考虑到公路行业标准中对体外预应力技术加固原构件混凝土强度等级的要求是不低于C25,建议预应力碳纤维板加固原桥梁构件的要求较建筑行业标准也提高一个等级,即不低于C30混凝土。与新建预应力混凝土构件强度等级要求不同的原因,与"新增预应力束加固技术"类似,可参见本篇第四章表述。

2. 相关材料构造要求

（1）预应力碳纤维板

预应力碳纤维板加固体系宜选用宽度为100mm的碳纤维板材。当截面宽度较大时,可粘贴多条,相邻端部锚固系统可沿碳纤维板纵向错位布置。碳纤维板宜直接粘贴在混凝土表面,不宜采用嵌入式粘贴方式。粘贴过程中应对张拉锚固部分以外的构件表面与混凝土之间涂刷结构胶黏剂。粘贴完成后,应对预应力碳纤维板表面进行防护处理,表面防护材料应对碳纤维及胶黏剂无害。

(2)预应力碳纤维板加固用锚具

①对于平板锚具:锚具表面粗糙度 $5\mu m \leqslant R_a \leqslant 50\mu m$,$80\mu m \leqslant R_y \leqslant 150\mu m$,$60\mu m \leqslant R_z \leqslant 100\mu m$。其中,$R_a$ 为轮廓的算术平均偏差;R_z 为轮廓的最大高差[36]。

②对于波形锚具:波形锚板的齿深宜为 0.3~0.5mm,齿间距宜为 0.6~1.0mm。

③对于夹片式锚具:宜在夹片内侧涂抹金刚砂以增加夹片碳纤维板的有效摩擦力;控制夹片倾角与锚板倾角的角度差,以便形成合理的应力分布状态。

第四节 施工要点及质量控制措施

一、加固施工工艺流程

预应力碳纤维板加固施工工艺流程如图 2.5.10 所示。

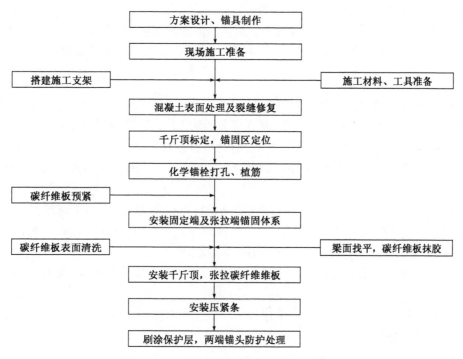

图 2.5.10 预应力碳纤维板加固施工工艺流程

二、主要施工阶段要点及质量控制措施

1. 定位

(1)用钢筋探测仪明确原构件钢筋所在位置,可配合采用除去混凝土保护层的方法作校核,以便确定锚具的安装位置。

(2)尺寸核对:张拉端后方预留的可施工距离必须 >300mm(从孔洞的中心算起)。

(3)测量固定端和张拉端孔洞中心之间的距离后,准确标注需钻孔洞的位置。

(4)切割安放碳纤维板锚具及张拉装置的槽口,并钻孔;孔洞直径及深度误差均应控制在设计值的±5mm以内。

(5)清理需粘贴碳纤维板部位的基面,涂抹找平胶,标注中心线。

2. 锚具安装

(1)用锚栓定位锚具的位置方向,方向与中心线的偏差允许值控制在±2°以内。

(2)钻锚栓孔、安装锚栓。

(3)沿着周边或边缘,用结构胶封闭孔洞和锚具之间的表面空隙,固化时间必须大于30min。

(4)核查边缘和基面的紧密程度,如果没有填满,就用结构胶封闭,固化时间亦必须大于30min。

(5)将结构胶通过预留注射管注射到锚具圆柱和孔壁之间的间隙。

(6)割断注射管。

3. 预应力碳纤维板的准备工作

(1)检查碳纤维板表面是否存在损伤,根据测量好的两端中心孔的位置确定碳纤维板的下料长度,制作两端锚具。在施加预应力之前不能做拉拔试验。

(2)在混合结构胶之前测量温度和露点,基面温度应大于露点温度3℃以上,并测试基面含水率,含水率应≤4%。

(3)磨平基面,并在其表面涂抹一薄层底胶。

(4)掀起碳纤维板并用干净白布沾丙酮清洁剂清洁需涂环氧胶的那一面,注意不要损坏碳纤维板。

(5)在碳纤维板上涂抹碳纤维专用结构胶,在张拉端最后的3cm和固定端的8cm不要涂抹。

4. 张拉

(1)在开始张拉前必须确保前面所有安装程序都符合预应力张拉的要求;在锚具与预应力碳纤维板之间宜粘贴2~4层碳纤维织物作为垫层,并在锚具、预应力碳纤维板以及垫层上均涂刷高强快固型结构胶,并在凝固前迅速将夹具锚紧,以防预应力碳纤维板与锚具之间滑移。

(2)张拉时要逐级张拉,张拉分级为:$0 \rightarrow 20\%\sigma_{con} \rightarrow 40\%\sigma_{con} \rightarrow 60\%\sigma_{con} \rightarrow 80\%\sigma_{con} \rightarrow 100\%\sigma_{con} \rightarrow$ 持荷2min→锚固。

(3)当张拉过程中发现有明显滑移现象或达不到设计张拉应力时,应调整螺丝紧固力后重新张拉。当张拉过程顺利且达到设计应力后,松开张拉装置,涂布胶黏剂,二次张拉至设计应力值。

(4)张拉端和固定端锚具与梁面接合处需用黏结胶填满,形成整体。

(5)封锚。在张拉端、固定端锚固区加上一层钢筋网格,用聚合物砂浆或者其他防腐材料进行封闭。

(6)去除碳纤维板及混凝土表面多余结构胶。

(7)割掉过长的张拉杆,完成整个张拉过程。

5. 竣工

拆除千斤顶、张拉挡板等可拆除部件。

第六章　预张紧钢丝绳网-聚合物砂浆外加层技术

第一节　加固机理

预张紧钢丝绳网-聚合物砂浆外加层技术作为一种新型的混凝土结构体外配筋加固技术,近几年被引入国内。该技术使钢丝绳网片通过黏合强度及弯曲强度优秀的渗透性聚合物砂浆附着在原结构混凝土表面,形成整体,共同承担荷载作用下的弯矩和剪力(图2.6.1)。该技术适用于承受弯矩和剪力的混凝土构件正截面、斜截面承载力加固,而且还能较大幅度提高结构的整体承载能力[37]。但加固后对原结构的外观有一定的影响。

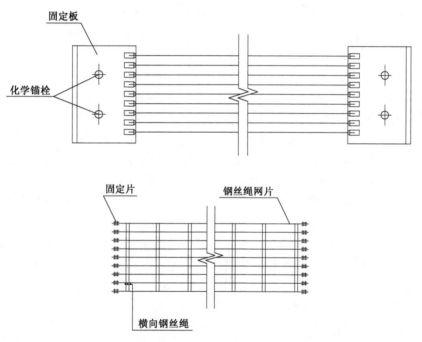

图2.6.1　预张紧钢丝绳网片-聚合物砂浆外加层加固技术简图

该技术所用钢丝绳具有强度高(抗拉强度是同规格钢筋的3~5倍)、防锈、柔软性好、运输及施工方便等特点。聚合物砂浆是一种既具有高分子材料的黏结性,又具有无机材料耐久性的新型混凝土修补材料,其抗压强度高、固化迅速、黏结性能好,有很好的保水性能和抗裂性、高耐碱性,耐紫外线。

第二节　加固材料

一、钢丝绳[8]

预张紧钢丝绳网片可采用高强度不锈钢丝绳和高强镀锌钢丝绳。其中高强度不锈钢丝绳适用于重要结构或处于腐蚀介质、潮湿及露天环境;高强度镀锌钢丝绳适用于正常温、湿度环境。《结构加固规范》(GB 50367—2013)规定钢丝绳网片结构形式应为 $6 \times 7 + IWS$ 金属股芯右交互捻钢丝绳或 1×19 单股左捻钢丝绳(图2.6.2),其相关力学性能参数见表2.6.1[7]。

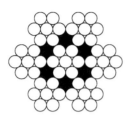 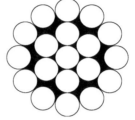

a) $6 \times 7 + IWS$ 钢丝绳　　　　b) 1×19 钢绞线

图2.6.2　钢丝绳构造形式

钢丝绳主要力学性能指标　　　　表2.6.1

种　类		符号	钢丝绳公称直径 d (mm)	抗拉强度标准值 f_{tk} (MPa)	抗拉强度设计值 f_{rw} (MPa)	弹性模量设计值 E_{rw} (MPa)	拉应变设计值 ε_{rw}
高强不锈钢丝绳	$6 \times 7 + IWS$	ϕ^r	2.4~4.0	1600	1200	1.2×10^5	0.010
	1×19	ϕ^s	2.5	1470	1100	1.1×10^5	
高强镀锌钢丝绳	$6 \times 7 + IWS$	ϕ^r	2.5~4.5	1650	1100	1.4×10^5	0.008
	1×19	ϕ^s	2.5	1580	1050	1.3×10^5	

当采用高强度不锈钢丝时,应采用碳含量不大于0.15%,及硫、磷含量不大于0.025%的优质不锈钢制丝。当采用高强度镀锌钢丝时,应采用硫、磷含量均不大于0.03%的优质碳素结构钢制丝;其锌层重量及镀锌质量应符合《钢丝镀锌层》(YB/T 5357—2009)的规定;对于其余化学成分,可参照《不锈钢丝绳》(GB/T 9944—2015)和《航空用钢丝绳》(YB/T 5197—2005)的规定执行。对这两种钢丝绳所用的钢丝,其性能和质量可参照《不锈钢丝》(GB/T 4240—2009)和《优质碳素结构钢丝》(YB/T 5303—2006)。

由于油脂会使得钢丝绳与聚合物砂浆之间的黏结力严重下降,以致无法传递剪切应力,故采用预张紧钢丝绳网片—聚合物砂浆外加层技术对结构进行加固时,严禁涂抹油脂并严控与油脂相关产品流入工程。

二、聚合物改性水泥砂浆

1. 特性

聚合物改性水泥砂浆系以高分子聚合物为增强黏结性能的改性材料所配制而成的水泥砂浆,其抗压强度高、固化迅速、收缩性小,有很好的保水性能和抗裂性,基本不发生裂缝;其二氧化碳的透过性差,可以预防混凝土碳化;其氯化物的渗透阻抗性好,可以防止内部钢筋腐蚀;聚合物砂浆力学性质与现有混凝土相近,具有渗透性,长期黏结性能良好[38]。

2. 改性聚合物

用于水泥砂浆改性的聚合物主要有四类水溶性聚合物,即水溶性聚合物、聚合物乳液(或分散体)、可再分散聚合物干粉和液体聚合物。改性水泥砂浆对聚合物的一般要求如下[39]:

(1)对水泥水化无负面影响。

(2)对水泥水化过程中释放的高活性离子,如 Ca^{2+} 和 Al^{3+} 有很高的稳定性。

(3) 有较高的机械稳定性,在计量、运输和搅拌时的高剪切作用之下不会破乳。
(4) 有很好的储存稳定性。
(5) 较低的引气性。
(6) 在砂浆中能形成与水泥水化产物和骨料有良好黏结力的膜层,且最低成膜温度较低。
(7) 所形成的聚合物膜应有极好的耐水性、耐碱性和耐候性。
(8) 对钢筋无锈蚀作用。

对于重要结构的加固,应选用改性环氧类聚合物配制;对于一般结构的加固,可选用改性环氧类、改性丙烯酸酯类、改性丁苯类或改性氯丁类聚合物乳液配制,不得使用聚乙烯醇类、氯偏类、苯丙类聚合物以及乙烯–醋酸乙烯共聚物配制。

3. 性能指标

预张紧钢丝绳网–聚合物砂浆外加层加固技术应采用Ⅰ类聚合物砂浆,其性能指标见表2.6.2[9]:

Ⅰ类聚合物砂浆各项性能指标　　　　　　　表2.6.2

检验项目			检验条件	鉴定合格指标
浆体性能	劈裂抗拉强度		浆体成形后,不拆模,湿养护3d;然后拆侧模,仅留底模再湿养护25d(个别为4d),到期立即在23±2℃、50%±5%RH条件下进行测试	≥7MPa
	抗折强度			≥12MPa
	抗压强度	7d		≥40MPa
		28d		≥55MPa
黏结能力	与钢丝绳黏结抗剪强度	标准值	黏结工序完成后,静置湿养护28d,到期立即在23±2℃、50%±5%RH条件下进行测试	≥9MPa
	与混凝土正拉黏结强度			≥2.5MPa,且为混凝土内聚破坏
耐环境作用能力	耐湿热老化能力		在50℃、RH为98%环境中,老化90d后,其室温下钢丝绳与浆体黏结(钢套筒法)抗剪强度降低率(%)	≤10
	耐冻融能力		在-25~35℃冻融交变流环境中,经受50次循环(每次循环8h)后,其室温下钢丝绳与浆体黏结(钢套筒法)抗剪强度降低率(%)	≤5
	耐水能力		在自来水浸泡30d后,拭去浮水进行测试,其室温下钢标准块与基材的正拉黏结强度(MPa)	≥1.5,且为基材内聚破坏

注:表中指标,除注明为标准值外,均为平均值。

三、锚固系统[39]

1. 整体构造

预张紧钢丝绳网–聚合物砂浆外加层加固技术的锚固系统由锚头、锚具、锚板组成,见图2.6.3。锚具与锚板之间通过焊接连接,锚板通过胶黏剂、锚栓、锚固胶或植筋胶与混凝土构件连成整体。

2. 锚头

锚头可采用高强钢丝绳与套管挤压成一体的镦头锚或PM钢制锥形锚头。当采用墩头锚时(图2.6.4),套管型号、锚头尺寸及挤压力应符合表2.6.3的要求;当采用PM钢制锥形锚头紧固时,其端部固定板构造应按图2.6.5进行设计。

镦头锚成形过程见图2.6.6。钢丝绳在端部折成双股后穿入挤压锚头内孔,由专门设计的挤压模具、挤压机械对挤压锚头进行强力挤压,使挤压锚头与钢丝绳挤压成一体[40]。

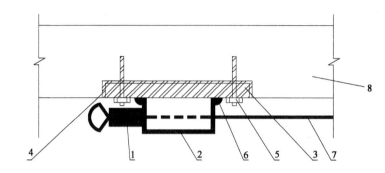

图 2.6.3 锚固系统示意图
1-锚头;2-锚具;3-锚板;4-胶黏剂;5-锚栓;6-焊接点;7-钢丝绳;8-混凝土构件

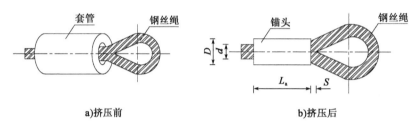

a)挤压前　　　　　　　　　b)挤压后

图 2.6.4 锚头挤压成形前、后示意图

镦头锚套管相关参数表　　　　　　　　　表 2.6.3

套管型号	D(mm) 基本尺寸	D(mm) 极限偏差	L_{amin}(mm)	S(mm)	挤压力(kN)
3	9	+0.25	22	2	180
4	11	+0.25	28	2	200
5	12	+0.25	32	2	250
6	13	+0.35	36	3	300
7	15	+0.35	40	4	350

注:D-挤压后铝合金套管外径;L_{amin}-套管挤压后的最小长度;S-铝合金套管外边缘至钢丝绳重叠盘头之间的长度。

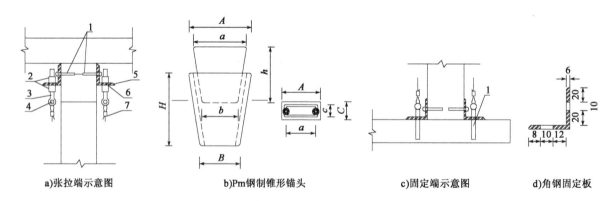

a)张拉端示意图　　b)Pm钢制锥形锚头　　c)固定端示意图　　d)角钢固定板

图 2.6.5 PM 锥形锚头紧固钢丝绳的端部锚固构造(尺寸单位:cm)
1-锚栓或植筋;2-PM 调节螺母;3-PM 调节螺杆;4-穿绳孔;5-角钢固定板;6-张拉端角钢锚固;7-锥形锚头;8-钢丝绳

套管型号应与高强钢丝绳直径相匹配,当高强钢丝绳直径非整数时,按四舍五入选取套管号。套管表面应光滑、无毛刺、不得有裂纹、机械损伤及其他明显缺陷,应附有质量合格证。套管挤压前,模具的结合面及膜腔应预清洁。挤压套管时,套管截面长轴应与加压方向一致,套管应与模腔槽口完全对准后再实施挤压。锚头表面应光滑、无裂纹、毛边和毛刺,应能承受钢丝绳最小破断力 100% 的静荷载,以及

钢丝绳最小破断力15%~30%的冲击荷载。高强钢丝绳锚具及槽道的宽度与间距应由高强钢丝绳直径(d)、锚头直径(D)及高强钢丝绳数量确定,且尺寸应符合表2.6.4的规定[39]。

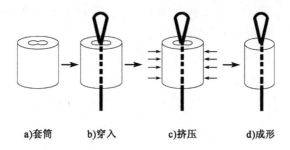

a)套筒　　b)穿入　　c)挤压　　d)成形

图2.6.6　套管、锚头成形过程

锚具与槽道相关参数(mm)　　　　　　　　　　　　　表2.6.4

项　目	槽道上口宽度 (S_1)	槽道下口宽度 (S_2)	开槽边距 (S_0)	开槽深度 (h_1)	锚具高度 (h_m)	锚具宽度 (b)
尺寸要求	$\geq d+1$	$\geq d+2$	$\geq D/2$	$\geq (d+D)/2$	$\geq 1.5D+10$	≥ 30
公差	±0.5	±0.5	+0.5	-0.5	-0.5	-0.5

注:表中各参数见图2.6.7。

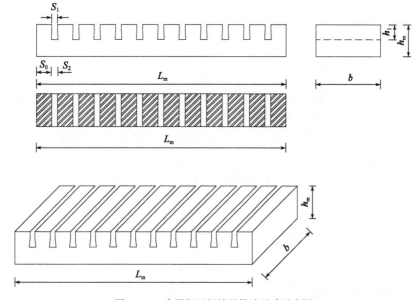

图2.6.7　高强钢丝绳锚具构造尺寸示意图

3. 锚具、锚板

锚具及锚板宜采用Q235钢或Q345钢;对重要结构的构件,应采用可焊性好的钢材,且不应低于Q235B。锚固系统中采用的锚栓或植筋的材质、性能指标要求以及设计方法等见行业标准《混凝土结构后锚固技术规程》(JGJ 145—2013)。

四、其他相关材料

为了使混凝土结构表面和聚合物砂浆更好结合,需在混凝土表面涂抹一层胶黏剂,胶黏剂应优先选用环氧树脂类材料。但由于环氧树脂类材料不能在潮湿环境下工作,需对其进行改性,使其满足与搅拌好的聚合物砂浆共同作用。

采用预张紧钢丝绳网-聚合物砂浆外加层加固技术需用到的胶黏剂、锚固胶、植筋胶等的各项力学性能指标及耐老化性能,应符合现行国家标准《结构加固规范》(GB 50367—2013)的相关规定。

锚固系统应采用可靠的防腐措施,锚具、锚板、锚栓宜采用烷氨基类或氨基类喷涂型阻锈剂,并应符合现行《加固材料鉴定规范》(GB 50728—2011)的相关规定。

第三节 加固设计、计算要求

一、适用范围

与预应力碳纤维布类似,预张紧钢丝绳网也不易制作成折线或曲线,故适用于墩、台盖梁加固,以提高盖梁正截面抗弯承载力。

二、计算公式

推荐采用《结构加固规范》(GB 50367—2013)中的计算公式。

三、设计构造要求[8]

1. 有关被加固构件混凝土强度等级要求

由于原结构采用预张紧钢丝绳网-聚合物砂浆外加层加固技术时,如果原结构混凝土强度过低,其与聚合物改性水泥砂浆的黏结强度也必然很低,极易发生呈脆性的剪切破坏或剥离破坏,所以现行国家标准《结构加固规范》(GB 50367—2013)规定原结构、构件按现场检测结果推定的混凝土强度等级不应低于C15,且混凝土表面的正拉黏结强度不应低于1.5MPa。参考体外预应力加固技术和预应力碳纤维板加固技术,桥梁结构应比房建结构对原构件的要求提高一个等级,即为C20混凝土。

2. 相关尺寸构造要求

预张紧钢丝绳网-聚合物砂浆外加层加固技术应采用三面或四面围套的面层构造,见图2.6.8。

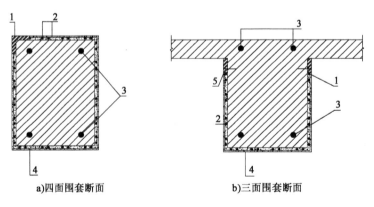

图2.6.8 预张紧钢丝绳网-聚合物砂浆外加层构造示意图
1-固定板;2-钢丝绳网片;3-原钢筋;4-聚合物砂浆面层;5-胶黏型锚栓

钢丝绳网主筋(即受力钢筋)与横向钢筋(即箍筋)的交点处,应采用同种钢材制作的绳扣束紧;受拉主筋的间距应经计算确定,不得小于20mm,也不得大于40mm;箍筋承受剪力时,其间距应经计算确定,但不得大于50mm,若仅作为构造箍筋时,其间距不得大于150mm。

聚合物砂浆面层的厚度不应小于25mm,也不宜大于35mm;当采用镀锌钢丝绳时,其保护层厚度尚不应小于15mm。聚合物砂浆面层的表面应喷涂一层砂浆面层封闭剂,以有效隔离空气中有害离子侵入,增强砂浆面层耐环境因素作用的能力。

第四节　施工要点及质量控制措施[41-44]

一、加固施工工艺流程

预张紧钢丝绳网片-聚合物砂浆外加层加固技术的主要工艺流程:加固部位定位放线→钻锚固孔→混凝土表面处理→安装固定板、剪裁钢丝绳网片→钢丝绳网片的预张紧、固定→钢丝绳网片节点销固→拟加固面除尘清理→喷(刷)涂底浆(界面剂)→压抹或喷射聚合物砂浆→湿润养护→检测。

二、施工要点及质量控制措施

混凝土表面处理与增大截面技术相同,这里不再赘述。

1. 安装固定板

采用专用化学锚栓将固定板锚固在待加固构件上时。应采用钢筋探测仪或去掉保护层的方式确定钢筋位置,确保化学锚栓钻孔位置与原有钢筋不发生冲突。

2. 剪裁钢丝绳网片

现场测量对应固定板上孔槽间距确定安装后钢丝绳网片的净长度,再根据设计所需张紧力推算钢丝绳的伸长量,用净长度减去伸长量即为所需要的钢丝绳下料长度。不同型号、批次的钢丝绳实施一定预张紧力后的伸长量有所不同,需根据钢丝绳厂家提供的弹性段拉力数值确定。钢丝绳裁剪时不得使断口处钢丝散开。

3. 安装钢丝绳网片

钢丝绳网片的安装步骤:

(1)安装钢丝绳网片张拉端拉环,在钢丝绳网片主筋端部用铝合金接头穿成环状,用专用液压钳压制,保证夹裹力一致、安装牢固。钢丝绳端部应从铝合金接头包裹处露出少许,以不影响网片安装为宜。

(2)安装钢丝绳网片固定端,将钢丝绳网片主筋另一端穿过锚板通孔,套上铝合金接头,用专用液压钳压制而成为固定端头。

(3)安装钢丝绳网片张拉端,通过张拉器前端卡在张拉端锚板上,通过扳手转动齿轮,使滑枕在齿条上水平移动,牵动滑枕上张拉端钢丝绳环套,而后对钢丝绳网片进行张拉。

4. 张拉

(1)施加张拉力

高强钢丝绳网片采用专用张拉器对钢丝绳逐根张拉,张拉过程中采用数显传感器装置精确测定单根钢丝绳(钢绞线)安装过程中的张拉数值,并用数显扭力扳手进行校验。具体操作时只需用扭力扳手达到相应扭矩值,即可达到张拉设计值(等量代换)。其特点是操作简单、方便、直观、准确。两块锚板分别固定于梁或板的两端。通过张拉器对钢丝绳网片实施张拉,达到张拉设计值。与此同时,用另一扭矩扳手将拉杆螺母锁定在张拉端锚板上,完成钢丝绳张拉力值全程封闭。

(2)张拉值的确定

张拉值的确定包括初始张拉值和实际张拉值。首先要确定初始张拉值及初始张拉应力,钢丝绳张拉初始值应采用该钢丝绳的弹性起点值,弹性起点值的计算式为最小破断力 $F_0 \times 10\%$(kN)。根据国家标准《一般用途钢丝绳》(GB/T 20118—2006),钢丝绳最小破断拉力可由公式(2-6-1)计算:

$$F_0 = K'D^2R_0/1000 \qquad (2\text{-}6\text{-}1)$$

式中:F_0——钢丝绳最小破断拉力(kN);

D——钢丝绳公称直径(mm);

R_0——钢丝绳公称抗拉强度(MPa);

K'——某一类别钢丝绳的最小破断拉力系数,$6\times7+$IWS 钢丝绳取 0.359,1×19 钢丝绳取 0.53。

试验和实践证明,由于钢丝绳网片十字节点、张拉端、锚固端等构造会造成一定的张拉力损失,必须对张拉初始值和张拉设计值进行校正。在初始张拉应力值的前提下,再增加抗拉强度设计值的 15%～20%,可满足设计张拉应力的要求。张拉应力值乘以该钢丝绳的截面积即为实际张拉值。

5. 钢丝绳网片固定抗剪销钉安装

固定钢丝绳网片的销栓呈梅花形布置(可在钢丝绳网片张拉完毕后固定),使钢丝绳网片和梁板形成一个整体,以利于保护砂浆和梁板底面,使其更好地共同工作。

6. 胶黏剂施工

胶黏剂乳液采用液状产品,按产品使用说明将胶黏剂乳液与粉料按规定配比在搅拌桶中配制,用电动搅拌器搅拌均匀。基层养护完成后即可涂刷或喷涂胶黏剂。胶黏剂施工按聚合物砂浆抹灰施工要求进行,胶黏剂随用随搅拌,分布应均匀,尤其是被钢丝绳网片遮挡的基层。

7. 聚合物改性水泥砂浆施工

建议在完成钢丝绳网片安装、张拉工作 4～5h 内进行界面胶和聚合物砂浆的喷涂作业,超过 4～5h 应重新进行张拉,以解决高强钢丝绳应力松弛的问题。

按照产品说明要求配合比进行砂浆的配制。用小型砂浆搅拌机进行搅拌,搅拌 3～5min 至均匀,然后倒入灰桶进行抹灰。采用人工抹灰工艺时,一次搅拌的聚合物砂浆不宜过多,要根据施工进度进行制备,以免制备的砂浆存放时间过长。砂浆存放时间不得超过 30min。在胶黏剂手触不黏手且未凝固前喷涂第一层聚合物砂浆。调节手轮,使泵送压力达到 0.1～0.15MPa,空压机 400～500L/min,打开喷枪口的压缩空气开关,将料均匀喷涂在被加固表面及钢丝绳网片之间。喷涂厚度应基本覆盖上网片(厚度约 10mm),完成一次喷涂。后续喷涂应在前次聚合物砂浆初凝后进行。后续喷涂厚度每次也不超过 10mm。达到设计要求厚度后,表面用铁抹子抹平、压实、压光。

8. 聚合物改性水泥砂浆养护

常温下,聚合物改性水泥砂浆施工完毕 6h 内,应采取可靠保湿养护措施。建议覆膜养护,养护时间不小于 7d,并满足产品使用说明规定的时间。

9. 聚合物改性水泥砂浆表面封闭剂施工

采用喷涂或滚涂的方式进行封闭剂施工,有效隔离空气中有害离子侵入,增强砂浆面层耐环境因素作用的能力。

10. 检测

施工完毕后,可采用测力仪对钢丝绳网片的张紧值进行快捷检测,并通过敲击的方式确定砂浆层是否出现空鼓。预张紧加固系统的施工质量便于检查,易保证加固质量,可确保加固后构件的安全性。

第七章　既有桥梁加固技术的局限性

本篇涉及既有桥梁加固技术是现行规范给出了明确设计、构造及施工等相关规定的技术。但现有规范在制定这些加固技术的有关条款时，是按受弯或受压构件来考虑的，应用在下部结构及基础加固时存在一定的局限性。下面就既有桥梁加固技术应用于桥墩、桥台、基础及地基加固时存在的局限性作如下阐述。

一、桥墩

与其他下部结构构件相比，桥墩由受力特性相对明确的构件组成，如盖梁受弯剪、墩柱及柔性排架墩受偏压。与桥台、基础相比，前述既有桥梁加固技术应用于桥墩各构件的加固适用性最好，但仍存在以下问题：

（1）提高桥墩构件承载力的能力有限。

一方面，对既有桥梁施工时，为了尽量降低工程造价，大多是在不移除上部结构的情况下施工，下部结构承受的一期荷载就很大，新增材料可发挥作用的空间不大。即便使用具有主动加固特性的增设预应力加固技术，也因桥墩构件比表面积小，可新增预应力的范围小。

另一方面是受到构造条件的限制，不可无限制的增加加固材料。如应用粘贴钢板技术时，原构件表面即使经过打磨，也无法保证需加固的范围完全平整，使用过厚的钢板无法保证与原构件表面间完全密贴。预应力碳纤维板加固技术也存在同样问题。应用粘贴纤维复合材料布时，因粘贴层与承载力提高值并不是线性增长，粘贴层数也受到限制。增大截面技术因钢筋间距和保护层厚度的限制，以及混凝土未凝固前新增部分荷载是由原结构承担的，其提载能力也是有限的。

（2）上部结构未移除的情况下，施工作业面小，在确定加固方案时不可避免地需要考虑该问题。

（3）既有桥梁加固技术中缺少有关深梁加固的计算方法。

盖梁的受力特性往往是深梁。无论是具有被动加固特性的增大截面、粘贴钢板、粘贴复合纤维材料布等技术，还是具有主动加固特性的预应力束、预应力碳纤维板、预张紧钢丝网绳等技术都未涉及深梁加固。

（4）既有桥梁加固技术缺少提高构件整体性的研究。

用砌体圬工修建的实体重力式桥墩，在使用若干年后经常存在因水流冲刷导致的砌缝脱落、整体性降低的问题。既有桥梁加固技术中很少涉及这方面的研究。增大截面技术和新增预应力技术都有该类效果，但前述既有桥梁加固技术未涉及这方面。

（5）对空心桥墩墩身应用既有桥梁加固技术有别于实心构件。

二、桥台

桥台不仅承受桥梁上部结构传递的荷载，还需承受路基填土，及路基传递下来的车辆荷载。台后填土质量欠佳，会直接影响桥台各构件的使用情况。桥台加固在应用本篇各种既有加固技术时存在以下问题：

（1）对重力式桥台而言，应用增大截面法可以提高桥台前、侧墙的承载能力，但桥台台身的受力特性并不明确,缺少明确的计算公式来确定加固效果。相比较而言,结合其病害表现来确定台身加固方案更具针对性。

(2)台后填土的特性直接影响桥台各构件的受力,遇到填土质量欠佳,可通过加固或换填的方式来处理,显然需要结合实际情况来确定加固措施。

(3)加固时若能将桥台各构件视作整体,采用改变其受力路径的方式进行改造,与直接对单个构件进行加固相比,可达到更加经济、更加有效的目的。

总而言之,桥台病害的产生除了受车辆荷载外,还受填土、河床的改变等外界因素的影响比较大,而且各构件并不是个体,而是一个体系,与以单个构件为研究对象的既有桥梁加固技术而言,对桥台加固更需关注外部因素,从实例中总结经验显得更为重要。

三、基础与地基

桥梁基础与地基的加固不可避免地会遇到在有水环境下作业的问题,其病害的产生除了与自身承载力有关,还有河床变迁等外部环境有关,因此加固时必须考虑这些问题。

(1)增大截面技术可应用在扩大基础、桩基础加固中,但要考虑水环境作业对加固技术的影响,这也是规范中未提及的,需要对水下环境应用增大截面技术另作研究。

(2)增补桩基与新建桥梁的桩基础工程在设计及施工上都有所不同,主要问题在于施工时不能扰动既有基础,而且工作空间受既有桥梁结构的限制。为减小扰动、在狭窄的空间也能够施工作业,涉及增设微型桩加固技术。

(3)桥梁基础受水流冲刷及河床变迁的作用,涉及防冲刷、基底被淘空、桩基础自由段增长等问题。

(4)注浆法是用于加固地基的重要技术,除了静力压浆、高压喷射注浆外,将二者结合起来的复合注浆法可适用地质情况更为广泛。

总之,桥梁下部结构及基础加固实践性较上部结构加固更强,有必要结合实际工程实例,进行以下各篇研究分析。

本篇参考文献

[1] 中华人民共和国行业标准.JTG/T J22—2008 公路桥梁加固设计规范[S].北京:人民交通出版社,2008.

[2] 中华人民共和国行业标准.JGJ/T 178—2009 补偿收缩混凝土应用技术规程[S].北京:中国建筑工业出版社,2009.

[3] 中华人民共和国国家标准.GB 50119—2013 混凝土外加剂应用技术规范[S].北京:中国建筑工业出版社,2013.

[4] 刘运华,谢友均,龙广成.自密实混凝土研究进展[J].硅酸盐学报,2007,35(5).

[5] 中华人民共和国行业标准.JGJ/T 283—2012 自密实混凝土应用技术规程[S].北京:中国建筑工业出版社,2012.

[6] 中华人民共和国行业标准.JGJ 52—2006 普通混凝土用砂、石质量及检验方法标准[S].北京:中国建筑工业出版社,2016.

[7] 中华人民共和国行业标准.JTG 3362—2018 公路钢筋混凝土及预应力混凝土桥涵设计规范[S].北京:人民交通出版社股份有限公司,2018.

[8] 中华人民共和国国家标准.GB 50367—2013 混凝土结构加固设计规范[S].北京:中国建筑工业出版社,2014.

[9] 中华人民共和国国家标准.GB 50728—2011 工程结构加固材料安全性鉴定技术规范[S].北京:中国建筑工业出版社,2012.

[10] 中华人民共和国行业标准.JC/T 907—2002 混凝土界面处理剂[S].北京:中国建材工业出版社,2003.
[11] 王振领.新老混凝土黏结理论与试验及在桥梁加固工程中的应用研究[D].成都:西南交通大学,2006.
[12] 中华人民共和国国家标准.JTG/T J23—2008 公路桥梁加固施工技术规范[S].北京:人民交通出版社,2008.
[13] 汪家勇.芜宣高速清水河桥混凝土箱梁加固施工关键技术[D].天津:天津大学,2012.
[14] 中华人民共和国行业标准.JTG D64—2014 公路钢结构桥梁设计规范[S].北京:人民交通出版社股份有限公司,2015.
[15] 中华人民共和国行业标准.JT/T 988—2015 桥梁结构加固修复用粘贴钢板结构胶[S].北京:人民交通出版社股份有限公司,2015.
[16] 中华人民共和国行业标准.JGJ 145—2013 混凝土结构后锚固技术规程[S].北京:中国建筑工业出版社,2013.
[17] 中华人民共和国行业标准.JG/T 340—2011 混凝土结构工程用锚固胶[S].北京:中国质检出版社、中国标准出版社,2015.
[18] 中华人民共和国行业标准.JT/T 722—2008 公路桥梁钢结构防腐涂装技术条件[S].北京:人民交通出版社股份有限公司,2008.
[19] 周祖民,黄介位,吴莲锋,等.浅谈注胶法粘贴钢板在桥梁加固施工中的质量控制要点[J].预应力技术,2014(2).
[20] 郝挺宇,惠云玲,高京林,等.JG/T 336—2011 混凝土结构修复用聚合物水泥砂浆[S].北京:中国质检出版社、中国标准出版社,2011.
[21] 中华人民共和国行业标准.JT/T 989—2015 桥梁结构加固修复用纤维黏结树脂[S].北京:人民交通出版社股份有限公司,2015.
[22] 中华人民共和国国家标准.GB 50608—2010 纤维增强复合材料建设工程应用技术规范[S].北京:中国计划出版社,2011.
[23] 中华人民共和国国家标准.GB/T 5224—2014 预应力混凝土用钢绞线[S].北京:中国标准出版社,2015.
[24] 中华人民共和国国家标准.GB/T 20065—2016 预应力混凝土用螺纹钢筋[S].北京:中国质检出版社,2016.
[25] 中华人民共和国行业标准.JG/T 351—2012 纤维增强复合材料筋[S].北京:中国标准出版社,2012.
[26] 李国平.大跨桥梁建设技术指南丛书——桥梁预应力混凝土技术及设计原理[M].北京:人民交通出版社,2004.
[27] 上海市工程建设规范.DGJ 08-2180—2015,J 13152—2015 体外预应力加固技术规程[S].上海:同济大学出版社,2016.
[28] 吴琛.体外预应力加固现役桥梁的应用研究[D].南昌:华东交通大学,2007.
[29] 诸葛萍,任伟平,强士中,等.碳纤维(CFRP)筋锚固体系的研究现状及应用[J].中外公路,2010.
[30] 文明才,曹国辉.建筑用碳纤维筋预应力锚具的研究[J].湖南城市学院学报,2014.
[31] 吴志平,俞志杰,娄亮,等.预应力碳纤维板平板锚具锚固性能试验[J].沈阳建筑大学学报(自然科学版),2013(2).
[32] 汪志昊,范宏宇,刘召朋,等.预应力碳纤维板圆齿纹平板锚具锚固性能试验研究[J].科学技术与工程,2017(12).
[33] 邓朗妮,姬帅,张鹏,等.预应力碳纤维板夹片式锚具设计与试验研究[J].建筑结构,2014(11).

[34] 陈海波.两种碳纤维板锚夹具的锚固性能对比研究[D].重庆:重庆交通大学,2015.
[35] 中华人民共和国行业标准.CJJ/T 239—2016 城市桥梁结构加固技术规程[S].北京:中国建筑工业出版社,2017.
[36] 中华人民共和国国家标准.GB/T 1031—2009 产品几何技术规范(GPS)表面结构 轮廓法 表面粗糙度参数及其数值[S].北京:中国质检出版社,2009.
[37] 高宏.预张紧钢丝绳网片-聚合物砂浆加固方法在高速公路的应用[J].交通世界(建养.机械),2012(4).
[38] 郭进智.聚合物改性水泥砂浆的应用[J].福建建材,2007(2).
[39] 中华人民共和国行业标准.JGJ/T 325—2014 预应力高强钢丝绳加固混凝土结构技术规程[S].北京:中国建筑工业出版社,2014.
[40] 阮爱兵.钢丝绳(钢绞线)网片-聚合物砂浆外加层加固工法应用现状[J].福州大学学报(自然科学版),2013,41(4).
[41] 危晓丽,宁海永,卢海波.预张紧钢丝绳网片-聚合物砂浆外加层加固技术在工程中的应用[J].建筑结构,2010,40(增).
[42] 王俊杰,孙宁宁.钢丝绳网-聚合物砂浆加固技术在桥梁加固中的应用[J].建筑工程技术与设计,2014(10).
[43] 封明明,汪小鹏.预张紧钢丝绳网片在大跨径连续钢构桥加固中的应用[J].价值工程,2016(22).
[44] 刘飞鹏.预张紧钢丝绳网片-聚合物砂浆在某办公楼加固中的应用[J].城市建筑,2016(21).

第三篇

桥墩加固成套技术

- 桥墩主要构造形式
- 桥墩常见病害及原因分析
- 增大截面技术加固桥墩
- 粘贴钢板加固桥墩
- 粘贴纤维复合材料布加固桥墩
- 体外预应力加固桥墩技术（工程实例）

第一章　桥墩主要构造形式

按结构受力特性分类,桥墩可分为重力式桥墩和轻型桥墩两种。因高墩特有的稳定性和风荷载问题,其构造形式不同于其他桥墩,本节就重力式桥墩、轻型桥墩和高桥墩的构造形式分别作出阐述。

第一节　重力式桥墩

重力式桥墩多为实心桥墩,由墩帽、墩身和基础构成。梁式桥和拱式桥的重力式桥墩只在墩帽构造上有所不同。梁式桥桥墩墩帽上需设置传递竖向反力的支座,拱式桥墩墩帽上则设置用于支撑拱圈的呈倾斜面的拱座。典型的梁式桥重力式桥墩构造和拱式桥重力式桥墩构造如图 3.1.1 所示。

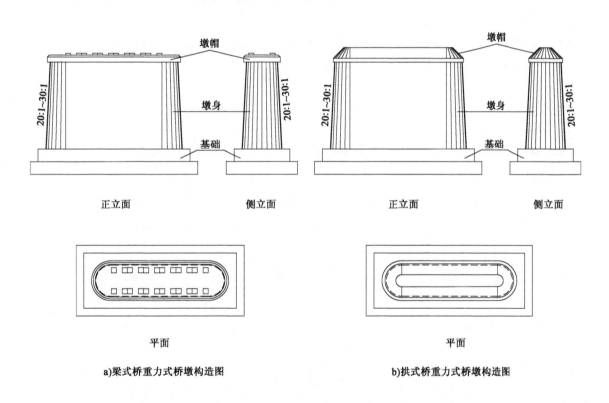

图 3.1.1　重力式桥墩构造图

拱式桥桥墩包括普通墩和单向推力墩两种。相邻孔跨径相等的普通墩基本只承受竖向力,相邻孔跨径不等的普通墩除了承受竖向力外,还要承受左、右孔水平力相互抵消后剩余的不平衡推力(图 3.1.2)。单向推力墩要承受当它一侧桥孔毁坏时,另一侧桥孔传来的恒载水平推力,以保证其另一侧的桥孔不致倒塌。当施工时为了拱架的多次周转,或者当缆索吊装设计的工作跨径受到限制时,为了能以桥台与桥墩之间,或者以某两个桥墩之间作为一个施工段进行分段施工,在此情况下也要设置能承受恒载单向推力的制动墩。与普通墩相比,单向推力墩墩身要做得厚实一些(图 3.1.3)[1]。

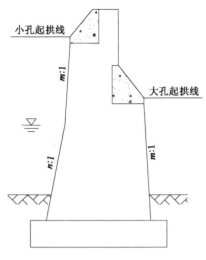

图 3.1.2 相邻孔不等跨普通墩构造图

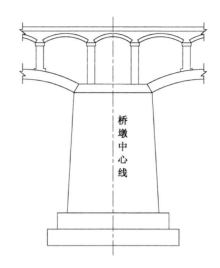

图 3.1.3 单向推力墩构造图

第二节 轻型桥墩

轻型桥墩利用自身结构的抗弯能力来减小圬工体积,多用于梁式桥。按构造形式不同,轻型桥墩分为空心桥墩、柱式桥墩、柔性排架桩墩、框架式桥墩等。

一、空心桥墩

空心桥墩在外形上与实体重力式桥墩基本相同,可按截面形式、墩身立面形状、壁厚对桥墩分类。

1. 按截面形式分类

空心桥墩按截面形式可分为:圆形空心、双圆孔空心,圆端形空心、菱形空心、圆端形带纵向空心、矩形空心、双矩形空心等,如图 3.1.4 所示。其中,就地浇筑的圆形或圆端形截面的空心墩较为普遍。

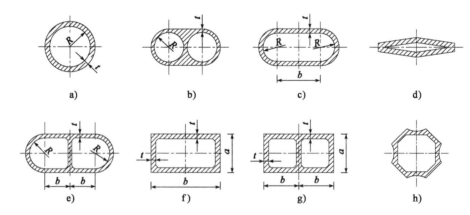

图 3.1.4 空心桥墩截面形式构造图

2. 按立面形状分类

空心墩墩身按立面形状,可分为直坡式、台阶式、斜坡式。斜坡率通常为 43∶1 ~ 50∶1,如图 3.1.5 所示[1]。当外形尺寸较大、壁厚较薄时,为增加墩身受压的局部和整体稳定,可增设竖向隔板。

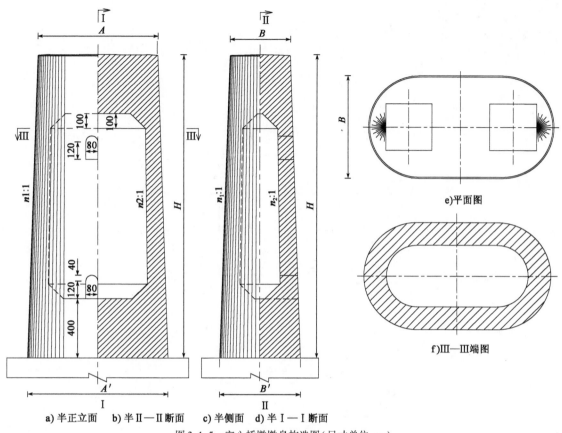

a) 半正立面　b) 半Ⅱ—Ⅱ断面　c) 半侧面　d) 半Ⅰ—Ⅰ断面

图 3.1.5　空心桥墩墩身构造图(尺寸单位:cm)

3. 按壁厚分类

空心墩按壁厚分为厚壁与薄壁两种,一般用壁厚与中面直径(即同一截面的中心线直径或宽度)的比来区分:$t/D \geqslant 1/10$ 为厚壁,$t/D < 1/10$ 为薄壁。厚壁空心墩多采用混凝土浇筑,壁厚在 30～80cm 之间。薄壁空心墩按计算配筋,一般配筋率在 0.5% 左右。在流速大并夹有大量泥沙的河流,以及可能有船只和漂流物冲击的河流中,不宜采用薄壁式空心墩。

二、柱式桥墩

柱式桥墩柱身截面有圆形、方形、六角形、八角形等。柱式桥墩上接盖梁者居多。在城市桥梁或跨线立交桥中,为减少占地面积,设计时会采用墩梁固结独柱墩和墩顶设置支座的独柱墩。近年在城市桥梁上大量使用的花瓶式桥墩就属于设置多支座的柱式桥墩(图 3.1.6)。

使用最多的是双柱式(图 3.1.7)或多柱式桥墩接盖梁配承台。盖梁宽度依上部构造形式、支座间距和尺寸,同时加上支座边缘至盖梁边缘的最小距离拟定,也要满足《公路桥梁抗震设计细则》(JTG/T B02-1—2008)[2]的有关规定。盖梁高度一般为盖梁梁宽的 0.8～1.2 倍。盖梁长度应大于上部构造两边梁(或边肋)间的距离,并应满足上部构造安装时的要求。设置橡胶支座的桥墩应预留更换支座所需的位置和空间,即支座垫石的高度依端横隔板底与墩顶面之间的距离能安置千斤顶来确定[1]。

三、柔性排架桩墩[3]

钢筋混凝土柔性排架桩墩由成排的预制钢筋混凝土沉入桩或钻孔灌注桩顶端,接钢筋混凝土盖梁组成(图 3.1.8)。由于其材料用量省、修建简单,过去曾在我国各地,特别是平原地区广泛采用。多用在墩身高度 5～7m,跨径一般不宜超过 13m 的中、小型桥梁上。

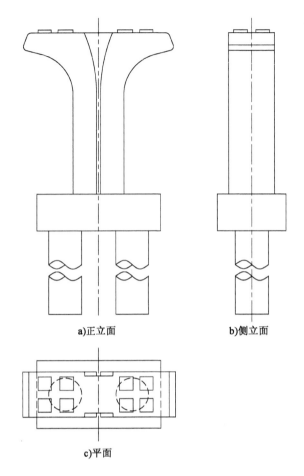

图 3.1.6 花瓶式桥墩构造图

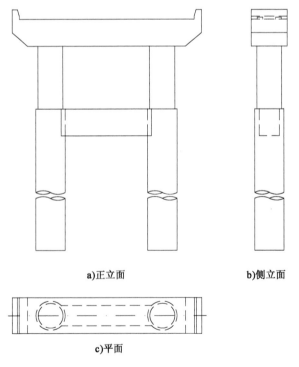

图 3.1.7 双柱式桥墩构造图

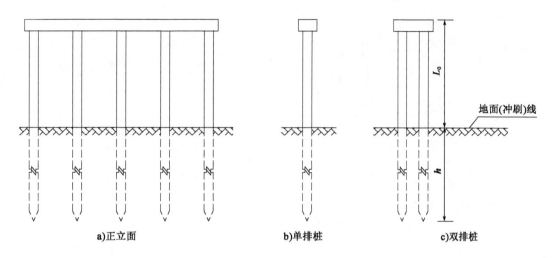

图 3.1.8 柔性排架桩墩构造图

柔性排架桩墩分单排架墩和双排架墩。单排架墩一般适用于墩身高度不超过 4~5m 时的情况。墩身高度大于 5.0m 时,为避免行车时可能发生的纵向晃动,多设置双排架墩。当受墩上荷载或支座布置等条件限制不能采用单排架墩时,也可采用双排架墩。

四、框架式桥墩

框架式桥墩采用压弯和弯曲构件组成平面框架作为墩身,支承上部结构,可做成钢筋混凝土或预应力混凝土结构的双层或多层框架支承体系。图 3.1.9 是传统框架墩的典型构造。

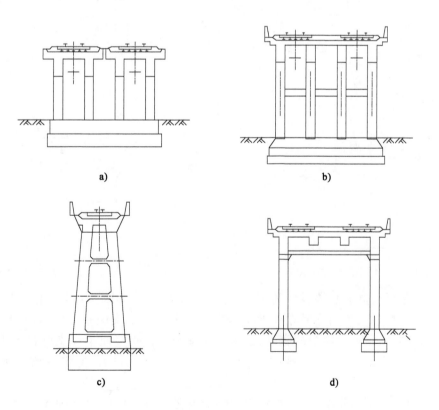

图 3.1.9

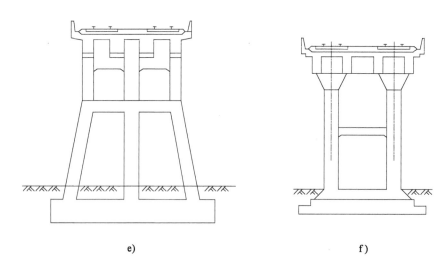

图 3.1.9 传统框架墩构造图

20世纪90年代以来,框架墩多为V形墩或Y形墩,在城市跨线桥和风景区桥梁中较常采用。纵向成框架的桥墩(图3.1.10、图3.1.11)具有可减小上部结构计算跨度、降低梁高的优点。根据桥下净空和桥梁总体布置确定纵向V形墩的斜撑与水平面的夹角,一般应大于45°。斜撑的截面形式可采用矩形、工字形和箱形等。

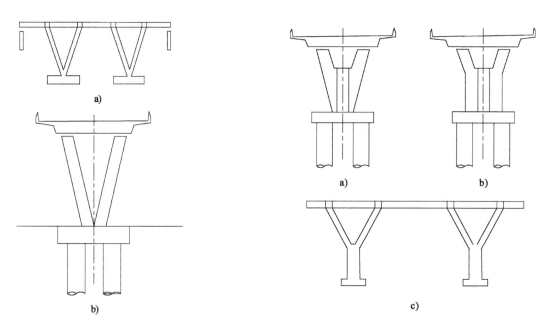

图 3.1.10　V 形框架墩构造图　　　　图 3.1.11　Y 形框架墩构造图

纵向V形墩根据墩高和总体设计需要,可以做成墩梁固结的刚构体系,也可以做成连续结构体系。连续结构V形墩的支座可布置在V形斜撑的顶部和底部。支座布置在斜撑的顶部,斜撑是桥墩的一个组成部分;支座布置在斜撑的底部,或采取斜撑与承台刚接而不设支座且与主梁固结时,斜撑成为上部结构的一个组成部分。斜撑的受力大小根据结构的图式和主梁与斜撑的刚度比分配确定。

横向框架墩可减小盖梁的高度,且造型更为轻巧美观。图3.1.12为横向Y形框架墩构造。

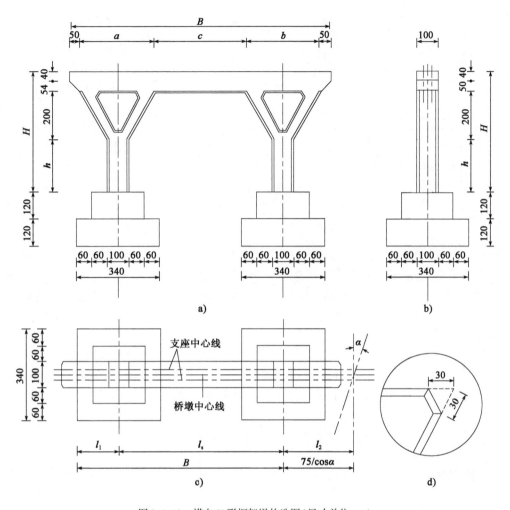

图 3.1.12 横向 Y 形框架墩构造图(尺寸单位:cm)

第三节 高 桥 墩[1]

高桥墩的界定没有统一的标准,通常将墩柱高度≥35m,或者墩柱长细比超过60~70作为高墩的判定依据。

一、截面形式

高桥墩一般采用钢筋混凝土结构,混凝土强度等级不低于C30。高墩按照截面形式可划分为实心墩和空心墩,实心墩一般有圆形、圆端形、矩形、工字形、十字形等;空心墩则有圆形、圆端形、矩形、多边形及多格室截面等,见图3.1.13。

实心墩施工简单。圆柱墩最简便,但其刚度有限,材料利用效率不高,一般用于35m以下的桥墩;矩形墩相对圆柱墩而言刚度有所提升,一般用于45m以下桥墩。

空心墩截面尺寸较大,材料利用效率较高,多用于墩高35m以上的情形,高墩一般采用空心墩。

空心墩按壁厚分厚壁与薄壁两种,一般以壁厚与中面直径(或宽度)的比值来划分:$t/D \geqslant 1/10$(或$t/b \geqslant 1/8$)为厚壁,$t/D < 1/10$(或$t/b < 1/8$)为薄壁。

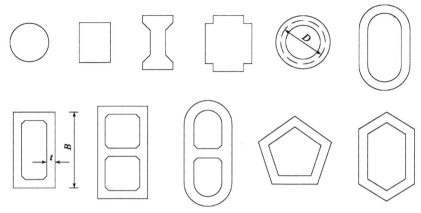

图 3.1.13　高墩常见截面形式

空心墩壁厚、挖空格室尺寸等要满足施工作业要求；壁厚不小于 40cm，挖空格室最小尺寸不小于 100cm。为避免温度变化、混凝土收缩产生长边竖向裂缝，矩形空心墩的长边与短边边长比不宜大于 3。

对于薄壁空心墩，一般要求 $t/D \geqslant 1/30 \sim 1/28$（或 $t/b \geqslant 1/24 \sim 1/22$），以满足薄壁局部稳定构造要求。

二、立面形式

高墩按照墩身立面划分，可分为等截面和变截面两种。等截面施工便捷，墩高 60～80m 以下使用较多；变截面受力合理，多用于墩高 80m 以上的情形。变截面高墩一般采用直线变化，变化坡率通常为 50∶1～100∶1。

空心墩与承台、帽梁相交处应设置实心段，以保证传力平顺。实心段厚 1.0～2.0m。

三、空心墩横隔板

空心墩设置横隔板有利于提高薄壁局部稳定性、改善截面受力、限制竖向裂缝扩展，但施工不便。当壁厚与宽度的比值 $t/b \geqslant 1/10$（即厚壁空心墩）时，可不设置横隔板；当高度较大、壁厚与宽度的比值 $t/b \leqslant 1/20$ 时，为增加墩身受压的局部和整体稳定，应增设横隔板，见图 3.1.14。

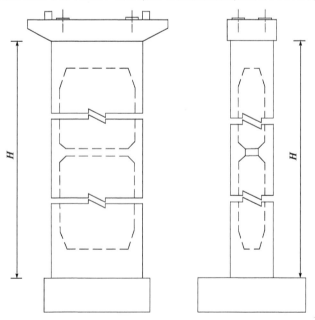

图 3.1.14　矩心空心墩构造形式

横隔板间距取薄壁宽度 b 的 2.5 倍或 3.5 倍。对于变截面墩,横隔板间距可取最大薄壁边长的 2.5 倍或 3.5 倍。

四、空心墩通风孔、排水孔

为调节空心墩内、外温差,应设置通风孔。通风孔宜采用直径 10~15cm 圆孔,每隔 3~5m 设置,通风孔宜按风向较大的方向横桥向对称设置。

为排除墩内积水,在墩底空心段底部应设置排水孔,排水孔设置向外的排水坡度。

五、配筋

空心高墩按计算配筋,一般配筋率在 0.5% 左右,也有只按构造或承受局部应力或附加应力配筋。

第二章 桥墩常见病害及原因分析

第一节 墩帽(盖梁)常见病害及原因

墩帽(盖梁)是桥墩用来直接承受上部结构传递荷载的构件,墩身可视作盖梁的支撑。墩帽(盖梁)通常为钢筋混凝土结构,也有桥梁采用预应力混凝土盖梁。

一、运营期结构受力性病害及原因

拱桥墩帽主要承受主拱圈拱脚传递来的压力,出现结构受力性病害的情况较为少见。本节主要就易出现问题的梁式桥桥墩盖梁常见病害及原因分析予以总结。这类墩帽的受力形式与梁结构类似,其运营期结构受力性病害有以下几种:

(1)跨中附近自下向上发展或墩柱处自上向下发展的竖向裂缝(图3.2.1)。

这类裂缝有可能贯穿至盖梁顶、底面,也有可能不贯穿。产生裂缝的原因是因正、负弯矩区拉应力过大。

(2)墩柱附近斜向剪切裂缝(图3.2.1)。

这类裂缝是因主拉应力过大导致的。当该病害较严重时能看出裂缝呈中间宽两头窄的枣核状,若裂缝宽度不大时该特征不明显。

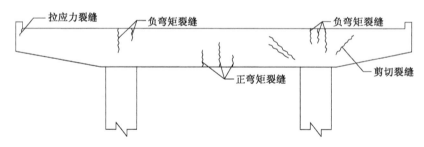

图3.2.1 墩帽(盖梁)典型运营阶段结构受力性病害

(3)盖梁挡块根部斜向开裂(图3.2.2)。

这类裂缝多属应力集中裂缝,也有可能因上部结构推挤产生。严重者有根部完全断裂后挡块缺损的情况。

(4)支座垫石下方自上向下发展的发散形裂缝。

20世纪80年代以前建成的老桥通常不设置支座垫石,后来意识到更换支座在桥梁养护工作中的重要性,普遍在梁桥墩帽顶面设置垫石,使梁底与墩帽间有足够的空间安置千斤顶。通常支座垫石内及其平面正下方盖梁内设置多层钢筋网,以承受上部结构传递下来的荷载。若上部结构曾通过垫石传递过大的冲击力,墩帽会出现由支座垫石下方开始,产生自上向下发展的裂缝,见图3.2.3a)[4]。也有因局部应力过大使墩顶除垫石以外的部位开裂的情况,见图3.2.3b)。

(5)同样应局部应力过大易开裂的还有L形过渡桥墩墩帽,见图3.2.4。

(6)支座垫石自身竖向开裂。

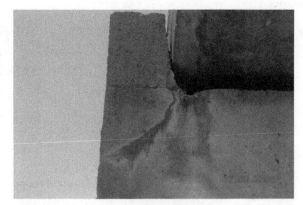

a) 挡块根部开裂(1)　　　　　　　　　　　b) 挡块根部开裂(2)

图 3.2.2　桥墩挡块根部开裂照片

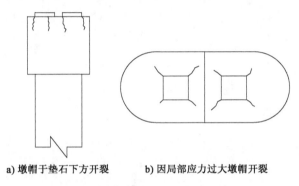
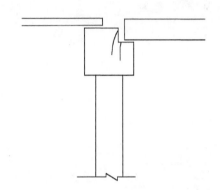

a) 墩帽于垫石下方开裂　b) 因局部应力过大墩帽开裂

图 3.2.3　因垫石传力致墩帽开裂示意图　　　　图 3.2.4　L形过渡桥墩墩帽应力集中开裂

这类裂缝有可能是因支座安装欠平整、局部应力过大、或因施工时局部混凝土质量欠佳而导致，见图 3.2.5。

（7）墩帽顶部被压碎。

未设置支座垫石的桥梁，因主梁下支座被挤出，主梁直接作用于墩帽上，导致墩帽顶部局部混凝土被压碎，见图 3.2.6。

图 3.2.5　支座垫石局部竖向开裂　　　　图 3.2.6　墩帽直接支撑主梁致局部碎裂

二、施工原因导致的病害及原因

导致结构产生病害的施工原因包括工序、工艺、温度、天气、电力等。常见的施工原因导致的病害包括混凝土蜂窝麻面、局部空洞等。

预应力盖梁构造复杂、局部混凝土保护层较薄,因施工问题导致的病害主要集中在预应力钢绞线密集布置部位及锚头部位。预应力盖梁常见病害包括:

(1)钢绞线密集布置处混凝土与波纹管间存在空洞(采用小锤敲击有异响),空洞处混凝土易网裂,甚至大面积脱落,以致波纹管外露、锈蚀,见图3.2.7。

 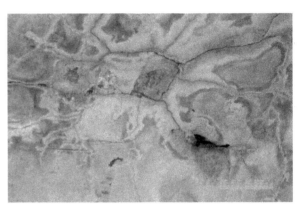

a)预应力筋处混凝土大面积破损   b)预应力筋处混凝土空洞并伴网裂

图3.2.7 预应力混凝土盖梁波纹管密集处混凝土缺损病害照片

(2)锚头处封锚混凝土松散、空洞、破损甚至完全缺失,见图3.2.8。

a)预应力筋处混凝土大面积破损   b)预应力筋处混凝土空洞并伴网裂

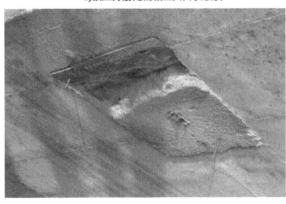 

c)封锚端混凝土松散   d)封锚端混凝土空洞

图3.2.8 预应力混凝土盖梁封锚混凝土缺损病害照片

因施工工序不符合设计要求也会产生病害,而且该类病害容易误判为运营荷载导致,须结合施工时的实际状况综合判断。

病害原因分析实例 3-1[5]：

文献 5 中位于江西省鹰瑞高速公路宁都县境内的老禾高架二桥,主桥上部结构为预应力混凝土连续梁,下部结构采用空心薄壁墩。右幅 12 号桥墩盖梁顶面存在横桥向裂缝,见图 3.2.9。

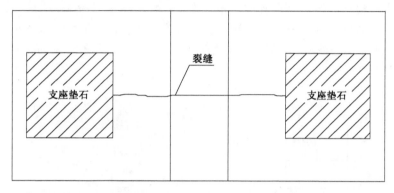

图 3.2.9　老禾高桥二桥 12 号桥墩盖梁顶面横桥向裂缝示意图

查询施工记录后初步判定主桥合龙时 12 号桥墩处 0 号块托架尚未拆除(图 3.2.10)。

图 3.2.10　主桥合龙时 12 号桥墩 0 号块托架尚未拆除

为分析 12 号墩盖梁顶面裂缝是运营阶段荷载导致的,还是施工工序不完全与设计一致导致的,文献[5]采用有限元软件 Midas-FEA 对结构进行空间分析。计算结果表明,结构体系转换后,运营阶段永久支座仅承受竖向荷载,且排除运营阶段竖向力过大导致开裂的可能。裂缝应发生在悬臂施工期间,此时临时固结区域受力过大或托架未及时拆除致其受力过大,都有可能导致裂缝的产生。进一步计算分析结果表明,假如托架不拆,施工到 8 号梁节段时,托架承受总重量的 32.6%,其他荷载由临时固结承担,就可能导致墩顶出现裂缝。

病害原因分析实例 3-2[6]：

文献[6]中江西省境内乐温高速公路 K569+185 瑶湖特大桥,上部结构为 48m×40m 先简支后连续 T 形梁。桥梁左幅 14 号墩盖梁悬臂端外侧面竖向开裂,裂缝宽度达 10mm,见图 3.2.11。该类病害还出现于石吉高速公路 K433+988 兴莲大桥下行线 4 号墩、6 号墩盖梁及上行线 9 号墩盖梁上。

为分析裂缝成因,文献[6]采用 Midas-FEA 软件对盖梁进行计算,考虑可变作用包括汽车荷载、支座摩阻力,结果表明并非运营阶段的作用效应导致盖梁悬臂端侧面竖向开裂。后对盖梁进行水化热分析表明,裂缝处相应水化热温度场差引起的裂缝指数大多数都小于 1.2,处于限制有害裂缝发生,即易产生裂缝。

结合计算结果及混凝土水化热效应分析,混凝土结硬以后,随着表层水分逐步蒸发,湿度逐步降低,混凝土体积减小,发生缩水收缩(干缩)。因混凝土表层水分损失快,内部损失慢,因此产生表面收缩大、内部收缩小的不均匀收缩,表面收缩变形受到内部混凝土的约束,致使表面混凝土承受拉力。当表面混凝土承受拉力超过其抗拉强度时,便产生收缩裂缝。我国《大体积混凝土施工规范》(GB 50496—2009)[7]规定:混凝土结构物实体最小几何尺寸不小于1m的大体量混凝土,或预计会因混凝土中胶凝材料水化引起的温度变化和收缩而导致有害裂缝产生的混凝土,称之为大体积混凝土。本桥盖梁最小几何尺寸为1.1m,属于大体积混凝土,在因水化热产生内部裂缝后,常年经风雨侵蚀,缝宽逐渐增大,并体现在结构表面。

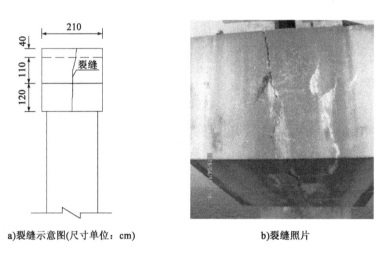

a)裂缝示意图(尺寸单位:cm)　　　　b)裂缝照片

图3.2.11　乐温高速瑶湖特大桥左幅14号墩盖梁悬臂端侧面竖向开裂

第二节　实心式桥墩墩身病害及原因

一、实心重力式桥墩墩身病害及原因

实心重力式桥墩自重大,对地基承载力要求高,可能产生的病害有承载能力不足、沉降、倾斜、移位、转动及开裂等。病害问题除了表面缺损外,主要是结构开裂。裂缝有网状、水平向、竖向及斜向等。

(1)网状裂缝(图3.2.12)多出现在桥墩的向阳面,水位线以上。这主要是混凝土内部水化热、内外部温差所产生的温度应力、混凝土干缩等原因造成的。

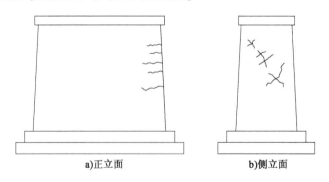

a)正立面　　　　b)侧立面

图3.2.12　桥墩网状裂缝

(2)竖向裂缝(图3.2.13)多呈下宽上窄形式,是基础不均匀沉降所致。

(3)水平裂缝(图3.2.14)通常是混凝土横向施工缝处治不良造成的。

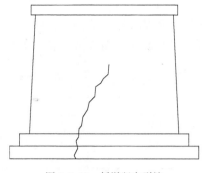

图 3.2.13 桥墩竖向裂缝

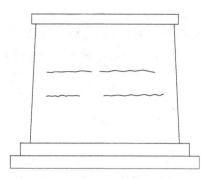

图 3.2.14 桥墩水平向裂缝

二、实心式高墩病害及原因

与实心重力式桥墩相比,高墩受力更为复杂,除了普通实心重力桥墩具有的各种病害外,易因自应力水平高,更易因日照温度变化产生的次生应力导致结构表面开裂。因日照温度变化产生的裂缝多呈竖向,与因承载力不足导致的横向裂缝有明显不同,且该类裂缝会随着年限的延长而增宽。

病害原因分析实例 3-3[8]:

1. 工程概况

某山区二级公路高架桥建成于2006年,东西走向。桥梁上部结构为先简支后连续小箱梁;下部结构为钢筋混凝土实心薄壁墩配钻孔灌注桩基础接盖梁,双柱式墩身配钻孔灌注桩基础接盖梁,及桩柱式桥台接盖梁。实心薄壁墩最高达44m。近几年该高架桥高墩逐渐普遍出现竖向开裂的病害,且裂缝宽度呈逐年增宽趋势。目前,高墩表面竖向裂缝位于墩身东面及西面,宽度为 0.15~0.47mm。

2. 研究背景

以该高架桥建成年代判断,设计时采用的主要规范是《公路桥涵设计通用规范》(JTJ 021—1989)和《公路钢筋混凝土及预应力混凝土桥涵设计规范》(JTJ 023—1985)[简称《公预规》(JTJ 023—85)]。该批规范中没有针对高墩的受力特点提出设计要求。作为普通钢筋混凝土构件,最有可能导致结构产生二次力的附加荷载就是温度荷载。《公路桥梁设计手册——墩台与基础》(第二版)指出"空心高墩在温度作用下能产生相当大的温度应力,某些情况下,可与恒载、活载产生的应力属同一个数量级",但手册中并没有提到温度荷载对实心高墩的影响[1]。接下来,从温度荷载的种类,及各种温度荷载对实心高墩的影响作相关理论分析。

3. 温度变化致墩身开裂原因分析

自然环境条件变化产生的温度荷载分为日照温度荷载、年温差温度荷载和骤然降温温度荷载[9]。

其中,年温差温度荷载是指年温度变化使桥面系发生伸缩变形,在桥墩上产生了次应力,以及年温度变化使桥墩自身产生的次应力[9]。高架桥上部结构为先简支后连续小箱梁,小箱梁与下部结构间设置了板式橡胶支座或四氟板式橡胶支座,该类支座可通过自身滑移或剪切变形消耗掉上部结构伸缩变形,墩身不产生或产生很小的次应力。

骤然降温温度荷载是指寒流引起墩身温度变化产生次应力[9]。由于上部结构对墩顶位移的限制,通常视墩顶处边界为铰接,属一次超静定结构,骤然降温将使桥墩产生一定的次应力。

日照温度荷载对墩身受力的影响主要体现在:日照升温时墩身外表面温度高、受热膨胀,墩身内部混凝土因存在内部孔隙、热传导性差,内部温度低的那部分限制了表面混凝土变形,最终产生温度次应力;同理,日照降温时,结构外表面温度迅速下降,结构内部温度几乎没有什么变化,形成内高外低的温度状态,温度次应力再次产生。

分析墩身结构应力,尤其是对墩身表面结构应力影响最大的日照温度荷载。

为验证该论点,采用 Midas-FEA 建立了背景工程薄壁实心高墩三维有限元模型,利用裂缝最宽处(距承台顶面 25.6m)西侧面水平向应力来分析其开裂原因,由各类荷载产生的水平向应力见表 3.2.1。

墩身裂缝最宽处西侧面水平向应力(kPa)　　　　　表 3.2.1

序号	荷载名称	应力	序号	荷载名称	应力
1	桥墩自重	0	5	日照降温	+1381.7
2	上部结构自重	0	6	年升温	-1.5
3	汽车荷载	0	7	年降温	+3.9
4	日照升温	-2736.4			

由表中数据可见,日照升温是导致墩身表面竖向开裂的主要原因。为分析日照升温沿墩身厚度方向的影响范围,取该断面处应力等值线图及线上图(图3.2.15)作分析可见,日照升温对墩身表面产生拉应力 2.740MPa,且在约 0.13m 范围内迅速发展为压应力 -0.755MPa。C30 混凝土抗拉强度标准值为 2.01MPa。

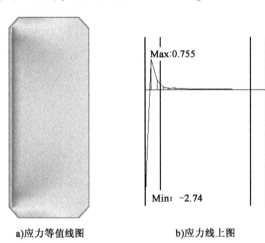

a)应力等值线图　　　b)应力线上图

图 3.2.15　日照升温作用下应力等值线图和应力线上图(单位:MPa)

显然,日照升温是各类荷载中导致墩身开裂的主要原因。

4. 碳化原因作裂缝发展状况分析

为分析成桥多年后才出现墩身开裂的病害,且裂缝呈逐渐增宽的趋势,从混凝土耐久性的角度予以研究以作分析。

影响公路桥梁混凝土结构的五种主要耐久性作用有碳化作用、氯盐侵蚀作用、冻融循环作用、硫酸盐腐蚀作用和磨蚀作用[10]。桥梁地处温热地区无工业污染环境中,故仅对碳化作用和磨蚀作用作分析。

从墩身混凝土外表面较光洁,没有出现粗骨料外露的情况,可判断因风作用导致的混凝土磨蚀现象基本不会对结构耐久性产生影响。

现有研究成果表明,混凝土碳化降低其 pH 值,破坏钢筋表面钝化膜,继而钢筋锈蚀。文献[11]研究表明混凝土碳化程度越烈,强度越高,但脆性越大。这种脆性使得混凝土强度一到达,极限变形也到达,几乎没有塑性。文献[12]通过试验验证了这一点,并且指出碳化能减小混凝土吸水率、提高抗渗性。另外,同济大学一课题组对川黔线上混凝土桥梁进行耐久性普查结果表明,受风压影响面的碳化深度是不受风压影响面碳化深度的 1.15 倍[13]。

综合上述分析结果,高架桥在使用一段时间后,墩身表面混凝土因碳化作用导致抗裂性能降低,加上温度荷载作用产生的结构次应力,是实心薄壁高墩开裂的主要原因。

近年来还有不少研究是针对结构开裂后混凝土碳化作用发展趋势进行的。其中,文献[13]指出:拉应力将加快混凝土碳化的速度,压应力可以减缓混凝土碳化速度;如果混凝土构件的裂缝宽度超过 0.4mm 时,裂缝处的碳化深度将可能加大,与混凝土角区发生的二维碳化情况类似。文献[14]则表明双向碳化侵蚀和拉应力状态作用耦合下,受拉角部混凝土的碳化深度大于 2 倍的无应力状态下单向碳化深度。

可见,高墩开裂后裂缝周边混凝土将继续碳化。碳化将沿裂缝深度和宽度两个方向发展。沿深度方向,未开裂的那部分混凝土碳化后,其抗裂性降低,在温度荷载重复作用下裂缝深度将继续发展,直至钢筋处并致其锈蚀。沿宽度方向,混凝土将沿水平向发生类似于混凝土角区的二维碳化,碳化至最近的竖向受力钢筋处,该钢筋钝化膜逐渐破坏继而锈蚀、周边混凝土开裂并脱落、钢筋继续锈蚀并最终失效,降低了高墩结构耐久性。

第三节 轻型桥墩墩身病害及原因

一、空心桥墩墩身病害及原因

空心桥墩在温度作用下能产生相当大的温度应力,某些情况下与恒载、活载产生的应力为同一个数量级。日照作用下,因太阳光辐射作用,墩柱向阳面温度急剧升高,背阳面温度随气温的变化而变化,相对缓慢。由于混凝土热传导性能很差,空心墩内表面温度与腔内气温接近,比向阳面温度低得多,不均匀的温度分布既产生整体位移与内力,又产生墩壁局部应力(自约束应力)[1]。墩壁局部应力超过混凝土抗拉强度时,将发生裂缝。

另外,20世纪60年代中期,原铁道部科学研究院西南研究所对预应力拼装式箱形桥墩进行了现场观测和模型试验。首次测定了混凝土结构的温度分布,证实了空心桥墩中存在相当大的温差。在壁厚为0.25m的箱形薄壁空心桥墩中,当墩内、外的气温差只有2~3℃时,桥墩内、外表面的温差可达到15℃以上。文献[7]指出在日照作用下正晒时,根据钢筋混凝土结构的热传导特性分析和现场实测资料分析,沿横截面高度方面的温度按函数指数变化,见图3.2.16。

$$t_y = T_0 \cdot e^{-ay}$$
$$T_0 = t_1 - t_2$$

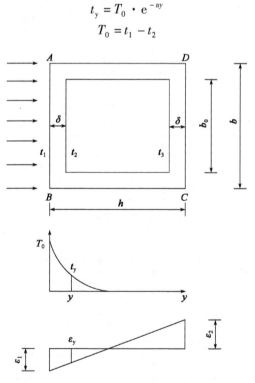

图3.2.16 箱形墩身截面温度与应变分布图示

病害原因分析实例3-4[15]:

石吉高速公路K433+988兴莲大桥上部结构采用简支转连续施工的装配式预应力混凝土箱梁,部分下部结构采用空心薄壁墩配桩基础。空心薄壁墩墩身高度 H 为 37～53.5m，箱形薄壁墩外缘尺寸为 5.5m×3.5m，薄壁墩壁厚为 60cm，墩身横断面尺寸如图 3.2.17 所示。

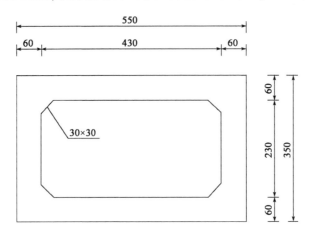

图 3.2.17　兴莲大桥空心薄壁墩墩身横截面尺寸(尺寸单位:cm)

大桥各空心薄壁墩四周侧面均存在竖向裂缝，采用环氧树脂类材料作表面修补后，现修补处大都已开裂。

2015 年 8 月 7 日从泰和高速公路管理中心调取了兴莲大桥的施工资料，选取了其中 5 号墩、8 号墩左、右幅施工资料(表 3.2.2、表 3.2.3)和相关施工信息。整理后的施工信息如下。

兴莲大桥 5 号墩施工资料　　　　　　　　　　　　　　　　　　　　　　　　表 3.2.2

序号	项　目	5 号墩左幅			5 号墩右幅		
		浇筑混凝土时间	气温(℃)	混凝土强度等级	浇筑混凝土时间	气温(℃)	混凝土强度等级
1	承台	2009-06-12	30	C30	2009-07-10	30	C30
2	墩柱第 1 节	2009-06-16	31	C40	2009-07-13	35	C40
3	墩柱第 2 节	2009-06-18	33	C40	2009-07-15	35	C40
4	墩柱第 3 节	2009-07-11	35	C40	2009-07-18	35	C40
5	墩柱第 4 节	2009-07-17	35	C40	2009-07-20	35	C40
6	墩柱第 5 节	2009-07-18	35	C40	2009-07-22	36	C40
7	墩柱第 6 节	2009-07-22	36	C40	2009-07-25	34	C40
8	墩柱第 7 节	2009-07-24	35	C40	2009-07-29	34	C40
9	墩柱第 8 节	2009-07-28	34	C40	2009-08-02	35	C40
10	盖梁	2009-07-31	35	C40	2009-08-05	34	C40

兴莲大桥 8 号墩施工资料　　　　　　　　　　　　　　　　　　　　　　　　表 3.2.3

序号	项　目	8 号墩左幅			8 号墩右幅		
		浇筑混凝土时间	气温(℃)	混凝土强度等级	浇筑混凝土时间	气温(℃)	混凝土强度等级
1	承台	2009-04-02	16	C30	2009-05-12	32	C30
2	墩柱第 1 节	2009-04-07	20	C40	2009-05-17	29	C40
3	墩柱第 2 节	2009-04-14	25	C40	2009-05-20	28	C40
4	墩柱第 3 节	2009-04-25	20	C40	2009-05-22	29	C40
5	墩柱第 4 节	2009-05-05	30	C40	2009-05-25	23	C40
6	墩柱第 5 节	2009-05-07	29	C40	2009-05-30	28	C40
7	墩柱第 6 节	2009-05-13	32	C40	2009-05-31	28	C40
8	墩柱第 7 节	2009-05-17	30	C40	2009-06-05	32	C40

续上表

序号	项目	8号墩左幅			8号墩右幅		
		浇筑混凝土时间	气温(℃)	混凝土	浇筑混凝土时间	气温(℃)	混凝土
9	墩柱第8节	2009-05-25	32	C40	2009-06-07	33	C40
10	盖梁	2009-06-02	30	C40	2009-06-11	30	C40

根据施工日志，并参考同类桥墩施工经验，分析本桥薄壁墩采用翻模法施工。翻模是以凝固的混凝土墩体为支承主体，通过附着于已完成的混凝土墩身的下层模板支撑上层施工模板及平台，从而完成钢筋成形、模板就位和校正、混凝土浇筑等工作。

为了分析竖向裂缝的成因，采用ANSYS软件对空心薄壁墩作了实体模型，并对其分别施加恒载和活载、梯度温度，及水化热分析。计算结果表明，正常恒、活载作用不会导致空心薄壁墩产生竖向裂缝。薄壁墩墩身竖向裂缝主要系水化热效应和温度骤降所致。影响水化热温度效应的因素主要有水泥品种、每立方米水泥含量、入模温度及养护条件。本桥薄壁墩采用普通硅酸盐水泥（P.O42.5）。以5号墩为例，混凝土入模时天气温度约34℃，规范规定要小于30℃。5号墩开裂较为严重。对比表3.2.2和表3.2.3发现，8号墩左幅第4节以上浇筑温度30℃，相应裂缝出现在第4~8节；部分桥墩节段每节施工3天左右，有的为2天，立模养护时间较短，且本桥位于山谷间，风速较大也宜导致表面对流换热系数较大，这些都增大了水化热效应。如果施工期间没能采用有效措施，极易导致开裂。另外，现场检查时发现，墩身施工对穿预留PVC管在空心部位未断开，即薄壁墩空腔完全封闭，增大箱体内、外温差，加剧病害的产生和发展。

二、柱式桥墩墩身病害及原因

1. 典型结构受力性裂缝

柱式桥墩是受压为主的构件，水平向主要承受汽车制动力和支座摩阻力，其受力薄弱断面位于柱式墩的根部附近，即墩柱与扩大基础或承台相接部位附近。结构受力性病害表现为环向开裂，见图3.2.18。

2. 使用中产生的非结构性网状裂缝

工程中遇到更多的是发生在常水位以上，墩身向阳面产生横向或竖向开裂病害。产生该类裂缝的主要原因是混凝土内部水化热和外部气温的温差，或日气温变化影响和日照影响产生的拉应力裂缝，或者是由于混凝土干燥收缩引起的裂缝，见图3.2.19[4]。

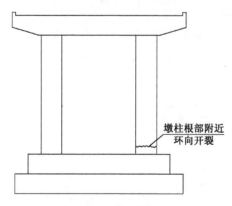

图3.2.18 柱式墩身结构受力性裂缝

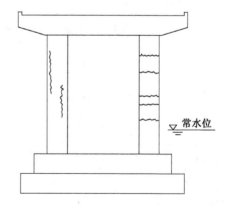

图3.2.19 柱式墩身施工工艺欠佳或温差裂缝

3. 施工原因产生的缺陷

因浇筑混凝土时质量控制不严，在墩柱顶部与盖梁相接的部位出现混凝土欠密实甚至夹有杂物、混凝土蜂窝或者斜向开裂的病害,见图 3.2.20 及图 3.2.21。

图 3.2.20 柱式墩身顶部混凝土夹有杂物并伴空洞

图 3.2.21 柱式墩身顶部斜向开裂

若施工时墩身局部混凝土保护层过薄,河水渗透至钢筋处,钢筋锈蚀、膨胀、混凝土保护层将被胀裂,即而脱落(图 3.2.22)。

图 3.2.22 墩身钢筋锈蚀、混凝土脱落

三、框架式桥墩墩身病害及原因

传统框架式桥墩各构件为压弯构件和弯曲构件,易出现结构性病害的部位是构件节点处,及弯曲拉应力较大处。近年常用的 V 形墩或 Y 形墩易出现结构性病害(裂缝)的部位是斜撑根部。悬臂端部设置有预应力水平拉板的 V 形墩或 Y 形墩,拉板内预应力易损失,继而拉板下挠、拉板根部上缘竖向开裂(图 3.2.23)。

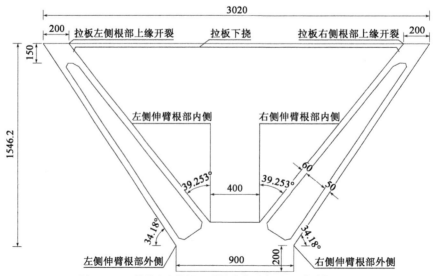
图 3.2.23 带预应力拉板 V 形墩病害示意图(尺寸单位:cm)

第三章　增大截面技术加固桥墩

第一节　加固机理与方案

增大截面技术是通过增设钢筋混凝土的方式提高构件强度和刚度的加固方法。可广泛应用于各种不同类型桥墩的不同构件。优点是加固效果显著、使用传统建筑材料、对施工单位的技术水平要求不高、容易控制施工质量；缺点是结构自重增大、适用于地基和基础承载力高的桥墩、加固后欠美观、属于被动加固法。被动加固法的特性使得新增截面只参与承受新增混凝土成型后传递给桥墩的荷载，对于不需更换上部结构的桥墩来说，提高构件承载力的程度有限。

增大截面加固技术多用于盖梁（墩帽）加固、重力式桥墩墩身、柱式墩身及其他类似桥墩墩身加固。

一、增大截面技术加固墩帽（盖梁）

1. 提高受力薄弱部位承载力

盖梁作为受弯为主的构件，对其不同位置的受力薄弱处采用现浇钢筋混凝土的方法增大构件截面，可提高相应部位抗弯承载力和抗剪承载力。可选择加固方案如下：

（1）对盖梁底面增设钢筋混凝土以提高其抵抗正弯矩的能力。为加强新增钢筋混凝土与原有盖梁间的联系，加固后的盖梁横断面呈马蹄形，见图3.3.1a）。

（2）由于既有桥墩盖梁顶面已经架设了上部结构，且设置了支座垫石，没有在盖梁顶面增设钢筋混凝土的施工空间，只能对盖梁侧面接近上缘附近增设钢筋混凝土或预应力混凝土以提高其抵抗负弯矩的能力，见图3.3.1a）。

（3）对抗剪承载力不够的盖梁，可在两侧面增设钢筋混凝土，见图3.3.1b）。

（4）对抵抗正、负弯矩及抗剪能力均不足的盖梁，也可三周均增设钢筋混凝土，见图3.3.1c）。

2. 缩小盖梁跨径

鉴于无法在盖梁顶面增设混凝土，仅在侧面增设钢筋混凝土或预应力混凝土的空间有限、提载潜力有限，也可通过在盖梁与墩柱相接处增设钢筋混凝土倒角，以减小盖梁墩柱间跨径的方式减小负弯矩内力及剪力达到加固目的，如图3.3.2所示。

3. 压碎处增大截面提高盖梁边缘强度和刚度

《公预规》（JTJ 023—85）对局部承压构件没有对截面尺寸提出要求，仅对局部承压强度提出要求。20世纪六七十年代修建的小桥往往不设置支座，仅在主梁与盖梁间铺设油毛毡。加上近年重车频繁作用，盖梁承受过大荷载以致被压碎，尤其是盖梁边缘易被压碎。对板式桥梁，只能吊移上部结构后修复盖梁被压碎部位；对梁式结构，可以未压碎处为支撑，顶升至工作面需要的高度，再修复被压碎部位。

采用凿除破碎部位后重新浇筑新鲜混凝土的方式修复盖梁后，为增大上部结构与盖梁的支撑面积，并提高盖梁边缘强度和刚度，应在原桥墩盖梁四周外包钢筋混凝土。一是可以将盖梁与上部结构支撑边缘这一受力薄弱处移至新增部分来承担;二是可以使原盖梁混凝土处于双向约束状态,提高原结构混凝土抗压能力。

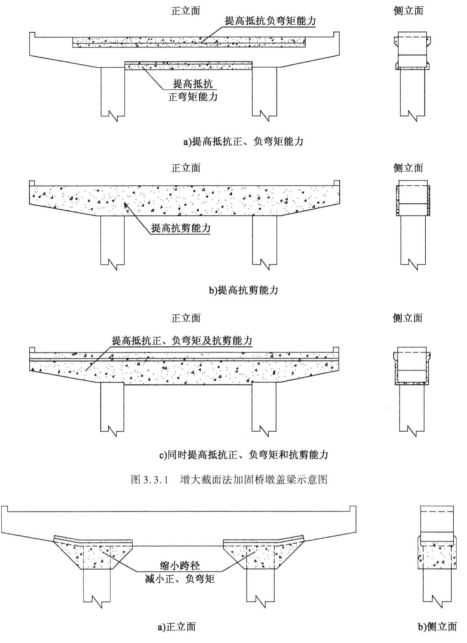

图3.3.1 增大截面法加固桥墩盖梁示意图

图3.3.2 增设钢筋混凝土倒角减小盖梁正、负弯矩内力及剪力

二、增大截面技术加固桥墩墩身

1. 加固重力式桥墩墩身

(1)提高墩身承载能力。对自身承载力不足的桥墩,可在墩身外表面局部外包钢筋混凝土,以提高实体式墩身受力薄弱处的承载能力。

(2)提高砌体墩身整体性。增大截面加固技术还常常应用在因整体性较差、顺着砌缝开裂的砌石圬工实体式桥墩加固中。

因整体性差产生砌缝开裂的实体式桥墩,其病害发展进程是逐渐加速的,所以不论裂缝严重与否,均建议在新增混凝土内设置双层钢筋网。与对加固时因搭设支架、设置围堰等措施费相比,增设一层钢筋网所需的造价并不算太多,但提高实体式墩身整体性的效果却提高了1倍。

(3)恢复因地基不均匀沉降而开裂桥墩的承载能力和整体性,见图3.3.3。对这类桥墩增大截面应在加固地基后进行。对水中墩应在竖向裂缝范围内均增设钢筋混凝土,以防止河水渗入墩身,提高桥墩耐久性。对开裂情况并不严重的旱地桥墩墩身,也可增设钢筋混凝土圈梁,见图3.3.4。

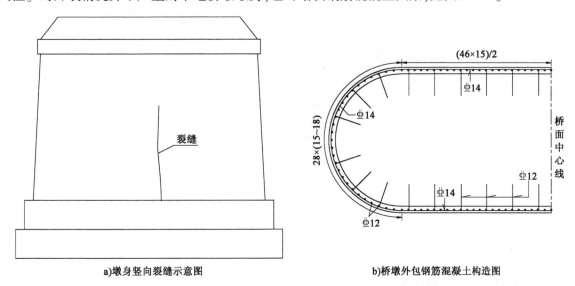

a)墩身竖向裂缝示意图　　　　　　b)桥墩外包钢筋混凝土构造图

图3.3.3　增设钢筋混凝土加固已开裂重力式桥墩(尺寸单位:钢筋直径mm;其余cm)

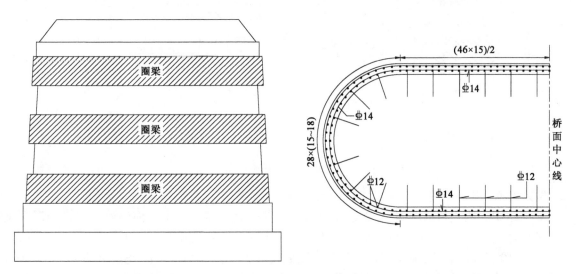

图3.3.4　增设钢筋混凝土圈梁加固已开裂旱地重力式桥墩(尺寸单位:钢筋直径mm;其余cm)

(4)对受水流冲刷严重、混凝土保护层剥落且钢筋外露的桥墩墩身,可在受水流冲刷范围内增设一层钢筋混凝土。

(5)对风化严重的桥墩墩身表面可采用挂钢丝网后,外抹高标号砂浆或聚合物砂浆的方式进行防护(虽然该技术并未用到混凝土,但加固原理相同,在此一并列举)。钢丝网与原墩身间通过植筋相连。

2.加固轻型桥墩墩身

(1)墩柱间增设钢筋混凝土系梁或横隔板。

一般多柱式桥墩墩柱高度大于15m时,应设置柱间系梁。在设计既有桥梁时,一般已经遵循该原则确定是否设置柱间系梁。但近年来重型车辆越来越多,载重量越来越大,车辆经过桥梁时产生的振动过大。此时可在墩柱间增设钢筋混凝土系梁或横隔板,以增强桥梁下部结构整体性。为加强新增构件与原墩柱间整体性,应当采取抱箍方式连接,见图3.3.5、图3.3.6。钢筋混凝土抱箍式节点处的刚度更大,提高下部结构刚度的效果也更好。

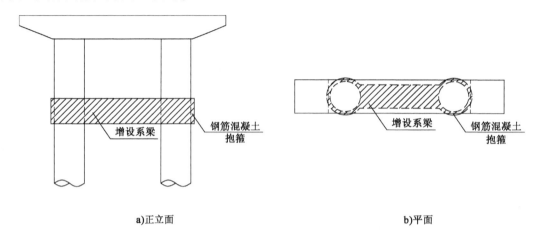

图 3.3.5 墩柱间增设系梁

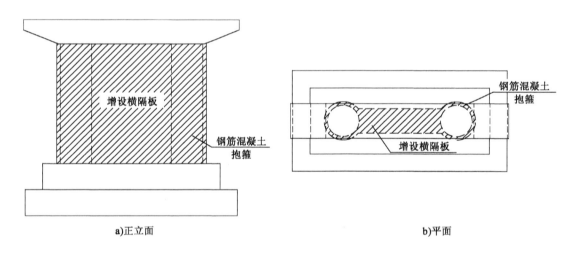

图 3.3.6 墩柱间增设横隔板

(2)恢复受撞击开裂墩身。

可通航河道中的柱式桥墩刚度小,受过往船只撞击易网状开裂。采用对损伤处外包钢筋混凝土的方式提高其耐久性,对比粘贴复合材料布来说是更优的选择。外包混凝土的美观性不如粘贴布材,不过通航河道较宽,除了过往船只,很少有人会观察到该处尺寸的不同。另外,混凝土、钢筋、植筋胶通常是加固桥梁必备的建筑材料,而复合材料布不是。单独为了修复因撞击产生的损伤购买纤维布及配套粘贴胶,并送去检验、出具报告,无疑将使施工单位和监理单位付出更多的时间和人力。

(3)通过增大截面的方式改柱式墩为整体墩。

因铁路提速、提运,既有采用柱式轻型桥墩的铁路桥横向振幅偏大。为增加桥墩横向刚度,通过增设钢筋混凝土的方式将柱式墩改造为整体式桥墩,使桥墩的横向刚度、受力及耐久性得到加强[16]。

通常设计采用双柱式轻型桥墩的桥梁是符合上部结构承载要求,且适应当地地质条件。若因桥梁建成后不正规施工或其他非正常原因导致柱式墩身开裂时,亦有采用改柱式墩为实体式桥墩的情况[17]。

改为实体墩后桥墩自重大幅增加,需对下部结构进行验算,必要时需要加固地基,或者增设桩基础。为将新增桩基础与原基础连接成整体共同受力,还需要新增承台。

第二节 砌体圬工表面植筋施工要点

本书第二篇中已经对增大截面技术施工要点予以详细阐述。由于部分桥墩为浆砌圬工结构，在其表面植筋会遇到在钢筋混凝土或素混凝土表面植筋不同的问题。主要表现在：①设计植筋孔位于砌缝处；②石材或混凝土预制块经钻孔后崩裂；③原墩身砌缝大面积脱落、表面结构松散。各种情况处理方式如下：

(1)植筋孔位于砌缝处。

植筋宜设置在牢固、坚硬、未风化、经钻孔后不崩裂的片石、块石或混凝土砌块上。砌缝强度较低，不宜将植筋设置在此处。若设计孔位在砌缝上，可以植筋根数不变为原则，将植筋孔平移一个主要钢筋间距。

(2)石材或预制块崩裂。

应先在石材表面试钻，若未出现因钻孔导致石材脆性开裂的情况，可大面积施钻。对因风化变脆的石材、预制块表面钻孔易发生崩裂，宜人工凿除表面风化层露出新鲜面后钻植筋孔。

(3)原砌缝大面积脱落、表面结构松散。

这时务必先修补原结构砌缝、恢复结构整体性后再植筋，以免钻植筋孔时对原结构产生振动，加重结构松散的问题。

第三节 工 程 实 例

工程实例3-1：三周增设钢筋混凝土加固桥墩盖梁

1. 桥梁概况

江西省鹰潭地区境内罗家桥(图3.3.7)位于省道S207线(罗湖—锦江公路)桩号K51+256处。桥梁建成于2000年，全长37.5m。上部结构为2×16m钢筋混凝土空心板，下部结构桥墩采用三柱式墩配桩基础接盖梁，两岸桥台为三柱式台配桩基础接盖梁，桥台前设置浆砌片石挡土墙。桥面净宽为净—12m(行车道)+2×0.5m(安全带)。桥梁原设计荷载等级为汽车—20级、挂车—100。2011年对桥梁进行检测时，原桥墩盖梁使用状态尚好，但为对旧路进行升级改造，全线桥梁荷载等级需符合《公路桥涵设计通用规范》(JTG D60—2004)[简称《桥通规》(JTG D60—2004)]要求的"公路—Ⅱ级"。

图3.3.7 罗家中桥立面全景

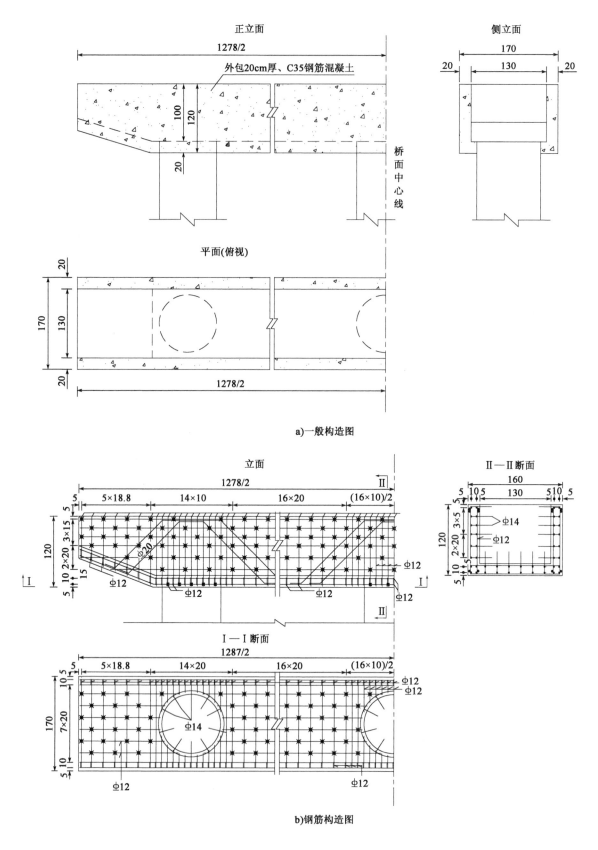

图3.3.8 桥墩盖梁增设混凝土加固构造图(尺寸单位:钢筋直径 mm;其余 cm)

2. 加固前状况

因原桥墩盖梁配筋较少,结构计算表明原有盖梁不能满足公路—Ⅱ级的使用要求,故对桥墩盖梁两侧面及底面新增 C35 钢筋混凝土,提高盖梁的正、负弯矩承载力及抗剪力。

3. 加固措施

桥墩盖梁加固一般构造和钢筋布置见图 3.3.8。具体加固措施如下:

为了提高墩柱处盖梁抵抗负弯矩及抗剪的能力,每侧外包混凝土各设置了 4 根受力主筋,主筋弯折至正弯矩区成为承受正弯矩的钢筋。为提高截面有效高度,主筋以束筋的方式设置;增设混凝土内设置四肢箍筋,并在墩柱附近加密。

增设混凝土与原盖梁间结合处表面作凿毛并涂刷界面剂。新、老结构间设置植筋。植筋间距满足新、旧结构结合为目的,并以植筋后不损伤原盖梁结构为限度。植筋位于新增箍筋与新增横桥向主筋相交处,并与主筋间点焊。

工程实例 3-2:实体式桥墩外包钢筋混凝土防护

1. 桥梁概况

江西省修水县沙滩大桥建成于 1974 年,位于修水县界茅线(界下至茅坪,即县道 X194)。大桥上部结构为 2 孔净跨径 40m 的空腹式双曲拱(图 3.3.9),下部结构为重力式桥墩配扩大基础及 U 形桥台配扩大基础。大桥原设计荷载等级为汽车—15 级、挂车—80;大桥净宽为净—4.5m(行车道)+2×0.325m(栏杆)。根据当年参与建桥的技术人员反映,大桥桥墩基础置于岩层。大桥桥址下游建设了水坝,桥墩处水深常年保持在 7m 左右。

图 3.3.9 沙滩大桥立面全景

2. 加固目的

由于大桥桥面过窄,已不能满足通行需求,于 2008 年对大桥实施拓宽提载加固。加固设计荷载等级为公路—Ⅱ级,加固后桥面净宽:净—7m 行车道+2×0.25m 栏杆,将单车道桥梁拓宽为双车道。

3. 加固措施

工程实施时采用仅重建桥面系的方式拓宽桥梁,桥墩将承受原设计 2 倍的车辆荷载。另外,考虑到常年浸泡在水中的桥墩为砌体圬工材料修建,若发生任何病害不易被发觉,同时也为了提高墩身耐久性,设计对墩身外包 C30 钢筋混凝土。因桥墩尚未产生裂缝,增设混凝土仅作防护用,故内置单层钢筋网,见图 3.3.10。

施工时开闸放水,将水位下降了 4m,后采用 U 形钢板桩围堰后,架立钢筋骨架、安装定制钢模板,同时使用多根混凝土输送泵同时灌注混凝土,以保证浇筑质量。

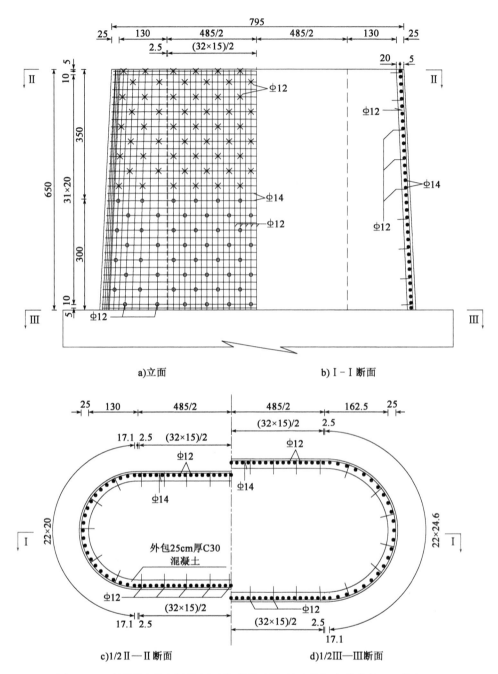

图 3.3.10 桥墩墩身外包混凝土加固钢筋构造图(尺寸单位:钢筋直径 mm;其余 cm)

工程实例 3-3:桥墩墩身外包钢筋混凝土提高整体性

1. 桥梁概况

江西省景德镇地区三墩甲桥(图 3.3.11)位于省道 S205 线(汪湖至乌石)K21+653 处。桥梁建成于 1975 年,原设计荷载等级为汽车—13 级、挂车—80。现实测三墩甲桥全长 79.2m,桥梁上部结构为 2×25m 砌石板拱(推定拱轴系数 m=1.988,净矢跨比为 1/5),每跨主拱圈对称设置有 2 个腹孔,桥墩处设置有 1 个腹孔;下部结构为重力式桥墩配扩大基础和 U 形桥台配扩大基础。桥面全宽为 8.3m(行车道)+2×0.37m(防撞护栏)。2015 年加固设计荷载等级为公路—Ⅱ级。

2. 加固前状况

现场检测发现桥墩墩身存在竖向裂缝,裂缝贯穿砌缝及石材本身。桥墩基础状况良好,基础顶面以下均位于河床线以下。检测时桥址处水位较浅,可清晰看到河床为夹砂砾石,推断桥墩处地基状况也良好。桥墩墩身由乱石浆砌而成,分析墩身开裂是由于墩身建筑材料整体性较差导致。

图 3.3.11 三墩甲桥立面全景

3. 加固措施

加固时对桥墩墩身外包一层 C30 混凝土,内置双层钢筋网以增强墩身整体性。加固钢筋构造图见图 3.3.12。

为避免增设混凝土与原桥墩墩帽间积水,增设混凝土顶面设置了斜坡倒角。

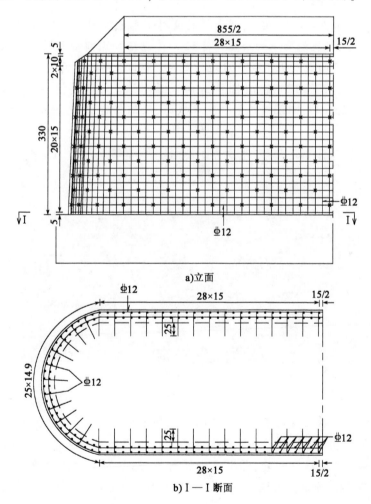

图 3.3.12 桥墩墩身增设钢筋混凝土钢筋构造图(尺寸单位:钢筋直径 mm;其余 cm)

工程实例 3-4：被压碎盖梁四周现浇混凝土

1. 桥梁概况

老袁河大桥(图3.3.13)位于320国道宜春市袁州区境内,跨越袁河,于1989年建成。实测老袁河大桥全长约为176.04m,原设计荷载等级为汽车—20级、挂车—100,桥面全宽为1.75m(人行道)+9m(行车道)+1.64m(护轮带及防撞护栏)。桥梁主跨横桥向共布置4片主拱片,主拱片间通过横系梁连成整体,并在拱片间设置微弯板,拱片外侧设置悬臂微弯板。大桥主跨结构为5×30m钢筋混凝土刚架拱,宜春岸桥台副孔设置有一跨净跨径为6.95m的整体式现浇简支板。桥梁下部构造为重力式桥墩配扩大基础,0号桥台为组合式桥台配扩大基础,5号桥台为浆砌U形桥台配扩大基础。

图3.3.13 老袁河大桥立面全景

2. 加固前状况

主拱片上弦杆直接放置在桥墩立柱上,两者之间仅用油毛毡作间隔。2011年因大桥所在线路进行升级改造,需将荷载提至现行规范要求的公路—Ⅰ级。在进行加固前现状检测时发现,2~4号桥墩墩上立墙于部分弦杆支点处顶面混凝土不同程度地被压碎,其中以第3跨萍乡岸2号及3号弦杆下方损坏得最为严重,以致弦杆支点下沉2~5cm(图3.3.14),且上弦杆与斜撑相接处底面横向开裂。经过结构计算,上弦杆支点下沉2cm后,刚架拱片斜撑支点截面、外弦杆跨中、弦杆小节点截面、主拱腿拱脚截面均不满足原设计规范要求。

图3.3.14 弦杆支点下沉

3. 加固措施

因桥墩立墙顶面被压碎致上弦杆下沉,严重危及上部结构安全,故拆除并重做第3跨萍乡岸弦杆(包括内、外弦杆及与斜撑相连的小部分)至原设计尺寸。为恢复墩身立墙顶部被压碎的部位,凿除并修复3号桥墩立墙宜春岸顶面压碎部分,并增设钢筋网片,见图3.3.15。为避免其余桥墩立墙后续发生类似病害,3号桥墩及其他各墩上立墙顶部均自上而下四周外包25cm厚、50cm高的C40钢筋混凝土(内设双层环形钢筋),外包混凝土与弦杆间通过油毛毡间隔,见图3.3.16。

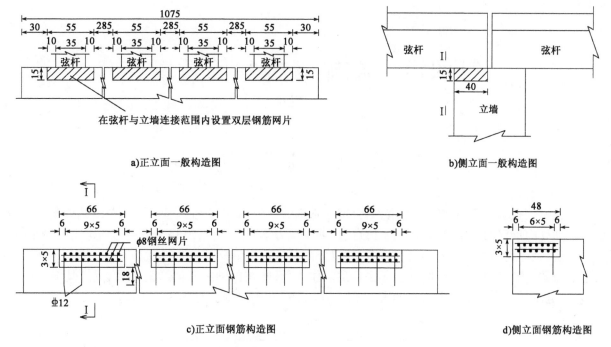

图 3.3.15　修复 3 号墩墩身立墙顶部构造图(尺寸单位:钢筋直径 mm;其余 cm)

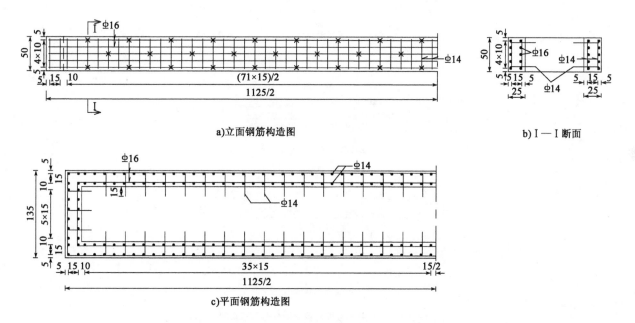

图 3.3.16　各桥墩墩身立墙顶部增大截面钢筋构造图(尺寸单位:钢筋直径 mm;其余 cm)

修复 3 号墩墩身立墙顶部前,需先拆除第 3 跨萍乡岸的全部上弦杆,及对应范围桥面系、微弯板,待修复好墩身立墙后,将预制好的弦杆起吊至预定位置并设置临时支撑,再将弦杆与主拱腿连接处的钢板、弦杆与实腹段接头、弦杆与斜撑接头的钢筋焊接,再现浇混凝土。接头混凝土达到设计强度的 85%后,可以拆除临时支撑。安装好弦杆,再对立柱顶部四周现浇混凝土。

第四章 粘贴钢板加固桥墩

第一节 加固机理与方案

由于粘贴钢板基本不增加结构自重,不会增加基础的负担,适用于各种基础形式及地基情况。粘贴钢板与增加受力钢筋的作用类似,适用于抗弯、抗剪承载力不够的构件,但起不到增加结构刚度的作用。对桥墩来说,粘贴钢板技术主要用来加固盖梁,以提高其抵抗弯矩及剪力的能力。

鉴于盖梁上已经架设了上部结构,无法在顶面作业,只能在盖梁底面粘贴钢板,以提高其抵抗正弯矩的能力,见图3.4.1a);也可以在侧面粘贴钢板,以提高其抗剪能力,见图3.4.1b)。

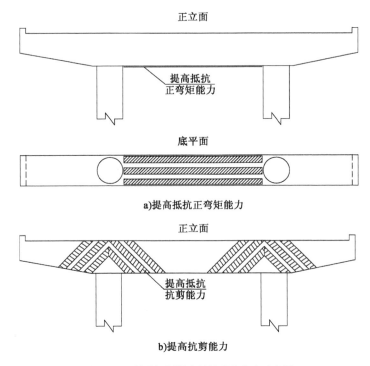

图3.4.1 粘贴钢板提高盖梁承载能力示意图

第二节 工程实例

工程实例3-5:桥墩盖梁侧面粘贴钢板提高抗剪能力

1. 桥梁概况

新龙江公路桥(图3.4.2)位于抚州市东乡区境内的省道东黄线上,跨越廖坊灌区干渠,建成于2008年。实测桥梁全长30.34m,上部结构为2×13m预应力混凝土空心板,下部结构为桩基础配双柱式桥墩及双柱式桥台。现场实测桥面净宽为净—8m(行车道)+2×0.5m(人行道)。原设计荷载等级为汽车—20级、挂车—100。

图 3.4.2　新龙江公路桥中桥立面全景

2. 加固措施

2013年对桥梁进行维修加固设计时,采用现行规范荷载等级"公路—Ⅱ级"对桥梁进行了结构计算。计算结果表明,桥墩盖梁墩柱支点处截面抗剪能力不满足承载能力极限状态使用要求,设计对桥墩盖梁两侧面粘贴钢板加固(图3.4.3)。

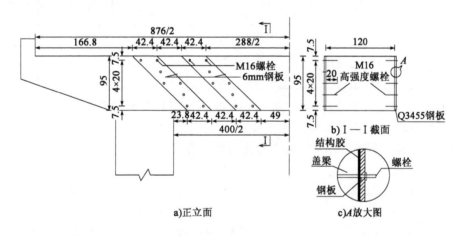

图 3.4.3　盖梁侧面粘贴钢板构造图(尺寸单位:螺栓直径 mm;其余 cm)

3. 结构计算

设计时采用 Midas-Civil 建立有限元模型对桥墩盖梁进行加固前、后的正弯矩、负弯矩及剪力验算,计算模型如图3.4.4所示。有限元模型中于每个支座及变截面处均设置节点,以利计算模型中上部结构传递给盖梁的力与实际相符。经过试算,车辆偏载时盖梁支点负弯矩和剪力最大,车辆对称布载时跨中弯矩最大。确定空心板传递给盖梁的车辆荷载时,偏载采用偏心压力法计算,对称布载采用杠杆法计算。荷载布置范围按双孔考虑,且双孔布载时偏安全地对计算跨径取左右跨之和。

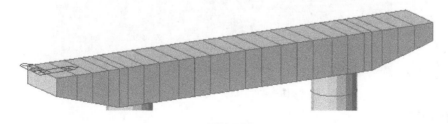

图 3.4.4　桥墩盖梁有限元模型图

结构检算荷载组合如表3.4.1所示。

结构检算荷载组合一览表　　　　　　　表3.4.1

组合类型	说　　明
组合一	1.2(恒载)
组合二	1.2(恒载)+1.4(公路—Ⅱ级)+1.12(人群)
组合三	1.0(恒载)+0.7(公路—Ⅱ级)+1.0(人群)
组合四	1.0(恒载)+0.4(公路—Ⅱ级)+0.4(人群)

加固前、后盖梁承载能力极限状态和正常使用极限状态计算结果如表3.4.2和表3.4.3所示。

加固前、后桥墩盖梁承载能力极限状态验算结果一览表　　　　　　表3.4.2

状态	负弯矩 (kN·m)	正弯矩 (kN·m)	支点剪力 (kN)	负弯矩抗力 (kN·m)	正弯矩抗力 (kN·m)	支点剪力抗力 (kN)	是否满足规范要求
加固前	1238.9	849.0	1491.4	1393.7	1598.0	1169.0	不满足
加固后	1278.6	863.3	1496.8	1393.7	1598.0	1694.3	满足

加固前、后桥墩盖梁正常使用极限状态裂缝宽度计算结果一览表　　　　　　表3.4.3

状态	荷载等级	计算项目	计算值	规范限值	是否满足规范要求
加固前	汽车—20级	正弯矩区裂缝宽度(mm)	0.078	0.2	满足
		负弯矩区裂缝宽度(mm)	0.159	0.2	满足
加固后	公路—Ⅱ级	正弯矩区裂缝宽度(mm)	0.078	0.2	满足
		负弯矩区裂缝宽度(mm)	0.163	0.2	满足

检算结果表明,在现行规范荷载等级"公路—Ⅱ级"的作用下,加固前的新龙江公路桥桥墩盖梁支点剪力抗力不满足要求,加固后该处满足规范要求。

工程实例3-6：桥墩盖梁底面粘贴钢板提高正弯矩承载力

1. 桥梁概况

墩头中桥(图3.4.5)位于国道G206烟汕线景德镇市境内,该桥建成于2004年,原设计荷载等级为汽车—超20级、挂车—120。2016年实测墩头中桥全长44.08m。桥梁上部结构为3孔标准跨径为13.0m的钢筋混凝土简支空心板,横桥向共设置了12片空心板;下部结构为盖梁接柱式墩配扩大基础和肋式桥台配扩大基础。桥面全宽为12.0m(行车道)+2×1.5m(人行道)。

图3.4.5　墩头中桥立面全景

2. 加固前状况

2016年对桥梁进行维修加固,现状检测时发现：

(1)烟台岸桥台台帽竖向开裂,缝宽0.25mm,见图3.4.6；

(2)1号桥墩盖梁跨中附近底部存在2条U形裂缝,缝宽0.15mm,见图3.4.7;

图3.4.6 桥台台帽竖向开裂

图3.4.7 桥墩盖梁底部U形开裂

(3)2号桥墩盖梁跨中附近底部存在3条U形裂缝,缝宽0.1mm。

桥墩、台盖梁裂缝宽度尚在《公路桥涵养护规范》(JTG H11—2004)第3.5.2条下的表3.5.2-4规定限值内,且计算结果表明,加固前原盖梁承载力符合原设计使用要求。

3. 加固措施

维修加固时,为了提高空心板的整体性,凿除了原厚度为10cm的钢筋混凝土桥面铺装,重新浇筑了15cm厚钢筋混凝土桥面铺装+5cm厚沥青混凝土磨耗层。上部结构自重增加后,经过结构计算,桥墩、台盖梁正弯矩承载力不满足使用要求,设计采用在桥墩、台盖梁底面粘贴钢板的方式进行加固,见图3.4.8。

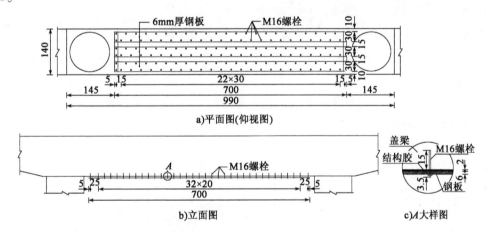

图3.4.8 桥墩、盖梁底面粘贴钢板构造图(尺寸单位:螺栓直径mm;其余cm)

工程实例3-7:L型桥墩盖梁顶部水平向粘贴钢板加固

1. 桥梁概况

玉虹大桥(图3.4.9)位于玉山县境内,横跨冰溪河。大桥建成于1994年,平面呈丁字形布置,主桥上部结构为1×16m钢筋混凝土T形梁+4×30m预应力混凝土T形梁+4×16m钢筋混凝土T形梁,丁字桥上部结构为3×16m钢筋混凝土T形梁。下部结构为盖梁接柱式桥墩、重力式桥台配扩大基础。大桥原设计荷载等级为汽车—20级、挂车—100,实测主桥全长218.84m,现状主桥桥面净宽为净—13m(行车道)+2×1.5m(人行道);丁字桥全长54.02m,现状丁字桥桥面行车道净宽从12.45m变宽至20.55m。

2. 加固前状况

因大桥连接S202线、S203线、浙赣铁路等交通要道,过往超载车辆日益增多,需将其提载至"公路—Ⅰ级"。在进行加固提载设计前对大桥进行现状检测时,发现5号过渡墩L形盖梁存在多条自顶向下发展的竖向裂缝,裂缝宽度为 0.1～1mm,长度为 10～30cm,见图 3.4.10 及图 3.4.11,但其余过渡墩不存在类似病害。

图 3.4.9　玉虹大桥立面全景

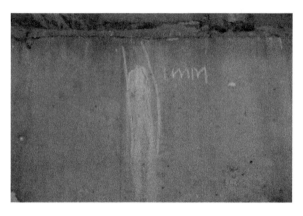 

图 3.4.10　5 号墩 L 形盖梁开裂(1)　　　　　图 3.4.11　5 号墩 L 形盖梁开裂(2)

3. 加固措施

分析个别构件开裂与施工时局部混凝土浇捣质量有关。为控制该处裂缝继续发展,对盖梁侧面开裂处粘贴水平向钢板,如图 3.4.12 所示。

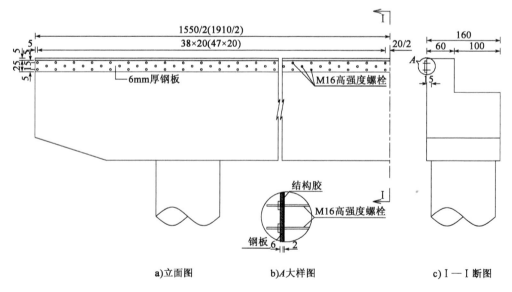

a)立面图　　　　b)A 大样图　　　　c)Ⅰ—Ⅰ断图

图 3.4.12　5 号墩 L 形盖梁顶部附近粘贴水平向钢板(尺寸单位:螺栓直径 mm;其余 cm)

第五章 粘贴纤维复合材料布加固桥墩

第一节 加固机理与设计要点

《结构加固规范》(GB 50367—2013)中规定,粘贴纤维复合材料布加固技术适用于钢筋混凝土受弯、轴心受压、大偏心受压及受拉构件的加固。但这是针对房屋结构而言的。桥梁下部结构具有可变荷载远大于永久荷载的特点,适用于房屋结构的加固方案不一定适合桥梁结构。桥墩最常见的构件是受弯的盖梁和受压的桥墩墩柱。其中,盖梁横断面具有高宽比接近1、配筋率大的特点。对于原梁高度较小、配筋率较大的情况,后加补强纤维布的高抗拉性能根本无法发挥作用,"大马拉小车"是一种极大的浪费[18]。倒是对墩柱采用缠绕粘贴复合纤维布对受压构件进行加固,在纵向力的作用下,混凝土处于三向受压状态,可以较大幅度提高结构的抗压承载力[19]。所以针对桥梁结构的特点,《公路桥梁加固设计规范》(JTG/T J22—2008)中规定粘贴纤维复合材料布技术适用于钢筋混凝土受压柱加固,以提高其延性、耐久性,也可用于梁、柱的加固。

第二节 水中墩柱缠绕纤维复合材料布施工要点

对墩柱缠绕纤维复合材料布加固的设计及施工要点详见第二篇相关内容,本章主要就水中墩柱施工要点加以阐述。

为加快进度,施工单位总是希望在围堰并抽水后立即对水中墩柱缠绕纤维复合材料布施工,此时墩柱表面为饱水状态或未干透状态,且施工完成后被加固部分将长期浸泡在水中。与干处施工相比,需注意以下两点:

(1)选择湿面施工结构胶粘贴纤维复合材料布。

河海大学喻林博士等,将粘贴碳纤维布加固后的混凝土构件分别放置在自然环境和水环境14d后,做破坏性试验,混凝土构件均为受拉破坏;放置56d后,得到在水环境下的试件破坏形式为碳纤维布与混凝土之间的黏结破坏,自然环境下的试件为混凝土拉断破坏的试验结果。说明随时间增加,水环境对碳纤维布与混凝土之间的黏结性能产生越来越不利的影响[19]。所以施工时需采用湿面施工专用结构胶粘贴纤维复合材料布,并符合《加固材料鉴定规范》(GB 50728—2011)的有关规定,见表3.5.1。

湿面施工、水下固化型结构胶基本性能鉴定要求　　表3.5.1

检验项目	检验条件	鉴定合格指标
钢对钢拉伸抗剪强度标准值(MPa)	水下固化、养护7d,到期立即在5℃条件下测试	≥10
	水下固化、养护7d的试件,晾干3d后,再在水下浸泡30d,到期立即测试	≥8
钢对钢拉伸抗剪强度平均值(MPa)	在室温下进行干态黏合的试验,经7d固化、养护后立即测试	应达到同品种结构胶合格指标的要求
钢对钢T冲击剥离长度平均值(mm)		
钢对C45混凝土正拉黏结强度平均值(MPa)		

(2)根据结构胶种类、基体表面温度、湿度,经试验确定加固后墩柱何时可浸于水中。

文献[20]通过试验表明,若碳纤维布贴好后马上浸水,由于水具有较强的渗透力及一些其他外界因素,会破坏碳纤维布与基体的黏结性能,从而出现起鼓,因此必须待结构胶固化产生一定强度后才能浸水。结构胶的种类、基体表面温度及湿度对表干时间均有显著影响,围堰拆除时间需根据实际情况进行考虑。

第三节 工程实例

工程实例3-8:缠绕粘贴碳纤维布加固火损墩柱

1. 桥梁概况

沙嘴头大桥(图3.5.1)位于景德镇市境内国道G206线,横跨昌江。大桥上部结构为4×30m+4×50m+4×30m预应力混凝土简支T形梁。桥墩为盖梁接柱式墩身(4~8号桥墩配承台)配桩基础;0号桥台为盖梁接肋式台身配承台接桩基础;10号桥台为盖梁接桩柱式桥台。大桥建成于2004年,原设计荷载等级为汽车—超20级、挂车—120,通航等级为Ⅴ-2级。大桥全长447.36m,现状桥面净宽为净—12m(行车道)+2×1.25m(人行道)。

图3.5.1 沙嘴头大桥立面全景

2. 加固前状况

2014年3月,桥梁检测单位对大桥进行了专项检查,为三类桥梁,需进行中修。自景德镇岸至乐平岸起算,2号桥墩墩柱有多次被火烧过的痕迹,在开始设计前,桥梁管养单位已组织人员凿除墩柱表面受损混凝土。

3. 加固措施

2015年对大桥进行维修加固时,设计荷载等级定为"公路—Ⅰ级"。考虑到第二跨范围内是乡道,为保持桥梁结构外观与原状态基本一致,采用聚合物砂浆修复墩柱后缠绕二层碳纤维布进行加固,见图3.5.2。

施工工艺:凿除火损混凝土至新鲜面→均匀涂刷底胶→用浸渍树脂粘贴一层碳纤维布→粘贴第二层碳纤维布→罩面防护。施工时浸渍树脂与碳纤维布完全浸润,确保粘贴效果;碳纤维布以水平向粘贴;裁剪碳纤维布应尽量不要产生边角,减少浪费;避免雨天或可能结露及低于5℃时施工;加固碳纤维布及配套黏结材料均应有厂家提供的材料检验证明和合格证,并经现场监理工程师取样、检测合格后方可使用。

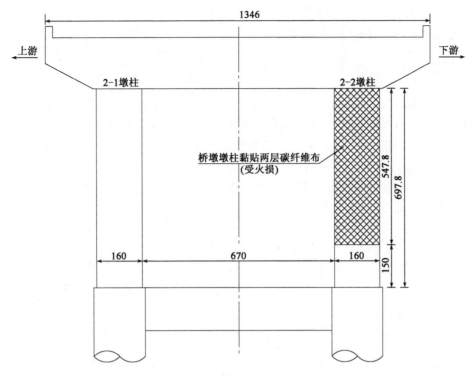

图 3.5.2 粘贴碳纤维布加固火损墩柱(尺寸单位:cm)

工程实例 3-9[21]**:墩柱粘贴碳纤维布提高承载能力**

1. 桥梁概况

某公路桥梁左幅上部结构采用 14×40m 预应力混凝土 T 形梁 +(25+35+25)m 预应力混凝土连续箱梁,右幅桥上部结构采用 15×40m 预应力混凝土 T 形梁 +(25+35+25)m 预应力混凝土连续箱梁。左、右幅桥梁均为 4 联。预应力混凝土 T 形梁为先简支后连续结构。下部结构桥墩采用直径 1.3m、1.6m、1.8m、2.0m、2.2m 圆柱式桥墩,配直径 1.5m、1.8m、2.0m、2.2m、2.4m 钻(挖)孔灌注桩基础。

2. 加固前状况

由于施工偏差及其他原因,大桥右幅 12-1 号桥墩在施工完毕后发现沿墩身存在不同程度的偏差,最大偏差量达 14.5cm,严重影响桥墩的正常使用功能。

3. 结构计算

相对于使用阶段,桥墩和桩基础在施工阶段承受更为不利的荷载,故本例重点验算在此不利情况下桥墩和桩基础的受力性能。

12-1 号桥墩墩柱直径为 2.2m,墩高 49.5m,内配 60 ϕ 28mm 主筋,下接桩基础直径为 2.4m,桩长 30m,内配 60 ϕ 28mm 主筋。墩柱混凝土强度等级为 C30,桩基础混凝土强度等级为 C25。计算时考虑架桥机、梁体及盖梁等荷载,桥墩受到的等效集中力为 4183kN,等效弯矩为 2510kN·m;桩基础受到的集中力为 9275.93kN,等效弯矩为 2382.96kN·m。

墩柱计算时采用有限元软件 Midas-Civil 建立单悬臂偏心受压构件模型进行。桩基础计算采用桥梁博士软件进行。算得距墩底 21~28m 范围墩柱混凝土拉应力超限,墩体将开裂;21m 以下节段拉应力大于 1MPa,安全储备较低,在其他偶然荷载作用下,容易导致桥墩开裂。因此,此桥墩需做加固处理。桥墩桩基础的内力和位移均满足使用要求,故不做加固处理。

4. 加固措施

设计对墩柱中拉应力超过 1MPa 范围进行加固,加固墩柱长度为 35.423m。碳纤维布主要性能指标见表 3.5.2。

碳纤维布主要力学性能指标表 表3.5.2

性能项目	抗拉强度标准值（MPa）	弹性模量（MPa）	伸长率（%）	弯曲强度（MPa）	纤维复合材料与混凝土正拉黏结强度（MPa）	层间剪切强度（MPa）
碳纤维布Ⅰ级	≥3400	≥240000	≥1.7	≥700	≥2.5且为混凝土内聚破坏	≥45

经计算，粘贴碳纤维布加固后的墩柱截面应力满足限值要求，且拉应力全部小于1MPa。

施工阶段与使用阶段桩基顶部的最大水平位移仅为0.8mm，故在墩柱稳定性验算时认为墩柱根部与大地固结。施工阶段由于墩梁未形成固结，因而不计入梁体对墩柱的约束作用，计算模型采用偏于安全的一端固结、一端自由的计算模型。使用阶段时由于墩梁间通过支座连接，应考虑上部结构对墩柱强大的约束作用，采用一端固结、一端铰接的计算模型，运用Midas-Civil对其施工过程及成桥使用状态进行稳定性分析，计算结果见表3.5.3。

稳定性验算表 表3.5.3

施工阶段		使用阶段			
		一跨满载		两跨满载	
失稳模态	稳定系数	失稳模态	稳定系数	失稳模态	稳定系数
一阶模态	8.93	一阶模态	43.70	一阶模态	37.25
二阶模态	82.23	二阶模态	122.30	二阶模态	104.30
三阶模态	229.60	三阶模态	188.00	三阶模态	160.30
四阶模态	330.40	四阶模态	243.80	四阶模态	207.80
五阶模态	440.0	五阶模态	275.40	五阶模态	234.70

由表3.5.3可知，本桥右12-1号墩柱在施工阶段与使用阶段稳定系数均大于4。因此桥墩稳定性满足要求。

第六章 体外预应力加固桥墩技术(工程实例)

工程实例 3-10[22]:增设有黏结体内预应力加固花瓶式桥墩盖梁

1. 桥梁概况

某高架桥全长115m,设计荷载等级为"城市—A级"。桥梁采用左、右分离式双幅桥,每幅桥宽13m。高架桥上部结构采用鱼腹式预应力混凝土连续箱梁,下部结构均采用花瓶薄壁式桥墩和群桩基础,桥跨布置为30m+45m+30m变截面预应力连续箱梁,其下部桥墩编号为Z_1、Z_2、Y_1、Y_2。预应力混凝土箱梁采用C50混凝土,钢筋混凝土薄壁墩采用C40混凝土,承台采用C30混凝土,钻孔桩采用C30水下混凝土。全桥上部结构施工采用满堂支架现浇一次落架成型。桥墩在设计时按平面杆系结构配筋,桥墩顶部布置10Φ32mm横向受力主筋。

2. 加固前状况

该桥梁通车运营2个月后,有4个桥墩侧面均出现不同程度的竖向裂缝,且于桥墩顶部贯穿,裂缝宽度多在0.2~0.3mm之间(图3.6.1),是典型的结构受力性裂缝。可见,桥墩顶部横桥向受到很大的拉应力作用。经采用有限元软件Midas-FEA对桥墩进行实体建模分析,墩顶需配置19Φ32mm横向受力主筋,实际只配有10Φ32mm主筋,故桥墩顶部横向受力钢筋不足是桥墩竖向开裂的主要原因。

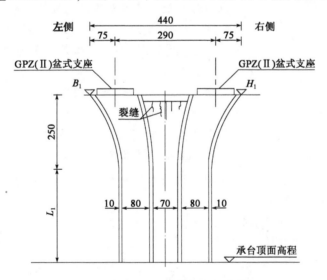

图3.6.1 花瓶式桥墩裂缝示意图(尺寸单位:cm)

3. 加固措施

经过与粘贴钢板法和粘贴碳纤维布法相比较,确定采用预应力加固法对桥墩盖梁进行加固。具体措施为:先在花瓶薄壁墩两侧原结构混凝土表面凿毛和种植钢筋,使新、旧混凝土紧密连接为整体,将花瓶薄壁墩顶部附近加厚、加宽,形成新盖梁,在新增混凝土内部预留预应力管道,然后在薄壁墩横向两端张拉预应力钢束。每个盖梁设6×(8-15.24mm)预应力钢束,沿桥墩横向布置(图3.6.2),钢绞线标准抗拉强度$f_{pk}=1860$MPa,所有钢束均采用单端张拉,张拉锚下控制应力为$\sigma_{con}=0.75f_{pk}=1395$MPa。张拉采取控制应力和钢束伸长量双控,各钢束设计引伸量为3.68cm。

按照承载能力极限状态要求,对加固后的桥墩重新进行实体建模计算,可见采用6×(8-15.24mm)预应力钢束对桥墩施加张拉力时,墩顶出现拉应力区域不明显,表明墩顶施加了预应力后基本抵消了原桥墩存在的拉应力，加固方案取得了良好效果。

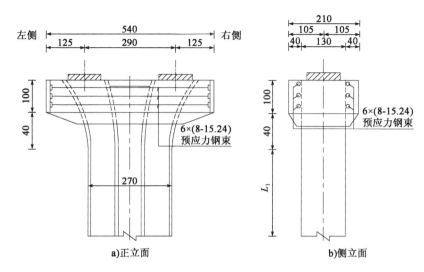

图 3.6.2　桥墩盖梁新增预应力钢束构造图（尺寸单位：钢束直径 mm；其余 cm）

工程实例 3-11：无黏结体外预应力加固花瓶墩盖梁[23]

1. 桥梁概况及病害情况

某在建特大桥引桥为预应力混凝土连续箱梁，三跨一联，箱梁设计为鱼腹梁，桥墩设计为花瓶墩。

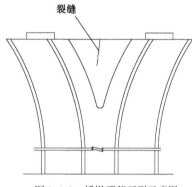

图 3.6.3　桥墩顶部开裂示意图

在采用满堂支架浇筑完箱梁混凝土并张拉完毕后不久，发现桥墩出现长 80~150cm、宽 0.2mm 的竖向裂缝，而且随着荷载（桥面铺装）的增加，裂缝长度及宽度均继续发展，裂缝宽度最大达 0.3mm、长度达 190cm，见图 3.6.3。经重新进行结构检算，发现桥墩顶部配筋不足、支座位置布置不当是造成桥墩开裂的主要原因。

2. 加固措施

经过对粘贴钢板、碳纤维布包裹、体外预应力三种加固方案进行比选，认为尽管前两种方法均可采用，但是在结构继续发生变形时方能产生效果，无法对现有结构裂缝产生作用，而体外预应力法则从根本上解决桥墩产生裂缝的问题。对墩身施加预应力，可明显改变墩身的受力状况，确保结构安全，故最终决定采用体外预应力法，如图 3.6.4 所示。

具体加固方法如下：

（1）首先对墩身裂缝作化学灌浆修补。

（2）在桥墩侧面安装垫块处植筋，将混凝土表面凿毛，然后顺着桥墩侧面外形用钢板作为模板，浇筑 C40 高性能混凝土垫块。由于箱梁已经施工，混凝土无法振捣，故实际施工中采用自密实混凝土。底模拆除后检查混凝土质量，发现混凝土密实，取得了预期效果。

（3）上述工作完成后形成了张拉工作面。钢束两侧由钢横梁支承，钢横梁采用 4 块 Q235B 钢板焊接成箱形梁，在形成钢箱前在钢箱内焊接加劲钢板，钢箱梁在对应钢束位置开孔，形成整个横梁。在横梁端部墩身角隅处焊接 3 块钢板以限制横梁因钢束张拉产生的变形。所有钢板之间的焊接均采用二氧化碳气体保护焊，以减少焊接产生的变形。

（4）在工厂完成钢横梁加工后，针对钢横梁定位要求高的特点，施工时首先放线定位，再用专门加工的运梁平车进行就位，并与植入墩身的钢筋焊接，保证位置准确。

（5）预应力钢丝采用抗拉强度为 1670MPa 的 7.0mm 高强钢丝，张拉控制应力为 1169MPa，每束共 24 丝，每束张拉力为 1078.9kN。钢束单端张拉，张拉端锚具采用 DM7A-24 型镦头锚，固定端采用 DM7B-24 型镦头锚。张拉前对设备进行标定，然后按设计要求分级张拉。

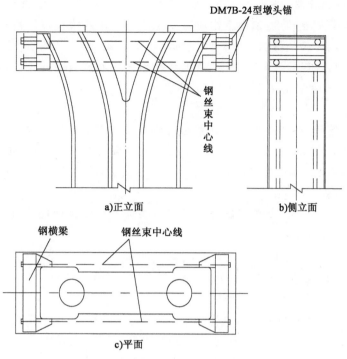

图 3.6.4 体外预应力法加固桥墩示意图

(6) 预应力钢束张拉完成后,立即对钢丝束采用玻璃丝布包裹法进行防腐处理,具体施工中每层玻璃丝布均用环氧树脂浆液进行黏结,确保钢丝束的寿命。

工程实例 3-12:体外预应力加固实体墩盖梁[24]

1. 桥梁概况及病害情况

某高速公路上一大桥的引桥部分为 $13×20m$ 钢筋混凝土连续箱梁,桥墩采用钢筋混凝土斜板式实体墩,如图 3.6.5 所示。该大桥于 1996 年竣工,使用几年后在桥墩上发现了自桥墩顶部沿墩身纵向开展的裂缝,裂缝宽度为 $0.1~0.3mm$。为了保证桥墩的结构安全性和耐久性,须对桥墩的裂缝产生原因进行分析,并提出加固方案。

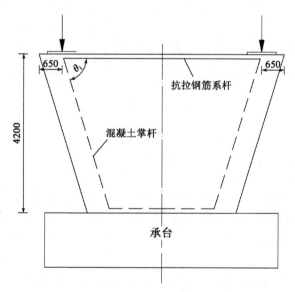

图 3.6.5 实体式桥墩构造图及受力模式(尺寸单位:cm)

为分析桥墩裂缝成因,建立模型进行空间分析。结果显示桥墩顶部两支座之间区域混凝土的拉应力值过大,最大主拉应力为 $4.52MPa$,超过 C30 混凝土轴心抗拉强度标准值 $2.01MPa$。这表明该部位受力很不利,可能导致混凝土开裂,桥墩上出现的裂缝很可能是受力裂缝。混凝土结构中受拉钢筋的布置对于抑制混凝土开裂起着重要作用,但由于空间有限元计算软件无法模拟结构中钢筋的作用,故不能进一步确定是否因为缺少钢筋而使得应力超标区域的混凝土开裂。

该桥墩在设计中采用常规的设计方法,按照板式结构进行配筋,在桥墩顶部下方45mm处布置受拉钢筋6Φ28mm。这种设计方法虽然常用,但却有不妥之处。

2. 加固前结构计算

桥墩为斜板式实体结构,高度与其顶端边界至支座反力作用点的距离之比较大。高跨比较大与混凝土结构中的深受弯构件有相似之处,材料力学中的平截面假定已不再适用,支座附近桥墩内部应力出现紊乱,现采用"撑杆－系杆"模型进行计算分析。

(1) 承载能力极限状态计算:

钢筋系杆计算公式采用《公路钢筋混凝土及预应力混凝土桥涵设计规范》(JTG D62—2004)中的相关方法,系杆抗拉承载力可按下式计算:

$$\gamma_0 T_{id} \leq f_{sd} A_s \tag{3-6-1}$$

式中:T_{id}——系杆拉力设计值,$T_{id} = N_{id}/\tan\theta_i$;

N_{id}——桥墩顶部作用的外力,取最大值;

θ_i——撑杆压力线与系杆拉力线的夹角;

f_{sd}——系杆钢筋抗拉强度设计值,本例中取330MPa;

A_s——系杆钢筋截面面积;

γ_0——结构重要性系数,本例取1.0。

承载能力极限状态下箱梁自重与活载效应荷载组合后支座反力$N_{id}=6150$kN,$\theta=73.25°$,桥墩顶部下方45mm处配有6Φ28受拉钢筋。系杆拉力设计值$T_{id}=N_{id}/\tan\theta=6150/\tan\theta=1851$kN。代入公式(3-6-1),可得:

$$\gamma_0 T = 1.0 \times 1851 = 1851(\text{kN}) > f_{sd}A_s = 330 \times 6 \times 615.8/1000 = 1219.35(\text{kN})$$

即混凝土桥墩不满足承载能力极限状态的要求。

(2) 正常使用极限状态计算:

我国规范对"撑杆－系杆"理论在正常使用极限状态下的计算方法没有规定,现采用美国规范AASHTO中的建议计算方法。美国规范AASHTO中规定了通过钢筋的分布控制裂缝及其宽度。该规范条文指出裂缝易发生很广的离散,并受收缩和其他与时间有关的作用的影响,应在钢筋布置和细部设计中采用有效措施控制开裂,当钢筋很好地分布在最大混凝土拉应力区时,可获得最好的裂缝控制。计算公式如下:

$$f_{sa} = \frac{Z}{\left(d_c \dfrac{A}{n}\right)^{\frac{1}{3}}} \leq 0.6 f_y \tag{3-6-2}$$

式中:f_{sa}——使用荷载下钢筋中的拉应力(MPa);

f_y——钢筋的屈服强度(MPa);

d_c——受力部位混凝土保护层厚度(mm),取值不得大于50mm,本例中为45mm;

A——横截面上与受拉钢筋重心相同的位置,并由横截面的轮廓线和平行于中性轴的直线围成的混凝土面积(mm^2),本例为72000mm^2;

n——钢筋数目,本例$n=6$;

Z——裂缝宽度参数(N/mm),取值为对处于中等暴露条件下的构件不应超过30000N/mm,对处于严重暴露条件下的构件为23000N/mm,对埋置式结构为17500N/mm,本例中Z取23000N/mm。

式(3-6-2)表明,在正常使用极限状态下裂缝宽度与钢材应力成比例,提供了一种用钢筋分布控制裂缝宽度的方法。由式(3-6-2)计算得到的钢筋拉应力为282.4MPa。可见正常使用阶段桥墩顶部两支座间的混凝土拉应力过大,桥墩顶部受拉钢筋数量不足,导致混凝土开裂,墩身上发现的裂缝为受力裂缝。

3. 加固措施

经比选,采用增设体外预应力钢束的加固方法在桥墩横桥向施加体外预应力束。确定配置 4 ⌀ 32mm 的精轧螺纹钢筋(张拉力为450kN),构造示意图见图3.6.6。

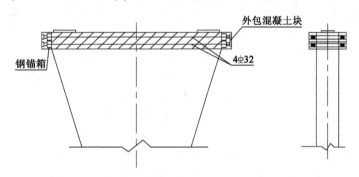

图 3.6.6 体外预应力钢束布置示意图(尺寸单位:mm)

施工流程大致为:首先将桥墩顶部尖角处凿除整平,即凿平该部位表面混凝土;然后在合适位置安放钢锚箱;预应力钢束定位;准备工作就绪后按要求张拉预应力束;最后灌浆封锚,完成对桥墩的加固。

4. 加固后结构计算

按照式(3-6-3)验算桥墩承载能力:

$$T_{id} = \phi f_y A_s + \phi' A_{ps}(f_{pe} + f_y) \tag{3-6-3}$$

式中:ϕ——抗力系数,钢筋混凝土结构取0.9,预应力结构取1.0;

A_{ps}——系杆预应力钢束的面积;

f_y——拉杆钢筋的屈服强度;

f_{pe}——扣除预应力损失后由于预应力产生的预应力钢筋的应力,预应力损失取20%;

A_s——系杆纵向钢筋的面积。

承载能力极限状态下,验算桥墩承载力:

$$T_{id} = 1851 \text{kN} < \frac{0.9 \times 330 \times 3695 + 1.0 \times (330 + 447.8) \times 804 \times 4}{1000} = 3598.8(\text{kN})$$

故满足承载力要求,此加固方案可行。

正常使用极限状态下,取长期效应组合验算,"撑杆-系杆"模型计算结果表明,在支座反力作用下,钢筋系杆所承受的拉力 $T''_{id} = 1147.9$kN,现采用 4 ⌀ 32mm 精轧螺纹钢筋体外预应力加固,预应力钢筋中的拉力值为 $450 \times 0.8 \times 4 = 1440(\text{kN})$(预应力损失仍取20%)。由于所加的体外预应力钢筋数目足够承担支座反力在实体桥墩中产生的拉应力,故满足正常使用极限状态的要求,加固后裂缝不会再开展。

工程实例3-13:增设无黏结环向预应力加固实体式桥墩盖梁及墩身[25]

1. 桥梁概况及病害情况

大桥上部结构为(62.5m + 5×96m + 62.5m)预应力混凝土变截面连续箱梁,箱梁为单箱单室,梁高为2.6~5.6m,采用C50混凝土。2010年某日,桥梁管养单位委托检测单位对桥梁进行全面检测,发现大桥桥墩墩帽及墩身部位出现顺桥向及竖向裂缝,裂缝宽度为0.2~0.3mm,裂缝分布如图3.6.7所示。开裂桥墩采用沉井式基础;墩身为圆端形截面实体板式桥墩,墩身尺寸为6.8m×2.6m×15.43m。其中垫石、墩帽与沉井采用C30混凝土,墩身采用C25混凝土。

大桥设计荷载等级为汽车—20级、挂车—100,人群荷载为3.5kPa。分析认为,自大桥自运营以来,实际交通量与通行车辆载重已超过大桥的设计荷载等级(如:超限、超载、密集等)的现象,是墩身开裂的主要原因。

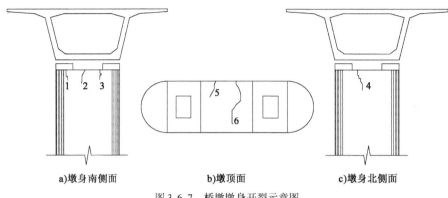

图 3.6.7　桥墩墩身开裂示意图

(图中序号为裂缝编号)

2.加固措施

由于桥墩裂缝为受力裂缝,且裂缝宽度较大,超出规范允许值范围,故采用增设体外预应力的方式进行维修加固。加固具体方案为在墩帽处增设 2 束横向预应力束,在墩身增设 5 束 U 形环向预应力束,如图 3.6.8 所示。

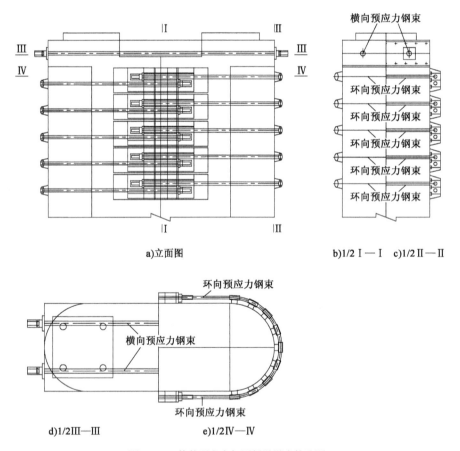

图 3.6.8　体外预应力加固桥墩墩身构造图

选取沉井基础以上桥墩部分作为研究对象,采用大型通用有限元软件 ANSYS 进行仿真模拟分析,钢筋混凝土实体单元采用 Solid 187 单元模拟,体外预应力单元采用 Link 8 单元模拟,并用降温法模拟预应力张拉效果。在墩柱底端施加固结约束边界条件。

加固前,在支座反力(上部结构的恒载与活载组合)作用下,桥墩墩顶中心位置横桥向最大正应力与最大主拉应力分别为 4.09MPa 与 3.642MPa,距离墩顶 130cm 范围内为拉应力,区域范围内存在的高应力可能会导致结构在墩帽处与墩身处分别产生顺桥向与竖桥向的裂缝。加固后,相同位置的最大横桥向正应力与最大主拉应力减小至1.29MPa与1.641MPa,拉应力范围减小至距墩顶15cm范围内。加固前、后桥墩墩身最大计算应力值见表3.6.1。可见在使用墩顶横向正应力与墩身环向预应力体系加固桥墩后,横向正应力与主拉应力值分别减少2.8MPa与2.001MPa,拉应力峰值急剧减小,并且拉应力区域范围大幅度减小。

加固前、后桥墩墩身最大计算应力表(MPa)   表3.6.1

最大横向正应力			最大主拉应力		
加固前	加固后	应力减小值	加固前	加固后	应力减小值
4.09	1.29	2.8	3.642	1.641	2.001

工程实例3-14[26]:复合砂浆预应力钢绞线加固桥墩

1. 桥梁概况

某桥主桥为3×81.3m下承式有风撑钢管混凝土系杆拱桥,桥墩属于大体积混凝土结构,横向长28.6m或29.5m、纵向宽5.1m。在对该桥桥墩技术状况进行检查时,发现主桥桥墩大小桩号侧面均出现竖向贯通裂缝,裂缝宽度达0.15~0.30mm。

2. 病害原因

经初步分析,产生裂缝的原因主要有两点:

(1)桥墩属于大体积混凝土构件(截面最小尺寸大于1m),当混凝土内、外形成温差时易产生裂缝,例如:在浇筑期间的水泥水化放热、施工至运营期间外界环境温度的骤然变化等。而且该桥墩未设置散热管,致使桥墩内、外温度梯度更加明显。

(2)桥墩构造配筋不足,当桥墩在恒载和活载的作用下产生拉应力时,易产生裂缝。

综上可知,由于桥墩在施工时期产生的水化热和运营时期的大气温差使桥墩内部形成不均匀的温度场,而桥墩配筋不足,致使桥墩墩身的抗拉能力不足以抵抗其产生的温度应力和荷载应力而开裂。

3. 加固措施

经与粘贴钢板加固法相比较,确定采用复合砂浆预应力钢绞线加固法。应用小直径钢绞线和复合砂浆两种加固材料,采用简单设备进行张拉,自制锚具锚固。通过在桥墩大小桩号侧面张拉横向间距为5cm的ϕ4mm钢绞线,且通过自制的P形锚具和小型张拉设备锚固在桥墩上。钢绞线有效控制张拉力$F=80$kN,可采用张拉设备多次张拉以达到设计应力值。P形锚头采用铝套筒,张拉前用千斤顶紧压锚头,使得钢绞线与铝套筒紧压在一起,具有一定的紧压力,具体如图3.6.9所示。

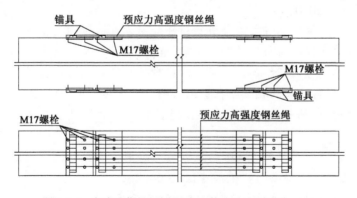

图3.6.9 复合砂浆预应力钢丝加固构造图(尺寸单位:mm)

利用体外施加的预应力,对墩身产生附加压应力,从而改变墩身的应力分布,增强墩身的抗裂能力,并最终在钢绞线外侧涂抹3cm厚复合砂浆,对钢绞线起到防腐作用,提高材料耐久性,并将钢绞线与墩身形成一体,使砂浆、钢绞线和墩身混凝土联合起来共同工作。加固后墩身产生-0.60~-0.65MPa的附加压应力,增加其抗裂能力,有效防止裂缝发生。增加的附加压应力既可缩小原有裂缝的宽度,又可防止裂缝继续发展。

本篇参考文献

[1] 廖朝华,刘红明,胡志坚.公路桥梁设计手册——墩台与基础[M].2版.北京:人民交通出版社,2013.
[2] 中华人民共和国行业标准.JTG/T B2-01—2008 公路桥梁抗震设计细则[S].北京:人民交通出版社,2008.
[3] 江祖铭,王崇礼,黄文机.公路桥梁设计手册——墩台与基础[M].北京:人民交通出版社,2000.
[4] 张劲泉,王文涛.桥梁检测与加固手册[M].北京.人民交通出版社.2007.
[5] 江西省天驰高速科技发展有限公司.济广高速公路鹰潭至瑞金(南段)K1405+485老禾高架二桥右幅12号墩顶横向裂缝计算分析报告[R].2015.
[6] 江西省天驰高速科技发展有限公司.高速公路部分桥梁下部结构盖梁竖向裂缝计算分析报告[R].2015.
[7] 中华人民共和国国家标准.GB 50496—2009 大体积混凝土施工规范[S].北京:中国计划出版社,2009.
[8] 谌乐强,谌洁君.实心薄壁高墩竖向开裂原因及耐久性分析[J].公路与汽运,2016(6).
[9] 刘兴法.混凝土结构的温度应力分析[M].北京:人民交通出版社,1991.
[10] 陈艾荣.桥梁全寿命与耐久性关键技术丛书——公路桥梁混凝土结构耐久性设计指南[M].北京:人民交通出版社,2012.
[11] 朱伯龙,刘祖华.建筑改造工程学[M].上海:同济大学出版社,1998.
[12] 赵冰华,费正岳,赵宇,等.碳化对混凝土性能的影响[J].硅酸盐通报,2012(6).
[13] 田飞龙,李国平,张春雷.一般大气环境中混凝土桥梁长期受力性能分析[J].同济大学学报(自然科学版),2015(4).
[14] 阮欣,刘栩,陈艾荣.考虑应力状态的二维混凝土碳化过程数值模拟[J].同济大学学报(自然科学版),2013(2).
[15] 江西省天驰高速科技发展有限公司.泉州至南宁高速公路石城至吉安段K433+988兴莲大桥薄壁墩墩身竖向裂缝计算分析报告[R].2015.
[16] 陈令坤,曾志平,蒋丽忠.双柱式轻型桥墩既有线路桥梁加固方案动力分析[J].西安建筑科技大学学报(自然科学版),2010(2).
[17] 苏龙,周礼平.某双柱式桥墩病害成因分析及维修加固方案探讨[J].交通科技,2015(1).
[18] 张树仁,王宗仁.桥梁病害诊断与改造加固设计[M].北京.人民交通出版社,2006.
[19] 喻林,王凤霞,蒋林华,等.碳纤维加固混凝土的黏结性能研究[J].工业建筑,2010(10).
[20] 刘辉.纤维增强复合材料约束混凝土柱在水工结构中的应用研究[D].上海同济大学,2009.
[21] 郝忙利,李昭鹏,李粉玲.粘贴碳纤维布在桥梁墩柱加固中的设计和应用[J].山西建筑,2009,35(19).
[22] 徐晨,吴艳.花瓶式桥墩竖向开裂成因分析及预应力加固方法探讨[J].交通科技,2015(5).
[23] 朱银珠.体外预应力法加固桥墩[J].桥梁建设,2004(2).
[24] 王曦婧,叶见曙,王毅.实体式混凝土桥墩裂缝成因分析及加固方法研究[J].现代交通技术,2005(5).
[25] 苏佳乐,马坤全.体外预应力对开裂桥墩的维修加固[J].科协论坛,2011(9).
[26] 孙全胜,余海燕.大体积混凝土桥墩裂缝加固技术[J].山西建筑,2015(2).

第四篇

桥台加固成套技术

- 桥台主要构造形式
- 桥台常见病害及原因分析
- 重力式U形桥台加固技术
- 轻型桥台加固技术

第一章 桥台主要构造形式

桥台按其形式分为重力式桥台、轻型桥台、承拉桥台和组合式桥台四大类。下面分别就各类桥台的构造形式进行阐述。

第一节 重力式桥台

重力式桥台主要靠自重来平衡台后土压力,台身多由石砌、砖砌或混凝土等圬工材料建造。重力式桥台按构造特点及台背填土情况分为 U 形桥台、埋置衡重式桥台、拱形桥台、八字形和一字形桥台,以及斜桥台。

一、U 形桥台

U 形桥台前墙与两侧翼墙形成 U 形。台身用来支撑桥跨结构,并承受台后土压力;翼墙连接路堤,外侧设锥形护坡,翼墙与锥坡均起到挡路堤土的作用。在满足一定条件时,前墙和侧墙共同承受土压力。U 形桥台适用于填土高度 8~10m 以下,或跨度稍大的桥梁,要求桥台中间填料宜用渗水性较好的土夯填,并做好台背排水[1]。

梁式桥和拱式桥均可以使用 U 形桥台,两类桥梁 U 形桥台除了台帽部分有所差别外,其余均基本相同。梁式桥 U 形桥台和拱式桥 U 形桥台构造形式如图 4.1.1 所示。

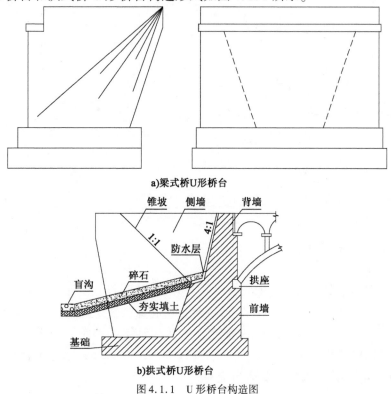

a) 梁式桥U形桥台

b) 拱式桥U形桥台

图 4.1.1 U 形桥台构造图

二、埋置衡重式桥台

埋置衡重式桥台利用台身及基础上的填土重力平衡部分土压力,适用于跨径大于20m、高度大于10m的跨越深沟及山区特殊地形的桥梁[2]。其构造形式如图4.1.2所示。

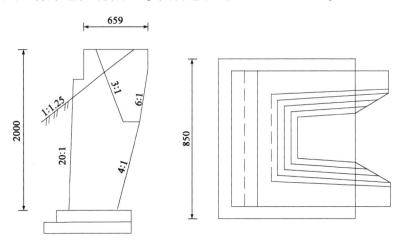

图4.1.2 埋置衡重式桥台构造图(尺寸单位:cm)

三、拱形桥台

此类桥台是埋置式桥台进一步改进的形式(图4.1.3)[3]。台身用块石或混凝土砌筑,台身中空挖成拱筒形,可以节省圬工、减轻自重。它适用于基岩埋藏浅或地质良好而有浅滩河流的多孔桥。该类型桥台圬工较其他类型节省,但桥台不宜过高,以免伸入桥孔过多,影响过水面积。

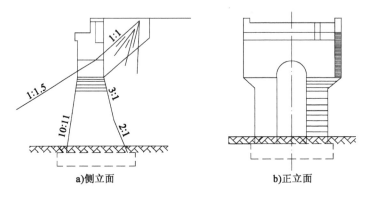

图4.1.3 拱形桥台构造图

四、八字形和一字形桥台

八字形桥台和一字形桥台的翼墙一般与台身是分开的,其间设置变形缝。当台身与翼墙斜交时为八字形桥台,台身与翼墙在同一平面则为一字形桥台。翼墙除挡住路堤填土外,起引导水流作用。它适用于河岸稳定、河床压缩小的中小桥,及跨越水利渠道、人工河道的小桥,不宜做溜坡的城市立体交叉的跨线桥也常采用。但翼墙承受土压力较大,因而需要较大的圬工体积。八字形桥台(图4.1.4)翼墙张开的角度一般为30°~45°,并可根据需要适当变动。

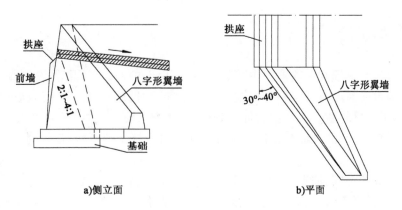

图 4.1.4　八字形桥台构造图

五、斜桥台[2]

当桥位受到地形限制时,为了路线顺适可修建斜桥(斜度一般不大于45°)。桥梁轴线与水流方向斜交,桥台顺水流方向设置,做成斜桥台(图4.1.5)。

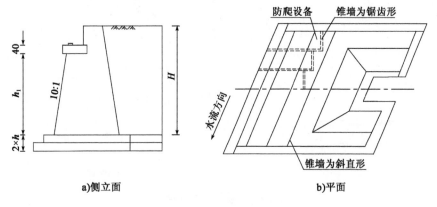

图 4.1.5　斜桥台构造图(尺寸单位:cm)

斜桥台的主要构造基本上与正桥台一样,只需考虑斜度 α 对其影响,并与上部构造相配合。其中应注意:

(1)根据上部构造要求及确保足够宽度来确定斜交角度。台帽背部的锥墙:若上部构造为矩形,则做成锯齿形;若上部构造为菱形,则做成斜直形。

(2)为了防止上部构造横向滑动,在台帽一侧应有防爬设备,顶紧梁的外侧。其尺寸及位置依照上部构造确定。

(3)桥台两侧锥坡按水流斜交情况,结合地形现场布设,使水流平顺流经桥孔,并保证路基填土的稳固。

第二节　轻 型 桥 台

轻型桥台的构造特点是利用钢筋混凝土结构的抗弯能力来减小圬工体积,使桥台轻型化。常见的有埋置式桥台、薄壁轻型桥台和支撑梁轻型桥台。轻型桥台一般由钢筋混凝土材料建造,其特点是结构自重轻、施工方便,适用于小跨径桥梁。

一、埋置式轻型桥台

埋置式轻型桥台将台身埋在台前溜坡中,只露出台帽以上的部分,不需另设侧墙,仅由台帽两端的耳墙与路堤衔接。当台前溜坡有适当防护措施不会被水冲毁时,还可考虑台前溜坡对台身的主动土压力,所以这类桥台圬工数量较省。由于护坡伸入到桥孔,压缩了河道,适用于河滩宽浅、河床稳定的多跨桥。台高一般为 4~10m。台前护坡存在被洪水冲毁而使台身裸露的可能,设计时必须进行强度和稳定性验算。

根据台身结构形式的不同,埋置式桥台可分为直立前墙式、后倾式、柱式、肋板式和框架式。直立前墙式和后倾式,台身多为圬工实体,台帽及耳墙采用钢筋混凝土,见图4.1.6[2]。柱式桥台一般在填土高度小于5m时采用。为了减小桥台水平位移,也可先填土后钻孔,见图4.1.7。填土高度大于5m时采用肋板式桥台(图4.1.8)或框架式桥台(图4.1.9),墙厚一般为0.4~0.8m,设少量钢筋。

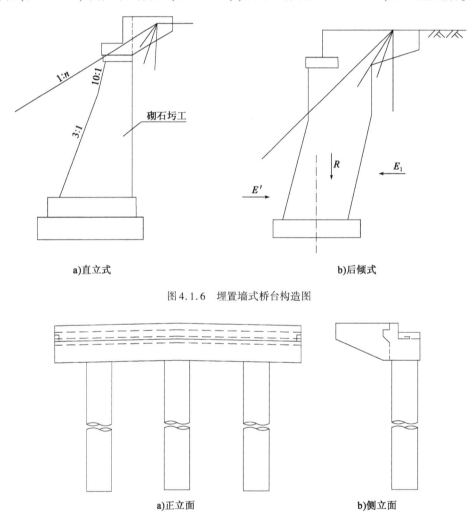

a)直立式 b)后倾式

图4.1.6 埋置墙式桥台构造图

a)正立面 b)侧立面

图4.1.7 埋置柱式桥台构造图

二、薄壁轻型桥台

薄壁轻型桥台常用的形式有悬臂式、扶壁式、撑墙式及箱式等(图4.1.10)[2]。薄壁轻型桥台两侧需要设置薄壁侧墙挡住填土。薄壁侧墙可以与前墙垂直,也可以做成与前墙斜交。前者称为U形薄壁桥台,后者称为八字形薄壁桥台。在一般情况下,悬臂式桥台的混凝土数量和用钢量较大,撑墙式与箱式的模板用量较大。这种桥台因自重较轻,减小了对地基的压力,适用于软弱地基。

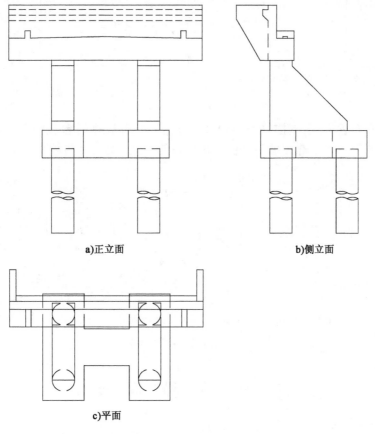

图4.1.8 埋置肋板式桥台构造图

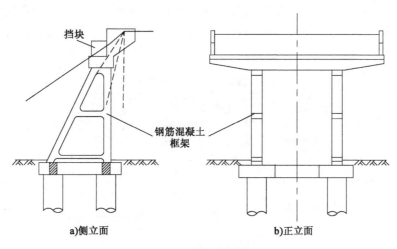

图4.1.9 框架式桥台构造图

三、支撑梁轻型桥台[2]

设有支撑梁的轻型桥台特点:台身为直立的薄壁墙,台身两侧有翼墙用于挡土。在两桥台下部设置钢筋混凝土支撑梁,上部结构与桥台通过锚栓连接,于是构成四铰框架结构系统,并借助两端台后的土压力来保持稳定。

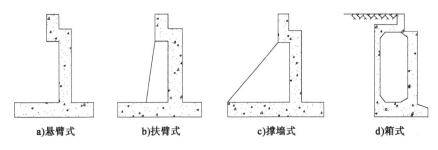

图 4.1.10 薄壁轻型桥台构造图

按照翼墙的形式和布置方式,支撑梁型桥台又可分为一字形轻型桥台、八字形轻型桥台、耳墙式轻型桥台,如图 4.1.11 所示。八字墙翼墙张开的角度一般为 30°~45°,并可根据需要适当变动角度。

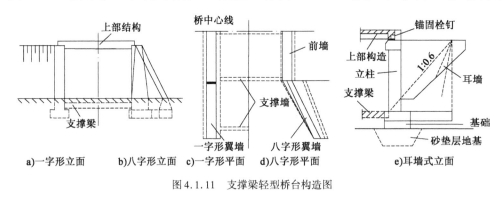

图 4.1.11 支撑梁轻型桥台构造图

第三节 承拉桥台

承拉桥台具有承压和承拉的功能,在桥台构造和设计中,必须满足受力要求[3]。如图 4.1.12 示出承拉桥台的构造,该桥上部结构为单向单室截面,箱梁的两个腹板延伸至桥台形成悬臂腹板,它与桥台顶梁之间设置氯丁橡胶支座受拉,悬臂腹板与台帽之间设置氯丁橡胶支座支撑上部结构,并可设置扁千斤顶,以备调整。

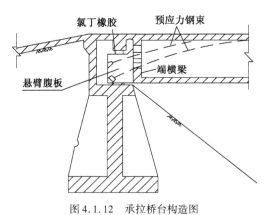

图 4.1.12 承拉桥台构造图

第四节 组合式桥台[2]

组合式桥台的桥台本身主要承受桥跨结构传来的竖向力和水平力,而台后的土压力由其他结构来承受。组合式桥台分为加筋土组合桥台、框架式组合桥台、桥台-挡土墙组合桥台、后座式组合桥台,一般用于中等跨径的梁桥和拱桥。

一、加筋土桥台

在台后路基填土不被冲刷的中、小跨径桥梁,台高为 3~5m 时,可采用加筋土桥台,见图 4.1.13a)。这类桥台一般由台帽和竖向面板、拉杆、锚碇板及其间填料共同组合的台身组成。拉杆两端分别与竖向面板和锚碇板连接,组成加筋土的挡土结构。它的工作原理是竖向面板后填料的主动土压力作用到面板上,再通过拉杆将该力传递给锚碇板,而锚碇板则依靠位于板前且具有一定抗剪能力的土体所产生的抗拔力来平衡拉杆拉力,使整个结构处于稳定状态。

如果上部结构的垂直反力直接由单独的桩柱承受,则加筋土墙体与桩柱便构成加筋土组合桥台。按照埋置情况,加筋土组合桥台又包括分离式和结合式两种形式。

分离式组合桥台是台身和锚碇结构分开,台身主要承受上部结构传来的竖向力和水平力,锚碇结构承受土压力。锚碇结构由锚碇板、立柱、拉杆和挡土墙组成,见图 4.1.13b)。桥台与锚碇结构间留有空隙,上端做伸缩缝,桥台与锚碇结构的基础分离,互不影响,受力明确,但结构复杂,施工不方便。

结合式组合桥台构造见图 4.1.13c),它的锚碇结构与台身结合在一起,台身兼作立柱或挡土墙。作用在台身的所有水平力假定均由锚碇板的抗拔力来平衡,台身仅承受竖向荷载。结合式结构简单、施工方便、工程量较省,但受力不明确。

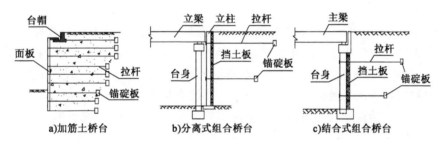

图 4.1.13　加筋土桥台构造图

二、框架式组合桥台

桥台与挡土墙用梁结合在一起的桥台为过梁式组合桥台,桥台与桥墩的受力相同。当梁与桥台、挡土墙刚结,则形成框架式组合桥台,如图 4.1.14 所示。框架的长度及过梁的跨径,由地形及土方工程比较确定。组合式桥台越长,梁的材料用量就越多,而桥台及挡土墙的材料数量相应有所减少。

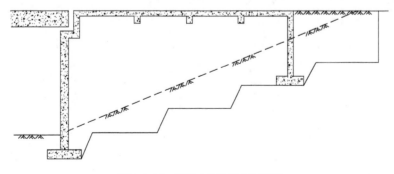

图 4.1.14　框架式组合桥台构造图

三、桥台-挡土墙组合桥台

它由轻型桥台支承上部结构,台后设挡土墙承受土压力,台身与挡土墙分离,上端作伸缩缝,使受力明确。当地基比较好时,也可将桥台与挡土墙放在同一个基础之上,如图 4.1.15 所示。这种组合式桥台可以不压缩河床,但构造较复杂,需通过比较确定是否经济。

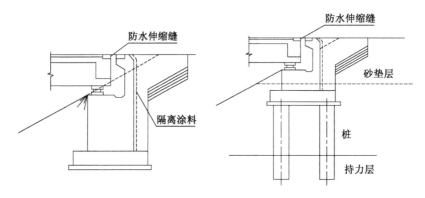

图 4.1.15　桥台与挡土墙组合桥台构造图

四、后座式组合桥台

图 4.1.16 所示的后座式组合桥台由台身和后座两部分组成,台身主要承受竖向力和部分水平力,后座主要承受水平推力。后座多采用重力式 U 形桥台。台身与后座之间设构造缝,构造缝必须严格按要求施工,既不能约束后座桥台的垂直位移,又不能使前面部分受力后产生较大的塑性变形。水平推力是由台后土压力和摩阻力来平衡(或者部分平衡),若推力很大不足以平衡时,则按桥台与土壤共同变形来承受水平力。这种结构形式的桥台适用于覆盖层较厚的地质情况,或单向推力较大的拱桥。它能大大减少主体台身的基础工程量,稳定可靠,不会产生很大的水平、竖直位移。

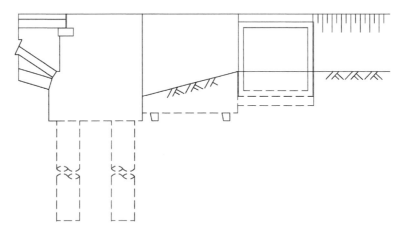

图 4.1.16　后座式组合桥台构造图

第二章　桥台常见病害及原因分析

本章按构件分类介绍桥台常见病害。桥台构件包括桥台台帽(盖梁)、台背(含耳背墙)、台身、基础四个部分。桥台基础病害放在第五篇"地基与基础加固成套技术"中介绍。台帽(盖梁)的构造及竖向受力特点与桥墩盖梁基本一致,本章不再重复介绍,仅对台帽(盖梁)因填土作用的水平力产生的病害及原因,以及台身和台背(含耳背墙)的常见病害及原因进行分析。

第一节　桥台背(耳)墙、挡块常见病害及原因分析

桥台背墙的作用是挡住上部结构高度范围的台后填土,背墙与上部结构间设置桥面伸缩缝,以防桥面积水、积土、杂物侵蚀桥台。伸缩缝堵塞是很常见的现象,若不及时清理,因温度升高上部结构增长后挤推背墙,背墙有可能开裂甚至碎裂。

如果说伸缩缝内的堵塞物略带弹性,对上部结构挤推力不大,上部结构与背墙间顶紧,对背墙的压力更大。这种情况常出现在斜、弯、坡桥上。斜交上部结构在使用多年后有可能发生偏转,桥台处伸缩缝渐渐呈一边宽一边窄的形态,继而上部结构一侧与背墙间完全顶紧,背墙及上部结构角端混凝土被压裂,见图4.2.1。车辆行驶在弯桥上产生的离心力作用在上部结构上,也会产生类似问题。车辆在坡桥上的制动力与桥面平行,制动力的水平向分力将上部结构向高程低的桥台移动,也会产生与背墙间顶紧的现象。

与桥墩挡块类似,桥台挡块也有可能因上部结构挤推而开裂或破损(图4.2.2)。另外,桥台侧墙裂缝有可能扩展到挡块上,导致其严重开裂。

图4.2.1　上部结构与桥台背墙间顶紧

图4.2.2　桥台挡块被挤裂

第二节　U形桥台常见病害及原因分析

U形桥台兼有支承上部结构和支撑路基填土两项功能,受力特性不明确。绝大多数U形桥台台身采用浆砌圬工或素混凝土,其裂缝具有长、宽、走向各异的特点,经常给人以不安全感。其常见病害有以

下几种：

(1)因台后填料土质或密实度欠佳，导致前、侧墙开裂。

因工作空间狭小，U形桥台台后路基填筑质量欠佳是普遍存在的问题。为节省成本，台后路基若没有采用设计所要求的透水性好、易密实的材料，在运营了一段时间后，台后路基填土被压实，路面沉陷。柔性路面沉陷后，在过往车辆的持续作用下形成网状裂缝，即而碎裂。刚性路面沉陷后与路面间形成空隙，车辆继续作用后，先是开裂，继而碎裂。

随着台后路面的持续损坏，路面积水渗透进台腔，路基填料遇水膨胀、挤推墙体，桥台前、侧墙产生竖向或斜竖向裂缝，尤其易在侧墙与前墙交界处产生斜竖向裂缝，见图4.2.3。此类裂缝由上往下发展，呈上宽下窄的趋势，有时也在前墙产生从台帽下缘开始发展的横向或斜横向裂缝，见图4.2.4。台身裂缝往往贯穿墙身断面，泡水后台腔填料经裂缝流失，加剧了台后路面的沉陷和破损，形成恶性循环。

图4.2.3 桥台侧墙开裂照片　　　　　　　　图4.2.4 桥台前墙开裂照片

(2)因桥台地基承载力不足导致前墙竖向开裂。

因桥台地基承载力不足，或地下水位升高、河流冲刷淘蚀等原因，基础不均匀沉降以致台身开裂。这类裂缝是由下往上发展的，呈下宽上窄的趋势。这类病害在沉降缝设置不当的宽幅桥台上更容易出现。

(3)因浇筑台身混凝土时产生的水化热导致网状开裂，或产生不规则细裂缝。

该现象在素混凝土或片石混凝土U形桥台上很常见，见图4.2.5。其与结构受力性裂缝相比较，具有细而多、各条裂缝走向不完全一致的特点，且与桥台所受荷载间没有直接关联。

(4)台身混凝土强度变化处横向开裂。

部分桥台侧墙以台帽底面为界，上、下部分采用不同强度等级混凝土浇筑。若施工时接缝处理不当，易在该处产生横向裂缝，见图4.2.6。

图4.2.5 桥台前墙收缩开裂　　　　　　　　图4.2.6 桥台侧墙横向开裂

(5)片石混凝土台身强度不均,于局部强度薄弱处产生裂缝。

为减小水化热产生的次应力,并达到降低造价的目的,设计采用片石混凝土砌筑台身,但对施工质量要求较高。如果片石掺放欠均匀,易在外力的作用下于混凝土强度薄弱处开裂。

(6)斜交 U 形桥台钝角处开裂。

斜交 U 形桥台钝角处的应力会明显高于锐角处,应力集中加上超载可引发开裂,形成上宽下窄的斜竖向裂缝[4]。

病害原因分析实例 4-1[4]:斜交桥台钝角处开裂

福建省泉州市某桥为斜弯坡桥,路线前进方向与水流方向成 25°交角,桥梁斜交斜做,桥台斜交角度 25°(图 4.2.7、图 4.2.8)。该桥建成于 1999 年,桥面全宽 16m,原设计荷载等级为汽车—20 级、挂车—100。上部结构在桥台处设置伸缩缝,下部结构采用重力式 U 形桥台配刚性扩大基础。U 形桥台及刚性扩大基础均采用 20 号片石混凝土,台帽采用 25 号钢筋混凝土。

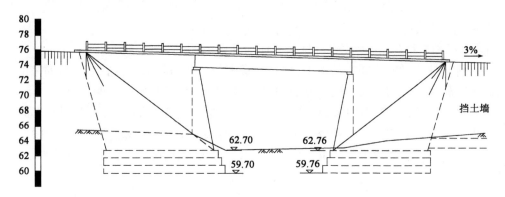

图 4.2.7 桥梁立面总体布置图(单位:高程为 m;其余为 cm)

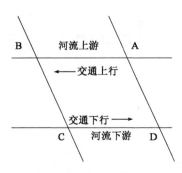

图 4.2.8 桥梁平面示意图

2004 年 12 月,两岸 U 形桥台台帽的钝角处均出现裂缝,裂缝最宽处达 20mm,自上向下发展至台身,并有继续发展的趋势。经过对裂缝处取芯发现,裂缝在台身内并非垂直向内发展,而是斜向台后方向发展。

现场取芯抗压实验结果表明,桥台混凝土强度满足设计要求,由此可排除病害是混凝土强度不符合设计标准造成的可能,病害并非由结构施工不当所引发。由于基础松软或沉降不均匀而引起的裂缝走向一般从基础向上发展。本例恰巧相反,而且裂缝分布左右对称,基本可以排除由于基础沉降引起病害的原因。从裂缝分布对称的角度和出现局部压碎带的情况来分析,基本可以断定病害与受力有关。相比桥台常规病害和以上分析可以看到,本例斜交桥台病害有新的特点,病害原因并不直观,需结合现场踏勘资料和进一步进行室内理论分析综合确定。

为从结构受力角度分析裂缝成因,应用通用有限元软件 ANSYS 自带 Solid65 实体单元建立三维有限元模型。结果表明,桥台钝角处土压力比锐角处大。当交通荷载为正常设计荷载时,计算主应力最大值尚未超过设计抗拉强度。因此,在正常行车荷载作用下,台帽和桥台均处于安全状态。在超载交通作用下,由于结构不对称,钝角台帽下片石混凝土主应力超出了设计抗拉强度,同时局部发生剪切破坏,而桥台锐角端则处于安全状态。当桥台钝角端台帽下的片石混凝土发生破坏后,台帽处将产生轻微的挠曲变形,由此破坏面应力将重新分布,直接导致台帽钝角处应力集中,使台帽发生破坏。随着桥台台帽钝角端开裂,局部发展成压碎带。由于应力在桥台上的分布整体沿着桥台高度减小而减小,这使得裂缝自上而下越来越窄。

综合以上可以看出本桥台病害形成的主要原因:①斜交造成的结构不对称,使钝角处应力集中过大而不利,直接导致局部压碎带的形成。②斜交导致钝角桥台背后土压力过大,直接导致前墙与侧墙交界处内部混凝土拉裂,然后裂缝由内向外斜向发育出来,初始位置在1/3墙身位置。

第三节 柱式桥台常见病害及原因分析

柱式桥台常见病害有:

(1)因挡墙基础地基移位,带动柱式台身水平环向开裂。

柱式桥台台身与柱式墩的不同之处在于,柱式台身需与挡墙一起承受台后填土传递来的侧向压力。但挡墙的基础埋深较浅且多为扩大基础,采用桩基础的柱式桥台,其基础刚度明显高于挡墙。即使柱式桥台采用扩大基础,其基底也往往比挡墙埋置得更深、刚度更大。当挡墙受到填土侧向力的作用时,挡墙地基或多或少地将发生侧向位移。挡墙下地基发生向河心的位移后,该位置的柱式台身产生附加水平力。而上部结构对柱式台形成水平约束,柱式台在水平推力的作用下产生靠河心侧的位移并形成水平环状裂缝,见图4.2.9[5]。

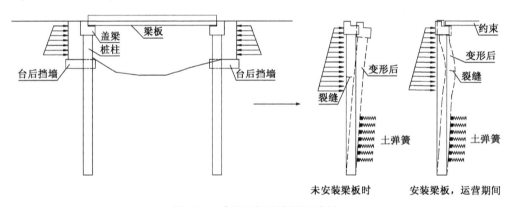

图4.2.9 台柱环向开裂过程示意图

(2)柱式台盖梁受土压力作用侧面竖向开裂。

对受到土侧压力作用的柱式台盖梁而言,台柱相当于盖梁的约束,在水平推力的作用下盖梁跨中侧面变形最大,当所受拉应力超过混凝土容许应力时会产生裂缝,见图4.2.10。

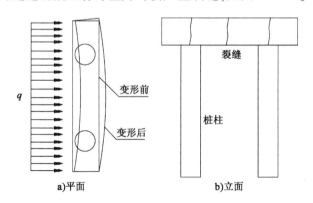

图4.2.10 柱式台盖梁开裂示意

(3)违规堆载导致柱式台身开裂、柱顶与盖梁相接处开裂。

柱式桥台属轻型桥台,施工顺序要符合设计规定,以防因附加力过大产生病害。建成后违规堆放在桥台附近的积土,也会给桥台产生附加土侧压力,致台身开裂。如果桥址处为软基,软土给桩基的水平力推动桥台向河心位移,上部结构对桥台的约束限制位移的发展,柱顶与盖梁连接处也会开裂。

(4)上部结构与台背间顶紧,致柱式台身环向开裂。

桥台伸缩缝处背墙与上部结构顶紧时,上部结构挤推背墙的力会给台柱产生向路堤的弯矩,亦会诱发柱身环向裂缝。

(5)因支座损坏、失去功能,导致台身环向水平开裂。

桥台处支座损坏、失去滑动变形能力,或者缺失、完全失去作用时,上部结构在温度变化时不能自由变形,给台身产生附加水平力,致台身环向开裂。

病害原因分析实例 4-2[6]:

某桥上部结构为 30m 装配式预应力混凝土简支 T 形梁,下部结构为柱式墩、台配桩基础,及肋板式桥台配桩基础。设计地面线与墩柱下系梁顶面齐平。因工程弃土的堆筑,实际填土顶面高出原地面线 11.87m。现场检测发现右幅 9 号墩 3 根墩柱靠近 8 号墩一侧,在高出填土线 1m 范围内发现 8 条水平向裂缝,见图 4.2.11。

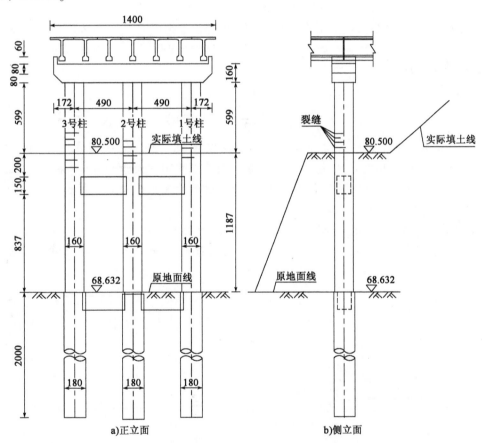

图 4.2.11　9 号墩柱开裂情况示意图(单位:高程为 m;其余为 cm)

高填土的作用相当于在原地基土上施加一荷载,而这一荷载在增加竖向荷载的同时还会对地面以上的桥墩产生水平推力。地面填土对邻近桩的影响主要表现在以下两个方面:

①填土的不稳定状态导致土体有沿原地面向下滑动的趋势,挤压桥墩,使其产生挠曲、水平移动甚至弯曲或剪切破坏。

②填土引起桥墩周围土体产生固结沉降变形,土体相对桩基础向下位移,在墩身表面产生向下的负摩擦力,增加了桥墩的轴向荷载并产生附加沉降。这往往会造成不均匀沉降,对上部结构是不利的。

为对桥墩进行受力分析,将墩身分为土体以上和土体中两部分进行分析。

(1) 土体以上墩身受力分析:

墩顶受到上部结构自重 P_0 作用,支座阻止墩顶水平变形的 F_0 作用,墩顶(含盖梁和支座垫石高度)至裂缝处高度 L 为 6.5m。上部结构自重为 6200kN,平均分配到 3 根墩柱,P_0 为 2066.7kN;墩柱和盖梁自重 G 为 609.1kN。根据力平衡方程可知:

$$\begin{cases} P_1 = P_0 + G = 2675.8 \text{kN} \\ F_1 = F_0 \\ M = F_0 L \end{cases}$$

墩柱直径为 1.6m,截面面积 $A=2.011\text{m}^2$,圆形截面外边缘抵抗矩 $W=0.4021\text{m}^3$。检测发现墩身开裂,即墩身表面产生的拉应力 σ 至少会大于 C30 混凝土抗拉强度标准值 $\sigma_{tk}=2.01\text{MPa}$。

$$\sigma = \frac{M}{W} - \frac{P_1}{A} = \frac{F_0 L}{W} - \frac{P_0 + G}{A} > \sigma_{tk} = 2.01 \text{MPa}$$

$$F_0 > \frac{\left(\sigma_{tk} + \frac{P_0 + G}{A}\right)W}{L} = \frac{\left(2.01 \times 10^6 + \frac{2675.8 \times 10^3}{2.011}\right) \times 0.4021}{6.5} = 206.6(\text{kN})$$

$$M = F_0 L > 1342.9 \text{kN} \cdot \text{m}$$

由上式可知,每根墩柱分担到的水平力至少为 206.6kN。3 根墩柱总水平力至少为 619.8kN,假如水平力通过橡胶支座水平摩阻力承担,墩顶共有 14 个 GJZ300×400×74mm 型板式橡胶支座,每个支座的水平刚度为 1622N/mm。

可求得每个支座的剪切变形 σ 为:

$$\sigma > \frac{619.8 \times 10^3}{14 \times 1622} = 27(\text{mm})$$

现场检查了支座剪切变形情况。14 个支座变形实测值在 18~26mm,平均值为 23mm,与计算值基本一致。小于测试值的原因可能是,一是实际板式橡胶支座水平刚度大于计算值;另外填土过程中土的倾倒和使用推土机搬运过程中墩柱处于更不利状态,检测时结构变形已部分恢复。

(2) 土体中墩身受力分析:

采用水平桩分析商用软件 LPILE。将土体中墩柱和填土建立桩土联合作用模型,墩顶承受竖向力 P_1、水平力 F_1 和弯矩 M 作用,如图 4.2.12 所示。计算得到墩身所受弯矩沿墩身深度向分布如图 4.2.13 所示。

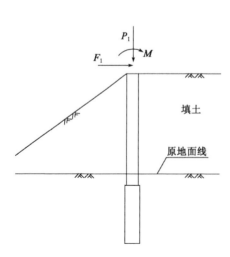

图 4.2.12 墩柱土体中部分受力示意图

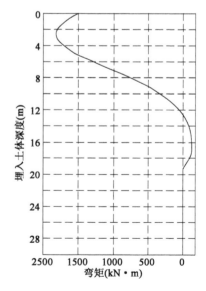

图 4.2.13 墩身弯矩沿埋置深度分布

由图 4.2.13 可知,距填土表面以下 2m 处墩柱所受弯矩最大,填土表面以下 5m 范围内所受弯矩大于已发现裂缝区域所受弯矩。后期分层清除填土时,着重检查了填土表面以下 5m 范围内的裂缝情况。现场发现新增裂缝 5 条,裂缝宽度<0.15mm,其中,1 号墩柱 1 条、2 号墩柱 2 条、3 号墩柱 2 条。裂缝均集中在填土表面以下 2m 范围内。实际裂缝分布范围与模型计算预测有一定的出入,主要原因是填土表面以下 2m 处墩柱间设有系梁(图 4.2.11),截面刚度较大。

第四节　肋式桥台常见病害及原因分析

肋式桥台前的溜坡将台身埋置在土中,溜坡中的填土可平衡一部分台后土压力,肋式台身受到的土侧压力要小于柱式台身。由于肋式台身仅在溜坡顶面露出很少的一截,台身病害很难在外观检查中调查得到,常见病害及原因如下:

(1)因背墙与上部结构间顶紧,或伸缩缝堵塞导致桥台承受附加水平力,是导致肋台产生自河心向路堤发展 U 形裂缝(图 4.2.14)的诱因。

(2)与柱式台身相比较,肋式台身与台帽相接的断面更小,在受到汽车荷载作用时,产生应力集中现象,这在桥头欠平顺、因桥头跳车产生的冲击力较大时更明显。处于这种情况下的桥台,易在肋式台顶面产生自上向下发展的竖向裂缝或斜竖向裂缝,见图 4.2.14。

(3)因地基承载力不足导致桥台基础不均匀沉降,也会使各受力薄弱面开裂。

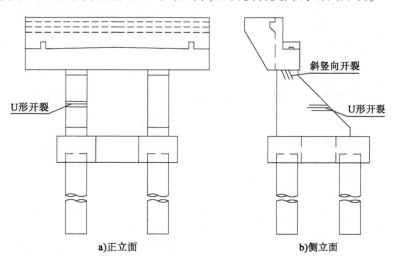

图 4.2.14　肋式台顶面斜竖向开裂及 U 形开裂立面示意

第三章　重力式 U 形桥台加固技术

第一节　增大截面技术加固重力式 U 形桥台台身

一、加固机理

U 形桥台最常见的病害是前、侧墙开裂,增大截面技术可用来提高前、侧墙的承载能力。视台身开裂的严重程度及范围的不同,选择对全部或部分墙体增大截面加固,增大截面内可设置单层钢筋网或双层钢筋网。对需要限制 U 形桥台顶部附近墙体开裂,且裂缝两侧墙体移位的,可采用圈梁法配扁担梁法加固,扁担梁内设置双层钢筋网。对墙体顶部附近网状碎裂的部分,可凿除该碎裂部分后,使用与原墙体一致的材料或素混凝土将墙体恢复至原尺寸,再用增大截面法加固。

二、加固方案及适用范围

增大截面法加固重力式 U 形桥台有多种方式,各种方式适用范围如表 4.3.1 所示,各种加固方案的一般构造见图 4.3.1。值得说明的是,增大截面法需配合可根本解决墙体致裂因素的其他方法一起使用。

重力式 U 形桥台增大截面加固方案适用情况参考用表　　表 4.3.1

序号	裂缝特性	墙体外鼓、错位情况	加固方案
1	前墙 $b/4 \sim 3b/4$ 范围内竖向开裂	墙体未外鼓、裂缝两侧墙体未错位	桥台前墙外包混凝土,见图 4.3.1a)。若裂缝宽度未超限,则内设单层钢筋网、厚度≥15cm;若缝宽超限,则内设双层钢筋网、厚度≥25cm
2	前墙 $0 \sim b/4$、$3b/4 \sim b$ 范围内竖向开裂	墙体未外鼓、裂缝两侧墙体未错位	桥台前墙外包混凝土并延伸至侧墙 $1 \sim 2m$ 范围内,见图 4.3.1b)。若裂缝宽度未超限,则内设单层钢筋网、厚度≥15cm;若缝宽超限,则内设双层钢筋网、厚度≥25cm
3	前墙开裂	高度方向中段外鼓或错位,或裂缝两侧墙体错位	桥台前、侧墙三周外包混凝土,见图 4.3.1c)。内设双层钢筋网、厚度≥25cm
4	前墙开裂	高度方向上段外鼓,且其余部分墙体未外鼓、未错位	桥台前、侧墙顶部附近设置圈梁(内设双层钢筋网、厚度≥25cm),其余部分三周外包混凝土(内设单层钢筋网、厚度≥15cm),见图 4.3.1d)
5	侧墙开裂	墙体未外鼓、裂缝两侧墙体未错位	桥台侧墙外包混凝土并延伸至前墙 $1m \sim 2m$ 范围内,见图 4.3.1e)。若裂缝宽度未超限,则内设单层钢筋网、厚度≥15cm;若缝宽超限,则内设双层钢筋网、厚度≥25cm
6	侧墙开裂	高度方向中段外鼓,或裂缝两侧墙体错位	桥台侧墙外包混凝土并延伸至前墙 $1 \sim 2m$ 范围内,见图 4.3.1e)。内设双层钢筋网、厚度≥25cm

续上表

序号	裂缝特性	墙体外鼓、错位情况	加固方案
7	侧墙开裂	高度方向上段外鼓,且其余部分墙体未外鼓、未错位	桥台前、侧墙顶部附近设置圈梁(内设双层钢筋网、厚度≥25cm),其余部分桥台侧墙外包混凝土并延伸至前墙1~2m范围内,见图4.3.1e)。内设双层钢筋网、厚度≥25cm
8		墙体未外鼓、裂缝两侧墙体未错位	桥台前、侧墙三周外包混凝土,见图4.3.1c)。若裂缝宽度未超限,则内设单层钢筋网、厚度≥15cm;若缝宽超限,则内设双层钢筋网、厚度≥25cm
9	前、侧墙均开裂	高度方向上段外鼓,且其余部分墙体未错位	桥台前、侧墙顶部附近设置圈梁,其余部分设置扁担梁,见图4.3.1g)。圈梁和扁担梁内均设双层钢筋网、厚度≥25cm。圈梁和扁担梁高度为0.5~1m,净距也为0.5~1m
10		高度方向上段外鼓,且其余部分严重开裂	桥台前、侧墙顶部附近设置圈梁,其余部分三周外包混凝土,见图4.3.1f)。圈梁和外包混凝土内均设双层钢筋网、厚度≥25cm
11		高度方向中段外鼓,或裂缝两侧墙体错位	桥台前、侧墙三周外包混凝土,见图4.3.1c)。内设双层钢筋网、厚度≥25cm

注:1.表中加固方案均适用于导致桥台开裂(如填土质量欠佳、地基承载力不足、台后路面破损)的原因已解决的情况。
2.b是指前墙宽度。
3."裂缝宽度是否超限"是指裂缝宽度是否超过《公路桥涵养护规范》(JTG H11—2004)第3.5.2条要求。
4.前、侧墙均仅在外露面外包混凝土。这是因为锥坡内填土或地基填土,会对墙体产生一个与台后填土作用相反的土侧压力。
5.所有前、侧墙交界处水平向钢筋均应焊接成整体。

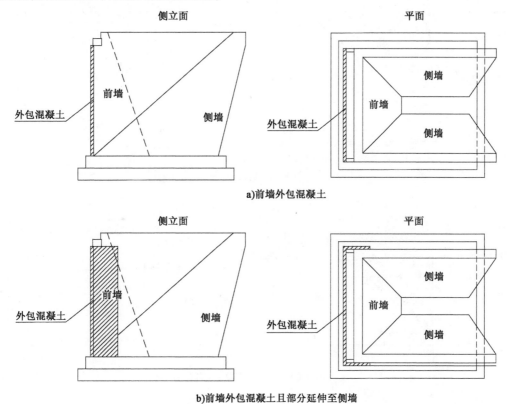

图 4.3.1

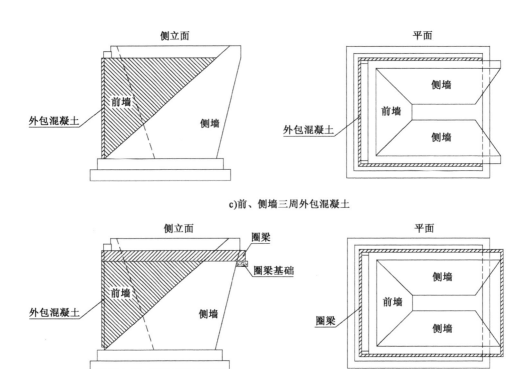

c)前、侧墙三周外包混凝土

d)设置圈梁及三周外包混凝土

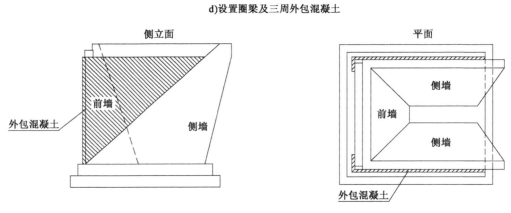

e)侧墙外包混凝土且部分延伸至前墙

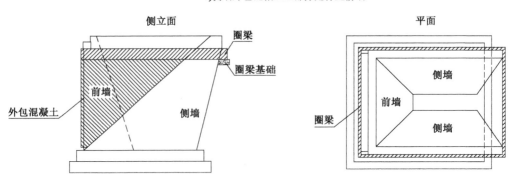

f)圈梁且侧墙外包混凝土并部分延伸至前墙

图 4.3.1

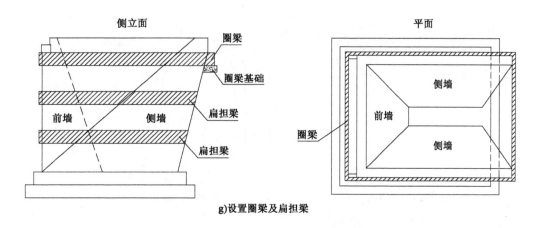

图 4.3.1 增大截面法加固重力式 U 型桥台方案示意图

第二节 凿除台后路面并重新施作整体式桥台盖板[7]

一、适用范围与加固机理

一般台后路桥过渡段的施工是在桥涵施工结束以后进行的,由于工作面狭小,同时为避免对桥台造成过大的侧向推力,只能采用小型夯实机械对台腔填料及过渡段进行压实作业,压实度难以得到保证,通车一段时间后极易发生跳车现象。加上早期建设的各类桥梁的桥台一般都没有设置搭板,汽车荷载通过台后路面直接作用在台腔填土上,原本压实不够的填土被逐渐挤密、下陷,以致台后路面沉陷、破碎。这一现象的间接后果是地表水下渗至台腔,增大台腔填土对前、侧墙的土压力,甚至导致前、侧墙开裂或破坏。

解决上述问题的一种有效方法是在 U 形桥台顶面增设一块整体式钢筋混凝土盖板,见图 4.3.2。整体盖板的三边分别支撑在桥台的前墙和两侧墙上。

该技术的加固原理具体如下:

(1)将活载的竖向力传递到前墙和两侧墙上,减小过往车辆荷载对台腔填土的压力,以防台腔填土沉陷;

(2)整块的盖板能减少地表水渗入台腔,减小台腔填土遇水膨胀后对前、侧墙的主动土压力和冻胀产生的影响;

(3)对约束侧墙外移、变形起到一定作用。

二、加固方案

整体式盖板加固法的基本做法是:在桥面高程已确定的情况下,先凿除一定高度的侧墙(凿除侧墙的高度要根据混凝土板的厚度和桥面高程确定),然后在 U 形桥台顶部现浇整体式钢筋混凝土盖板。浇筑盖板前应在板下设置垫层,垫层可采用素混凝土或者级配碎石,从而保证其底部不致脱空。

在凿除台后路面并挖除部分台后填料的过程中,若发现台后填土质量过差,可挖除并更换该部分填料为透水性和密实性均较好的砂砾。

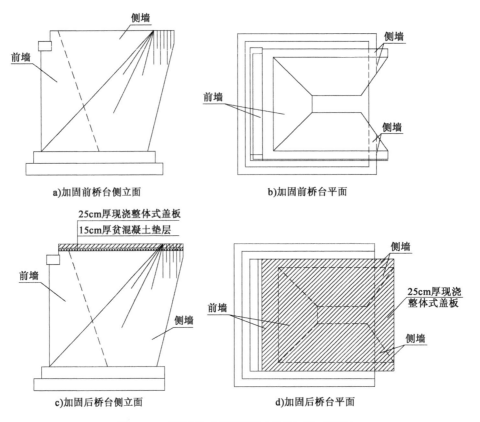

图 4.3.2　现浇整体式钢筋混凝土盖板加固 U 形桥台

三、施工要点及质量控制措施

1. 施工流程

拆除拟加固范围人行道系或安全带→小型机具配合人工凿除台后路面及搭板→挖除部分台后填土至设计高程→凿除桥台前、侧墙至设计高程→浇筑素混凝土垫层→插入垫层与盖板间连接用竖向短钢筋→桥台前、侧墙顶面按设计要求植筋→绑扎盖板钢筋网→设置盖板侧模→浇筑盖板混凝土→养护。

2. 施工注意事项

(1) 桥台前、侧墙被凿除表面应保持粗糙状态,以利与后浇盖板间的连接。
(2) 应在垫层混凝土初凝以后、终凝以前插入连接短钢筋。
(3) 在桥台前、侧墙顶面钻植筋孔时应先试钻,以防钻孔位置距离墙体边缘太近致墙体崩裂。
(4) 对于半幅施工半幅通车的桥梁,其盖板横向钢筋可分幅设置,各幅钢筋间按规范要求焊接牢固。需注意的是,应保证同一断面有接头的钢筋不超过钢筋总数量的 50%。

第三节　对拉锚杆自平衡框架加固 U 形桥台[7]

一、加固机理与适用范围

对拉锚杆自平衡框架加固 U 形桥台是在除去锥坡以外的两侧墙表面增设钢筋混凝土框架后,在框架节点处设置对拉普通钢筋锚杆,使钢筋混凝土框架、对拉钢筋锚杆、U形桥台侧墙共同形成自平衡框架结构,见图4.3.3。

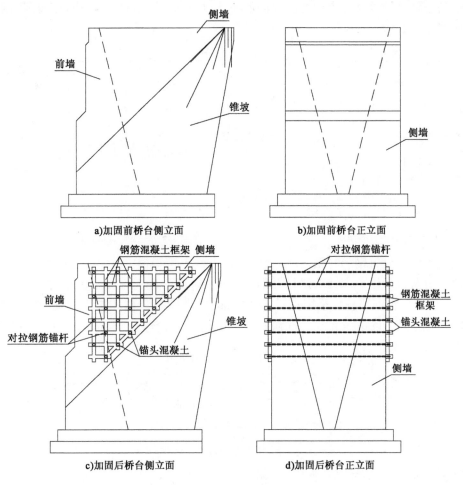

图4.3.3 侧墙对拉锚杆自平衡框架改造U形桥台示意图

侧墙对拉锚杆自平衡框架加固U形桥台适用于台后填土侧压力过大,导致侧墙产生外倾倾向、或局部外鼓并伴竖向或网状开裂的U形桥台,宜与现浇整体式盖板加固技术配合使用。

二、设计要点

(1)框架宽度及边节点以外的长度以20~30cm为宜,框架净间距以50~80cm为宜。距锥坡最近的框架节点处宜设置对拉锚杆,并将这些节点沿对角线通过框架联系成整体,如图4.3.4所示。

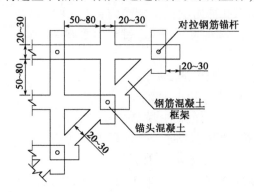

图4.3.4 钢筋混凝土框架构造示意图(尺寸单位:cm)

(2)框架内钢筋宜设置成骨架形式,并与桥台侧墙间通过植筋连接,如图4.3.5所示。

(3)对拉锚杆宜按梅花形布置。

(4)对拉钢筋锚杆处的框架节点内可设置间距不大于5cm的ϕ8mm钢筋网片,且各钢筋网片间距在8cm之内,如图4.3.6所示。

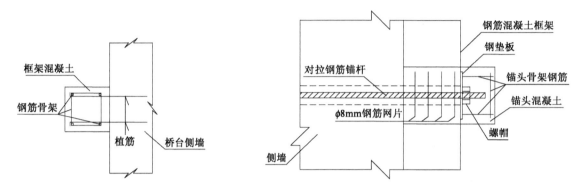

图4.3.5 框架钢筋构造示意图　　　　　图4.3.6 锚头混凝土钢筋示意图

(5)锚头混凝土内宜设置钢筋骨架,并在锚固螺帽下设置钢垫板,如图4.3.6所示。

(6)在桥台台身及台后填土内钻取锚杆孔后,宜在台后填土范围内设置PVC管,且PVC管宜伸入桥台侧墙内10cm。对拉钢筋锚杆宜采用直径为ϕ22mm以上的高强精轧螺纹钢筋,单根钢筋长度不够时可采用专用连接器接长,且每隔1.5~2m设置一个限位器,如图4.3.7所示。

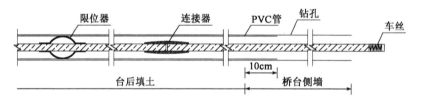

图4.3.7 钻孔及锚杆构造示意图

(7)对拉钢筋锚杆两端宜车丝后,采用拧紧螺帽的方式锚固。

三、施工要点

(1)对拉锚杆自平衡框架加固施工流程:搭设施工支架→清理侧墙表面→测量、放线→设置框架内植筋→设置框架内钢筋骨架及钢筋网片→钻机就位→接钻杆→校正孔位→调整角度→钻孔→插入PVC管→插锚杆→压力灌浆→浇筑框架混凝土并养护→安装钢垫板→旋紧锚固螺帽→设置锚头混凝土内钢筋骨架→浇筑锚头混凝土并养护。

(2)锚杆钻孔宜符合以下规定:

①采用以压缩空气为动力的潜孔冲击钻机在侧墙内钻孔,采用螺旋钻凿设备或岩芯钻凿设备在桥台填土内钻孔。钻机对中性要好,晃动量要小,钻进过程中要有一定的稳定性;钻机要有扭矩大、起拔力高的特点,以便处理孔内故障。

②钻孔轴线的偏斜率不大于锚杆长度的2%。

(3)锚杆的制作、存储及穿入应符合下列规定:

①加工锚杆前,应保证钢筋平直,并做除油、除锈。

②锚杆钢筋下料时,采用砂轮切割机切割,严禁使用电焊切割。

③锚杆制作完成后应尽早使用,不宜长期存放。

④在锚杆穿入钻好的孔洞前,应检查杆体的加工质量,确保满足设计要求;穿入锚杆时,应防止扭压和弯曲。

⑤穿入锚杆后,不得随意敲击,不得悬挂重物。

(4)压力灌浆材料及施工宜符合下列规定:

①灌浆材料选用灰砂比1:1~1:0.5的水泥砂浆,其细骨料选用最大尺寸小于2.0mm的砂。

②砂的含泥量按质量计不得大于3%;砂中云母、有机质、硫化物和硫酸盐等有害物质的含量,按质量计不得大于1%。

③灌浆宜搅拌均匀,并在初凝前完成钻孔灌浆施工。在灌浆材料中可使用改善流动性、调整凝结时间的外加剂,但外加剂不可影响浆体的黏结性能,不能使钢筋产生锈蚀,并宜通过试验方可采用。

④将锚杆钢筋一端的出浆孔用混凝土封住,并在出浆孔上方预留孔洞,以预留孔洞能够连续出浆作为压浆是否饱满的依据。

(5)应待钢筋混凝土框架强度达到设计强度80%以上时,才能进行锚杆钢筋紧固及封锚施工。

(6)PVC管与钻孔孔洞的间隙宜不大于4mm,且PVC管表面宜间隔50cm对称钻孔。

(7)宜钻孔后抽出钻杆的同时,从另一侧穿入PVC管。

第四节 预应力锚杆加固重力式U形桥台[8]

一、加固机理与适用范围

预应力锚杆加固U形桥台,是通过两侧墙的预应力锚杆对拉来减小侧墙所受倾覆力矩,以限制桥台变形的进一步发展。具体方式:在两侧墙上合理布置一定数量的孔位,用钻孔机垂直侧墙水平钻孔,并穿透两侧墙,在孔内安放锚杆,接着在侧墙上浇筑钢筋混凝土框架,利用框架提供锚杆反力并增强侧墙的整体性,待框架达到设计强度要求后张拉锚杆,最后进行灌浆和外锚头的防护处理。从外观上看,加固后的桥台外观与对拉锚杆自平衡框架技术相同,区别在于是否对锚杆施加预应力。

预应力锚杆技术适用于侧墙已经外倾,或墙体大面积外鼓的U形桥台。

二、设计要点

(1)锚杆张拉控制力的确定

台后填土在运营阶段已基本固结稳定,所以台后土侧压力按静止土压力计算。台后土侧压力分为台后填土引起的土侧压力和汽车荷载引起的土侧压力两部分,其中汽车荷载引起的土侧压力是按汽车轮重换算为等代均布土层来计算的。计算公式为:

①台后填土引起的土压力:

$$\sigma_{T_0} = K_0 \gamma z$$

②汽车荷载引起的土侧压力:

$$\sigma_{l_0} = \gamma h K_0$$

式中:K_0——静止土压力系数,根据经验取值为0.5;

γ——土的重度;

z——距侧墙顶面的距离;

h——等代均布土层的厚度。

(2)锚杆张拉控制力的计算

所有台后填土的土压力将由预应力锚杆承担。根据计算所得的台后土侧压力,按照"半分法"计算每层锚杆的张拉控制力,即每根锚杆分担其与上下左右相邻锚杆间距所构成矩形区域内的土压力的

1/2。各锚杆采取等间距布置,每层各锚杆的张拉控制力相等。

(3)锚具及外锚头的设计

预应力锚具可采用高强精轧螺纹粗钢筋锚具。为满足局部承压的要求,设锚垫板,锚下采用螺旋筋来提高其局部承压能力,锚头采用内置式。

(4)锚杆的防腐措施

预应力筋张拉完毕进行孔道灌浆,预应力筋包裹在水泥砂浆中免受腐蚀。封锚之前用环氧树脂在锚头表面进行涂刷,后用 M30 水泥砂浆封锚进行防护处理。

三、施工方法与注意事项

1)施工设备

预应力锚杆加固施工所需的设备包括:钻孔设备、张拉设备、注浆设备、混凝土搅拌设备、下料设备等。其中,钻孔设备包括钻机、空压机、风镐等,要根据现场实际情况合理选用适当的型号;预应力高强精轧螺纹粗钢筋的专用张拉设备采用穿心式单作用千斤顶;注浆设备包括注入水泥浆和水泥砂浆的注浆泵、搅拌设备、高压输送浆液管路。注浆泵应根据注浆材料和注浆量来选用;预应力高强精轧螺纹粗钢筋下料采用砂轮锯切割,不要采用电焊或氧焊切割。

2)施工流程及注意事项

(1)施工流程

在材料、设备、水电以及相关工作人员到位→现场搭设施工平台→侧墙上测定孔位→专用钻机钻孔,钻孔的同时制作预应力筋锚杆→钻孔完毕,安放锚杆→在侧墙上植筋、绑扎钢筋、安设模板、浇筑混凝土框架→待混凝土框架设计强度达到 80% 后用已经标定完毕的设备进行分级循环张拉→张拉完毕进行孔道灌浆、锚头防护处理→清理施工现场。

(2)注意事项

与对拉锚杆自平衡框架技术相比,本技术主要是预应力张拉、灌浆、封锚等方面存在不同。

①预应力高强精轧螺纹钢筋在非张拉端露出锚具的长度应大于或等于钢筋的直径,在张拉端露出锚具的长度应大于或等于钢筋 6 倍螺距。

②张拉结束后切割所留的露出锚具的长度应大于或等于钢筋的直径;为保证锚杆处于孔道的正中,在锚杆上设置限位器。

③张拉前要对千斤顶、油泵、油管、压力表校验,校验合格后将千斤顶与油泵配套进行标定。

④钢筋混凝土框架浇筑后的强度要达到设计强度的 80% 才能张拉锚杆,采用一端张拉。正式张拉前预张紧,采用多次循环预紧方式对每根精轧螺纹钢筋进行预紧张拉,使其各部位接触紧密。

第五节　台后填料静力压浆加固

重力式 U 形桥台台身病害与台后填土质量欠佳往往有着密切关系。对近期翻修过桥面及台后路面的桥梁可采取对台后填料静力注浆的方式,来提高填料密度。

台后填料静力压浆浆液种类、设计要点、施工要点均与静压注浆法加固地基相类似。本节主要就压浆范围、顺序、施工质量控制等与地基加固的不同之处进行介绍。

一、压浆范围

为提高 U 形桥台台后填料强度,应当横桥向在 U 形桥台两侧墙间,顺桥向在自桥台台背至侧墙向路基方向延伸2m范围内进行压浆,见图4.3.8。

二、压浆顺序[9]

压浆顺序分为平面顺序和深度顺序。

1. 平面顺序

受前期注浆孔的影响,后期注浆孔的注入浆液会随着注浆压力或其他因素发生偏流,使浆液扩散不均匀,影响注浆整体效果。为了注浆浆液能均匀流动,可适当安排注浆孔序、划分注浆孔群,见图4.3.9。

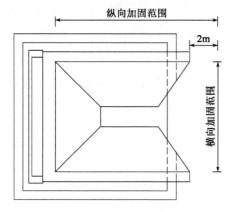

图4.3.8　台后填土压浆加固范围

1	3	1	3	1
3	2	4	2	3
1	4	1	4	1
3	2	4	2	3
1	3	1	3	1

图4.3.9　压浆顺序平面示意图

注:图中序号为压浆次序编号

2. 深度顺序

深度方向上,建议采用自上而下式,即先压注上层土体,使上层土体形成一个硬壳,以防止浆液上升外溢。凝胶体可封闭上部土体起到止浆的效果,便于下部采用较高的注浆压力,但需要重复开孔和注浆。如果既有桥台台后路面较完好,可将路面作为封浆层,采用自下而上式注浆法,一次成孔。

三、压浆质量控制要点[9]

1. 注浆材料的控制

注浆用水泥应当符合《通用硅酸盐水泥》(GB 175—2007)的要求;粉煤灰应当符合《用于水泥和混凝土中的粉煤灰(GB/T 1596—2017)的要求;拌和用水符合《混凝土用水标准》(JGJ 63—2006)的要求。

2. 浆液质量控制

浆液按每个桥台不少于6个试验孔进行质量检验。

施工过程中,浆液的稠度应视填料和填筑质量而定,一般对匀质细土使用稠度低的稀浆液;土石混填或碎石使用稠度高的浓浆液。对浆液变换和配合比调整等技术参数,应根据注浆前试验、钻孔情况和实际操作灵活选用,以保证浆液质量满足设计要求。

3. 钻孔质量控制

(1)孔位采用钢尺放样,实际孔位与设计孔位偏差不超过±5cm。

(2)钻机固定牢固,严禁钻机机台下底面与地面呈“点”接触状态。校正钻机立轴,铅垂方向开孔,钻孔倾斜度偏差小于0.3%,深度不小于设计要求。

(3)严格执行金刚石钻进操作规程和冲击器钻进操作规程。严格控制回次进尺在规定的灌段长范围内。

(4)工程地质人员应熟悉注浆区地质资料和有关钻探资料并跟班,以便根据钻进过程中采取的岩芯、孔内返出渣滓对地层进行预测和判断,为及时变更钻进工艺参数提供依据。

(5)使用长钻具。潜孔锤冲击回转钻进时要低速、低压、平稳。

4. 注浆花管的质量控制

注浆花管采用无缝钢管专人打孔加工,保证开孔均匀、位置合适。针对孔深较大、直接安装钢花管比较困难的情况,采用连接套外接的方式进行加长,以保证注浆花管下到指定深度。注浆花管应比注浆孔短20cm,使钻孔底部有一定的空间,以保证浆液灌注流畅。为提高注浆质量,保证花管下孔后居中,每隔30cm应加焊U形定位钢筋。

5. 抬动、漏浆、冒浆观测

对于注浆区域周边的桥台、桥台锥坡、路堤边坡、边沟等构筑物,加强专人巡视和观察。为巡视人员和机长配备对讲机,一旦发现抬动、变形、漏浆冒浆等情况,及时采取措施,以保证工程质量,并做好记录。

四、注浆效果检测[9]

注浆效果检测有钻孔取芯法、面波波速法、复灌法等。

1. 钻孔取芯法

钻孔取芯法是在台背回填体的特定部位选择检测点,利用地质钻机直接取出芯样,并进行抗压强度测试,从而直观、准确判断注浆加固的效果。这是台背注浆加固效果检测较常采用的方法之一。但是,钻芯法属局部破损检测,会对回填体结构造成局部损伤,检测成本高、施工工艺复杂,限制了钻芯部位及钻芯数量,且由于钻进过程中机械的扰动,芯样的质量也常常受到影响,因而难以大量使用。

取芯后可以利用钻孔继续进行复灌试验,但需要耗费较多的时间和资源。

2. 面波波速法

面波,也称为瑞雷波(Rayleigh Wave),是体波勘探中的干扰波,对地表以下几米至几十米的范围有较好的适应性。面波主要分瑞雷面波和勒夫面波两类,目前在岩土工程应用中以瑞雷波为主。面波法波速测试的原理见图4.3.10,由大锤锤击检测点附近地面产生一个瞬态震源,震动以波的形式在检测体内传递,因回填体的性质(密实度、压密的均匀性、是否有空洞等)而发生相应的改

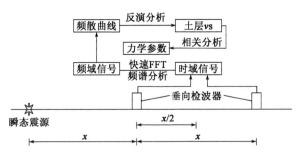

图4.3.10 面波波速测试原理示意图

变,最后由测点上部布置的检波器接收。后经信号处理(放大、滤波)得到面波在回填体不同深度的传播速度,传播速度越快,则回填体的密实度越好。还可以通过室内试验获取回填材料在最佳压密情况下的波速,再用现场测得的波速与之比较,也可以反映路基的压实度。

面波波速法是无损检测技术,但没有相关检测规范,需要通过大量的效果检测对比,找到波速法与其他方法之间的联系,制定相关检验标准。此外,面波检测系统抗干扰波的能力有待加强,波速解译的可靠度还需要进一步提高。

3. 复灌法

复灌法检测是通过比较钻孔前、后注浆量来评判注浆效果的检测方法。其检测标准是在相同的压力下,各检测孔的注浆量与相邻3个注浆孔的平均注浆量进行比较,比值不大于30%,即认为注浆的效果是满足要求的;否则,进行补灌。

这种检测方法也需要钻孔和安装花管,整个过程同注浆过程一样,而且至今没有相关的检测规范。在复灌检测时,注浆压力上升较快,容易引起抬动和劈裂等破坏,不利于工程建设。

第六节 台后换填加固技术

一、台后换填透水性土质材料

1. 加固机理与适用范围

挖除台后不适宜填料换填为透水性土质材料技术,适用于因填料欠佳、压实度不足、排水不畅等原因导致台后路面局部沉陷,同时桥台地基承载力满足要求的桥台加固。

2. 设计要点

(1) 对原桥台台身的要求:

土质材料对台身产生的土侧压力较大,要求台身现状较好,并且能够承受压实机具产生的附加力。对存在病害的桥台,应先加固后再进行台后换填。

(2) 确定换填范围:

在开始换填前宜先通过钻探的方式确定台后各层填料的土质及厚度。应换填深度上所有压实度未达到96%的不适宜填料,顶面长度不小于桥台高度加2m,底面长度不小于2m。对拱式桥桥台,只能对起拱线(包括主拱起拱线和副拱起拱线)以上部分予以换填,以免因挖除填料导致台身承受来自拱脚的水平推力而倾倒。对起拱线以下填料不适宜部分可采用压浆方式处理。

(3) 开挖面呈台阶状:

为保证开挖边坡稳定,且有利于新、旧填料间的过渡,应开挖成坡度向内并大于4%,宽度满足小型压实机械要求的台阶,见图4.3.11。

(4) 选择换填材料:

换填材料可选择《公路桥涵施工技术规范》(JTG/T F50—2011)要求采用的回填材料,即天然沙砾、二灰土、水泥稳定土、粉煤灰等轻质材料。

(5) 参考新建桥梁桥台做法,恢复台后纵、横向排水系统。

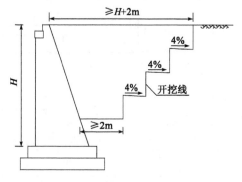

图4.3.11 开挖台后填土边线示意图

(6) 该项技术宜配合拆除台后搭板重做整体式桥台盖板配套使用。

3. 施工注意事项及质量控制要点

(1) 应分层回填、使用小型机具压实,分层厚度满足《公路路基施工技术规范》(JTG F10—2006)的要求。

(2) 碾压顺序做到:从静压到振压、从慢速到快速、从弱振到强振、从两边到中间[10]。

(3)应派专人负责监督检查各层密实度,检查频率应每50m²检验1点,不足50m²时应至少检验1点,每点均应合格[11]。

二、台后换填泡沫混凝土[12-13]

1. 加固机理与适用范围

泡沫混凝土是以水泥为主要胶凝材料,并在骨料、外加剂和水等组分共同制成的浆料中引入气泡,经混合搅拌、浇筑成形、养护而成的具有闭孔结构的轻质多孔混凝土。目前,实际工程多选用干重度为$6\sim7kN/m^3$的泡沫混凝土作台后换填,可大大减轻台后地基承受的荷载,适用于:

(1)地基承载力不足的桥台作台后换填;
(2)原桥台地基为软土,且因软土地基下陷需台后换填;
(3)工期紧,需尽快通车的工程;
(4)需换填的部位小、工作面狭窄、难以碾压到位的情况。

2. 设计要点

(1)换填范围:若仅仅是因土质欠佳作换填处理,换填范围与更换土质材料相同;为减轻台后地基所受荷载作换填处理,其范围应通过沉降变形计算和地基承载力计算确定。

(2)确定泡沫混凝土等级:参考浙江省地方标准《公路工程泡沫混凝土应用技术规范》(DB 33/T 996—2015)对泡沫混凝土用于路基填筑的规定,距台后路面底>0.8m范围内,应选择抗压强度不应低于FC0.5、干密度等级为A05或A06的泡沫混凝土;距台后路面底0~0.8m范围,应选择抗压强度不应低于FC1.0、干密度等级为A06或A07的泡沫混凝土。有关泡沫混凝土技术参数见表4.3.2和表4.3.3。

泡沫混凝土密度等级　　　　　表4.3.2

密度等级	干密度ρ_d(kg/m³)		试验方法
	标准值	允许范围	
A05	500	$450<\rho_d\leq550$	《泡沫混凝土》(JG/T 266—2011)
A06	600	$550<\rho_d\leq650$	
A07	700	$650<\rho_d\leq750$	

泡沫混凝土强度等级　　　　　表4.3.3

密度等级	抗压强度(MPa)		试验方法
	每组平均值	每块最小值	
FC0.5	0.50	0.425	《泡沫混凝土》(JG/T 266—2011)
FC1.0	1.00	0.850	

(3)设计构造要求:
①泡沫混凝土底面铺设一层厚度为30~50cm的级配碎石或砂砾作为透水层,同时兼作调平层。
②在泡沫混凝土底面以上40~60cm处,顶面以下30~50cm处各设置一层钢筋网。
③泡沫混凝土厚度超过6m时,宜每隔2m高度,水平铺设一层钢筋网。
④钢筋网直径为$\phi3\sim\phi6mm$,边长50mm×50mm或100mm×100mm,宜采用成品焊接钢筋网。相邻钢筋网片绑扎搭接,搭接长度应为20~30cm。

⑤填充区长度超过15m时,应设置上下直通预留沉降缝。沉降缝用20～30mm厚的聚苯乙烯板,或10～20mm厚的涂沥青木板、木夹板或沥青絮。

3. 施工注意事项及质量控制要点

(1)施工工艺流程：

台后换填泡沫混凝土施工工艺流程见图4.3.12。

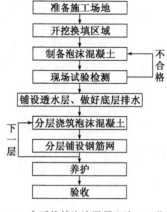

(2)施工前应编制专项施工方案、建立健全质量、环保、安全管理体系和质量检测体系,做好技术培训和交底。尤其是在冬期、雨期及热期施工,应根据不同的季节特点制订相应的技术方案,并应采取有针对性的措施,保证工程质量和施工安全。

(3)铺设透水层前,做好换填开挖面的验收工作。

(4)泡沫混凝土制备及试验检测符合《泡沫混凝土应用技术规程》(JGJ/T 341—2014)的要求。

4.3.12 台后换填泡沫混凝土施工工艺流程图

(5)浇筑泡沫混凝土注意事项：

①浇筑操作要求:浇筑管宜与浇筑面保持缓倾角度(图4.3.13),不应采用从上而下喷射方式进行浇筑,管口应埋入泡沫混凝土内不小于10cm,以降低泡沫混凝土的消泡量。浇筑点由中心向四边扩展或采用多点浇筑。浇筑点不应直接冲击周边土体及伸缩缝模板部位,避免造成土体松散及接缝处的渗漏。

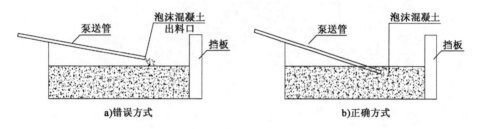

图4.3.13 泡沫混凝土浇筑方式

②分层浇筑要求:单层浇筑厚度宜按0.3～0.8m控制,上一层浇筑作业应在下一层浇筑混凝土终凝后进行。单层浇筑施工时间宜控制在初凝时间内。

③浇筑过程若停滞时间超过30min,应及时清洗管道,清洗输送管时以管道出水干净为准。

④浇筑将至顶层时,采用后退方式拖移浇筑管进行人工扫平,浇筑层终凝后方可进行上层的浇筑施工。

⑤浇筑过程中应减少对泡沫混凝土的扰动,不应在泡沫混凝土里面随意走动或移动浇筑管。

⑥按规定检测泡沫混凝土的湿重度、流动度等参数,若不符合要求则应及时调整。

⑦当遇大雨、暴雨或持续时间较长的小雨天气,未硬化的泡沫混凝土表面应采取遮雨措施。

⑧当室外日平均气温连续5d低于5℃或环境温度超过38℃,以及下雨时,不得进行泡沫混凝土浇筑施工。特殊情况需要施工时,应采取特殊措施并进行专项报批,确保工程质量和施工安全。

⑨热期施工时,每班完工后应及时清洗拌合设备、储浆设备及浇筑管路中的浆体,避免因浆体凝固损坏设备;冬期施工时,每班完工后应清空各设备及管路中的残留浆体,并对浇筑管路、施工设备、发泡剂及浇筑区域等采取保温措施。

(6)养护：

①禁止直接在泡沫混凝土表面进行机械、车辆作业或堆压杂物;

②除填充工程外,泡沫混凝土每层浇筑完毕应保湿养生;

③顶层泡沫混凝土养护28d以后进行其上台后路面施工。

第七节 工 程 实 例

工程实例4-1：增大截面法加固桥台前、侧墙；重做整体式桥台盖板

1. 桥梁概况

西湖甲桥（图4.3.14）位于省道S307线乐平市境内，建成于2008年。依据原桥施工图设计，桥梁原设计荷载等级为公路—Ⅱ级。现实测西湖甲桥全长44.04m，桥面净宽为净—9.0m（行车道）+2×0.5m（防撞护栏），桥梁位于半径$R=400m$的弯道上，设计桥面横坡为单向坡，坡度值约为5.0%。桥梁上部结构为$2×13.0m$钢筋混凝土简支空心板（横桥向共设置了8片空心板）；下部结构为盖梁接柱式桥墩配桩基础和U形桥台配扩大基础。

图4.3.14 西湖甲桥立面全景照片

2014年对桥梁进行现状检测，检测评定桥梁总体技术状况综合评定得分$D_r=59.6$，为四类桥梁。后于2015年对桥梁进行加固，加固设计荷载等级为公路—Ⅱ级。加固桥面净宽为净—9m（行车道）+2×0.5m（防撞护栏）。

2. 加固前状况

检测时发现两岸桥台台后路面局部下陷。两岸桥台台身病害情况如下：

①0号桥台上、下游侧侧墙各存在一条竖向裂缝（裂缝宽度为0.5~1.0mm），桥台台帽存在一条竖向裂缝延伸至前墙（裂缝宽度为2.0mm），桥台背墙于4号空心板下方存在一条竖向裂缝（裂缝宽度为0.2mm），见图4.3.15。

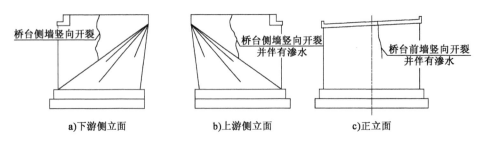

图4.3.15 0号桥台病害示意图

②2号桥台上、下游侧墙各存在一条竖向裂缝（裂缝宽度为1.0~2.0mm），见图4.3.16。

③两岸桥台台身受渗水侵蚀。

上述病害的主要成因是台后路面破损，积水渗透至台腔，台腔填料遇水膨胀进而对桥台台身造成挤压，并在薄弱处开裂。

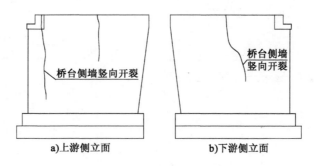

图 4.3.16 2 号桥台病害示意图

3. 加固措施

(1) 鉴于 0 号桥台前、侧墙均已开裂,且裂缝宽度超过规范限值,设计对 0 号桥台前墙及两侧墙外包 250mm 厚 U 形 C40 钢筋混凝土加固,内设双层钢筋网,见图 4.3.17。

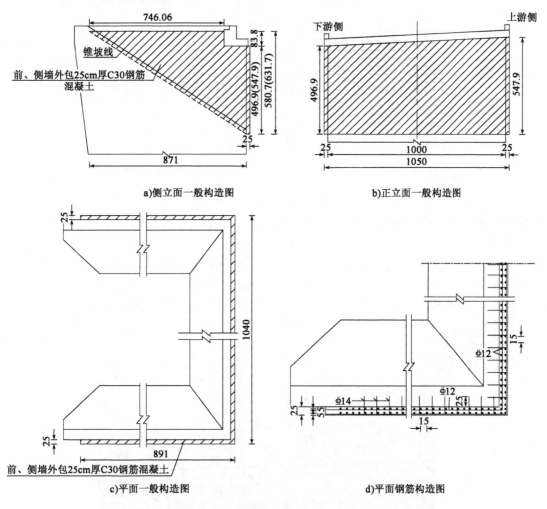

图 4.3.17 桥台外包混凝土加固构造图(尺寸单位:钢筋直径 mm;其余 cm)

(2) 针对两岸桥台台后路面局部下陷的问题,加固方案为:拆除原桥台段桥面铺装层、搭板及防撞护栏,并重做支撑于桥台前、侧墙上的整体式钢筋混凝土盖板,见图 4.3.18。钢筋混凝土盖板为刚性结构,为实现与台后路面填土这一柔性材料间的过渡,需在盖板下设置过渡层。通常刚性路面下设半刚性基层会选择水泥稳定类粒料。考虑水泥稳定类粒料材料需要碾压,碾压量也很小,为方便组织施工,设计在刚性盖板下铺设 150mm 厚 C15 素混凝土垫层作为过渡层。为了使 C15 素混凝土与后浇 C40 钢筋混凝土整体式盖板有效连接,在两者之间设置 ϕ12 钢筋。为方便施工,在浇筑素混凝土垫层初凝结束后终凝开始前插入,且插入深度不小于120mm。

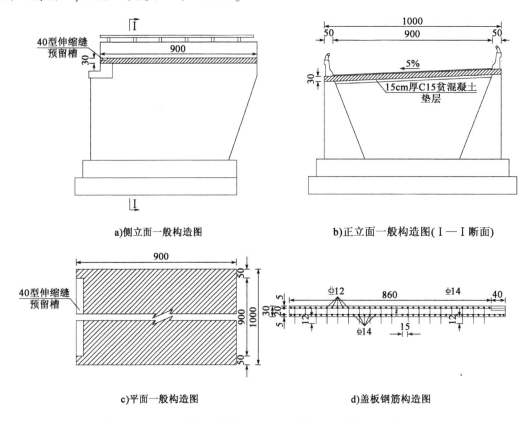

a) 侧立面一般构造图　　b) 正立面一般构造图(Ⅰ—Ⅰ断面)

c) 平面一般构造图　　d) 盖板钢筋构造图

图 4.3.18　桥台整体式盖板构造图(尺寸单位:钢筋直径 mm;其余 cm)

工程实例 4-2:增大截面法加固斜交 U 形桥台,重做台后整体式桥面板

1. 桥梁概况

黄沙桥(图 4.3.19)位于赣州市水西镇境内,建成于 1986 年。实测黄沙桥全长 52.44m,原设计荷载等级为汽车—20 级,挂车—100,桥面净宽为净—9.0m(行车道) +2×1.0m(人行道)。上部结构为 1 孔净跨径约为 25m 的斜、弯、坡空腹式等截面混凝土板拱,主拱圈厚度约为 94cm;在主拱圈两岸拱脚附近均设有两跨净跨径约为 300cm 的浆砌块石腹拱圈。下部结构为扩大基础配重力式桥台。

图 4.3.19　赣州黄沙桥立面全景

2. 加固前状况

2011 年对桥梁进行检测时发现:

(1)主跨范围桥面及两岸桥台台后路面均存在局部被压碎的情况(图 4.3.20、图 4.3.21)。这是由

于黄沙桥位于 105 国道上,长期承受重载交通作用,而主跨桥面和台后路面作为直接承受车辆荷载作用的结构,加上拱腔填料欠密实等因素,使得桥面铺装出现了上述病害。

图 4.3.20 台后路面局部碎裂

图 4.3.21 台后路面纵、横向开裂

(2)两岸桥台在腹拱范围内的前墙于钝角端竖向开裂,且 1 号桥台下游侧侧墙存在竖向开裂现象(裂缝宽度为 2~4mm)。结合其他部件病害综合分析,桥台前墙裂缝是腹拱圈钝角处因应力集中顺桥向开裂,且延伸至台身导致的。1 号桥台下游侧侧墙竖向开裂是由于桥面破碎严重且无排水系统,桥面积水渗透到台腔,台腔填料遇水膨胀进而对桥台侧墙造成挤压所致。

上述病害情况如图 4.3.22 所示。

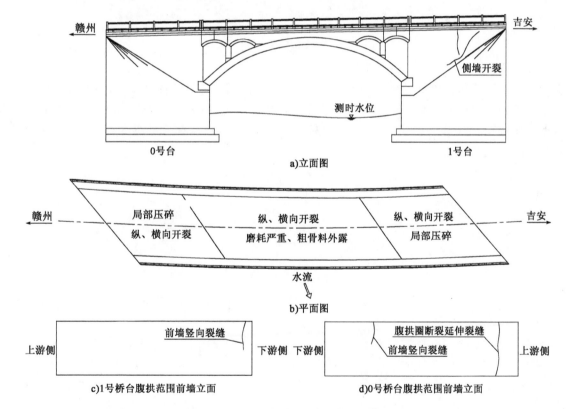

图 4.3.22 黄沙桥桥面及桥台病害示意图

3. 加固措施

虽然两岸桥台仅有一面侧墙竖向开裂,但考虑到黄沙桥交角较大,两岸桥台钝角处应力集中现象比较明显,故本次加固仍对两岸桥台腹孔范围前、侧墙三面均外包 250mm 厚钢筋混凝土(内设双层钢筋网)。为提高台后路面的承载能力,以满足过往国道 G105 线的通行需求,凿除原台后路面及主跨桥面后,重新施作25cm厚C40钢筋混凝土整体式桥面板(内置双层带肋成品焊接钢筋网),并加铺6cm厚沥青混凝土铺装层;在浇筑整体式桥面板之前,设置15cm厚素贫混凝土垫层。

工程实例4-3:扁担梁法加固U形桥台、重做部分侧墙及整体式桥面板

1. 桥梁概况

宜春市公路局G320国道铁路立交桥(老桥)跨越沪昆铁路,建成于1989年,见图4.3.23。桥梁上部结构为1×18.7m钢筋混凝土简支T形梁,下部结构为扩大基础配重力式桥台,全长45.3m。铁路立交桥(老桥)斜交角度为35°,原设计荷载等级为汽车—超20级、挂车—120。桥面净宽为净—9m(行车道)+2×1.5m(人行道)。

图4.3.23 铁路立交桥(老桥)立面全景

2. 加固前状况:

至2010年,铁路立交桥出现萍乡岸桥台左侧侧墙竖向开裂,局部存在错位现象;宜春岸桥台前墙及两侧墙竖向开裂。上述桥台裂缝均沿着砌缝发展,见图4.3.24和图4.3.25。出现上述病害的主要原因是桥台高度有8m多,台腔内填土较高,土侧压力较大,加之过往车辆重量逐年增加,最终导致桥台顺着最薄弱处(砌缝)竖向开裂。

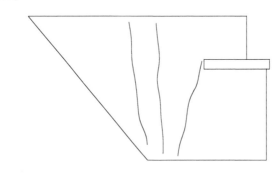

图4.3.24 萍乡岸桥台左侧侧墙病害示意图

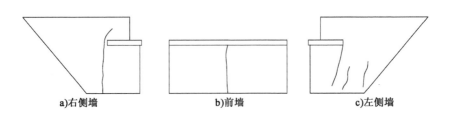

a)右侧墙　　　b)前墙　　　c)左侧墙

图4.3.25 宜春岸桥台病害示意图

3.加固措施

为恢复铁路桥桥台的使用功能,同时满足业主节省造价的要求,采用了以下加固措施:

(1)对萍乡岸桥台左侧侧墙沿砌缝拆除严重开裂的那部分,并用钢筋混凝土重新施作,见图4.3.26;施工过程中加强桥台稳定性观测,以免桥台侧墙局部垮塌。

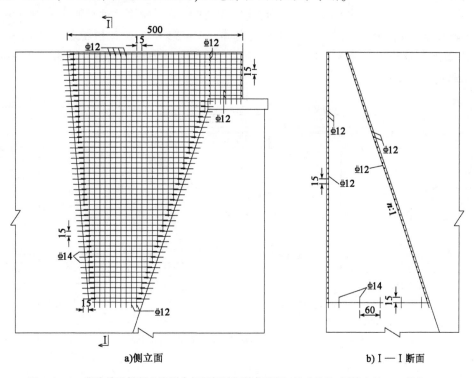

图4.3.26 凿除并重做萍乡岸桥台局部侧墙钢筋构造图(尺寸单位:钢筋直径mm;其余cm)

(2)对宜春岸桥台采用"扁担梁法"进行加固(图4.3.27),"扁担梁"高度为0.5m,厚度为0.25m,间距为0.5m。

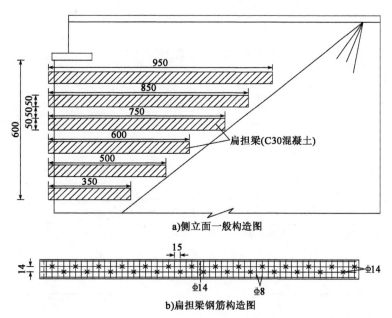

图4.3.27 宜春岸桥台加固构造图(尺寸单位:钢筋直径mm;其余cm)

(3)凿除两岸台后路面,并挖除部分台后填土,在两岸桥台上现浇整体式桥台盖板。

(4)拆除原老桥部分两侧人行道系,并重施作钢筋混凝土防撞护栏。

(5) 重新施作立交桥老桥部分两岸桥台处行车道40型型钢伸缩缝。凿除桥跨段行车道伸缩缝预留槽混凝土时,保留原混凝土桥面铺装内钢筋。

工程实例4-4:桥台对拉普通锚杆配三周外包混凝土、重做桥台挡块及整体式桥台盖板

1. 桥梁概况

万年桥(图4.3.28)位于汪乌线乐平市境内,建成于2008年。桥梁原设计荷载等级为公路—Ⅱ级。现实测万年桥全长26.64m,桥面净宽为净—9.0m(行车道)+2×0.5m(防撞护栏),实测桥面纵向设置3%单向坡。桥梁上部结构为一跨8m钢筋混凝土简支空心板(横桥向共设置了8片空心板);下部结构采用U形桥台配扩大基础。

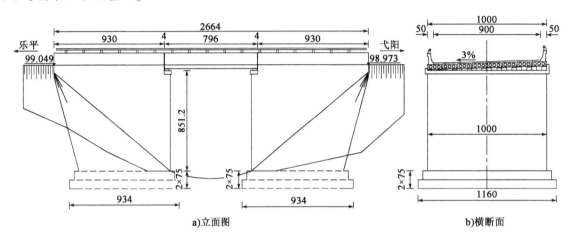

图4.3.28 万年桥总体布置图(单位:高程m;其余cm)

2. 加固前状况

2014年对桥梁进行检测时,总体技术状况评分$D_r=74.2$,评定技术状况等级为三类,需进行中修。桥台病害情况如下,详见图4.3.29。

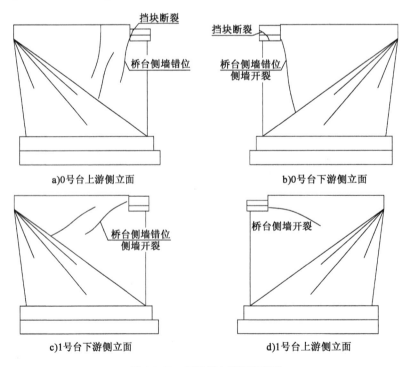

图4.3.29 两岸桥台病害示意图

(1)0号桥台上游侧侧墙有多条竖向裂缝(宽度为0.4~0.6mm),且存在外鼓现象并延伸至台帽挡块处,外鼓值最大达到3cm,见图4.3.30;下游侧侧墙也存在一条竖向裂缝(宽度为0.9~1.1mm)延伸至台帽挡块处,且同样存在外移现象,外移值最大达到1cm。

(2)1号桥台上、下游侧侧墙均存在斜向裂缝(裂缝宽度为0.2~1.1mm,见图4.3.31),1号桥台下游侧侧墙局部外移,外移值最大达到1cm。

上述病害主要成因是台后路面破损,积水渗透到台腔,台腔填料遇水膨胀进而对桥台台身造成挤压,并在薄弱处开裂并外移。

图4.3.30　0号台侧墙斜竖向开裂且错位　　　　图4.3.31　1号台斜向开裂

3. 加固措施

为恢复桥台承载能力,加固措施如下:

(1)对两岸桥台前墙及两侧侧墙外包U形30cm厚C30钢筋混凝土,并设对拉普通锚杆进行加固,见图4.3.32。

(2)拆除原桥台段桥面铺装层、搭板及防撞护栏,再重做支撑于桥台前、侧墙上的整体式钢筋混凝土盖板,盖板下设150mm厚C15素混凝土垫层,并重新施作防撞护栏。

(3)凿除0号台台帽端部及挡块,并重新浇筑C40钢筋混凝土恢复其原状,见图4.3.33。

工程实例4-5:钢筋混凝土框架配合对拉普通锚杆加固桥台、重新施作整体式桥台盖板

1. 桥梁概况

枫树下桥(图4.3.34)位于乐安县金竹乡宋水线,建成于1988年。桥梁全长53.0m,实测桥面净宽为:净—6.05m(行车道)+2×0.5m(安全带)。上部结构为1×16m实腹式砌石板拱,下部结构为扩大基础配U形桥台加桥台后座。原设计荷载等级为汽车—15级、挂车—80。

2. 加固前状况

2009年9月,乐安岸桥台后座下游侧侧墙局部坍塌,坍塌范围高约5m、宽约7m,见图4.3.35和图4.3.36,并导致台座上桥面混凝土板局部悬空。为此,有关单位对桥梁进行了全面检测,得到总体技术状况评分$D_r=38.6$,评估枫树下中桥目前技术状况为四类桥梁(差的状态),需进行大修或改造,并及时进行交通管制。经过详细检测,发现桥梁下部结构还存在以下病害:

(1)主拱圈顺桥向裂缝延伸至乐安岸桥台前墙,裂缝宽度为1cm;

(2)乐安岸U形桥台下游侧侧墙局部外移;

(3)金竹乡岸桥台上、下游侧砌石挡墙均有垮塌现象,且下游侧砌石挡墙顶部与桥台侧墙间已经脱开;

(4)局部桥台侧墙勾缝砂浆脱落。

3. 加固措施

该桥地处山区,是当地村民往来县城的唯一通道,不可完全中断交通、封闭施工。架设便桥、便道的成本太高,当地财政状况不允许。在这样的条件下,用浆砌片石修复已坍塌侧墙后,采用钢筋混凝土框架配合对拉锚杆加固成了唯一选择。

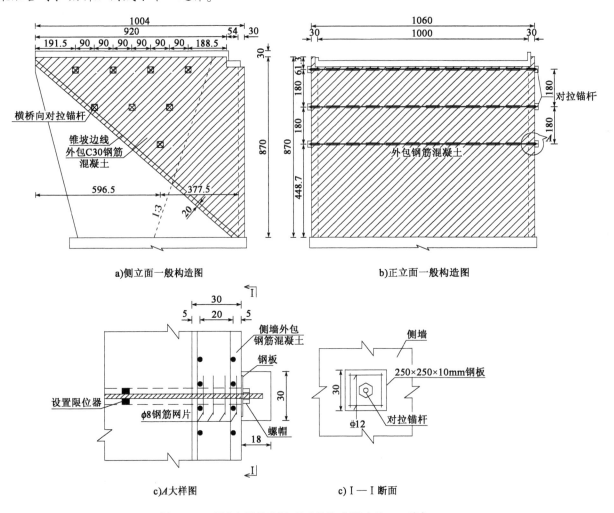

图 4.3.32 桥台加固构造图(尺寸单位:钢筋直径 mm;其余 cm)

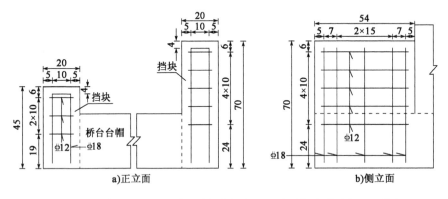

图 4.3.33 凿除并重新施作 0 号台挡墙钢筋构造图(尺寸单位:钢筋直径 mm;其余 cm)

桥台加固措施如下:

(1)用浆砌片石重新砌筑已倒塌的乐安岸桥台后座下游侧侧墙。

(2)在两岸桥台侧墙间逐个水平钻孔并逐个穿设 PVC 管后,设置对拉普通钢筋锚杆并压浆,再按设计尺寸在桥台侧墙表面设置钢筋混凝土网格,最后安装钢板并旋紧螺帽、浇筑混凝土封端。钢筋混凝土框架配对拉锚杆一般构造图及钢筋构造图分别见图 4.3.37、图 4.3.38,对拉锚杆构造图与万年桥类似,本例不再绘出。

图 4.3.34　枫树下桥立面全景

图 4.3.35　乐安岸桥台下游侧侧墙局部坍塌(1)　　　图 4.3.36　乐安岸桥台下游侧侧墙局部坍塌(2)

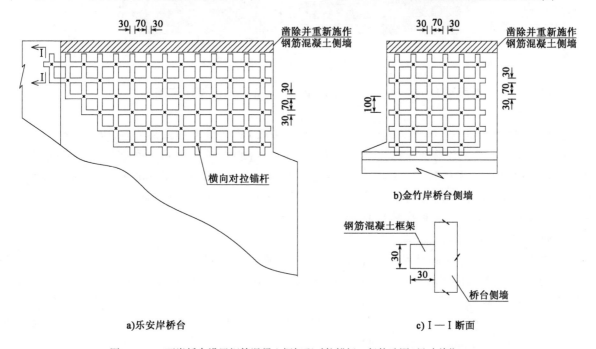

图 4.3.37　两岸桥台设置钢筋混凝土框架配对拉锚杆一般构造图(尺寸单位:cm)

（3）桥台前墙裂缝采用灌浆法修复后,在裂缝两侧锚固骑缝钢筋,控制裂缝宽度继续扩展,并对主拱圈进行加固。

（4）凿除并重做支撑在桥台侧墙上的整体式钢筋混凝土盖板。

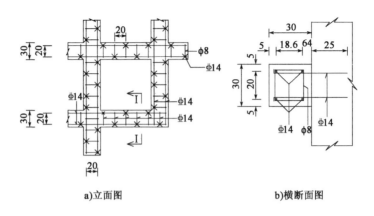

a)立面图　　　　　　b)横断面图

图 4.3.38　钢筋混凝土框架钢筋构造图(尺寸单位:钢筋直径 mm;其余 cm)

加固施工完成后的桥台见图 4.3.39。

图 4.3.39　加固施工完成后的桥台侧墙

工程实例 4-6:两岸桥台侧墙外包 L 形钢筋混凝土、重新施作整体式盖板

1. 桥梁概况

查家大桥(图 4.3.40)位于国道 G206 线(烟台—丰顺)景德镇市浮梁县境内,跨越景德镇西河。大桥建成于 1995 年,原设计荷载等级为汽车—20 级、挂车—100。实测查家大桥全长 119.52m,桥面现状净宽为净—12.2m(行车道)+2×1.75m(人行道),行车方向与河流方向成 60°交角,桥面纵坡为 1.4%。大桥上部结构为 5 孔标准跨径约为 20.0m 的钢筋混凝土简支 T 形梁(横桥向共设置了 9 片 T 形梁);下部结构为盖梁接柱式桥墩配桩基础和 U 形桥台配扩大基础。

2. 加固前状况

2012 年对大桥进行检测时发现两岸桥台存在以下病害:

(1)0 号桥台上游侧侧墙存在上宽下窄的竖向裂缝(宽度为 5~10mm),见图 4.3.41,台帽存在竖向裂缝且延伸至前墙(宽度为 0.3~5.0mm);

(2)5 号桥台前墙存在竖、横向裂缝(裂缝宽度为 3.0~5.0mm),并伴有渗水现象,上游侧侧墙存在横向裂缝(宽度为 2.0mm),见图 4.3.42;

(3)两岸桥台台后路面均局部下陷、碎裂。

上述病害主要成因是台后路面破损,桥面积水渗透到台腔,台腔填料遇水膨胀进而对桥台前、侧墙造成挤压,台身承受了过大的拉应力而开裂。

图 4.3.40 查家大桥立面全景　　　4.3.41 安徽岸(0号)桥台病害示意图

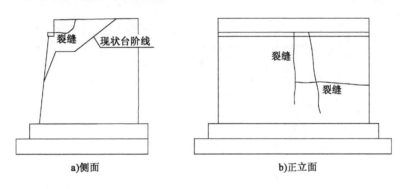

a)侧面　　　b)正立面

图 4.3.42　景德镇岸(5号)桥台病害示意图

3. 加固措施

为恢复两岸桥台承载能力，采取如下加固措施：

(1)对0号桥台前墙及上游侧侧墙外包 L 形钢筋混凝土加固，见图 4.3.43；

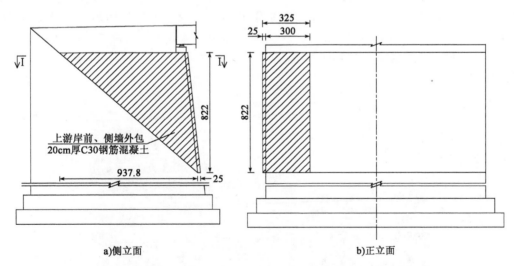

a)侧立面　　　b)正立面

图 4.3.43　0号台前墙外包钢筋混凝土一般构造图(尺寸单位：cm)

(2)对5号桥台前墙外包钢筋混凝土加固，见图 4.3.44；

(3)拆除原桥台搭板并重新施作钢筋混凝土整体式盖板，盖板下设10cm 厚 C15 素混凝土垫层；

(4)凿除0号桥台台帽以上开裂的那部分侧墙，后用混凝土恢复原有尺寸并在新、老混凝土结合面植入钢筋，见图 4.3.45。

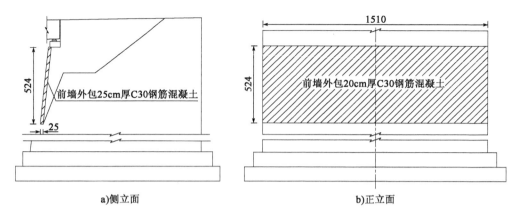

图 4.3.44　5 号台前、侧墙外包 L 形钢筋混凝土一般构造图(尺寸单位:cm)

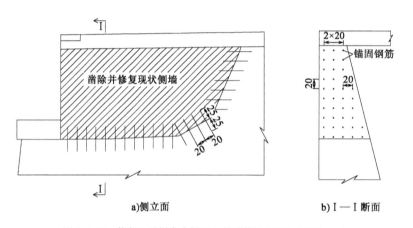

图 4.3.45　修复 0 号桥台台帽以上侧墙构造图(尺寸单位:cm)

工程实例 4-7:台帽压碎修复、凿除并重新施作背墙、U 形桥台台身设扁担梁加固

1. 桥梁概况

澄江大桥(图 4.3.46)位于赣州市寻乌县境内国道 G206 线上,建成于 1999 年。大桥全长 85.4m,现状桥面净宽为净—9m(行车道) +2×1.5m(人行道),原设计荷载等级为汽车—20 级、挂车—100。大桥上部结构为 1×60m 钢筋混凝土刚架拱;桥台为重力式 U 形桥台(基础形式不详),前墙为混凝土圬工、侧墙为浆砌圬工。

图 4.3.46　澄江大桥立面全景

2. 加固前状况

2015 年初,桥梁管养单位对大桥进行例行巡检时发现车辆通过时上部结构横向摆动,且寻乌岸上

弦杆支点处桥面下沉了约50mm。后对大桥进行全面检测,评定澄江大桥当前总体技术状况等级为四类,应进行大修。

检测时发现大桥桥台病害情况如下:

(1)寻乌岸桥台(1号桥台)处上弦杆支点处支座被挤出,上弦杆直接压在台帽上,台帽碎裂导致弦杆下沉50mm,见图4.3.47。

(2)澄江岸桥台(0号桥台)侧墙与前侧相交处附近斜竖向开裂,并有水泥浆修补过的痕迹,见图4.3.48。

图4.3.47 弦杆下台帽被压碎

图4.3.48 桥台侧墙斜竖向开裂

(3)寻乌岸桥台(1号桥台)侧墙开裂。

(4)两岸桥台台后路面均下陷并开裂。台后路面破损致路面积水下渗至填料、填土压力增大,是导致桥台台身开裂的主要原因。

3.加固措施

因大桥位处国道,过往重车很多,加固设计荷载等级定为公路—Ⅰ级。下部结构加固措施如下:

(1)经过对台帽进行局部承载计算发现,支座下方局部承压承载力不满足现行规范荷载等级使用要求,故凿除并重新施作各上弦杆下局部台帽,并更换支座,见图4.3.49。

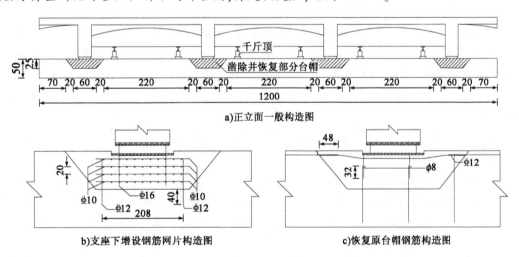

图4.3.49 桥台台帽修复构造图(尺寸单位:钢筋直径mm;其余cm)

(2)由于上部结构为刚架拱片,在修复台帽期间不可能顶升上部结构,故采取凿除背墙、挖除部分台后填土的方式获得工作面,见图4.3.50。施工时凿除老桥面并挖除部分台腔填料(顶宽2.5m、深度1.5m、底部宽1m),并凿除行车道9m范围原桥台背墙。待修复好弦杆后,重建钢筋混凝土背墙,再用透水性良好的砂砾回填台腔。

(3) 对台身产生裂缝的两岸桥台台身三周设置5道500mm高、300mm厚的钢筋混凝土扁担梁。

(4) 凿除并重新施作两岸桥台台后搭板及枕梁。

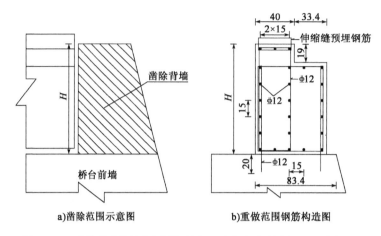

图4.3.50 凿除并重做桥台台帽构造图(尺寸单位:钢筋直径mm;其余cm)

4. 施工顺序

实施上弦杆支点附近加固施工顺序如下:

凿除原台后路面→挖除部分台背填料形成施工空间后,凿除原桥台背墙混凝土→修复弦杆端头混凝土→凿除并重新施作40cm厚端横隔板→待修复弦杆混凝土和端横隔板混凝土达到100%设计强度后顶升弦杆(仅需使弦杆上抬1~2mm,能够取出现有橡胶支座即可)→使用枕木或钢梁等临时支撑端横隔板,并释放、取出千斤顶→凿除上弦杆下方部分台帽混凝土及钢筋→设置支座下间接钢筋,并修复原台帽钢筋(含横向钢筋和箍筋)、设置支座上、下钢板→浇筑台帽混凝土→待台帽混凝土达到100%设计强度后安装四氟滑板橡胶支座并设置千斤顶→移除端横隔板下临时支撑→卸载千斤顶→浇筑钢筋混凝土背墙→回填部分挖出的台腔填料→设置桥台搭板→施工水泥混凝土路面。施工时严格控制支座顶面高程,确保施工后弦杆高程与修复前基本一致,切勿出现支座高低不平的现象。

工程实例4-8:静力压浆加固台腔填料、桥台台身三周外包钢筋混凝土

1. 桥梁概况

宝峰Ⅱ桥(图4.3.51)位于省道S309线靖安县境内,建成于2002年,全长约58.84m,桥面净宽为净—9m(行车道)+2×1.5m(人行道),原设计荷载等级为汽车—20级、挂车—100。上部结构为2×20m预应力混凝土空心板,下部结构桥墩为双柱式墩身配扩大基础,桥台为钢筋混凝土U形桥台配扩大基础。

2. 加固前状况

2015年因桥台严重开裂,桥梁管养单位委托有关单位检查桥台病害,并出具维修加固施工图设计。经检查,发现两岸桥台病害情况如下:

(1) 靖安岸桥台范围内路面局部下陷且积水(图4.3.52),上、下游侧墙均竖向开裂,裂缝多呈上宽下窄趋势,上游侧侧墙裂缝宽度自下而上为6~30mm,下游侧侧墙裂缝宽度自下而上为5~20mm(图4.3.53、图4.3.54);上游侧侧墙伴有10~20mm的外鼓现象,且上、下游侧墙裂缝附近均存在不同程度的渗水结晶现象。

(2) 宝峰岸桥台上、下游侧墙均竖向开裂,裂缝宽度为1~2mm,局部伴随渗水结晶现象(图4.3.55、图4.3.56)。

(3) 1号桥墩除局部受渗水侵蚀外,未见明显影响结构安全的病害。

分析造成以上现象的主要原因是台后路面曾经破损(现路面为改造后的沥青路面),且台腔填料欠佳、压实度不足,以致台后路面局部脱空并致开裂,桥面积水由路面裂缝渗入台腔内,继而台腔填料遇水膨胀致使土压力增大,最终导致侧墙开裂,严重处甚至发生两侧墙体外鼓。

图4.3.51 宝峰Ⅱ桥立面全景

图4.3.52 靖安岸桥台范围路面局部下陷

图4.3.53 靖安岸桥台上游侧竖向开裂

图4.3.54 靖安岸桥台下游侧竖向开裂

图4.3.55 宝峰岸桥台上游侧竖向开裂

图4.3.56 宝峰岸桥台下游侧竖向开裂

3. 加固措施

(1) 对两岸桥台台帽及台帽以上侧墙外包40cm厚C30钢筋混凝土;对两岸桥台前墙及台帽以下部分侧墙三周外包25cm厚C30钢筋混凝土。外包混凝土内均设双层钢筋网。

(2) 由于宝峰Ⅱ桥于前一年重新翻修了桥面铺装,为尽量保留原桥面、降低造价,采用静力压浆法对台腔填料进行固化加固,见图4.3.57。

(3) 静力压浆施工时在台后路面上留下了孔洞,故铣刨并重铺5cm厚沥青混凝土磨耗层。

4. 施工要点

台腔填料注浆加固半幅通车、半幅施工,应做好施工现场通车的交通管制。施工要点如下。

(1) 注浆施工工序:钻机就位→钻孔→插管→注浆作业→冲洗等五道工序。

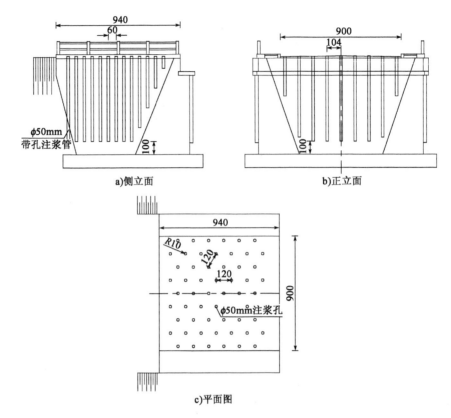

图 4.3.57 桥台台腔静力压浆构造图(尺寸单位:cm)

(2)操作要点:

①施工前应在单侧桥台做 1~2 个试验孔,以确定最合适的孔距和注浆压力。

②垂直施工,钻孔的倾斜度小于 0.3%,插管和注浆时,要防止喷嘴被堵。

③注浆时,要做好压力、流量和喷浆量的量测工作,浆液流量一般为 7~10L/min。

④注意钻杆的旋转和提升的连续性,拆卸钻杆继续使用时,要注意保持钻杆有 0.1m 的搭接长度。

⑤当钻至设计深度时,必须通过钻杆注入封闭泥浆,直至孔口溢出水泥浆方可提杆。

⑥施工时,应记录单位时间内钻机钻进长度,当钻至原桥台侧墙与前墙混凝土时,应停止施钻,并做好记录。

⑦水泥浆的水灰比要按现场实验值确定,注浆时要防止水泥浆沉底,严禁使用潮湿或过期的水泥。

⑧施工完毕后,立即拔出注浆管,清洗干净注浆设备。

⑨注浆时应对桥台外表面及各注浆孔进行观测,发现有浆液溢出时及时分析原因,判断注浆饱和程度。

工程实例 4-9:压力注浆锚杆配钢纤维混凝土面板加固 U 形桥台前墙[14]

清连一级公路跨省道 114 线某分离式立交桥,桥长 32m,桥宽 24.5m,上部结构为 16m 预应力混凝土空心板,桥台为浆砌片石 U 形台,于 1997 年建成通车。该桥在一次检查时发现,桥台前墙于台帽以下斜向开裂(裂缝最宽处达 10mm),并且前墙向外倾斜达 30mm。桥台台帽背墙已顶到空心板,桥面伸缩缝已失去作用。产生上述病害的原因:

(1)浆砌片石砌筑质量差;

(2)在长期超载车辆的反复作用下,台后土压力增大;

(3)桥台路面严重开裂,雨水经裂缝渗入填料中无法排出,导致土压力增大;

(4)台后路面开裂下沉,造成桥台处车辆跳车,对台帽冲击较大。

为解除上述病害,最终的加固措施为图 4.3.58 所示的钢花管锚杆配钢筋混凝土面板加固。

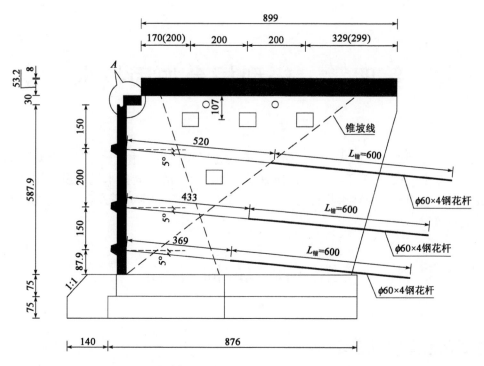

图 4.3.58　桥台加固示意图(尺寸单位:钢花杆 mm;其余 cm)

具体施工方法如下。

(1)锚杆:采用注浆效果较好的 $\phi60\times4mm$ 钢花管压力注浆锚杆。通过内部稳定分析确定锚杆长度,由于动荷载的作用,并考虑安全储备,经计算,本桥台加固采用钢花管锚杆长 $L=10\sim11m$,横向间距 2m,锚杆露出浆砌片石前墙 15cm。

(2)面板:采用厚度为 20cm,设 2 层间距为 $10cm\times10cm$ 的 $\phi10$ 钢筋网,喷 C20 钢纤维混凝土。

(3)锚杆注浆:采用 32.5(R)早强型普通硅酸盐水泥,水灰比为 1:1(100kg 水中,水是 80kg,另加 20kg LT 活性丙烯酸酯)的双液浆,以增加浆液固结体的黏结力和弹性,并增强对动荷载的抵抗能力。

(4)注浆工艺:先进行洗壁注浆,封堵孔口后再正式注浆。钢花管锚杆采用间歇注浆工艺,要求孔口稳定压力为 $1.0\sim1.5MPa$。要求双液浆钢花管表面与浆液结石体黏结力达到 2.0MPa(单液浆为 1.5MPa),一般是无侧限压强的 10%~20%。

(5)施工要点:

①打钢花管锚杆并注浆;

②挂第一层钢筋网,距原墙面 5cm 处与钢花管锚杆焊接牢固;

③分两次,每次 5cm,共喷 10cm 厚钢纤维混凝土;

④挂第二层钢筋网,与钢花管锚杆焊固,分两次喷 10cm 厚钢纤维混凝土,抹平整修。

第四章 轻型桥台加固技术

常见轻型桥台包括独立前墙式、柱式、肋板式和薄壁轻型桥台。由于轻型桥台台帽与桥墩盖梁的构造及受力特性均基本一致,本节不再赘述各种适用于桥台台帽的加固技术机理及适用范围。台帽加固技术仅在成果推广应用实例中列举具有典型意义的实例。本节主要对柱式台、肋板式台和薄壁轻型桥台加固技术进行研究。

第一节 加固方案

一、柱式台台身加固方案

前面已经提到,柱式台台身因受到土侧压力作用会产生与柱式墩不同的病害。因台后填土及挡墙的存在,柱式台台身的加固技术与桥墩亦有不同。比如,柱式墩身常用的粘贴增强纤维复合材料布法和增大截面法的加固技术,不便用于柱式台身,可以采用的加固方法如下[15]:

1. 支撑梁加固法

对于跨径比较小的不通航桥梁,可以采用设置钢筋混凝土支撑梁的加固方法。支撑梁一般设在承台位置,但需注意支撑梁应平均分布,配筋也需重新验算。如果支撑梁集中设置,受力太集中,反而会破坏承台自身。加固方案见图4.4.1。

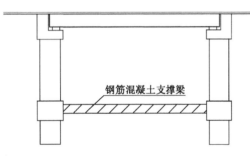

图4.4.1 支撑梁加固柱式台示意图

2. 改为锚碇式桥台

对位于城镇区域、有通航要求,不能占用桥孔空间的桥梁,可以尝试将柱式台改为锚碇式桥台,加固方案见图4.4.2。锚碇板式桥台有分离式和结合式两种形式。分离式是台身与锚碇板、挡土结构分开,台身主要承受上部结构传来的竖向力和水平力,锚碇板设施承受土压力。结合式的锚碇板结构与台身结合在一起,台身兼作立柱和挡土板。

3. 扩孔加固

有条件的地方可以采用扩孔的方式进行加固,增设小跨径桥孔,即增加桥长,直接减小台后填土高度,从而减小土压力。同时对新增桥台台后采用新型回填材料,如泡沫混凝土等。

二、肋板式台身加固方案

肋板式桥台被埋置在溜坡填土中,可观察到病害的部分只有外露在溜坡顶面的很小一段。有时为了扩建桥梁,需挖除溜坡填土,这时可以观察到肋板身是否存在病害。经检查存在病害的部分,可采取提高受压构件承载力的常用加固方法——增大截面法和环向粘贴增强纤维复合材料布法。

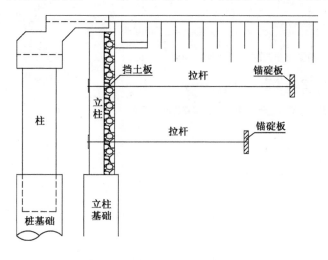

图4.4.2 改造为锚碇式桥台加固示意图

1. 增大截面技术加固肋式台台身

肋式台台身作为承受偏心压力的构件,可以采用增大截面技术加固。但需考虑开挖填土所需的措施费用及基坑支护设计。增大截面将使基础承受荷载增大,需对其进行计算。

2. 增强纤维复合材料布加固肋式台台身

文献[16]针对碳纤维复合材料布对不同桥台的加固效果进行研究,将其中3座用CFRP全包加固,并在顶部架设简易钢梁,以便以沙袋方式进行堆载,直到荷载设计值的30%作为预载值进行加载,其后进行轴-偏压试验,并用Midas-Civil建立三维有限元模型进行计算分析。研究结果表明CFRP能有效提高桥台的承载力和稳定性。

三、薄壁轻型桥台加固方案

1. 钢筋混凝土框架配注浆锚杆加固薄壁轻型桥台[17]

此法是采用注浆锚杆的方式加固桥台,同时在前墙设置钢筋混凝土框架,以达到加固补强的目的,见图4.4.3。其加固机理是通过在桥台前墙打入锚杆并注入水泥浆,锚杆对台身形成多个约束,以减小桥台在荷载作用下台身截面所产生的内力;同时在前墙采用横竖交叉的钢筋混凝土框架,以现浇钢筋混凝土梁的方式在台身表面加固补强,从而达到增强整个台身的刚度和承载能力的目的。

文献[17]中的工程实例在施工时采用$\phi 50 \times 3.2$mm无缝钢管制成的钢花管注浆锚杆,钢花管沿其轴向每10cm开一对$\phi 4$mm出浆孔,梅花状布置,钢花管底部50cm长度内的10个出浆孔为$\phi 6$mm;钢花管沿其长度方向每隔1m焊上对中支架;注浆浆液采用水灰比为1:1的42.5号普通硅酸盐水泥浆,注浆最大瞬间压力不超过0.5MPa,为确保注浆的密实性和结构的安全性,施工时反复间歇注浆;一根锚杆压浆施工结束后,再施工下一根锚杆,不得同时施工。待所有锚杆施工完成后,绑扎格子梁内的钢筋,浇筑混凝土,为保证混凝土振捣的密实性,可采用自密实混凝土浇筑。

2. 体外预应力加固薄壁轻型桥台[18]

体外预应力加固薄壁轻型桥台是以桥台前墙两侧边附近为锚固端,对前墙设置横向预应力。具体详见工程实例4-12。

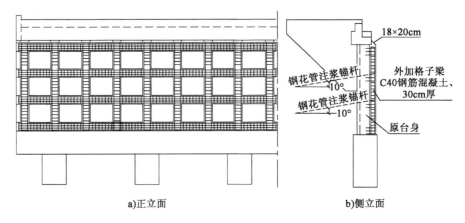

a)正立面　　b)侧立面

图 4.4.3　钢筋混凝土框架配注浆锚杆加固示意图

第二节　工 程 实 例

工程实例 4-10：增大截面法加固肋板式桥台[19]

1. 桥梁概况及病害情况

乌尔特沟大桥位于内蒙古乌海市乌达区解放南路，全长103m，建成于20世纪70年代。该桥上部结构为8×13m钢筋混凝土空心板，下部结构为双柱式墩身接盖梁、肋板式桥台。2003年秋，为拓宽该桥，开挖东侧桥台溜坡后发现两侧肋板均有裂缝，北侧肋板破坏比较严重，有两道主裂缝，裂缝宽度均在4mm左右，肋板已达极限状态，如图4.4.4所示；南侧肋板出现5道裂缝，其中上部一道裂缝宽而长，下部4道裂缝间距均在30cm左右，均匀有序，宽度2mm左右。

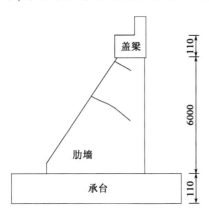

图 4.4.4　东侧桥台北侧肋板裂缝示意图(尺寸单位：cm)

根据桥梁具体破坏情况及特点，分析造成桥台台身破坏的主要原因：首先，桥面伸缩缝多年没有清理，已被煤渣、砂土等填满，当温度改变时，空心板及桥面铺装层受到的温度膨胀力对桥梁两端盖梁产生很大的水平推力。其次，汽车加速、减速时会在水平方向对盖梁产生较大的力。另外，空心板与盖梁间所铺垫麻丝、软木等柔性材料作为支座，由于长期压磨破坏已经失去作用。水平力传到桥台肋板，使得桥台台背的土压力对肋板产生的作用无法与肋板受到的水平力作用相平衡，使肋板出现较大的弯矩和剪力。

肋板混凝土开裂，极大地削弱了肋板的抗弯、抗剪能力；斜向混凝土裂缝破坏了肋板整体性，使断面有效面积减小。

2. 加固措施

根据乌尔特沟大桥桥台破坏原因的分析及工程实际情况，采用加大截面法对肋墙进行加固补强。即在原肋墙外包裹钢筋混凝土，依靠新增钢筋及混凝土承担部分弯矩、剪力和压力，恢复乃至提高其强度，达到加固目的。桥台肋板加固构造如图4.4.5所示。

工程实例 4-11：缩跨法加固柱式桥台

1. 桥梁概况

殊家源桥(图4.4.6)位于国道G320线抚州市东乡区境内，桥梁斜交角为10°。桥梁行车道部分于2008年建成，其上部结构为2×10m预应力混凝土空心板，下部结构为扩大基础配实体式墩身接盖梁，扩大基础配双柱式台身接盖梁。2009年在桥梁上、下游侧各设置一片标准跨径为20m的预应力混凝土空心板用作人行道；该部分下部结构为扩大基础配薄壁轻型桥台。现实测桥梁全长23.74m，桥面净宽为净—9.3m(行车道)+2×1.25m(人行道),设计荷载等级为汽车—20级、挂车—100。

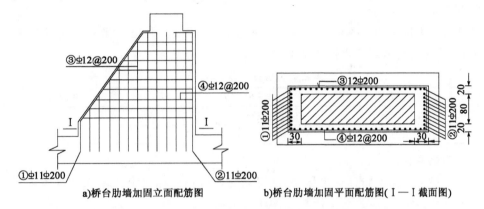

a)桥台肋墙加固立面配筋图　　b)桥台肋墙加固平面配筋图(Ⅰ—Ⅰ截面图)

图4.4.5　桥台肋板加固构造图(尺寸单位:钢筋直径及间距mm;其余cm)

图4.4.6　殊家源桥立面全景

2.加固前状况

2013年为满足国道通行要求,需将桥梁提载至现行规范"公路—Ⅰ级"。进行提载设计前对全桥进行现状检测,评定桥梁总体技术状况综合评分$D_r=59.41$,为四类桥梁,需进行中修。

加固前、后对桥台盖梁均进行了计算。

(1)计算原则及特点

①计算时取用原设计荷载等级,即汽车—20级、挂车—100,以及现行《公路工程技术标准》(JTG B01—2013)设计荷载等级"公路—Ⅰ级"作为验算荷载来计算内力及应力等。

②现场实测结构材料参数标准高于设计值,偏安全地取用设计值进行设计。

③依据原设计图,行车道部分桥墩、台基础均为扩大基础。现场检测并未发现桥梁下部结构发生因地基状态不良产生的结构性病害,且河床设置了浆砌片石铺砌,今后受地基冲刷的可能性很小。因此本次计算假定下部结构今后不会产生沉降。

④考虑到2009年对桥梁进行加宽设计时,并未对桥台盖梁、台柱采取加固措施,因此本次检测对行车道范围桥台盖梁、台柱也进行结构计算。

⑤桥墩、台盖梁计算有限元模型如图4.4.7所示。

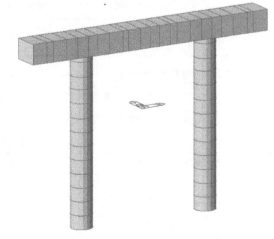

图4.4.7　桥墩、台盖梁计算有限元模型图

（2）承载能力验算相关系数取用

①承载能力检算系数 Z_1 的确定。

根据桥梁现场检查情况确定各检算构件评定标度 D_j，并依据各检测指标权重计算承载能力检算系数评定标度 D，最终确定承载能力检算系数 Z_1。计算过程详见表4.4.1。

承载能力检算系数 Z_1 计算表　　　　　　　　　　　　　　　　　　　表4.4.1

评定部件	检测指标名称	检测指标评定标度 D_j	权重 α_j	评定标度 D	Z_1
桥台盖梁	缺损状况	3（中等缺损）	0.57	2.14	1.09
	混凝土强度	1（良好状态）	0.43		

②承载能力恶化系数 ξ_e。

依据检测结果确定各检测指标评定标度 E_j，并依据各检测指标权重计算承载能力恶化状况评定标度 E，最终确定承载能力恶化系数 ξ_e。计算过程详见表4.4.2。

承载能力恶化系数 ξ_e 计算表　　　　　　　　　　　　　　　　　　　表4.4.2

评定部件	检测指标名称	检测指标评定标度 E_j	权重 α_j	评定标度 E	ξ_e
桥台盖梁	缺损状况	3（中等缺损）	0.32	1.64	0.013
	钢筋锈蚀电位	1（良好状态）	0.11		
	混凝土电阻率	1（良好状态）	0.05		
	混凝土碳化深度	1（良好状态）	0.20		
	钢筋保护层厚度	1（良好状态）	0.12		
	混凝土中氯离子含量	1（良好状态）	0.15		
	混凝土强度推定值	1（良好状态）	0.05		

注：环境条件为干湿交替、不冻、无侵蚀性介质。

③截面折减系数 ξ_c。

依据检测结果确定各检测指标评定标度 R_j，并依据各检测指标权重计算截面损伤综合评定标度 R，最终确定截面折减系数 ξ_c。计算过程详见表4.4.3。

截面折减系数 ξ_c 计算表　　　　　　　　　　　　　　　　　　　表4.4.3

评定部件	检测指标名称	检测指标评定标度 R_j	权重 α_j	评定标度 R	ξ_c
桥台盖梁	材料风化	1（微风化）	0.10	1	1
	混凝土碳化深度	1（良好状态）	0.35		
	物理与化学损伤	1（良好的状态）	0.55		

④钢筋截面折减系数 ξ_e。

依据各部件检测得到的锈蚀情况，确定钢筋截面折减系数 ξ_e，详见表4.4.4。

钢筋截面折减系数 ξ_e 计算表　　　　　　　　　　　　　　　　　　　表4.4.4

评 定 部 件	评 定 标 度	ξ_e
桥台盖梁	1	1

⑤活载影响修正系数 ξ_q。

依据实际调查的典型代表交通量、大吨位车辆混入率的轴载分布情况，按 $\xi_q = \sqrt[3]{\xi_{q1}\xi_{q2}\xi_{q3}}$ 确定活载影响修正系数 ξ_q。计算过程详见表4.4.5。

活载影响修正系数 ξ_q 计算表　　　　　　　　　　　　　　　　　　　表4.4.5

分项修正系数名称	调查情况	分项修正系数取值	活载影响修正系数 ξ_q
典型代表交通量影响修正系数 ξ_{q1}	$\dfrac{Q_m}{Q_d}=1.3$	1.050	1.091
大吨位车辆混入影响修正系数 ξ_{q2}	$\alpha=0.4$	1.075	
轴载分布影响修正系数 ξ_{q3}	$\beta=15\%$	1.150	

综上所述,殊家源公路桥各检算部件承载能力检算安全系数 Z_1、承载能力恶化系数 ξ_e、配筋混凝土结构的截面折减系数 ξ_c、钢筋的截面折减系数 ξ_s 及活载影响修正系数 ξ_q 的取值如表4.4.6所示。

检算系数 Z_1、ξ_e、ξ_c、ξ_s 及 ξ_q 取值一览表　　表4.4.6

部件类别	承载能力检算安全系数 Z_1	承载能力恶化系数 ξ_e	截面折减系数 ξ_c	钢筋截面折减系数 ξ_s	活载影响修正系数 ξ_q
桥台盖梁	1.09	0.013	1	1	1.091

(3)结构验算及分析

桥梁控制截面极限状态承载能力验算荷载具体组合如表4.4.7所示。

结构验算荷载组合一览表　　表4.4.7

组 合 类 型	说　　明
组合一	1.2(结构自重)
组合二	1.2(结构自重)+1.4(汽车—20级)
组合三	1.2(结构自重)+1.1(挂车—100)
组合四	1.2(结构自重)+1.4(人群—3.5kN/m²)
组合五	1.0(结构自重)
组合六	1.0(结构自重)+1.0(汽车—20级)
组合七	1.0(结构自重)+1.0(人群—3.5kN/m²)
组合八	1.2(结构自重)+1.4(公路—Ⅰ级)
组合九	1.0(结构自重)+0.7(公路—Ⅰ级)
组合十	1.0(结构自重)+0.4(公路—Ⅰ级)
组合十一	1.0(结构自重)+0.7(人群—3.0kN/m²)
组合十二	1.0(结构自重)+0.4(人群—3.0kN/m²)

选取最不利组合下控制截面进行验算,表4.4.8为桥台盖梁在最不利荷载组合下内力最大值及相应的承载能力。

桥台盖梁内力验算结果一览表　　表4.4.8

荷载组合	内力名称	验算位置	内　力	承载能力	是否满足规范要求
85规范	弯矩(kN·m)	跨中	353.8	1111.4	是
		支点	760.1	547.4	否
	剪力(kN)	支点	786.0	1119.3	是
04规范	弯矩(kN·m)	跨中	420.1	1111.4	是
		支点	899.5	547.4	否
	剪力(kN)	支点	916.3	1324.5	是

按照原设计荷载计算得到支点截面裂缝宽度为0.356mm,按加固设计荷载计算得到支点截面计算裂缝宽度为0.409mm。

可见,桥台盖梁在原设计荷载等级汽车—20级、挂车—100的作用下,支点控制截面不满足《公预规》(JTJ 023—85)的承载能力极限状态及正常使用极限状态的要求,跨中截面满足上述要求;在《公路工程技术标准》(JTG B01—2013)荷载等级"公路—Ⅰ级"的作用下,支点控制截面不满足《公路钢筋混凝土及预应力混凝土桥涵设计规范》(JTG D62—2004)的承载能力极限状态及正常使用极限状态的要求,跨中截面满足上述要求。

台柱截面验算结果如表4.4.9所示。

台柱截面验算结果一览表 表4.4.9

计算构件		台柱	
采用规范		85规范	04规范
竖向力(kN)	荷载效应	1549.1	1811.3
	承载能力	6610.7	6558.2
弯矩(kN·m)	荷载效应	43.0	57.0
	承载能力	207.9	222.2

可知,桥台台柱满足85规范及04规范的承载能力极限状态及正常使用极限状态的要求。

3. 加固措施

为使桥台盖梁的承载能力满足使用要求,对两岸桥台台帽与台柱相接处增设钢筋混凝土,使两者之间形成1m×1m的倒角(图4.4.8),以减小桥台盖梁因车辆荷载产生的那部分内力。加固前需拆除部分溜坡、挖除部分台后填土,并留好工作面。

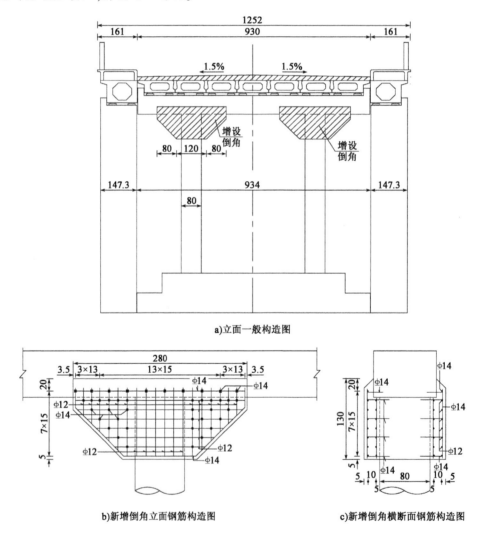

图4.4.8 桥台增设钢筋混凝土倒角构造图(尺寸单位:钢筋直径mm;其余cm)

4. 加固后计算

加固后桥台盖梁在最不利荷载组合下的内力最大值及相应的承载力。

由表4.4.10中可见:加固后的桥台盖梁在荷载等级"公路—Ⅰ级"作用下,各控制截面内力均满足

《公路钢筋混凝土及预应力混凝土桥涵设计规范》(JTG D62—2004)要求。

桥台盖梁加固后结构内力验算结果一览表　　表4.4.10

荷载组合	支点弯矩内力(kN·m)	支点弯矩承载力(kN·m)	支点剪力内力(kN)	支点剪力承载力(kN)	跨中弯矩内力(kN·m)	跨中弯矩承载力(kN·m)
组合二	943.2	1097.3	999.8	1381.7	753.6	1111.4

注:表中弯矩承载力及剪力承载力均按《公路钢筋混凝土及预应力混凝土桥涵设计规范》(JTG D62—2004)相关规定计算。

增设钢筋混凝土倒角增大了桥台台柱的内力,故对台柱进行了承载能力极限状态验算,结果如表4.4.11所示。

台柱截面验算结果一览表　　表4.4.11

计算构件		台柱
竖向力(kN)	荷载效应	1936.5
	承载能力	5501.0
弯矩(kN·m)	荷载效应	159.7
	承载能力	460.8

可见,加固桥台盖梁后桥台台柱满足《公路钢筋混凝土及预应力混凝土桥涵设计规范》(JTG D62—2004)要求。

工程实例4-12:体外预应力加固薄壁轻型桥台[18]

1. 桥梁概况及病害情况

某高速公路沿线12座桥梁的薄壁桥台均出现了较为严重的台身竖向裂缝和斜向裂缝。其中较为典型的是K85+695通道桥和K86+668通道桥。两通道桥设计荷载等级均为汽车—超20级、挂车—100,均分为左、右两幅。两座桥梁的桥台形式均为薄壁式桥台配桩基础,高度为4~6m。

分析薄壁桥台出现病害的原因有:①桩基础不均匀沉降使薄壁桥台竖、斜向开裂;②交通量过大,超重车辆比例上升,在车辆反复作用下,台后高填土不断受挤压,土压力对薄壁桥台水平作用效应增加,使桥台横向受弯开裂;③桥台锥坡塌陷、翼墙和桥台搭板脱空也是桥台开裂的重要原因;④混凝土收缩易使薄壁桥台竖、斜向开裂;⑤桥梁拓宽施工对桥台挠动等不利影响使桥台竖、斜向开裂。

2. 加固措施

加固时,对各座桥台的竖向裂缝和斜向裂缝均先采用注浆法进行裂缝封闭处理,再对台身上、下1m范围内均单端张拉$\phi^R 4$消除预应力钢丝,然后在表面喷涂3cm厚Ⅰ级聚合物砂浆,如图4.4.9所示。锚固板与桥台前墙间通过M12化学锚栓连接。

3. 施工要点

预应力钢丝的张拉控制方案如下:施工现场安装好薄壁桥台两端的锚固装置后,设定基准钢丝,根据基准钢丝的张拉控制应力(350.42MPa)与现场测量出的实际引伸量的关系,精确定出钢丝的无应力下料长度,采用无应力状态法控制施工。原则上要求钢丝的无应力下料长度误差控制在±3mm,严格控制负偏差,必要时采用垫片进行调整。

(1)确定初拟张拉力:

对薄壁桥台体外预应力张拉的控制原则:薄壁桥台另一侧的薄弱面混凝土出现的拉应力不超过C25混凝土的抗拉强度标准值,但由于其位于台后填土侧,张拉前混凝土是否开裂尚不知晓,故在桥台张拉面上、下侧各张拉10根消除预应力钢丝,张拉应力以满足主动加固要求,且薄壁桥台薄弱面混凝土不出现大的拉应力为宜。

①在1m高度范围内,布置10根张拉控制应力为1470MPa、截面面积为12.57mm²的消除预应力钢

丝,初拟每束张拉力为 4kN,每束钢丝在不计预应力损失时张拉控制应力为:$\sigma = \dfrac{4 \times 10^3}{12.57} = 318.22$ (MPa),根据受弯构件最不利应力公式算得混凝土薄弱面最不利应力为:

$$\sigma = \dfrac{M}{W} = \dfrac{N_{pe} \times e}{\dfrac{b \times h^2}{6}} = \dfrac{4 \times 10^3 \times 10 \times 0.4}{\dfrac{1 \times 0.4^2}{6}} = 0.6(\text{MPa})$$

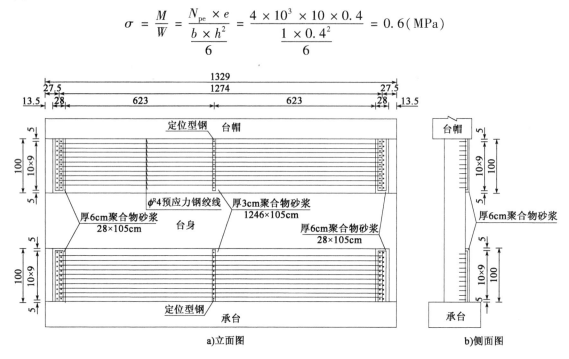

图 4.4.9 体外预应力加固法示意图(尺寸单位:cm)

②当在桥台全高度 3.5m 范围内上、下分别布设一组张拉面时,每组张拉面布置 10 根 $d=4$mm 的消除预应力钢丝,初拟每束张拉力为 4kN,根据受弯构件最不利应力公式算得混凝土薄弱面最不利应力为:

$$\sigma = \dfrac{M}{W} = \dfrac{N_{pe} \times e}{\dfrac{b \times h^2}{6}} = \dfrac{4 \times 10^3 \times 20 \times 0.4}{\dfrac{3.5 \times 0.4^2}{6}} = 0.34(\text{MPa})$$

由上两组数据可知,薄壁桥台受拉侧应力在 0.3~0.6MPa 之间,拉应力在允许范围内。不计预应力损失的情况,每束钢丝控制力为 4kN。

(2)预应力损失计算:

①锚具变形引起的预应力损失:

$$\sigma_{l2} = \dfrac{\sum \Delta l}{l} E_p = \dfrac{2 \times 1}{12740} \times 2.05 \times 10^5 = 32.2(\text{MPa})$$

②预应力钢丝为低松弛钢丝,预应力钢丝松弛引起的预应力损失:

$$\sigma_{l5} = \psi \cdot \zeta \left(0.52 \dfrac{\sigma_{pe}}{f_{pk}} - 0.26\right)\sigma_{pe} = 1.0 \times 0.3 \left(0.52 \times \dfrac{318.22}{1470} - 0.26\right) \times 318.22 \le 0,\text{按 0 计;}$$

预应力损失总和 $\sigma_l = \sigma_{l1} = 32.2$MPa

最终控制应力 $\sigma_{con} = \sigma_{pe} + \sigma_{l1} = 318.22 + 32.2 = 350.42(\text{MPa})$

最终张拉控制力 $N = \sigma_{con} \times A = 350.42 \times 12.57 = 4.405(\text{kN})$

根据《公路桥涵施工技术规范》(JTG/T F50—2011),计算得到张拉控制伸长量:

$$\Delta l = \dfrac{N \times l}{E \times A} = \dfrac{4.405 \times 10^3 \times 12740}{2.05 \times 10^5 \times 12.57} = 21.78(\text{mm})$$

根据初拟张拉力及预应力损失的计算结果,每束钢丝的下料长度为 12718.22mm,采取张拉力及伸长量双向控制原则,张拉控制力为 4.405kN,张拉控制伸长量为 21.78mm。

本篇参考文献

[1] 范立础,魏红一,陈忠延.桥梁工程[M].北京:人民交通出版社,1987.
[2] 廖朝华,刘红明,胡志坚.公路桥梁设计手册——墩台与基础[M].二版.北京:人民交通出版社,2013.
[3] 江祖铭,王崇礼,黄文机.公路桥梁设计手册——墩台与基础[M].北京:人民交通出版社,2000.
[4] 胡昌斌,张涛,孙晓亮.斜交U型桥台台身破裂病害机理分析与加固设计[J].福州大学学报(自然科学版),2007,35(10).
[5] 郭义飞.台后挡墙引起的桩柱式桥台病害分析及处治研究[J].公路交通科技(应用技术版),2010(10).
[6] 叶鹏飞,俞博.高填土超载作用下桥墩裂缝成因分析及处治[J].江西公路科技,2016(4).
[7] 谌润水,周锦中.双曲拱桥加固改造成套技术[M].北京:人民交通出版社,2009.
[8] 武建,朱纬,朱雨林.预应力锚杆在桥台加固中的应用[J].湖南交通科技,2007,33(4).
[9] 王波.高速公路桥背沉降控制的后注浆法应用研究[D].成都:成都理工大学,2009.
[10] 中华人民共和国行业标准.公路路基施工技术规范:JTG F10—2006[S].北京:人民交通出版社,2006.
[11] 中华人民共和国行业标准.公路桥涵施工技术规范:JTG/T F50—2011[S].北京:人民交通出版社,2011.
[12] 中华人民共和国行业标准.泡沫混凝土应用技术规程:JGJ/T 341—2014[S].北京:中国建筑工业出版社,2014.
[13] 中华人民共和国地方标准.公路工程泡沫混凝土应用技术规范:DB33/T 996—2015[S].浙江:浙江省质量技术监督局发布.
[14] 张俭.U形桥台典型病害分析与维修加固[J].公路,2009(10).
[15] 郭义飞.台后挡墙引起的桩柱式桥台病害分析及处治研究[J].公路交通科技(应用技术版),2009(10).
[16] 赵香玲,张小强,魏强.CFRP加固不同肋板式桥台轴-偏压性能研究[J].高科技纤维与应用,2016,41(3).
[17] 姚明."格子梁"法加固薄壁轻型桥台[J].江西建材,2015(2).
[18] 徐海峰.薄壁桥台体外预应力加固的施工技术研究[J].交通建设与管理,2015(8).
[19] 王嵘,邓锐.乌尔特沟大桥肋式桥台加固改造措施[J].内蒙古公路与运输,2008(1).

第五篇

地基与基础加固成套技术

- 基础主要构造形式
- 基础常见病害及原因分析
- 增大截面加固基础技术
- 增设桩基加固基础技术
- 注浆配合袋装干拌混合料加固基础技术
- 微型钢管桩加固基础技术
- 水下玻璃纤维套筒加固技术
- 注浆法加固地基

第一章　基础主要构造形式

桥梁基础的作用是承受其上所有构件传来的全部荷载,并把全桥所有荷载传递给地基。按构造和施工方法不同,常见桥梁基础类型可分为:明挖扩大基础、桩基础、沉井基础和组合基础。

第一节　明挖扩大基础

明挖扩大基础按照受力特性的不同,分为刚性扩大基础和柔性扩大基础,见图5.1.1[1]。两者区别在于基础悬出部分根部,即 a-a 断面处的基础圬工是否具有足够的截面,使材料的容许应力大于由地基反力产生的弯拉应力和剪应力。若 a-a 断面处截面不需配置钢筋也能满足应力要求,则为刚性扩大基础;反之,为柔性扩大基础。

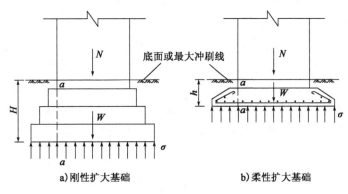

图5.1.1　明挖扩大基础构造图

一、刚性扩大基础

刚性扩大基础的特点是稳定性好、施工简便、能承受较大的荷载,所以只要地基强度能满足要求,它是桥梁和涵洞等构造物首先考虑的基础形式。它的主要缺点是自重大,并且当持力层为软弱土时,由于扩大基础面积有一定限制,需要对地基进行处理和加固后才能采用,否则会因所受的荷载应力超过地基强度,影响构造物的正常使用。对于荷载大或上部结构对沉降差较敏感的构造物,当持力层的土质较差又较厚时,刚性扩大基础作为浅基础是不适宜的。[1]

二、柔性扩大基础[1]

柔性扩大基础整体性好,抗弯刚度大,在外力作用下只产生均匀沉降或整体倾斜,这样对上部结构产生的附加应力较小,基本上可消除由于地基不均匀沉降引起结构物损坏的影响,适宜在土质较差的地基上修筑构造物。在城市立交桥、高架桥及高等级公路上修筑小桥涵也可以考虑采用。

公路桥梁常见柔性扩大基础包括柱下钢筋混凝土单独基础和钢筋混凝土条形基础。

柱下钢筋混凝土单独基础按竖剖面形状可分为角锥形及阶梯形两种(图5.1.2),按施工方法可分为现浇柱基础及预制柱基础两种。

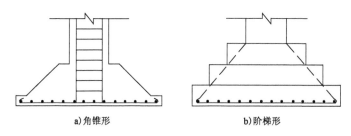

图 5.1.2　钢筋混凝土单独基础

钢筋混凝土条形基础是指基础长度远大于其宽度的一种基础形式。按其上结构分为墙下条形基础和柱下条形基础。有时为了增强桥下基础的承载力,将同一排若干个柱子的基础联合起来,就成为柱下条形基础,也可以在柱位处做成加肋腋的形式,见图 5.1.3。

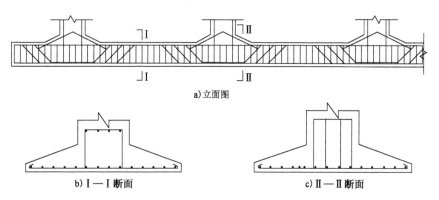

图 5.1.3　加肋腋的柱下条形基础

如果地基土很软,基础在宽度方向需进一步扩大面积,同时又要求基础具有空间刚度来调整不均匀沉降时,可在柱下纵、横两个方向均设置条形基础,这便成为十字形基础。

第二节　桩　基　础

一、桩基础分类

(1) 按承载性状的不同,桩基础可分为端承桩和摩擦桩,见图 5.1.4。

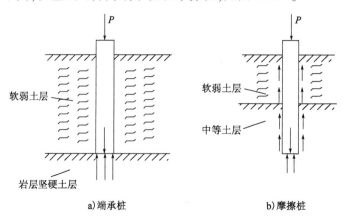

图 5.1.4　端承桩和摩擦桩

(2)按成桩方法的不同,可分为非挤土桩、部分挤土桩和挤土桩三类。
①非挤土桩。其分为干作业法钻(挖)孔灌注桩、泥浆护壁法钻孔灌注桩、套管护壁法钻孔灌注桩。
②部分挤土桩。其分为冲孔灌注桩、挤孔灌注桩、预钻孔沉桩、敞口预应力混凝土管桩等。
③挤土桩。其分为沉桩(锤击、静压、振动沉入)、预制桩及闭口预应力混凝土管桩等。
(3)按截面形式的不同,分为圆形、环形、方形、六角形等;钢桩的截面形式有圆形、H形等,见图5.1.5。

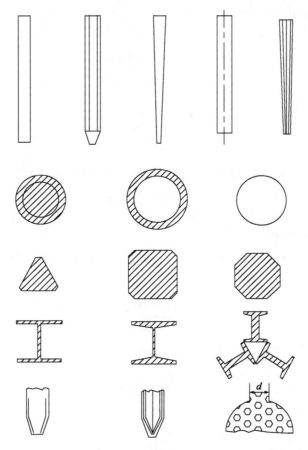

图5.1.5 桩的横截面形式

(4)按承台位置的不同,桩基础可分为高桩承台基础和低桩承台基础,如图5.1.6所示。

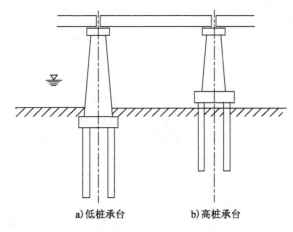

图5.1.6 高桩承台和低桩承台

(5)按建筑材料不同,可分为钢筋混凝土桩、钢桩和木桩。
(6)按桩轴方向分为竖直桩、单向斜桩和多向斜桩等,如图5.1.7所示。

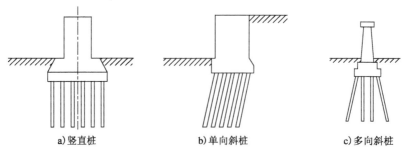

a) 竖直桩　　　　b) 单向斜桩　　　　c) 多向斜桩

图 5.1.7　竖直桩和斜桩

二、桩基础构造[1]

1. 就地钻孔灌注桩

钻孔桩设计直径不宜小于 0.8m；挖孔桩直径或最小边宽度不宜小于 1.2m。

桩身混凝土强度等级不应低于 C25，管柱填芯混凝土强度等级不应低于 C15。桩内钢筋应按照桩身内力大小分段配置，一般钻孔灌注桩的配筋率为 2%～6%。当按内力计算桩身不需配筋时，应在桩顶 3～5m 范围内设置构造钢筋。

钻（挖）孔桩若按计算需嵌入岩层时，嵌入有效深度应按下列公式计算确定，且不宜小于 0.5m。

（1）圆柱形桩的嵌岩最小深度：

$$h = \sqrt{\frac{M_H}{0.0655\beta f_{tk} d}} \quad (5.1.1)$$

（2）矩形桩的嵌岩最小深度：

$$h = \sqrt{\frac{M_H}{0.0833\beta f_{tk} d}} \quad (5.1.2)$$

式中：h——桩嵌入基岩中（不计强风化层和全风化层）的有效深度（m），但不得小于 0.5m；

M_H——在基岩顶面处的弯矩（kN·m）；

f_{tk}——岩石饱和单轴抗压强度标准值（kPa），黏土质岩取天然湿度单轴抗压强度标准值；

β——系数，$\beta=0.5～1.0$，根据岩层侧面构造而定，节理发育时取小值，节理不发育时取大值；

d——桩身直径（m）；

b——垂直于弯矩作用平面桩的边长（m）。

河床岩层有冲刷时，钻孔桩有效深度应考虑岩层最低冲刷高程。

2. 钢筋混凝土预制桩

（1）沉桩

沉桩（打入桩和振动下沉桩）采用预制的钢筋混凝土桩（RC 桩）。常用的有实心圆桩和方桩，也有用空心管桩或管柱（用于管柱基础）。其桩身混凝土强度等级不低于 C25。桩身配筋应按制造、运输、施工和使用各阶段的内力要求进行验算确定。

方桩的配筋：主筋直径一般用 19～25mm；箍筋直径为 6～8mm，其间距为 10～20cm，在两端处用 5～15mm；桩顶处承受直接锤击，应设钢筋网加固。

圆形管桩一般由工厂预制，分普通钢筋混凝土管桩或 PC 管桩两种，直径为 40～55cm；管壁厚 8.0cm；混凝土强度等级为 C25～C40。每节管桩两端装有法兰盘，以供接长。

（2）管柱

管柱基础是主要用于桥梁的一种深基础，见图 5.1.8。

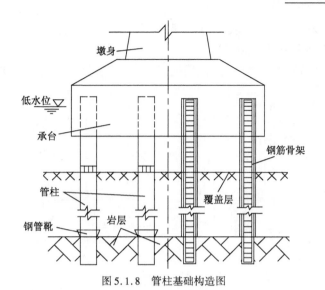

图 5.1.8 管柱基础构造图

管柱外形类似管桩,其区别在于:管柱一般直径较大,可采用 0.4~0.8mm,管壁最小厚度不应小于 80mm;管柱最下端一节制成开口状,在一般情况下,靠专门设备强迫振动或扭动,并辅以管内排土下沉,如落于基岩,可以通过凿岩使锚固于岩盘。而管桩直径一般较小,桩尖制成闭合端,常用打桩机具打入土中,一般较难通过硬层或障碍,更不能锚固于基岩。大型管柱的外形又类似于圆形沉井,但沉井主要是靠自重下沉,其壁较厚,而管柱是靠外力强迫下沉,其壁较薄。管柱(大直径薄壁钢筋混凝土圆管)由工厂分节预制,常用管柱直径为 1.50~5.80m,壁厚为 10~14cm,管壁混凝土强度等级为 C25。管柱入土深度 >25m 时,一般采用预应力混凝土管柱。接头用法兰盘螺栓拼接,分节长度应根据施工条件决定,并应尽量减少接头数量。

(3)预应力高强度混凝土桩

预应力高强度混凝土桩(PHC 桩)一般采用离心法制造,在混凝土中添加了高性能减水剂,使混凝土强度达 80MPa,比 PC 桩的弹性区域大。

(4)合成桩

合成桩(SC 桩)是在钢管内灌注混凝土,然后用离心机制成的桩。钢管一般用碳素钢管,混凝土同 PHC 桩。它是压缩强度高的混凝土与拉伸强度高的钢管的集合体,因而有较高的压缩屈服强度和弯曲屈服强度。混凝土中添加膨胀剂的无筋型高强度混凝土用于地震区的工程更为有效。

第三节 沉井基础

它是以沉井作为基础结构,将其上荷载传至地基的一种深基础。沉井是一种四周有壁、下部无底、上部无盖、侧壁下部有刃脚的筒形结构物,通常用钢筋混凝土制成,如图 5.1.9 所示[2]。它通过从井孔内挖土,借助自身重量克服井壁摩阻力下沉至设计高程,再经混凝土封底并填塞井孔,便可成为桥梁墩台的整体式深基础。沉井基础的特点是埋深大、整体性强、稳定性好,能承受较大的竖向作用和水平作用,沉井井壁既是基础的一部分,又是施工时的挡土和挡水结构物,施工工艺也不复杂。因此这种结构形式在桥梁基础上得到广泛使用。

1. 按沉井形状分类

(1)按其截面轮廓分,有单孔或多孔的圆形、矩形和圆端形三类,见图 5.1.10。

①圆形沉井形状对称,周长最小,摩阻力相应减小,便于下沉且下沉不宜倾斜,但与墩、台截面形状适应性差;

②矩形沉井,惯性矩及核心半径均较大,对基底受力有利,与墩、台截面形状适应性好,模板制作简单,但边角土不易挖除,下沉易产生倾斜;

③圆端形沉井,适用于圆端形的墩身,控制下沉与受力状态较矩形好,但施工较复杂。

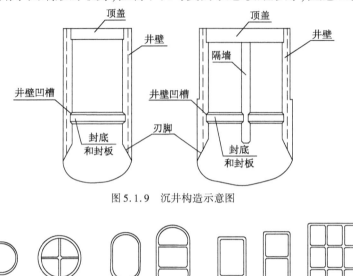

图 5.1.9　沉井构造示意图

a)圆形沉井　　b)圆端形沉井　　c)矩形沉井

图 5.1.10　沉井常见截面形式

(2)按沉井外壁立面形状分,有柱形、阶梯形和倒锥形,见图 5.1.11。

①柱形构造简单,挖土较均匀,井壁接长较简单,模板可重复使用;

②阶梯形和倒锥形的井壁与土的摩擦力较小,但施工较复杂,消耗模板多。

a)柱形沉井　　　　b)阶梯形沉井　　　　c)倒锥形沉井

图 5.1.11　沉井外壁断面形式

2. 按建筑材料分类

按建筑材料分,有竹沉井、砖(石)沉井、混凝土沉井、钢筋混凝土沉井和钢沉井等。桥梁沉井多采用混凝土、钢筋混凝土和钢沉井。

(1)混凝土沉井:混凝土沉井的特点是抗压强度高、抗拉强度低,因此这种沉井宜做成圆形,并适用于下沉深度不大(4~7m)的软土层中。

(2)钢筋混凝土沉井:这种沉井的抗拉及抗压强度均较高,下沉深度可以很大(达数十米以上),当下沉深度不大时,井壁上部用混凝土,下部刃脚用钢筋混凝土。钢筋混凝土沉井在桥梁工程中得到广泛运用,当沉井平面尺寸较大时,可做成薄壁结构,沉井外壁采用泥浆润滑套、壁后压气等施工辅助措施就地下沉或浮运下沉。此外,钢筋混凝土沉井井壁隔墙可分段预制、工地拼接,做成装配式。

(3)钢沉井:用钢材制造的沉井强度高、质量轻、易于拼装、宜做浮运沉井,但用钢量大,国内较少采用。

另外,当河床土质较松软,下沉并不困难,且基底应力及稳定性均许可时,可采用小沉井。小沉井井筒截面一般均为圆形,一个基础可布置两个以上的井筒,但不宜太多。井筒间的净距不宜小于井筒直径,平面布置要与墩台的轴线对称。这样,作用在其上的外力可认为由各井筒平均承受。其构造与一般沉井相同,如图 5.1.12 所示[2]。

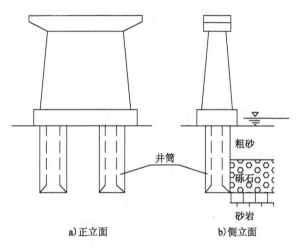

图 5.1.12　小沉井结构示意图

第四节　组合式基础[2]

当围水挖基、浇筑承台等有困难时,可采用图 5.1.13 所示组合式基础。沉井尺寸按承台尺寸拟定,沉到设计高程后,在沉井预留井孔内钻孔至桩底设计高程,然后灌注成桩。当沉井下沉过程中遇到倾斜度较大的岩层,或沉井范围内地基软硬不均时,也可在沉井内设桩加强。

组合式基础沉井部分的构造同一般沉井,只是增加了桩基础部分。沉井部分施工时起到围堰作用,钻孔时又起到灌注桩的护筒作用,使用时作为桩基的承台。组合式基础的构造尺寸要求如下:

(1)承台的高度 $h \geqslant 1.0d \sim 1.5d$(不小于图 5.1.13 沉井-桩组合式基础 100cm),平面尺寸按桩基础要求确定;

(2)桩的中心距 $a \geqslant 2.5d \sim 3d$;

(3)桩的直径 $d = 60 \sim 150$cm。

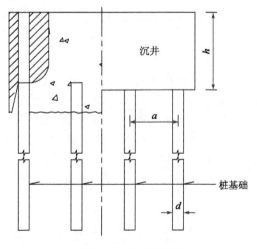

图 5.1.13　组合式基础

第二章　基础常见病害及原因分析

第一节　扩大基础常见病害及原因分析

刚性扩大基础一般设置在承载力较高的地基上。早年修建的桥梁也有通过插打松木桩挤密地基，使地基承载力满足要求后，再修建扩大基础的。扩大基础常见病害及成因如下：

(1) 因基底被局部淘空，产生不均匀沉降，引发竖向裂缝。

落在岩层上的扩大基础一般不会出现问题。但落在土层和经过松木桩挤密后的地基层上的刚性扩大基础，因采砂、河床变迁或常年自然冲刷等原因，基底被局部淘空后会产生不均匀沉陷，见图 5.2.1，而且多半是上游情况更严重。沉陷后的基础会产生自下向上的裂缝，或产生肉眼可见的倾斜，若不及时处置任其发展，桥梁会有坍塌的危险。如果桥梁采用的是实体式墩、台身，基础产生的裂缝会发展至墩、台身表面，见图 5.2.2。

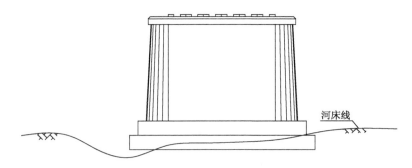

图 5.2.1　基础被局部淘空图示

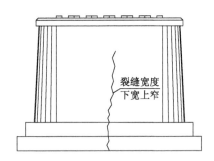

图 5.2.2　因基础不均匀沉陷开裂图示

(2) 超载导致地基沉陷，基础不均匀沉降。

也有因运营期桥梁负荷超过原设计荷载等级后，地基承载力不满足使用要求产生沉陷、基础不均匀沉降的病害。

(3) 因流水冲蚀，桥台基础上覆土，或台后填土压力过大，导致基础产生滑移。

受流水频繁冲蚀的影响，基础可能会产生滑移。而由于河床变迁等原因，桥台前墙侧的上覆土减少，其对桥台产生的抗滑力减小，在台后填土的作用下，桥台基础将会滑移。当台后填土过高或其含水量增加，会导致在软土地基中的桥台基础受到的主动土压力增大，超过了其抵抗能力，基础也将产生滑移和倾斜[3]。

(4) 基础外露后受到河水冲刷，易使混凝土基础产生粗料外露、圬工砌体基础砌缝脱落的病害。

第二节　桩基础常见病害及原因分析

桩基础由桩身和承台，或桩身和地系梁组成，以下分别对两者常见病害及原因进行分析。

1. 桩身常见病害及原因分析

(1) 桩身夹泥

成孔施工时,为防止孔壁坍塌需要采用泥浆护壁。在自下向上灌注混凝土的过程中,水泥浆向上返,与桩身顶部混凝土夹杂在一起,需要将桩头这部分混凝土凿除。而实际施工时有凿除不彻底的情况,见图5.2.3。在桥梁建成一段时间后,河床下切,这部分夹泥的混凝土露出河床顶面,在水流冲刷下强度较低的部分被水流冲空,桩基础竖向受力主筋外露(图5.2.4),严重危及桥梁及过往车辆、行人的安全。

图5.2.3 桩头未完全凿除

图5.2.4 桩头混凝土被冲空、钢筋外露

(2) 持力层桩身缩短

若因违法采砂或河道自然变迁,致桩基础处河床线低于设计冲刷线后,摩擦桩实际承载力有可能不满足使用要求。对持力层强度较高的端承桩,即便桩底承载力不存在问题,也有可能由弹性桩变为刚性桩,需重新复核桩身承载力是否满足要求。

对于河床下切超过设计预估的桩基础,桩身过多地裸露在外,桩基础在竖向荷载的作用下有发生失稳的可能。

(3) 桩身受水流冲刷情况严重

在水流湍急且夹杂有大量泥沙的河流中,桩基础经受水流常年冲刷,易出现桩身表面粗露料外露,甚至钢筋外露的现象,见图5.2.5。

(4) 桩身偏位

也有因施工时放样技术不佳或疏忽,实际桩位与设计值存在偏差(图5.2.5)或缩径(图5.2.6)。但为了能顺利安装上部结构已经预制好的梁段,仍按设计坐标浇筑柱身,柱与桩的中心线存在偏差,桩基础产生次生弯矩。

图5.2.5 桩基础钢筋外露

图5.2.6 桩基础缩径

(5)软土桩基可能发生的病害[3]

软土地基土体的流动性很强,土与桩基础间作用力较为复杂。当软土层产生塑性流动,必将遇到桩基础的阻碍,使桩基础本身承受与地基侧向位移同向的水平力。当侧向作用力达到一定值时,桩基础将发生挠曲。而当侧向与竖向作用力及附加弯矩作用合力达到桩基础的承载极限时,桩基础甚至有发生断裂的可能。

对桩基础施工与路基同步或提前的桥梁,病害往往在桥台填土施工完成不久后出现,或边填就边出现。杭甬高速公路试验路段桥梁附近的路基历时270d的观察发现,其水平位移值高达49.96cm,其中有一天的水平位移量近2cm。软基范围桩基础所受荷载如图5.2.7所示。

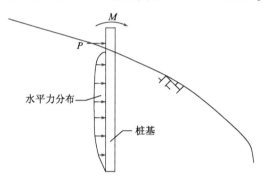

图5.2.7　桥台桩基础受力示意图

2.承台(地系梁)常见病害及原因分析

承台作为连接桩基础与墩身的构件,在《公路钢筋混凝土及预应力混凝土桥涵设计规范》(JTG D60—2004)颁布之前,标准没有专门对桩基础承台提出构造要求及计算规定,设计时对承台按扩大基础构造要求进行配筋。在使用一段时间后易出现竖向开裂等问题,见图5.2.8。

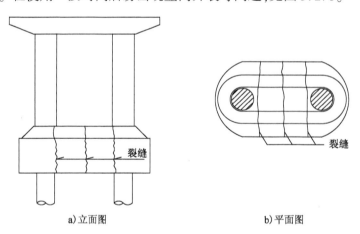

a)立面图　　　　b)平面图

图5.2.8　承台竖向开裂示意图

第三节　沉井基础常见病害及原因分析

沉井基础常见病害及原因:

(1)沉井基础常用于深水中,与桩基础一样,经水流常年冲刷作用,可能产生粗骨料外露,甚至钢筋外露的病害。

(2)预制拼装沉井基础由各节段拼接而成,早年建成的桥梁因施工机械、测量设备等因素的局限性,在土中拼接的部分有可能存在对接偏差。桥梁在建成多年后河床下切,原本在土中的拼接接头露出河床,偏差处的缺陷暴露在外,经若干年水流冲刷后产生局部空洞,见图5.2.9。

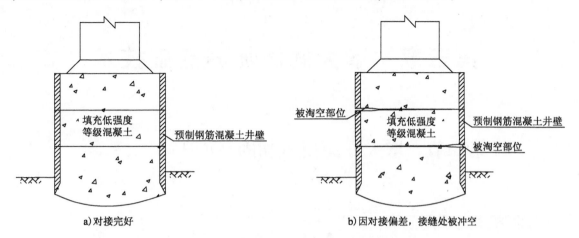

图5.2.9 因拼接偏差导致沉井基础病害示意图

(3)与扩大基础类似,沉井基础也有可能产生河床下切过于严重,以致基底局部淘空的病害。

第三章 增大截面加固基础技术

第一节 增大截面技术加固(防护)扩大基础

一、加固机理与适用范围

(1)用于提高基底承载力。

在基础周边通过外包钢筋混凝土的方式增大扩大基础截面(图5.3.1),可减小基底应力,适用于地基承载力不足,且待扩大截面下地基承载力符合设计要求的情况。对砌体圬工基础、素混凝土圬工基础及钢筋混凝土基础均适用。外包钢筋混凝土与原结构间通过植筋相连。

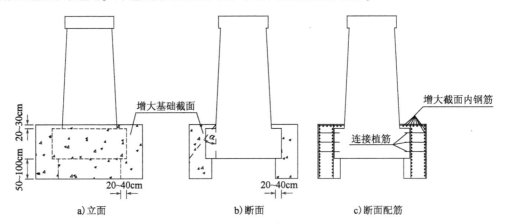

图5.3.1 扩大基础外包钢筋混凝土构造图

(2)用于防止基底被水流掏空。

水中扩大基础基底被淘空危及桥梁安全,可视实际情况在基础四周或局部外包素混凝土(图5.3.2),延长基底被淘空的时间。外包素混凝土与原结构间不必通过植筋相连。

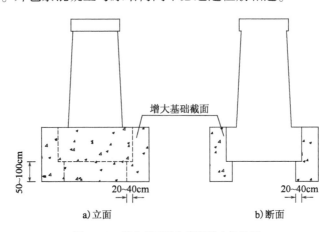

图5.3.2 扩大基础外包素混凝土构造图

(3)增大基础截面将压缩过水断面,原本过水不够的桥梁要谨慎选择该项技术。在山区的桥梁,大雨过后水流湍急,对原有扩大基础增大截面后,河床底面过水宽度愈发狭窄,水流比加固前更快,河床快速下切。这时要在少雨季节配合采用河床铺砌方案。不需河床铺砌的桥墩基础,亦应整平因施工开挖出的坑洞。

二、设计要点

(1)构造尺寸:

为预防河床在基础处局部下切导致基底淘空的情况发生,无论是为了增大基底承载力而外包的钢筋混凝土,还是为单纯为防止基底淘空外包的素混凝土,均应当使新增截面底面比原基础底面深50~100cm,且该部分宜嵌入基底20~40cm,见图5.3.1、图5.3.2。外包钢筋混凝土时,新增截面与原基础间通过植筋相连,且新、旧基础顶面宜设置钢筋混凝土,以防两者间因地基状况不完全相同而在连接处产生裂缝。

(2)刚性角要求:

为增大基底承载力外包钢筋混凝土时,要注意使加固后的扩大基础满足刚性角要求。基础的刚性角限值可按下列数值取用:对砖、片石、块石、粗料石砌体,当用M5以下砂浆砌筑时,$\alpha_{max} \leqslant 30°$;当用M7.5以上砂浆砌筑时,$\alpha_{max} \leqslant 35°$。混凝土浇筑时,公路桥梁$\alpha_{max} \leqslant 40°$;铁路桥梁$\alpha_{max} \leqslant 45°$。对原砌体圬工基础增大截面加固时,加固后基础按砌体圬工取刚性角限值。

(3)分块要求:

增大截面内如果有钢筋,且要求新、旧结构间植筋连接时,通常会选择干法施工。对水中基础需要围堰后抽水,抽水时作用在基础底面的浮力会消失,施工要密切注意基础是否发生沉降。增大截面内如果没有钢筋,可在围堰后适当抽水再浇筑水下混凝土。施工时为尽量避免因开挖基础四周河床时会扰动地基,导致桥墩、台侧倾或出现不均匀沉降,应当分块施工,即逐个开挖逐个浇筑。具体可参见工程实例5-1。

第二节 增大截面技术加固桩基础

一、加固机理与适用范围

增大截面技术加固桩基础是指在无水的状态下,对桩基础露出河床的部分外包钢筋混凝土以增大截面,达到提高外露桩身强度和刚度的目的。适用于桩基础表面严重冲刷部分的修复、外露桩身表面缺陷修复,也可用于桩头缺损处修复后的局部加强。

二、设计要点

增大截面技术修复桩基础表面冲刷严重部分时,仅需对缺陷处外包钢筋混凝土即可,内置单层构造钢筋网,外包混凝土厚度≥20cm,混凝土保护层符合规范要求。

外露桩身表面缺陷修复(含桩头缺损处局部修复)时,外包钢筋混凝土范围应当覆盖缺陷区最外边缘,并延伸至桩基础完好处50~100cm。配置新增那部分截面的钢筋时应当不计及原结构内钢筋的作用,按照受力要求经计算确定。

三、施工要点

与新建桥梁相比,对桩基础外包混凝土因桥梁结构已经存在于水中,施工驳船在河中行驶时障碍物较多,尤其注意不能碰撞、损伤原结构。搭设施工平台时要充分利用已有桥梁结构,这也是不同于新建桥梁的方面。本节主要就不同于新建桥梁施工的工艺流程和施工平台搭设进行阐述。

(1)施工工艺流程[4]

无水状态下对外露桩基础部分或全部增大截面施工工艺流程见图5.3.3。

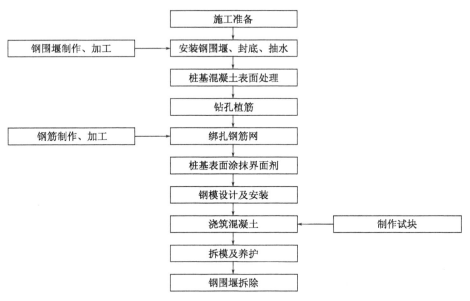

图5.3.3 桩基础增大截面施工流程图

(2)施工平台的搭设[4]

搭设施工平台要充分利用已有结构,以减少造价。一般桩基础直径较墩柱大,可利用桩、柱连接处的台阶作为支点设置抱箍式悬挑梁,再往下悬吊作业平台。

①设置悬挑梁。

水中墩处的施工平台采用钢板制作成弧形箍板,用工字钢梁与箍板进行焊接,每根钢梁上下端各焊接一个限位块,且与侧板形成45°夹角,与箍板焊接,箍板与钢梁连接阴角处焊接1cm厚钢板作为牛腿支撑。每块箍板两侧采用钢板对侧板与箍板进行焊接,侧板与箍板两侧连接处焊接10mm厚加劲板。每块侧板上进行钻孔,并采用高强度螺栓将两块箍板与立柱箍紧。箍板悬臂安装完后,设置四根钢梁斜支撑以保证安全可靠及承载力,如图5.3.4所示。

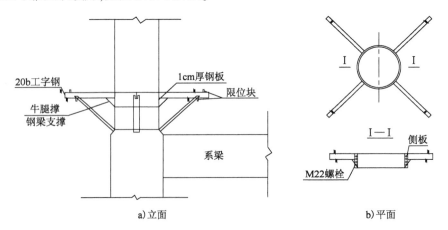

图5.3.4 箍板悬臂梁结构示意图

②设置活动工作平台。

在安装好的箍板悬臂梁上安装手拉葫芦,租用驳船先搭建好作业平台,运输至该部位后利用葫芦吊挂脚手架,从而形成一个活动的水上作业平台,见图5.3.5。

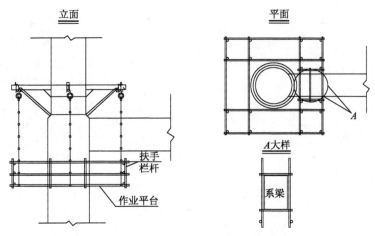

图5.3.5 吊挂作业平台结构示意图

第三节　预制混凝土管片加固桩基础[5]

一、加固机理与适用范围

预制混凝土管片快速拼装加固水下桩基础是利用建筑工业化的思想，将工厂化制作的高耐久性预制混凝土管片围绕待加固结构表面进行拼装，作为临时模板和结构附加增强层，然后在拼装体与待加固结构之间的空隙内设置钢筋网片或高强钢丝等增强材料，并灌压填充材料，以确保各部件共同参与受力的一种加固技术。在管片拼装的过程中采用高强钢丝绳或钢绞线等对管片进行环向预紧，提高管片拼装的密实性、整体性及环向约束效果，进一步提升加固性能。

预制混凝土管片作为结构附加增强层，可以起到良好的耐久性及抗冲刷加固效果，能够大大改善待加固结构的承载能力和变形能力。

二、施工要点与质量保证措施

1. 施工工艺流程

预制混凝土管片快速拼装加固水下桥墩技术施工工艺流程：施工准备→水下桩基础表面处理→设置增强材料（钢筋网片或高强钢丝）→拼装预制混凝土管片→浇筑水下不分散材料→拆除临时设施。具体如图5.3.6所示。

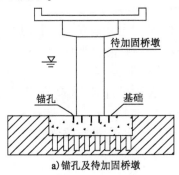

a) 锚孔及待加固桥墩

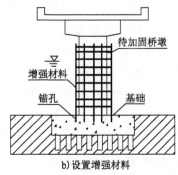

b) 设置增强材料

图 5.3.6

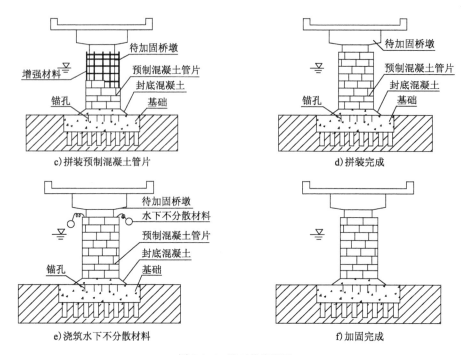

图 5.3.6 施工艺流程图

2. 桩基础表面处理

对水下桩基础进行表面处理时,应派潜水员用钢丝刷清理表面剥落、疏松、蜂窝、腐蚀等劣化混凝土及附着的其他杂物,对原结构光滑的表面作凿毛处理,必要时应在接触面上植入抗剪连接筋。并对河床表面进行平整处理。

3. 设置增强材料

按照加固目标的要求,设置相应的增强材料,如抗弯加强筋、抗剪加强筋等。增强材料可以是钢筋、钢丝网、FRP筋或网格等。其中,抗弯加固应在承台或基础顶部设置纵筋锚孔,抗剪加固的增强材料应做成封闭式。

4. 拼装预制混凝土管片

拼装预制混凝土管片的作用主要体现在:一是,灌浆时作为模板,加固结束后作为结构附加增强层;二是,凭借其外部预紧钢丝绳的约束效果,提高被加固构件的力学及变形性能;三是,以其可靠的质量保障水下桥墩具有良好的抗冲刷等耐久性能。在其制作与拼装过程中应注意以下几点:

(1)采用高精度的管片模具,确保预制混凝土管片制作的精度。

(2)应选用密实性能较好的混凝土,在浇筑及养护过程中,管片外表面不允许有裂缝及蜂窝等缺陷。

(3)加强管片纵、横向连接节点的设计,节点强度应大于管片本身强度。

(4)安装时纵向采用错缝拼装的方法,用竖向定位杆进行临时固定和定位;在拼装底部第一节管片时,其定位质量的好坏对后续管片的拼装以及加固质量都有较大影响,需要严格控制;为防止后续灌浆过程出现漏浆的现象,在管片拼装过程中应注意对接缝处的密封处理。

(5)采用预应力技术进行环向预紧;预紧力的大小及间距应合理设计,以提高管片环向的闭合性及整体性为目标。

(6)管片纵向宜设置贯通的穿筋孔,拼装完成后通过施加预应力提高纵向整体性。

5. 浇筑水下不分散材料

水下不分散材料可以是砂浆、混凝土或环氧树脂等,考虑到在浇筑过程中作用于预制混凝土管片上的侧压力及底部有可能出现翻涌,应至少分两批浇筑。第一批主要是对底部进行封底处理及对管片进行固定;后续批次视侧压力大小情况浇筑至结束。

作为现场湿作业部分,水下不分散材料的浇筑质量直接影响到加固效果的好坏,因此需要严格把关:

(1)水下不分散材料的强度应比待加固结构强度高,同时具有良好的抗分散性及流动性。

(2)视底部翻涌及侧胀力验算结果,决定分批浇筑次数及每批次浇筑高度,至少应分两批,第一批主要是对底部进行封底处理及对管片进行定位固定。

(3)应采用导管自底向上连续浇筑,宜采用高压灌浆技术。

(4)浇筑过程中应尽量减少外部扰动,不能进行振捣。

第四节　工程实例

工程实例 5-1:现浇混凝土防护扩大基础

1. 桥梁概况

仁首大桥(图5.3.7)位于宜春市靖安县仁首镇,建成于20世纪70年代。实测桥梁全长134.45m,原设计荷载等级为汽车—15级、挂车—80,桥面净宽为净—6m(行车道)+2×0.85m(人行道)。大桥上部结构为4孔净跨径约为27.9m的空腹式钢筋混凝土肋拱,下部结构为扩大基础配重力式墩身,及U形桥台。

图5.3.7　仁首大桥立面全景

2. 加固前状况

2009年8月对大桥进行现状检测时,评定结构技术状况评分D_r=58.56分,技术状况等级为四类,应进行中修及大修。由大桥管理部门提供的桥梁经常性检查记录表中表明,大桥扩大基础均存在基底被局部淘空的现象。

3. 加固措施

为对桥墩基础进行防护,对大桥各桥墩基础四周现浇C25水下素混凝土,见图5.3.8。

工程实例 5-2:河床铺砌配合桥墩基础四周现浇混凝土加固

1. 桥梁概况

增田大桥(图5.3.9)地处乐安县增田镇,位于丰城至洛口公路,建成于1976年,实测全长125.836m。桥梁上部结构为7孔净跨径约15m的空腹式悬链线双曲拱,下部结构为扩大基础配实体墩身和U形桥台。大桥原设计荷载等级为汽车—13级、拖车—60;桥面净宽为净—6.9m(行车道)+2×0.4m(人行道)。

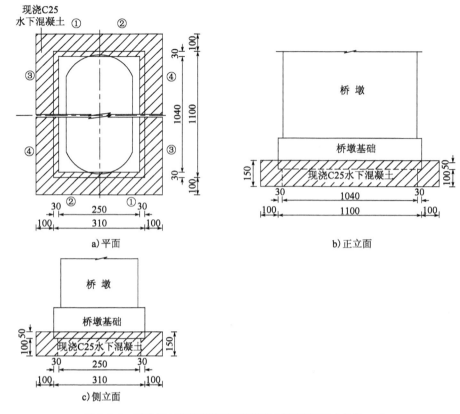

图 5.3.8 桥墩扩大基础四周现浇素混凝土构造图(尺寸单位:cm)

图 5.3.9 增田大桥立面全景

2. 加固前状况

由于长期的水流侵蚀,加上大桥附近采砂活动频繁,造成大桥的 1 号、3 号、4 号墩基础外露,上述桥墩基础已先后两次采用外包素混凝土的方式处理基底被掏空的问题。2009 年对大桥进行全面检测时,发现主河道在第 1 跨和第 4 跨(图 5.3.10),且 3 号墩招携岸上游侧基础底部再次被水流淘空(图 5.3.11、图 5.3.12),严重危及大桥安全。

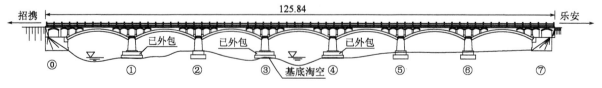

图 5.3.10 大桥现状立面图(尺寸单位:m)

图5.3.11 3号墩基础正立面

图5.3.12 3号墩基础角部被掏空

3.加固措施

鉴于已两次对基础四周现浇混凝土仍未解决基础底面被掏空的问题,本次加固除了对已掏空的3号墩基础底部浇筑C25水下混凝土予以加固(图5.3.13)之外,还对第一跨及第四跨附近约30m范围的河床采用砂砾进行整平,再在其表面铺砌厚度不小于30cm的浆砌片石来加固河床。河床铺砌延伸至现有桥墩基础上、下游侧边线以外各5~8m(横桥向)处,并在河床铺砌上、下游侧均设置浆砌片石端墙。第四跨河床铺砌详见图5.3.14。

河床铺砌加固工艺流程:上游截流→开挖基坑→砌筑上游侧挡墙→填砂砾→整平→河床铺砌→砌筑下游侧挡墙→开放河道。

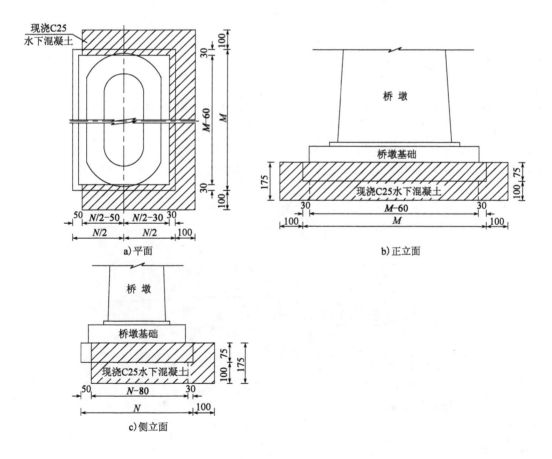

图5.3.13 3号墩基础四周现混凝土构造图(尺寸单位:cm)

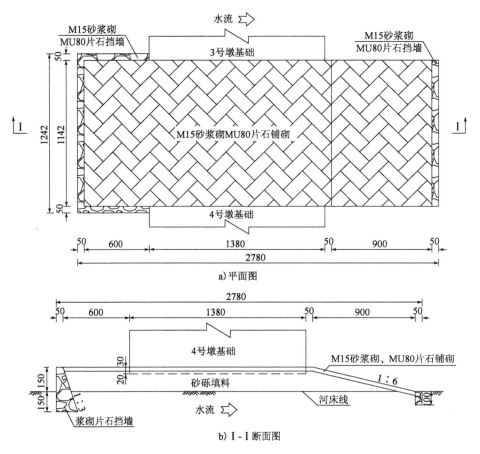

图 5.3.14 第 4 跨河床铺装构造图(尺寸单位:cm)

工程实例 5-3:增大截面法修复桩头缺损

1. 桥梁概况

郭建大桥始建于 2002 年,位于福银高速公路温沙段。大桥上部结构为 6×30m 先简支后连续预应力混凝土连续 T 形梁,下部结构为双柱式墩配桩基础、肋板式桥台配桩基础。大桥位于半径为 4000m 的平曲线上,设计荷载等级为汽车—超 20 级、挂车—120、人群—3.5kN/m²。由于该桥位于福银高速公路温沙段与济广高速公路鹰瑞段的重合段上,2009 年该桥两侧加宽后为双向六车道,见图 5.3.15。

图 5.3.15 郭建大桥立面照片

2. 加固前状况

2010 年,大桥管养单位发现大桥 2 号墩的 3 号及 4 号桩基础(桩基础编号系由上游往下游依次编排)混凝土存在空洞、钢筋外露的情况,桥梁状况比较危险,须立即进行处理。经过潜水员配合专业技术人员对桩基础进行详细外观检查后发现:

(1)3号桩基础桩头被钢护筒包裹(图5.3.16),敲击钢护筒表面可判断其内部存在混凝土空洞。

(2)4号桩基础外露部分(桩头顶面至下方1.5m范围内)外形极不规则,桩径差异较大(图5.3.17)。

(3)4号桩头处混凝土发现5~6条竖向裂缝;裂缝宽度为2~3mm(图5.3.18、图5.3.19)。

图5.3.16　2号墩3号桩基础近景

图5.3.17　2号墩4号桩基础近景

图5.3.18　2号墩4号桩基础竖向裂缝

图5.3.19　2号墩4号桩基础空洞(1)

(4)4号桩头顶面往下1.5m处桩基础混凝土存在空洞,该处混凝土空洞高为10~15cm,外围长度包含3/4桩基周长,深度最大处达85cm,内夹杂泥沙及编织袋等杂物,且竖向主筋外露(图5.3.20、图5.3.21)。

图5.3.20　2号墩4号桩基础空洞(2)

图5.3.21　2号墩4号桩基础空洞(3)

根据曾经参与该桥施工的村民及大桥管养单位相关人员反映,2号墩施工时为洪水季节,为便于施工,曾对原设计桩基进行加高处理。

根据郭建大桥2号墩的3号桩基础及4号桩基础现有病害,结合相关人员反映的情况,分析该病害产生的原因为桩基础混凝土浇筑施工时存在泥沙夹层,由于水流的冲刷使得地面线不断降低,桩基础夹层处外露,水流将夹层处泥沙冲空,形成混凝土空洞、钢筋外露。

3. 加固措施

为修复桩头处缺损,采取了以下加固措施。

(1) 混凝土空洞病害维修

①对混凝土空洞处用高压水枪将残余的泥沙清理干净;

②在空洞处浇筑C30微膨胀防水混凝土进行维修,见图5.3.22。

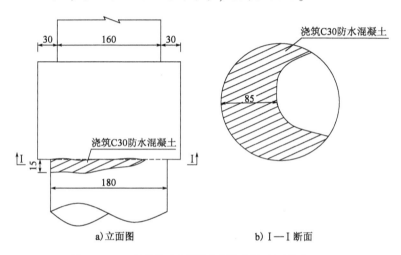

图5.3.22 4号桩基础空洞处修复构造图(尺寸单位:cm)

(2) 桩基础加固

①草袋围堰后进行抽水;

②凿毛并清洗桩基础表面,清洗范围为上自桩头顶面,下至地面线以下50cm处;

③对桩基础外包20~40cm厚C30微膨胀防水钢筋混凝土(图5.3.23),内置单层钢筋网,外包钢筋混凝土与原结构间采用锚固钢筋连接。

(3) 防护措施

加固施工完成后,将围堰所用上层部分草袋沿桩基础周围堆积,以防止地基进一步冲刷。

桩基础维修加固时,按照"空洞清洗→空洞处浇筑混凝土→桩基础开挖→表面凿毛→清洗→植筋→布置钢筋网→浇筑混凝土→混凝土养生→桩基础防护"的顺序施工。由于原结构桩头部分直径很不规则,应对不规则部位进行凿除部分混凝土处理。

结合郭建大桥现状病害及交通情况,建议施工期间及新浇混凝土未达到设计强度期间适当进行交通管制,并设置相应的交通标志牌。

工程实例5-4:预制混凝土管片加固桩基础[5]

江西九江某大桥水下下墩的主要病害为混凝土保护层脱落、开裂及露筋等。该桥墩直径为1.5m,设计预制混凝土管片内径为1.8m,外径为1.92m,厚度为60mm,高度为500mm,加固区高度2.5m;增强材料选用具有轻质、高强、耐腐蚀特性的玄武岩纤维(BFRP)网格,纵、横向网格尺寸为100mm×50mm,均采用8束4800tex玄武岩纤维束编织;预紧力筋为直径5mm的钢丝绳,间距125mm;采用导管自下而上浇筑水下不分散混凝土。

试点工程表明,该技术在工艺上可行,不但可以提高加固结构的承载能力、变形能力及耐久性,还具有不排水、施工快速、对周围环境影响小等优势,具有广阔的应用前景。

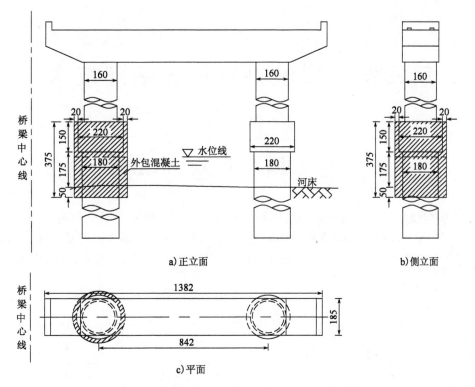

图 5.3.23 桩基础外包钢筋混凝土一般构造图(尺寸单位:cm)

第四章 增设桩基加固基础技术

第一节 加固机理与适用范围[6]

增设桩基础加固技术是在原有基础的周围补加钻孔桩或打入钢筋混凝土预制桩并扩大原承台,将承台与桩顶连接在一起,以提高基础承载力和稳定性,见图5.4.1。适用于需要提高承载力和稳定性的基础加固,如需提载或拓宽的桥梁、桥址所在处河床下切情况严重的桥梁、基底有软弱层的桥梁等。

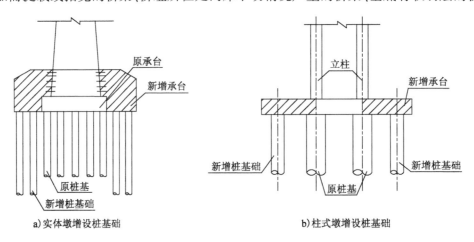

图5.4.1 增设桩基础加固示意图

一、适用条件

对单排架桩式桥墩采用打桩(或钻孔灌注桩)加固时,如原有桩距较大(4~5倍桩径时),可在桩间插桩,如原有桩距较小且通航净空允许缩小时,可在原排架两侧增加桩数,成为三排式的墩桩。

当桥台的竖向承载力不足时,一般可在台前增加一排桩并浇筑盖梁,以分担上部结构传来的压力。打桩(或钻孔桩)时可利用原有桥面做脚手架,在桥面上开洞插桩。增设的盖梁可单独受力,也可连接在一起,使旧盖梁、旧桩及新桩一起受力。

在对一些结构良好的老桥采用增补桩基技术时往往受桥下净空影响,不能满足常规机械的空间要求,此时可利用老桥的上部结构自重,以手动大吨位千斤顶将预制桩无振动无噪声地压入土中。压入桩的承台与施工反梁合二为一,既作为静压施工传递上部恒载的反梁,又为加固的桥墩提供一个使新、老桩基共同受力的承台。

二、不利影响

(1)增加的桩基会引起河床过水断面面积减小,水流速度加大,加剧原有桩基础的冲刷;
(2)通航净跨由于增加桩基而缩小;
(3)在桩间加桩时,桩基中距较小会对桩基的承载力有一定影响;

(4)基础的整体性由于新、旧桩基及承台的连接,较新建桥梁有所降低。

三、力学特点

桥梁荷载通过桩基础传递给地基,垂直荷载一般由桩底土层抵抗力和桩侧与土产生的摩阻力共同承担,水平荷载一般由桩和桩侧土的水平抗力来承担。由于地基土的分层和物理力学性质,及桩的尺寸、桩在土中的方向,都会影响桩的受力状态。以桩的受力来区分,增补桩基加固法常采用摩擦桩和端承桩两种形式。

摩擦桩主要依靠桩侧土的摩阻力支承垂直荷载,桩底土层抵抗力也支承部分垂直荷载。摩擦桩在设计范围内总是桩周摩阻力首先充分发挥作用,而这时桩尖阻力仅占很小一部分。桩侧极限摩阻力的大小不仅与桩侧土层和成桩工艺有关,而且与桩的入土深度有关。当桩入土超过一定深度后,桩侧摩阻力不再随深度增加而增大,呈现临界深度,临界极限摩阻力大约在25m深度处发生。

端承桩一般专指桩底直接支承在基岩上的桩,桩的沉降甚微,桩侧摩阻力可忽略不计,全部垂直荷载由桩底岩层抵抗力承受。

第二节 设 计 要 点[6]

一、桩的构造、布置和中距

(1)钻孔桩设计直径不宜小于80cm。
(2)混凝土等级,对于钻孔桩不应低于C15,水下混凝土不应低于C20;对于打入桩不应低于C25。
(3)钢筋混凝土沉桩的桩身钢筋应按运输、沉入和使用各阶段内力要求通长配筋;桩的两端及接桩区的箍筋或螺旋筋的间距需加密。
(4)加桩和原桩可对称布置。
(5)采用摩擦桩时,钻孔灌注桩中距不得小于成孔直径的2.5倍,打入桩在桩尖处的中距不得小于桩径(或边长)的3~4倍,且在承台底面处的中距均不得小于桩径(或边长)的1.5倍。
(6)采用端承桩时,桩基中距不宜小于桩径(或边长)的2.0~2.5倍。
(7)边桩外侧与承台边缘的距离,对于直径(或边长)大于1m的桩,不得小于0.3倍桩径并不小于50cm。

二、新、旧承台间联系

加桩时,可以扩大原有承台尺寸或在原承台上再加一层新承台,把上部传来的荷载通过新承台传递到新桩。为使上部荷载由墩身很好地传递给新建承台,可在新建承台与既有承台接触范围内,将原承台凿成锯齿状剪力键,设置钎钉(图5.4.2);也可采用植筋法连接新、老承台,即通过植入的钢筋承担和传导弯矩及剪力,并使新、旧混凝土形成有机整体,达到扩大原承台尺寸的目的。

为加强新、旧混凝土的结合,应把原承台有蜂窝或空洞缺陷部分尽可能凿除,并对新承台下的新增桩基顶面进行凿毛处理,

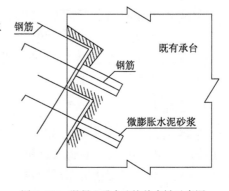

图5.4.2 混凝土承台连接剪力键示意图

使之露出新鲜混凝土,让混凝土表面保持湿润、清洁。在完成以上工作后,立即在钢筋及其周围的混凝土上涂抹一层水泥浆液或其他界面剂,把浆液仔细地刷进混凝土内,并均匀地刷到钢筋上,在浆液涂抹尚未凝固时立即浇筑新的混凝土。

三、计算要点

文献[6]给出了弹性状态下单桩及群桩承载力和加桩沉降量计算公式,但没有考虑新、旧桩基础相互作用的影响。有条件时可通过数值分析考虑这一问题,以保证足够的安全系数。另外,在进行新增桩基础施工时,原基础会因扰动产生沉降,设计时要充分考虑到这一点。

第三节 施工要点及周边环境保护措施

一、施工要点[7]

(1)增补桩基础成孔方法的选择应综合考虑原桩基深度、地基类型、原桥结构高度等因素,以减小施工对原结构的破坏。

(2)在对钻孔清孔排渣时,必须保持孔内水头高度,防止坍塌。

(3)施工过程中应对原桥的沉降、位移进行观测。

(4)增补静压桩应考虑压桩对邻近桩基以及地面隆起的影响,若影响过大,应采取可靠措施予以消除。压桩架应保持竖起,锚固螺栓的坚固应均衡,并应一直保持坚固状态。就位的桩节应保持竖起,使千斤顶、桩节及压桩孔轴线重合,不得偏心加压。整根桩应一次连续压到设计高程,当中途必须停止时,停压的时间间隔不宜超过24h。同一基础压桩施工应对称进行,不应数台压桩机在一个独立基础上同时加压。压桩应以压力控制为主,桩长控制为辅。压桩达到设计荷载后应持压稳定30min。

(5)灌注桩施工应符合《公路桥涵施工技术规范》(JTG/T F50—2011)的规定。

二、周边环境保护措施[8]

新增桩基涉及钻孔成桩、桩与新增承台连接、新增承台与原承台(或基础)连接三个方面。钻孔成桩施工与新建工程基本相同,后两个方面与增大截面技术类似,本节主要就避免新增桩基础施工对旧桥周围环境的影响进行阐述:

1. 弃土弃渣

(1)严禁将弃渣堆在既有基础附近,以免使原基础承受设计以外的附加荷载;

(2)避免在雨水汇流量大、冲刷严重的地方弃土弃渣;

(3)避免将弃渣场选在桥址的上游地段,防止因雨水的冲刷使弃碴冲到下游,影响桥梁的正常使用。

2. 泥浆

(1)禁止将废弃泥浆倾倒在旧桥基础附近,以免泥浆下渗至地基、降低地基稳定性。应当采用重力沉淀法进行泥浆处理,即在储罐外围设计大容量沉淀池,泥浆中的钻渣靠自身重力沉淀,形成含水量较大的浓稠状,最后采用槽罐车运出场地。

(2)施工前,在储罐外围设置大容量储浆池储备轮换泥浆,施工过程中保持泥浆的性能指标。

(3) 施工阶段，制定周密的废浆钻渣清运计划，包括：废浆钻渣的日产出量和处理方式；按每日需运出的废浆钻渣量安排运输车辆；废浆钻渣弃置场地的落实；运输过程中防止泄漏的措施等。

(4) 施工时，及时清理泥浆循环沟、泥浆池，将符合外运的废泥浆和废渣运离施工现场。

(5) 分区域施工，各区域施工完成后应立即对现场进行处理，挖除泥浆循环沟和泥浆池，恢复场地并铺设素混凝土垫层。

第四节 工 程 实 例

工程实例 5-5：新增桩基础，并在原承台之下新增承台[9]

国贸桥一期异形板桥梁加固工程位于北京市东三环中路与建国门外大街的交叉路口北侧。加固区域南北向长约 35.6m，东西向宽约 65m，面积 1800m²。此区域南北向共六处桥墩，加固工程涉及 19-1 轴东、西两处桥墩。

1. 加固方案

受地铁施工及多方面综合因素影响，异形板区域墩柱累计沉降及差异沉降较大，中横梁及异形板下方桥面产生了不同程度的裂缝。根据桥梁现状，经过多次专家会论证，制订如下加固方案。

针对基础部分，由于中墩（19-1 轴东、西向）位于异形板中央，承载力最大，其下沉直接影响异形板的受力状态，确定对中墩基础加固采用补桩加固方案。即在原承台的南、北两侧面各加一根直径 1.5m 的灌注桩，桩底高程与原设计中墩桩底高程相同，桩长 29.5m。桩基采用 C30 钢筋混凝土结构；在原承台之下，新建南北向两桩承台，使新、老承台组成叠合截面共同受力，详见图 5.4.3。

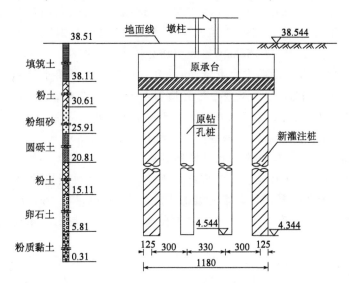

图 5.4.3 国贸一桥异形板区域中墩加固构造图（尺寸单位：高程 m；其余 cm）

2. 施工工艺

(1) 灌注桩施工

新增桩基与既有桩基间净距仅为 1.65m，施工时必然对既有桩基础产生扰动，引发新的沉降，而设计要求既有桩基础允许沉降值仅为 3mm。鉴于国贸桥的特殊性和重要性，为保证桩基施工过程中最大限度地减小既有桩基沉降，对旋挖钻、冲击钻、正反循环钻等各种钻机的性能参数、施工工艺进行详细了解和比选。结合地下水水位及施工安全等因素，确定施工方法为：从地面开始先进行人工挖孔作业至 15m，再采用正循环钻进工艺机械成孔至设计高程。人工挖孔部分桩径调整为 1.5m，钻孔部分桩径为 1.2m。特别增加桩底及桩侧后注浆措施，以提高桩基础承载力。

(2) 桩基压浆

桩身混凝土灌注完毕 24h 内,用清水打通注浆管,在桩身强度达到设计强度的 75% 后开始注浆。注浆质量控制采用注浆量和注浆压力双控方法,以水泥注入量控制为主,泵送终止压力控制为辅。设计单桩水泥用量 3000kg,施工中水泥用量拟定为:桩端不少于 1600kg,注浆压力不小于 2.0MPa;桩侧每道不少于 500kg,注浆压力不小于 1.0MPa,持荷 5min,压浆流量不宜超过 75L/min。单桩后注浆水泥总用量不少于 2600kg。

满足下列条件之一,可停止压浆:

①水泥注入量和泵送压力均达到设计要求;

②水泥注入量已达到设计值的 75%,且注浆压力超过 4.0MPa。

(3) 新建承台

①新建承台施工顺序:承台基坑开挖→桩头处理、安装钢套箍、浇筑封底混凝土→工字钢梁吊装→安装千斤顶并施加 2000kN 顶力→承台植筋→绑扎钢筋→浇筑承台及桩顶二次后浇带混凝土。

②承台基坑开挖。每处承台基坑南北两侧同步开挖,高差不超过 1.0m。基坑采用放坡开挖,坡度为 60°。基坑开挖断面要求整洁,机械挖土预留 20~30cm 厚度用人工清理。每层土方开挖深度 1.0m,随开挖随支护。具体支护参数为:基坑侧壁打设 φ20mm 锚杆,长度 1.5m,间距 0.5m×0.5m;铺设 φ8@150mm×150mm 的钢筋网片,喷 C20 早强混凝土,厚度 10cm。既有承台下方土体采用人工开挖清理,以满足施工为前提,尽量减少承台东西两侧土体扰动。

③基坑开挖完毕,在原承台下安装工字钢梁。采用 50t 和 25t 两台吊车吊装工字钢梁,先用 50t 吊车把工字梁平放至南侧基坑内,使之逐渐向北侧平移,待工字梁穿过承台下方在北侧露出后,两台吊车同时吊装就位。

④安放千斤顶并支顶。在桩顶钢板箍内提前安放钢板凳,钢板凳高度为 1m,采用 φ400mm 钢管(壁厚 12mm)及钢板制作,内部灌注 C30 混凝土。工字梁就位后,在钢板凳和工字梁底间安放 200t 千斤顶(千斤顶本体高度为 34cm,行程 15cm),施加 2000kN 顶力并锁紧。

⑤植筋。新承台与旧承台接触面需凿毛清洗,并且按照设计图纸要求植筋,植筋前用钢筋探测仪探测原承台钢筋,防止钻孔过程中对其破坏,避免损害原钢筋。其中 Φ20 植筋钻孔孔径 25mm,孔深 17cm;Φ16 植筋钻孔孔径 22mm,孔深 12.5cm。新、旧承台连接处设置 25cm×25cm 倒角,倒角内横向钢筋需植入旧承台内 12.5cm。植筋完成后抽样进行拉拔试验,检验植筋质量。

⑥绑扎钢筋。既有承台底部钢筋绑扎操作空间狭小,采取钢筋整体绑扎、吊车安装的方法。

⑦混凝土浇筑。准备工作完成后,进行混凝土浇筑。先浇筑桩顶二次现浇段 C30 微膨胀混凝土(膨胀率 0.3‰),再浇筑新建承台 C30 自密实微膨胀混凝土(膨胀率 0.15‰)。为使既有承台底部混凝土浇筑密实,提前预留泵管接入承台底部,使新建承台南、北两侧混凝土同高度上升,泵管浇筑于承台内不取出。

第五章 注浆配合袋装干拌混合料加固基础技术

第一节 加固机理与适用范围[10]

受极端气候现象增多导致洪水发生频率、等级的提高,及经济利益驱使人们采砂活动加剧等多方面的影响,河流冲刷水下基础的程度已远远超过原设计时的假定。在水流又深又急的河段,基础受冲刷与淘空的现象更为严重。若任其发展,该现象会降低各种形式基础的承载能力。

注浆配合袋装干拌混合料加固基础技术参考浆砌圬工的技术原理,利用袋装水泥、砂、碎石等组成的干拌混合料入水自动凝结,及凝结前具有可塑性的特点,满足加固部分与原结构及河床线完全贴合的要求,有效提高地基承载力,再辅以压注水泥浆填充袋间空隙,对水下基础进行长期有效的加固。具体技术要点为:在架设水上工作平台后,将水泥、砂、碎石等拌和后装入自制编织袋内,制成重量不等的袋装干拌混合料,堆码在需加固部位,待其入水自凝后形成独立且嵌合良好的混凝土块,再通过预留压浆管道压注砂浆填充袋间空隙,最终形成整体混凝土对水下基础进行加固。详见图5.5.1。

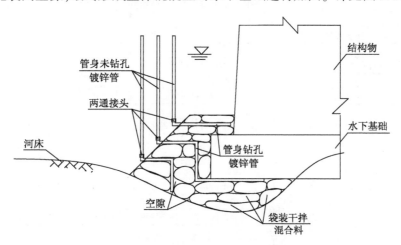

图 5.5.1 注浆配合袋装干拌混合料防护扩大基础示意图

该技术经济有效,适用于水深、流速快、基础底面已被局部掏空、水下地形复杂的情况,且施工速度快,可填补已有基础防护技术不能用于淤泥质地基且基底已局部淘空这一情况的空白,特别适用于基础抢险工程。

第二节 技 术 要 点

(1)利用袋装混合料遇水自动凝结的特点,辅以压注水泥浆填充袋间空隙,实现在不围堰的前提下对水下基础采用混凝土加固。

(2)省去了传统加固技术中围堰、抽水及架立模板的材料、作业量及时间,工程造价亦大大降低。

(3)可避免围堰抽水扰动地基原状土的问题,适用于各种地质情况,尤其适用于流塑状地基土。

(4)水下摄像与水下及平台上工作人员相互配合,保证施工效果及安全。

(5)采用大功率红外光源实现水下照明。

(6)通过在注浆管垂直通向水面的转角处设置两通接头,实现灌浆结束时在平台上即可拆除注浆管,节省了施工成本和时间。

(7)堆码袋装混合料时以25kg袋装混合料为主骨架,辅以15kg及5kg袋装混合料填充主骨架间空隙,减小压浆工作量,并保证加固结构强度。

(8)应用二次压浆技术确保袋间空隙能由水泥浆全部填充密实。

第三节 施工要点及质量控制措施

一、施工工艺流程

施工工艺流程如图5.5.2所示。

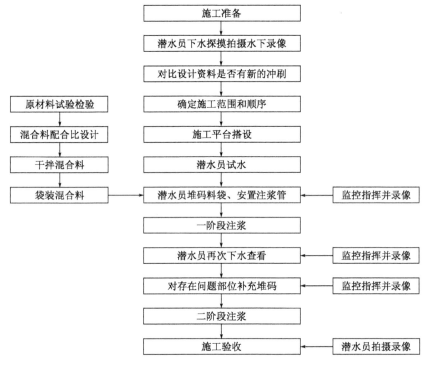

图5.5.2 施工工艺流程图

二、操作要点

(1)潜水员下水探摸。

由潜水员携带水下摄像设备对基础情况进行探摸和拍摄,并与原设计对比,判断是否有新的冲刷病害产生。依此界定施工范围、确定施工先后顺序。

①水下摄像设备防水等级应符合国家标准《外壳防护等级(IP代码)》(GB 4208—2008)中IP68的要求,承压要求符合需加固位置的水深要求。经实际施工中比较,定焦镜头焦距f以8~12mm为宜,变焦镜头宜选用焦距f为8~35mm的电动变焦镜头。

②在水质比较清澈,且水底的沉积物较少的情况下可选用水下可见强光源进行照明。经实践证明,可见光水下光源效果不佳。在水质较混浊或水底沉积物较多时,宜采用大功率红外光源照明(图5.5.3)。

(2)袋装混合料制备。

①混合料应参照比水下基础混凝土强度等级提高5MPa且不低于C25混凝土的要求确定配合比,并宜掺入抗分散剂。配合比设计应按照现行行业标准《普通混凝土配合比设计规程》(JGJ 55—2011)中水下混凝土配合比相关要求进行。

②将水泥、砂及碎石混合料干拌,并按质量5kg、15kg、25kg分别装入自制编织袋中。这三种不同质量袋装干拌混合料的数量比例大约为1:3:6。

③用于水下堆码的混合料应直接干拌装袋。

④如果施工时存在加固范围超过施工水位的情况,用于水上堆码的那部分混合料在拌和时宜加入设计配合比中水用量的三分之一,成半湿且松散状态装袋,并在混凝土的初凝时间内使用完。

(3)压浆管制备。

注浆管可用镀锌管制作。伸入袋装混合料空隙内的注浆管管身应按梅花状钻出浆孔,孔径以5~8mm为宜。

(4)袋装干拌混合料的运输。

通过船和小推车将混合料袋运输至水上操作平台,按每班次施工需要量分别堆放。运输过程中注意不要沾水。

(5)堆码混合料。

①根据水下基础所处水位,设计支架平台或船舶平台的搭设方案,并在平台上标记出施工范围和施工顺序编号。

②将袋装混合料按加固位置和所需数量放置在施工平台相应位置处。

③潜水员两两配合开展水下准备工作,确认潜水员与平台上指挥人员的双工通信设备正常。

④准备工作结束后,两两配合的潜水员中一名负责拍摄,另一名负责堆码施工。堆码时以25kg袋装混合料为主骨架,辅以15kg及5kg袋装混合料填补袋间空隙,以形成牢固的堆码体。且混合料袋的上下层和内外层应相互错缝,搭接长度宜为1/3~1/2,堆码应密实平整。堆码时坡度可定为1:1,堆码高度应满足基础埋深要求。

⑤岸上指挥人员根据水下实时监控摄像(图5.5.4),指挥潜水员和平台配合人员的施工作业。

图5.5.3 水下摄像头照片

图5.5.4 水下监控摄像照片

⑥平台配合人员按照平台上标记的施工范围和施工顺序编号,从水面用缆索放下袋装混合料,在听到指挥人员与水下潜水员通话确认完毕并发出指令后收上缆索,再进行下一次吊放(图5.5.5和图5.5.6)。

⑦在堆码袋装混合料时分层均匀布置管身钻有梅花状间距孔洞的注浆管,注浆管间距宜为1~1.5m。在基础冲空位置的顶部必须布置一排。

图 5.5.5 潜水员正在做下水准备工作

图 5.5.6 平台配合人员吊放袋装干拌混合料

⑧对于加固范围超过施工水位的情况,应采用预先准备好的,已加入设计配合比中用水量三分之一的半湿混合料袋进行堆码。并且每堆码一层即由专门人员对其进行浇水,确保浇透后进行养生。

⑨水温高于10℃时,潜水员水下连续作业时间最长不能超过2h;水温低于10℃时,水下连续作业时间应不超过1h;水温低于5℃时,不得下水作业。

⑩潜水员对堆码好的袋装混合料进行全方位摄像,并由水上指挥人员仔细自检,若存在不符合设计或不合理的地方,即刻进行补码。

⑪完成干拌混合料工序后,将混合料装入试模内,并模拟混合料入水自凝的过程,采用浇水的方式加水并同期养生,到期进行混凝土抗压实验。

(6)注浆。

①在垂直通向水面的注浆管露出堆码体的位置设一两通接头,以便灌浆结束时在平台上即可进行拆除(图5.5.7、图5.5.8)。

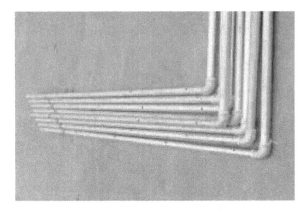
图 5.5.7 制作好的注浆管照片

图 5.5.8 现场安设好的注浆管照片

②压注水泥浆水灰比取0.8~1.0。

③注浆采用活塞式注浆泵缓慢均匀进行。以压力稳压5min后仍无法进浆,且水下摄像显示无明显溢出浆液为依据结束压浆工作。

④袋装混合料遇水自然凝结后,水上操作人员分两次进行压注水泥浆以填充袋装混合料间的空隙。其中第一次注浆压力以0.2MPa为宜,并现场记录压入浆液数量、由潜水员实时监控水底浆液溢出情况并摄像。当各层袋装混合料及河床底均出现溢浆时,停止第一次注浆。

⑤向注浆管内注入清水清洗注浆管。

⑥待第一次所注浆液初凝以后终凝之前,以0.4MPa的压力进行第二次注浆操作。以0.4MPa的压力稳压5min后仍无法进浆,且水下摄像显示无明显溢出浆液为依据结束压浆工作。

⑦从预先留好的两通接头处拆除通向水面的未钻孔镀锌管。

(7)水下基础加固完成半年后,或遇有洪水过后,应对加固部分进行一次水下观测,查看是否有破坏的迹象。若加固部分存在破损,应予以修复。

三、劳动力组织

劳动力组织可按表5.5.1进行。

劳动力组织表　　　　　　　　　　表5.5.1

序 号	单项工程	所需人数	序 号	单项工程	所需人数
1	管理人员	2	4	潜水员	4
2	平台搭设	6	5	平台放料袋操作	4
3	混合料拌和装袋及运输	6	6	压浆	2
				合计	24

四、材料与设备

(1)材料

主要材料有普通硅酸盐水泥、碎(砾)石、中粗砂、聚丙烯(PP)或聚乙烯树脂(PE)塑料编织袋、抗分散剂(需要时添加)、4英寸镀锌管等。

(2)主要机具设备(表5.5.2)

施工用主要机具设备一览表　　　　　　　　表5.5.2

序 号	设备名称	型号及功能	单 位	数 量	用 途
1	工程船舶	10t	只	2	运输
2	船舶	20~40t	套	1	工作平台
3	搅拌机	500	套	1	拌和混合料
4	注浆机	1t	台	1	注浆
5	直流电源组	12V100W	组	2	摄像供电
6	水下摄像机	红外摄像	套	1	水下摄像监控
7	监控电脑	含录像软件	套	1	现场监控录像
8	图像采集卡		套	1	现场监控录像

五、质量控制

1.质量标准

(1)材料方面,混凝土配合比设计按照《普通混凝土配合比设计规程》(JGJ 55—2011)中水下混凝土配合比相关要求进行计算;集料满足《公路工程集料试验规程》(JTG E 42—2005)的相关要求;水泥混凝土满足《公路工程水泥及水泥混凝土试验规程》(JTG E30—2005)的相关要求。

(2)施工方面满足《公路桥梁加固施工技术规范》(JTG/T J23—2008)及《公路桥涵施工技术规范》(JTG/T F50—2011)的相关要求。

(3)质量验收方面满足《公路工程质量检验评定标准 第一册 土建工程》(JTG F80/1—2017)的相关要求。

2. 质量保证措施

(1)选购经调查试验合格的材料进行备料,集料分类堆放,做好集料堆放场地的硬化处理和场地四周排水及搭设库房。

(2)水泥进场时每批量均附有化学成分、物理、力学指标合格的检验证明。

(3)进行水泥混凝土配合比试验。

(4)粗、细集料均选用质地坚硬、耐久、洁净的材料。

(5)干拌混合料的配合比按质量比计,并通过设计和试配确定。试配制成的混凝土应符合强度、耐久性等质量要求。

(6)注浆所用灰浆的强度、稠度、水灰比、泌水率、膨胀剂按施工技术规范及试验标准中的要求控制。

六、安全措施

(1)施工安全执行《公路工程施工安全技术规范》(JTG F90—2015)的相关规定。

(2)工作平台要整体牢固、四周设扶手并挂安全网,工作面挂全封闭安全网。作业时必须佩戴安全帽和系安全带等必需的劳保用品。

(3)遇有大风、暴雨及雷电而停止施工时,要注意切断电源,保护好各种设备。

(4)特种作业人员需持证上岗。

(5)水上施工平台需设置禁止过往船只在施工水域抛锚,并采取一定防撞措施。

(6)考虑到对通航可能的影响,须提前与航管部门协商,制定好预案,共同解决好施工与通航的安全问题;并在上下游、航道两侧一定范围内设置减速标牌、航道标志,并挂红灯提醒来往船只注意安全,保证航道安全畅通。

(7)机械设备应确保状况良好,带病的机械设备及缺少安全装置或安全装置失效的机械设备不得进入现场。

(8)建立重大危险源清单,对其风险进行评价,制订应急方案并组织演练,定期进行安全检查。

(9)现场配电柜、配电箱前必须有绝缘垫,并安装漏电保护装置。

(10)建立健全完善的施工安全保证体系,确保作业标准化。

(11)水上施工平台上的所有设施、设备采取有效的固定措施,防止倾斜和倒塌。

(12)施工采用船舶平台时,确保水深和河床地质情况符合船舶锚固的安全要求。

七、环保措施

(1)水上施工需保护水域环境,保证水资源不受污染。加强对施工燃油、工程材料、设备废水、弃渣、淤泥等的管理,不可随意排入水体。

(2)水下不留未拆除的注浆管,如遇到无法拆除的,须进行水下切割,遗留外露段不超过10cm。

(3)将施工场地和作业区域控制在工程建设允许的范围之内,合理规范布置围挡,做到标志清楚、齐全,场地文明清洁。

(4)工程竣工后认真清理现场,拆除临时建筑,掩埋、处理各种垃圾。

第四节 工 程 实 例

工程实例 5-6：注浆配合袋装干拌混合料加固外露桩基础

1. 桥梁概况

接渡大桥（图 5.5.9）位于乐平市接渡镇，建成于 20 世纪 70 年代末，实测桥梁全长 403.589m，原设计荷载等级为汽车—15 级、挂车—80、人群—3.5kN/m²，桥面净宽为净—7.15m（行车道）+2×1.0m（人行道）。大桥上部结构为 10 孔净跨径 35m 的空腹式钢筋混凝土双曲拱，下部结构为扩大基础配 U 形桥台，4 号墩及 5 号墩为沉井基础配实体式桥墩，其余各墩为桩基础配实体式桥墩。

图 5.5.9 接渡大桥立面全景

2. 加固前状况

2007 年 8 月，桥梁管养单位曾委托检测单位对大桥进行现状检测，评定结构总体技术状况评分 D_r =52.4 分，技术状况等级为三类，较差状态，应进行维修。2010 年设计单位对大桥进行检测时复查了大桥病害情况，与 2007 年的情况基本吻合，下部结构使用状态如下：

(1) 弋阳岸桥台前墙横桥向贯穿开裂（图 5.5.10、图 5.5.11）；

(2) 大桥附近存在十分严重的采砂现象，位于主河道的 1～3 号桥墩承台及承台下桩基础或沉井部分外露。其中桩基础外露 3.72～4.58m。

图 5.5.10 桥台横向开裂照片（1）

图 5.5.11 桥台横向开裂照片（2）

3. 加固措施

本次加固对下部结构采取如下加固措施：

（1）在枯水季节，采用注浆配合袋装干拌混合料技术对桩基础外露的桥墩承台顶面以下部分进行防护，见图 5.5.12；对沉井基础外露的桥墩，亦采用压浆配合袋装干拌混合料技术对河床顶面以上 1.5m 范围内进行防护，见图 5.5.13。施工完成后照片见图 5.5.14。

（2）对弋阳岸桥台前墙及侧墙外包 25cm 厚钢筋混凝土（内置双层钢筋网）予以加固，采用骑缝法修补乐平岸桥台前墙裂缝。

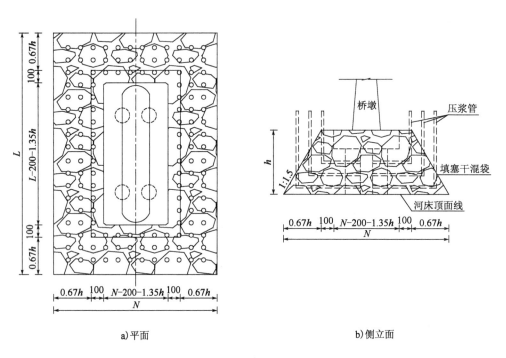

图 5.5.12　桩基础防护构造图（尺寸单位：cm）

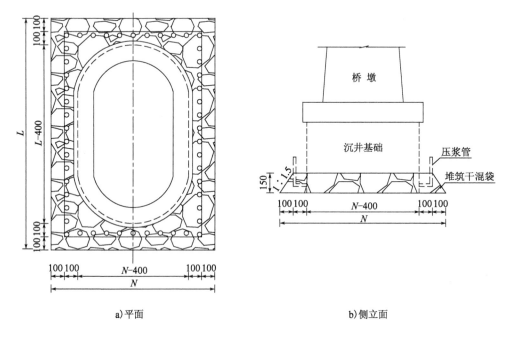

图 5.5.13　沉井基础防护构造图（尺寸单位：cm）

图 5.5.14 施工完成时照片

工程实例 5-7：注浆配合袋装干拌混合料对严重淘空扩大基础进行抢险,后辅助采用浇筑水下混凝土进行防护

1. 桥梁概况

沙市大桥(图 5.5.15)位于永新县沙市镇境内,建成于 1977 年,设计荷载等级为汽车—15 级、挂车—80。大桥全长 162.37m,实测桥面净宽为净—5.9m(行车道) + 2×0.75m(人行道);上部结构为 4 孔净跨径约为 25m 的空腹式等截面悬链线浆砌片石板拱;下部结构为扩大基础配重力式墩、台。

图 5.5.15 沙市大桥立面全景

2. 出现险情

大桥桥址附近建有砂场,违规采砂活动频繁。至 2009 年 11 月,大桥 1 号及 2 号桥墩均存在多条自下而上的竖向裂缝,部分裂缝延伸至主拱圈拱脚处(图 5.5.16、图 5.5.17),裂缝宽度普遍在 0.3~3mm 之间,局部最宽处达到 4~6mm,已严重超标。

图 5.5.16 2 号墩身开裂照片(1)

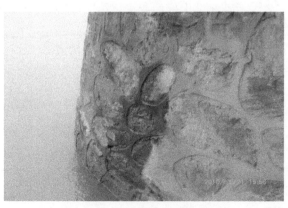

图 5.5.17 2 号墩身开裂照片(2)

桥梁管养单位请潜水员对大桥2号墩及3号墩进行水下查勘,结果表明两桥墩基础均已被严重淘空,这是导致桥墩墩身竖向开裂的原因,严重影响桥梁运营安全。若不及时采取措施,桥梁随时面临垮塌的危险。当地管理部门随即立即封闭交通、停止采砂活动,减小过往车辆对桥梁的振动,并委托有关单位对大桥进行抢险施工。

3. 抢险措施

(1) 施工便桥

为使主体抢险工作尽快开展,早日消除桥墩基础引起的桥梁安全隐患,经镇政府协调,下游水库开闸放水,水位降低了约1.8m。施工采用钢便桥(图5.5.18、图5.5.19),保证了抢险工作顺利开展。

图5.5.18 搭好的钢架便桥　　　　　　　　图5.5.19 钢便桥及钢架平台

(2) 填塞袋装干拌混合料

干拌混合料粗骨料采用碎石。按C30号混凝土配合比,每立方米混凝土料中32.5级水泥含量约为330kg,碎石(4cm)、中粗砂均选用干燥、干净的材料,搅拌好的混合料分装成约25kg、10kg、5kg质量进行装袋。由小推车运送到桥墩平台上。

水下填塞潜水作业专业人员共4名,3名潜水员轮流下水作业,作业时水面一人负责与水下通信对话,并指挥平台上工人往水下吊送袋装混合料。另一人负责协调指挥所有人员工作。另有两工人不间断地对水下潜水设备内进行打气输氧。

据潜水员报告,下面空洞比较大,且纵深长,所以开始以大包料袋为主进行填塞,并用约两米的长棍将料袋顶入。后采用中小包填塞空隙。

一般上午作业2h,下午作业4h,共历时5天将所有空洞塞好。

(3) 压浆管埋设

压浆管成L形,竖直长约4.2m,横向长为1.8m,竖直方向在距转角约1.3m处加一直通,以便注完浆后能将露出混凝土的部分拆除,不留隐患。

2号墩基础北面空洞较小,故北面不用布压浆管,南面空洞较大,后决定按上、下排列布置两层注浆管以利水泥浆的流动,保证注浆饱满。

3号墩基础四面均有基底被淘空的现象,所以四周均匀布置压浆管,垂直方向按中间位置布设,这样可保证浆液的流动。

(4) 浇筑水下混凝土

用钢管支架固定水下模板,由潜水员配合岸上模板作业。按一般水下混凝土浇筑方式,采用导管浇筑。根据现场浇筑的情况判断,深的地方浇筑已超过2m。沿桥墩原基础外缘1.5m宽范围内均已覆盖混凝土层,使水流难以冲刷桥墩基础。后经水下红外线摄像情况和深度探测表明,新浇筑的混凝土均已高出原桥墩基础底面很多,并且结合良好无缝隙。

(5) 注浆

浇筑完水下混凝土后2d开始进行压注水泥浆施工。按1:1配制的纯水泥浆,并根据所购微膨胀剂的说明按12%掺入微膨胀剂。压浆开始从一根压浆管压入,压力设定0.2MPa,待其余压浆管出浆后,将压浆管堵死,加大到0.4MPa继续压浆。然后间隔压浆,直到无法再压入后停止。压浆工作持续了约3d。

抢险施工于2009年底完成后,桥梁管养单位于2010年1月委托设计单位对全桥进行了全面检测并出具施工图设计。设计对全桥桥墩墩身外包钢筋混凝土加固。由于已对基础进行加固,消除了导致墩身开裂的根本原因,设计外包15cm厚钢筋混凝土,内设单层钢筋网。

第六章　微型钢管桩加固基础技术

第一节　加固机理和适用范围

一、微型钢管桩构造及特点

1. 构造

依据《建筑地基处理技术规范》(JGJ 79—2012)中的解释,微型桩是指用桩工机械或其他小型设备在土中形成直径不大于300mm的树根桩、预制混凝土桩或钢管桩,可以竖向布置也可以斜向布置[11]。微型钢管桩以钢管为劲性骨架,内部灌注水泥浆并放入细石,形成复合桩体。为防止钢管桩在压入或打入过程中变形,可在钢管内部设置钢筋骨架。

2. 特点

(1)微型钢管桩的显著特点是直径小、强度高。

直径小带来的优点:①所需施工机械简单,小型设备即可满足要求,适合既有桥梁下部空间受限的情况;②对既有基础的扰动小,施工更安全;③排土量小、施工效率高、所需施工平台小、造价低;④在原有基础表面钻孔设置钢管桩时,可避开原钢筋,对原结构损伤小。

桩身强度高的优点:①桩身承载力高,承受水平力能力高;②耐冲击性能好,下桩更容易、更高效。

(2)桩身以钢管为劲性骨架,在现场只需径向接长,与绑扎大直径桩钢筋笼相比,施工速度快。当实际地质情况与勘察结果不一致时,可现场快速调整桩长,尤其适合支撑面起伏较大的情况。

(3)可在钢管表面钻孔形成花管,灌浆同时填充地基下溶洞,实现溶洞区桩基础加固。

二、适用范围

微型钢管桩的受力机理与桩基础类似,适用于淤泥质土、黏性土、粉土、砂土和人工填土。具体情况如下:

(1)对原扩大基础顶面或桩基础承台顶面钻孔、设置微型钢管桩,起到帮助原有基础共同受力的作用,见图5.6.1。为使微型桩与原结构形成整体,在原基础或承台顶面现浇钢筋混凝土,微型桩伸入其中,并与新增钢筋连成一体。现浇钢筋混凝土与原基础间通过植筋连接。

(2)在基础新增截面下方设置微型钢管桩,见图5.6.2。原因是原有基础承受不了新增截面的自重,这部分重量需要微型钢管桩来承受。

(3)在新增承台下方设置微型钢管桩,见图5.6.3。微型钢管桩与原桩基础共同承受上部结构传递下来的荷载。

(4)在溶洞地区将基础所受荷载传递至持力层,并在钢管桩表面钻孔,起到填充溶洞的作用。

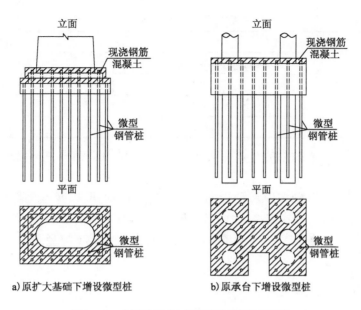

a) 原扩大基础下增设微型桩　　　b) 原承台下增设微型桩

图 5.6.1　在原基础下方增设微型钢管桩示意图

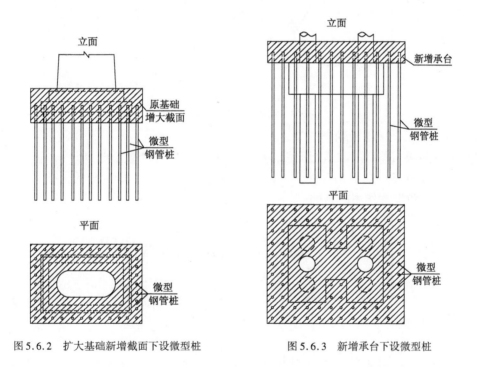

图 5.6.2　扩大基础新增截面下设微型桩　　　图 5.6.3　新增承台下设微型桩

第二节　设计及计算要点

微型钢管桩用于既有桥梁加固时,通常与原结构连接,可按桩基础计算承载力。公路行业规范中有关钢管桩承载力的计算缺少针对性,建议参考《建筑桩基技术规范》(JGJ 94—2008)[12]的相关规定。设计应当注意的事项有:

(1)钢管桩表面应设计做防腐处理,可采用外涂防腐层、增加腐蚀余量(钢桩年腐蚀速率见表 5.6.1)、阴极保护等方法[13],并符合《公路桥梁钢结构防腐涂装技术条件》(JT/T 722—2008)[14]的要求。钢管桩内部灌注水泥浆,可不考虑内部防腐的问题。

钢桩年腐蚀速率表   表5.6.1

钢桩所处环境		单面腐蚀率(mm/a)
地面以上	无腐蚀性气体或腐蚀性挥发介质	0.05~0.1
地面以下	水位以上	0.05
	水位以下	0.03
	水位波动区	0.1~0.3

（2）考虑到基础加固关系到桥梁的整体性安全，设计前应做地勘钻探，得到钢管桩与周边土的摩阻力系数。

（3）微型钢管桩应当与原基础或原承台顶面现浇混凝土内钢筋，以及基础增大截面内钢筋或新增承台混凝土内钢筋，通过焊接的方式连接，使两者共同受力。为了使钢管桩与钢筋间的连接面更多，可在钢管顶部安装顶板，见图5.6.4[15]。也可在钢管四周焊接喇叭形（与竖直线夹角大约为15°）螺纹钢筋。

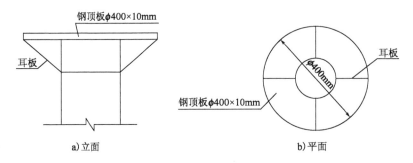

图5.6.4 钢管桩上设钢顶板构造图

（4）钢管桩内应设置隔板或加劲钢筋笼。

（5）为确保灌注效果，设计采用二次压浆工艺，并在水泥浆中掺入微膨胀剂。

（6）对于已沉降基础增设微型钢管桩，可对钢管桩施加不大于其所受荷载的上抬力，达到无需原基础再次沉降，钢管桩也能发挥作用的目的[16]。

第三节 施工要点及质量控制措施[11,17-20]

一、施工工艺流程

为避免对既有桥墩、台地基产生扰动，建议采用成孔后安放钢管的方式施工。为使钢管桩与地基间有效贴合，建议采用二次注浆工艺。施工工艺流程：搭设施工平台→埋设套管护筒→套管护壁造孔或泥浆护壁造孔→一次清孔→安放钢管→下注浆管→二次清孔→一次注入水泥砂浆→下钢筋笼→下碎细石→二次注入水泥净浆→重复前两个步骤→完成。

为避免施工扰动原地基，应逐桩施工，并做好施工监测工作。

二、施工要点及质量保证措施

1）钢管制作

受施工场地限制，并为加快施工进度，建议使用成品钢管桩。钢管桩分段长度视桥下操作空间确定。钢管桩管节外形尺寸、相邻管节的管径允许偏差、相邻管节对口板边允许偏差均应符合《公路桥涵施工技术规范》(JTG/T F50—2011)的要求。

2) 钻机就位及成孔

根据土质选择适当的钻机及成孔方式。参考《建筑地基处理技术规范》(JGJ 79—2012),孔位偏差控制在 ±1/6 桩径,钻孔垂直度偏差控制在 ±1%。钻进至设计深度应取出岩层芯样鉴定。

3) 清孔

一次清孔时应根据孔口出浆情况控制注水压力,清至孔口涌出清水为止。

4) 安放钢管

钢管桩下放到孔底后,用重锤击实,确保钢管穿透沉渣,达到设计深度。

5) 灌注水泥浆、放入细碎石

采用孔底注浆法施工,即水泥浆体从微型钢管桩底部溢出,在钢管与钻孔壁之间形成水泥固结体,以握裹钢管,防止钢管锈蚀、增强钢管与孔壁土之间的黏结。具体注意事项如下:

(1) 可用锤击的方式确保注浆管放置到孔底。

(2) 一次注入水泥砂浆时压力宜为 0.25~0.5MPa,水泥砂浆水灰比宜为 0.45~0.5。

(3) 待孔口返浆时放入最大粒径不超过 20mm 的细碎石。

(4) 在第一次注浆初凝以后终凝以前注入纯水泥浆,注浆压力宜为 1~2MPa,纯水泥浆水灰比宜为 0.55~0.65。

(5) 注浆时管口应位于浆面 5m 以下。

(6) 在一般的裂隙岩层中灌浆,多数情况可在 1~3h 之内结束灌浆,单位耗浆量通常不超过 100~200kg/m。然而,有时会出现大量吸浆不止、灌浆难以结束的情况,其主要原因是地层的特殊结构条件促使浆液从附近地表冒出,或沿着某一固定的通道流失。大吸浆量地层可按以下原则进行处理:

①降压。用低压甚至用自流式灌浆,待裂隙逐渐充满浆液、浆液的流动性降低后,再逐渐升高压力,按常规要求进行灌浆。

②限流。限制注入率不大于 10~15L/min,以减小浆液在裂隙里的流动速度,促使浆液尽快沉积。待注入率明显减小后,将压力升高,使注入率基本保持在 10~15L/min 水平,直至达到灌浆结束标准后结束灌浆。

③浓浆灌注。采用最稠的水泥浆(一般为 0.5:1)进行灌注。

④加速凝剂。在最稠的浆液(一般为 0.5:1)中掺入水玻璃、氯化钙速凝剂。

⑤灌注水泥砂浆。根据灌注情况,掺砂量可以按水泥重量的 10%、20%、…、100% 逐步增加;砂的粒径也可逐渐变粗。将砂浆搅拌均匀后,用砂浆泵灌注。

⑥间歇灌浆。在灌注一定数量水泥浆或灌注一定时间后,停止灌浆一段时间。每次间歇之前,灌浆量及灌浆时间根据地质情况、灌浆目的确定。间歇时间通常为 2~8h。

6) 施工监测

施工时对原基础做好沉降、原墩(台)身偏位情况等做好监测工作,确保施工时桥梁主体结构的安全。

7) 施工验收

(1) 一般检验项目

施工验收应提供施工过程有关参数、原材料力学性能检验报告、留置数量及制作养护方法、混凝土和砂浆等抗压强度试验报告、钢管和钢筋笼制作质量检验报告。还应进行桩顶标高和桩位偏差等项目的检验。

(2) 专项检验项目

参考《建筑地基处理技术规范》(JGJ 79—2012)的要求,微型钢管桩完整性宜采用低应变动力试验进行检测,检测桩数不少于总桩数的 10%,且不少于 10 根。采用静载试验检验微型桩竖向承载力,检验桩数不少于总桩数的 1%,且不少于 3 根。

第四节 工程实例

工程实例 5-8：微型钢管桩配合外包混凝土加固桩基础

1. 桥梁概况

潭石大桥（图 5.6.5）位于 320 国道上饶市弋阳县，建成于 1995 年。大桥全长 456.26m，上部结构为 5 跨 30m 预应力混凝土简支 T 形梁，下部结构为双柱式墩配桩基础，及肋板式桥台配桩基础。大桥原设计荷载等级为汽车—20 级、挂车—100，桥面净宽为净—9m（行车道）+ 2 × 1.5m（人行道）。通航等级为Ⅵ级。

图 5.6.5 潭石大桥立面全景

2. 加固前状况

2010 年迎国检时对全桥进行了现状检测，总体状况评分 $D_r = 39.0$，评定为四类桥梁，应当进行大修或改造，并及时进行交通管制。下部结构病害如下：

（1）部分桥墩盖梁在悬臂端上部和盖梁中间下部出现了竖向裂缝（图 5.6.6），裂缝宽度在 0.05 ~ 0.2mm。

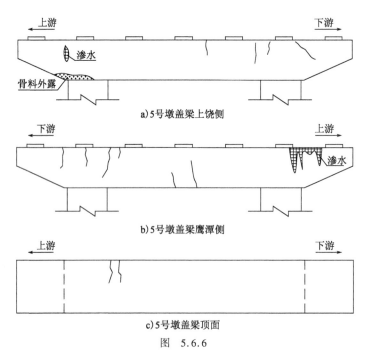

图 5.6.6

d) 5号墩盖梁底面

图 5.6.6　桥墩盖梁开裂典型示意图

(2)部分桥墩墩柱环向开裂(图 5.6.7),裂缝宽度为 0.2mm。

(3)4 号桥墩墩柱与系梁间开裂(图 5.6.8),缝宽达 1.5mm;且墩柱和桩基础中心线偏差过大(图 5.6.9)。

(4)15 号台肋身斜向开裂(图 5.6.10),台帽露筋锈蚀,且溜坡顶部的砌石已缺失。

图 5.6.7　桥墩墩柱环向开裂

图 5.6.8　4 号墩墩柱与系梁连接处开裂

图 5.6.9　4 号墩墩柱与桩基础间偏位

图 5.6.10　15 号台肋身斜向开裂

(5)水中各桥墩因采砂船违规作业,均存在河床严重冲刷下切的病害(图 5.6.11),与原设计地面线相比,4～7 号处地面线下降了 1.59～3.32m,10～13 号墩处地面线下降了 0.88～3.27m。检测时发现现场已采用增大截面技术加固了桩基础。

(6)通过派人水中探摸,发现水中桥墩桩基及系梁均存在局部箍筋外露锈蚀的现象。

3. 加固措施

2010 年底对大桥进行加固设计时,对下部结构采取的措施如下:

(1)桥墩、台盖梁维修加固:

对全桥各桥墩盖梁及桥台台帽上、下游侧均增设防震挡块。

(2)桥墩立柱及桥台肋身维修加固:

①对 1 号和 2 号墩开裂部位混凝土进行修复后,采用粘贴碳纤维布法进行加固;

②对 15 号桥台肋身外包钢筋混凝土加固其开裂部位。

(3)桥墩基础维修加固：

①对 4 号桥墩桩基础及系梁进行外包钢筋混凝土加固；

②最低水位时，对 4 号桥墩、主河道的 11 号及 12 号桥墩桩基础分别单桩外包钢筋混凝土，并在外包混凝土外侧采用先堆砌干混袋再压注水泥砂浆的方式(图 5.6.12)，减缓桥墩附近河床面下切的速度。

至 2011 年初，对大桥进行施工时，发现因采砂船在桥址附近频繁违规作业导致主河道河床较检测时又下切了 1m 以上。故变更 11 号及 12 号桥墩桩基础加固由单桩分别外包混凝土为桩基础外包混凝土并增设桩间横隔板。为防止因加固时自重增加过多，给地基传递的承载力超过了其容许值，配合设置微型钢管混凝土桩，并要求微型钢管桩打入较完整微风化红砂岩层不小于 1m，见图 5.6.13~图 5.6.15。

工程实例 5-9：微型钢管桩加固浅基础[21]

某立交桥 29 号桥墩位于环市西路南侧绿岛内，北侧紧邻环市西路，西南侧为正在运营的广州地铁 2 号线区间，东侧为即将明挖施工的地铁站风亭和矿山法风道，南侧为直径 800mm 的供水管和排水管。在狭小的地下空间内布满各种构筑物，工程环境复杂，桥下净空只有 4m。该桥墩为浅基础，基础下持力层为细砂，在周边地下工程施工过程中，该桥墩已经沉降了 3mm。若在该桥墩东侧 1.25m 处还要明挖施工地铁风井(锚喷支护)、矿山法风道，而不采取任何加固措施，必将导致其沉降和倾斜，危及立交桥的安全。

场区地层从上至下依次为：①人工填土层，③-1 冲积~洪积粉细砂层，③-2 冲积~洪积中粗砾砂层，④-1 冲积~洪积土层，⑤-1 可塑或稍密~中密状残积土层，⑤-2 硬塑或密实状残积土层，⑥岩石全风化带，⑦岩石强风化带，⑧岩石中风化带。基岩埋深约 10m，地下水水位埋深为 1.09~2.50m。

要求加固施工以及风亭、风道施工完成后，29 号墩沉降不得超过 1cm。对大吨位浅基础采用注浆或树根桩等加固方式，沉降难以控制。综合以上条件，29 号桥墩的加固按完全托换来考虑，通过在原浅基础上钻孔打设 16 根 ϕ180-4.5mm 钢管桩(可以避开原基础内钢筋网，减少对原基础钢筋的损坏)，在浅基础东、西两侧通过植筋与原浅基础刚性连接，加大基础的平面尺寸并加高基础厚度，将原浅基础改造成钢管桩承台，在原浅基础两侧新增设 14 根 ϕ220-5mm 钢管桩，通过承台下面的微型钢管桩来承担桥梁上部荷载。微型钢管桩桩长约 13.2m，进入中风化岩层不少于 2m。钢管内、外灌注 C30 微膨胀细石混凝土，并在桩底进行注浆(M20 水泥浆)，以保证桩底与岩层以及钢管侧壁间有效接触。

1)钢管桩承载力计算

要求桩长进入中风化石泥质粉砂岩不少于 2m(桩底深入风井底 1m)，桩长约为 13.2m(按补钻孔 ZK1 计算)。

(1)直径 220mm 钢管桩承载力计算：

$$Q_{uk} = Q_{sk} + Q_{pk} = u\sum q_{sik}l_i + q_{sp}A_p = 3.14 \times 0.22 \times (1.9 \times 40 + 3.7 \times 50 + 4.6 \times 80 + 1.1 \times 160 + 2 \times 400) + (3.14 \times 0.22^2/4) \times 1200 = 1154(kN)$$

钢管桩单桩承载力特征值：1154/2 = 577kN。14 根 ϕ220mm 的钢管桩所能承受的纵向荷载 577×14 = 8078(kN) < 15200kN。新增两排钢管桩承载力不满足受力要求。剩余的荷载为 15200 - 8078 = 7122(kN)，由 ϕ180mm 钢管桩来承受。单桩承载力特征值按钢管桩桩身强度控制：

①钢管材料采用 Q235 钢，钢管自身抗压承载力设计值为(不考虑钢管失稳)：

$$N_a = \pi \cdot \left[\left(\frac{d_0}{2}\right)^2 - \left(\frac{d_1}{2}\right)^2\right] \cdot f_y = 3.14 \times (109.5^2 - 105^2) \times 210 \times 10^{-3} = 636.48(kN)，满足要求。$$

②水泥砂浆强度等级为 M20，钻孔直径为 300mm，水泥砂浆自身受压承载力设计值为：

$$N_b = (A - A_{钢管}) \cdot f_c = \left\{\pi \cdot \left(\frac{d_0}{2}\right)^2 - \pi\left[\left(\frac{d_0}{2}\right)^2 - \left(\frac{d_1}{2}\right)^2\right]\right\} \cdot f_c = 649.14kN$$

钢管的单桩承载力为：$N = N_a + N_b = 1285.62kN > 577kN$。所以取钢管桩单桩承载力特征值为 577kN。

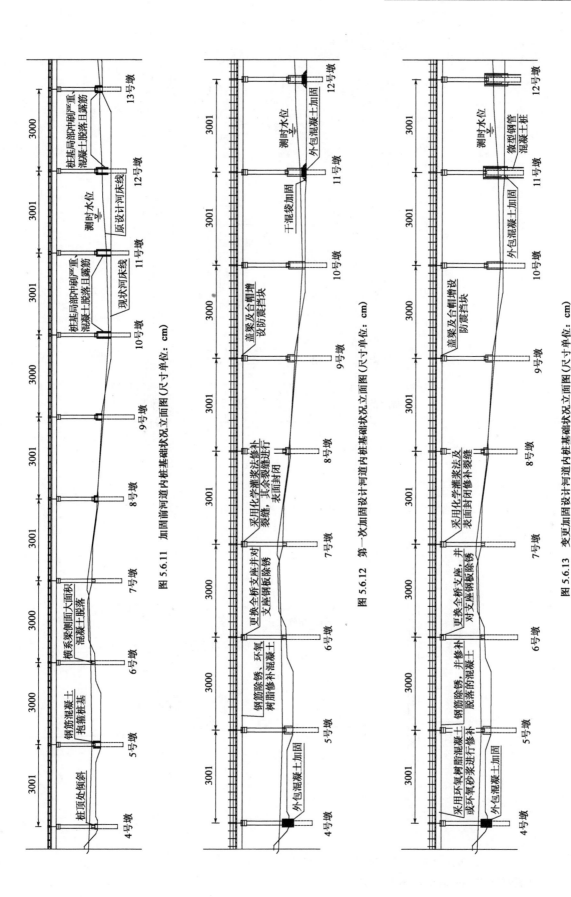

图 5.6.11 加固前河道内桩基础状况立面图（尺寸单位：cm）

图 5.6.12 第一次加固设计河道内桩基础状况立面图（尺寸单位：cm）

图 5.6.13 变更加固设计河道内桩基础状况立面图（尺寸单位：cm）

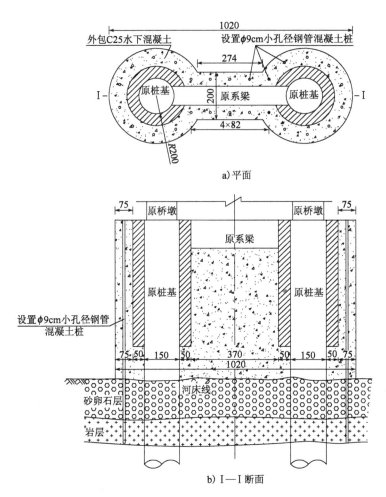

图 5.6.14 微型钢管桩配合外包混凝土加固构造图(尺寸单位:cm)

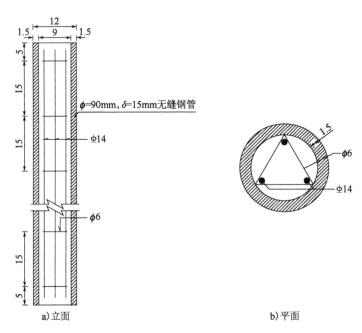

图 5.6.15 微型钢管桩构造图(尺寸单位:钢筋直径 mm;其余 cm)

(2) 直径 180mm 钢管桩承载力计算:

$$Q_{uk} = Q_{sk} + Q_{pk} = u\sum q_{sik}l_i + q_{sp}A_p = 3.14 \times 0.18 \times (1.9 \times 40 + 3.7 \times 50 + 4.6 \times 80$$

· 228 ·

$+1.1 \times 160 + 2 \times 400) + (3.14 \times 0.18^2/4) \times 1200 = 937(\text{kN})$

钢管桩单桩承载力特征:$937/2 = 468.5(\text{kN})$,取 468kN。16 根 φ180mm 的钢管桩所能承受的竖向荷载 $468 \times 16 = 7488(\text{kN}) > 7122\text{kN}$,满足承载力要求。

加桩承载力特征值按钢管桩桩身强度控制:

① 钢管材料采用 Q235 钢,钢管自身受压承载力设计值为(不考虑钢管失稳):

$$N_a = \pi \cdot \left[\left(\frac{d_0}{2}\right)^2 - \left(\frac{d_1}{2}\right)^2\right] \cdot f_y = 3.14 \times (54^2 - 49.5^2) \times 210 \times 10^{-3} = 307(\text{kN})$$

② 水泥砂浆强度等级为 M20,钻孔直径为 180mm,水泥砂浆自身受压承载力设计值为:

$$N_b = (A - A_{\text{钢管}}) \cdot f_c = \left\{\pi \cdot \left(\frac{d_0}{2}\right)^2 - \pi\left[\left(\frac{d_0}{2}\right)^2 - \left(\frac{d_1}{2}\right)^2\right]\right\} \cdot f_c = 347(\text{kN})$$

钢管的单桩承载力为:$N = N_a + N_b = 307 + 347 = 654(\text{kN}) > 468\text{kN}$。

所以取钢管桩单桩承载力特征值为 468kN。

2) 桩的沉降计算

(1) 新增钢管桩完成,浇筑承台达到设计强度后,上部结构荷载假设全部由新增钢管桩承受。

(2) 风井、风道施工,地下水下降,桩侧产生负摩擦引起的沉降。由于桩侧土层为黏性土、岩石全风化带、强风化岩和中风化岩层,均为不透水层,在此过程中负摩擦引起的沉降是微弱的,可以忽略不计。本工程考虑没有沉渣,故沉渣引起沉降不考虑。现以 φ180mm 的钢管桩一桩为例进行计算,5.3mm < 10mm,满足规范要求。

3) 基础配筋验算

改造后基础尺寸为长 7.2m、宽 5.7m、高 3m 的承台,承台下设 30 根钢管桩。对群桩基础按连续梁计算钢管桩与承台交接处的弯矩(X 轴方向):每延米计算弯矩为 223kN·m。原扩大基础底部配置双向Φ22@220mm 钢筋,经验算承载力和裂缝均满足要求。

第七章　水下玻璃纤维套筒加固技术

第一节　加固原理与适用范围

一、加固原理

水下玻纤套筒加固技术又称为"夹克法",是根据墩柱和桩基础的尺寸,在工厂加工好防腐蚀的玻璃纤维套筒,并保证玻璃纤维套筒与原结构之间有一定间隙。进行加固施工时,需要潜水员在水中把玻纤套筒套在破损的墩柱或者桩基础外,再灌注高强度水下环氧灌浆料,即可完成主要的修复工序。施工快捷方便,无需搭设围堰及排水作业。它的基本概念是采用一个永久性、高强度的套筒来保护结构,可抗拒盐碱、腐蚀性污染物、干湿循环和冻融循环的破坏;多用途氢酯环氧灌浆料可牢固黏结到结构表面。由于采用了对水不敏感的配方,可在潮湿或有水的环境中使用,在水下完成自流平和固化。与常规的围堰后增大截面加固相比,水下玻璃纤维套筒加固技术通过潜水员直接进行套筒的连接安装以及灌浆材料的施工,施工方便,成本相对低廉,为桥梁的墩柱及桩基础维修加固提供了一套全新的解决方案[22]。

二、技术特点

水下玻璃纤维套筒加固技术主要有以下三大特点：
(1)防腐性。环氧灌浆料为高分子聚合物,有高度的防腐蚀作用,可应对海水腐蚀。由于玻璃纤维套筒对化学反应的惰性,可抵抗各种化学制剂,耐酸、耐碱性。
(2)水下施工。环氧灌浆料为独特配方设计,在水下施工仍有超强、紧密的黏结力;水中施工时可自流平,不离析。特别是可在"水下施工",而不需要搭建围堰及排水。是一套省时、省工、省钱的防护技术。
(3)耐久性。可抵抗因气候循环所引起的干湿、冷热、冻融等交互作用,及水流、海洋潮汐、废水、电解等持续性或间歇性的腐蚀作用,耐久性特佳。

三、适用范围

自20世纪70年代由美国应用于马里兰州BEARCREEK BRIDGE大桥的桥墩加固以来,此技术至今已在欧美地区广泛应用。该项技术自2012年引入国内市场以来得到广泛认可,其案例主要分布于桥梁、码头中涉水的墩柱和桩基础的病害加固,其解决的病害主要有海水环境中的钢筋外露、混凝土剥落及淡水环境中由于河流冲刷造成的桩基露筋、墩柱缩径,码头中由于船只撞击造成的病害等。

第二节　主　要　材　料

水下玻璃纤维套筒加固系统配套的材料:玻璃纤维套筒、环氧灌浆料、水下环氧封口胶、水下环氧封顶胶、不锈钢钉、紧固带、可压缩密封条等,见图5.7.1。

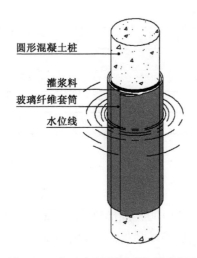

图 5.7.1　水下玻璃纤维套筒加固示意图

以某品牌水下玻璃纤维套筒加固系统为例：

一、玻璃纤维套筒

FX-80 GFJ 玻璃纤维套筒是由玻璃纤维和聚合树脂材料加工而成，聚合树脂有稳定剂以防止紫外线照射老化。FX-80 GFJ 玻璃纤维套筒的抗拉强度以特选的玻璃纤维为保障，防腐性能优越（抗海水和化学制剂）。其技术参数见表 5.7.1。

FX-80 GFJ 玻璃纤维套筒技术参数　　表 5.7.1

规格	可提供圆形、方形、H 形、矩形，或根据项目要求特殊定制
颜色	灰色、半透明色，或根据要求定制
厚度（mm）	3~6
吸水率（%）	≤1
极限抗拉强度（MPa）	≥105
抗弯强度（MPa）	≥170
弯曲弹性模量（MPa）	≥4800
巴氏硬度	45±5

二、多用途水下环氧灌浆料

FX-80MP 多用途水下环氧灌浆料是一种对湿气不敏感的 100% 固形物环氧灌浆料。它的配方经过特殊设计，骨料经过专门制造选配，可在水下固化，并具有极佳的流动性、高强度和低吸收性。FX-80MP 多用途水下环氧灌浆料具有长适用期，可以水下泵送或人工灌注作业，施工时不需要围堰及排水。其技术参数见表 5.7.2。

FX-80MP 多用途水下环氧灌浆料技术参数　　表 5.7.2

项　目	时　间	数　值
抗压强度	1d	24.8MPa
	3d	41.4MPa
	7d	54.5MPa
	28d	68.3MPa

续上表

项　　目	时　　间	数　　值
弯曲强度		20MPa
拉伸强度	7d	11.7MPa
与混凝土黏结强度	7d	17.2MPa
收缩率		0.07%

三、水下结构密封胶

FX-500UW 水下结构密封胶是一种 100% 固形物，对湿气不敏感且无流挂，属于环氧树脂黏合剂，非常适用于对竖直和顶部表面进行修复，黏结强度高，可粘在潮湿或干燥表面上，不会干缩，对油类、污水及腐蚀性水具有极佳耐受性。其技术参数见表 5.7.3。

水下结构密封胶技术参数　　　　表 5.7.3

项　　目	数　　值	项　　目	数　　值
抗压强度	56MPa (7d)	抗压弹性模量	2800MPa (7d)
黏结强度	15MPa (7d)	收缩率	0.045%
拉伸强度	18MPa (7d)	吸水率	1%
延伸率	3.5%	适用期	40min

第三节　施工要点及质量控制措施[22-23]

一、施工流程

水下玻璃纤维套筒系统加固工艺流程：水下查勘测量→水中原桩基础（或墩柱）表面凿毛→工厂定制玻璃纤维套筒和灌浆料→工厂至现场物流运输→水下安装玻璃纤维套筒及封底→水下安装导流管→灌浆料搅拌→灌注灌浆料→灌浆料套筒内自动流平→灌浆料水下凝固→水下封口胶封口→水下养护。

二、施工工艺及质量控制措施

(1) 由专业的潜水员对每根桩基础作表面处理。桩基础加固前应先清除表面水生物，然后对表面混凝土凿毛。凿毛深度视情况而定，如混凝土表面出现裂缝的，则应凿至主筋部位，除去钢筋表面的锈迹，再用高压水枪冲洗；如混凝土表面完好的，一般凿除深度 2cm 左右即可，再用高压水枪冲洗。如钢筋有锈蚀的宜先用钢丝刷进行除锈。

(2) 水下安装玻璃纤维套筒及封底。玻璃纤维套筒现场确定尺寸后均由厂家预制生产，运到现场后检查尺寸，验收合格后方可使用。

①在套筒的锁扣槽内注入低模量氢酯环氧胶。

②将套筒撑开并包裹桩基础（或墩柱），根据不同项目，套筒长度应在损坏区域上、下各延长 46~61cm。

③使用紧固带临时固定套筒，待所有安装完成后再卸下紧固带。

④每隔15cm,使用不锈钢自攻螺丝紧固套筒锁扣处。

⑤使用可压缩密封条封住套筒底部。安装底部25mm厚可压缩密封条,此处桩基与玻璃纤维套筒之间不允许有空隙。结构物表面如有较大缺陷,须提前采用环氧修补胶修复后再进行玻璃纤维套筒安装。

(3)水下安装导管。将直径不小于110mm的PVC管垂直固定于原基础上,管上口可露出水面并连接进料口,下口连接带切斜口并固定于原基础和套筒之间的导流器。

(4)灌浆料搅拌。根据设计要求按配料比进行混合,然后用低速钻头和搅拌叶板搅拌2min。搅拌至均匀,应刮到侧面和底面以确保彻底拌和。拌和后立即泵送或灌注。

(5)灌浆料灌注。灌浆料灌注分两种形式:一种是混凝土泵车泵送;另一种是人工灌注。灌注环氧灌浆料15cm后封底暂停,等封底灌浆料固化后继续灌注环氧灌浆料,直至一个节段玻璃纤维套筒灌满。

①人工灌注:人工灌注的步骤比较简单,只要将搅拌好的灌浆料装入手提式的料筒内,再由工人将料筒内的料匀速地倒入进料口即可。

②混凝土泵车泵送:泵车就位地点应平坦坚实,周围无障碍物,上空无高压输电线。泵车不得停放在斜坡上。泵车就位后,应支起支腿并保持机身的水平和稳定。当用布料杆送料时,机身倾斜度不得大于3°。就位后,泵车应打开停车灯,避免碰撞。

(6)灌浆料套筒自动流平及固化。将灌浆料注入套筒内,这种氢酯环氧灌浆料具有极佳的流动性、低吸收性和水中絮凝功能,所以灌浆料灌注至原基础与套筒间隙内会自动流平,并将水全部排出并填满。灌浆料水下固化至少8h。

(7)水下封口胶封口。在套筒顶端用低模量氢酯环氧胶建个斜坡,进行顶部密封。等全部施工完成后方可拆除紧固带。

(8)水下养护。施工完成后需进行水下养护,养护时间不少于7d。

第四节 工程实例

工程实例5-10:水下玻纤套筒加固桥梁桩基础[24]

丹绥线浮渡河大桥位于营口市境内,建成于2007年,桥梁全长345.24m,交角为60°,桥跨组合为17×20m,跨径总长为340m,属于大桥。检查发现该桥6-1号、6-2号、6-3号、7-1号、7-2号、7-3号墩柱桩基外露最大高度为5.8m,水面以上部位最大缩径15cm,6-1号、6-2号、7-1号、7-2号桩基与系梁结合处出现淘空现象,淘空25~30cm。桩基础外露部分存在钢筋锈蚀、骨料外露现象,严重影响该桥运营安全,必须尽早对检测发现的缩颈、混凝土腐蚀严重的桩基进行加固处理。

由于该桥位于浮渡河与渤海交叉口,潮汐现象频繁、河流湍急,水深约6m。常规加固方法(如外包混凝土)施工难以组织实施,且无法保证混凝土加固质量。经专家研究决定:对6-1号、6-2号、6-3号和7-1号、7-2号、7-3号桩基础外露部位采用FX-70水下玻璃纤维套筒系统(即夹克法)加固。然后再进行石笼防护,以保护或减少桩基加固后河床冲刷。

(1)加固前准备过程如下:

①首先安排潜水员对桩身周围进行探摸,了解清楚桩身周围河床面杂物、大石等堆积情况,包括大石、杂物堆积深度及大小与桩身的实际情况,掌握桩基河床面以上表面缺损情况,及桩身植筋是否存在较大的扩孔突变情况。本桥桩身顶部2m护筒范围内存在扩径现象,且部分桩身护筒并未拔出,为保证加固质量必须去除钢护筒,使加固的FX-225无收缩不含金属灌浆料与桩身混凝土有效结合。外露部分落潮时用水焊割开破除,水下部分由潜水员用专用设备,采用水下切割方式进行破除。

②由潜水员采用高压水枪或铲子清除加固范围内的海生物、淤泥、松散混凝土、周边杂物等,恶劣天

气不得施工,必须保证潜水员水下作业安全。

(2)水下玻纤套筒加固施工顺序如下:

①在套筒的锁扣槽内注入 FX-763 低模量氢脂环氧胶,由潜水员将 FX-70 玻璃纤维套筒分开,并围绕包裹桩基础。

②使用紧固带临时固定套筒。

③每隔 15cm 采用不锈钢自攻螺丝紧固套筒锁扣处。

④采用可压缩密封条封住套筒底部。

⑤将 FX-70-6MP 灌浆料注入套筒底部至套筒顶部以下 15cm 高度处,待灌浆料固化至少 8h。

⑥将 FX-225 灌浆料注入套筒,至筒内的水全部排除并填满至套筒顶 10cm 左右。

⑦改用 FX-70-6MP 灌浆料注入套筒至填满,用 FX-763 胶密封。

⑧待灌浆料固化后,取下临时紧固带。

采用夹克法加固技术处理桩基础,有效地阻碍了病害的进一步发展,减小了桥梁的安全隐患,延长了桥梁的使用寿命。

第八章　注浆法加固地基

第一节　注浆法分类及加固原理[6,25]

目前常用的注浆方法按常规可分为三大类,即静压注浆法、高压喷射注浆法和复合注浆法。

一、静压注浆法

1. 加固原理

静压注浆法是利用液压、气压和电化学的原理,通过注浆管将能强力固化的浆液注入地层中,浆液以充填、渗透、挤密和劈裂等方式,挤走土颗粒或岩石裂隙中的水分和空气后占据其位置。浆液固结后原来松散的土粒或裂隙胶结成一个整体,从而改变岩土体的物理力学性质。

2. 工程特性

静压注浆法加固地基的优点:浆液扩散范围大,对砂砾石、砂卵石地层注浆效果好,注浆固结体强度较高,注浆浆液全部进入地层中,浆液利用率高。

静压注浆技术加固地基的缺点是:注浆浆液可控性较差,易出现串浆及跑浆现象,浆液易流失到加固区域以外的地方,加固影响区域很难有效控制。在加固处理黏性土和粉细砂层地基时,浆液注入主要是靠挤密和劈裂作用,加固后注浆固结体强度较低且浆液扩散的均匀性较差,不能成桩体状。

3. 适用土质范围

静压注浆技术适用的土质范围:中粗砂及砂砾石,破碎岩石与卵砾石,软黏土和湿陷性黄土。

二、高压喷射注浆法

1. 加固原理

高压喷射注浆法利用高压射流切割原理,通过带有喷嘴的注浆管在土层的预定深度,以高压设备使浆液或水成为20MPa左右或更高的高压射流从喷嘴中喷射出来,冲击切割土体,当喷射流的动压超过土体结构强度时,土粒便从土体中剥离。一部分细小的颗粒随浆液冒出地面,其余土粒在喷射流的冲击力、离心力和重力的作用下,与浆液搅拌混合,并按一定的浆土比例和质量大小有规律地重新排列,浆液凝固后便在土中形成一个固结体。固结体是由浆液与土以半置换或全置换的方式凝固而成。

2. 工程特性

高压喷射注浆技术的优点是:加固地基时浆液在喷射切割土体极限范围之内固结,浆液可控性好,不易流失到远距离的加固区域外,以置换土体方式固结,固结体强度高。高压喷射注浆能定向、定位,可以形成连续的圆柱状旋喷桩体,且能直接承受上部荷载。高压喷射注浆技术适用的土质范围较大,在砂层中注浆效果尤佳。

高压喷射注浆技术的缺点是:浆液只能在喷射破坏土体的极限范围之内固结,浆液扩散范围较小,对有结石物或硬物阻碍时无法达到所需加固范围。同时注浆浆液受喷射流动性的制约,水灰比较大,固结体收缩也较大。高压喷射注浆技术对卵砾石地基及含有大纤维质的腐殖土注浆效果较差。

常用的高压喷射注浆工艺有单管法、双重管法、三重管法。

3. 适用土质范围

高压喷射注浆法可处理的土体非常广泛。除对淤泥、淤泥质土、粉土、砂土、素填土和碎石土等土质效果明显外,对流塑、软塑或可塑性黏土、黄土等一些特殊土质的处理效果也很显著。

三、复合注浆法

1. 加固原理

复合注浆技术是将静压注浆技术和高压旋喷注浆技术进行时序结合,从而发挥两种注浆技术各自优势的一种新型注浆技术。即先采用高压旋喷注浆成桩柱体,再采用静压注浆增强旋喷效果,扩散加固浆液、防止固结收缩、消除注浆盲区。

2. 工程特性

复合注浆技术能定向、定位、定深度,能形成连续的圆柱状的旋喷桩体,且旋喷桩体顶部无收缩,并与原基础混凝土或桩身混凝土结合紧密,具有承载力较高和固结体强度较高的特点,且固结体强度可根据设计需要进行调节。其强度范围为 5～30MPa。与只用高压旋喷注浆形成的固结体相比,注浆技术形成连续的圆柱状的旋喷桩体,其各方面的性质都有显著提高。

3. 适用土质范围

复合注浆技术可用于:

(1)加固处理持力层较弱的工程灌注桩。如设计所要求的坚硬持力层过深或施工时未达到坚硬持力层时,可采用桩内预留孔或钻孔方式进行加固。

(2)有桩身质量问题的灌注桩。如桩身混凝土局部松散破碎,贯通性蜂窝、断桩等缺陷桩。

(3)需要扩底的预制桩。如在桩施工前向预定的桩底区域注浆,可以大幅度提高桩的承载力和减小桩基础变形量。

(4)可用于桩底下软夹层、溶洞、溶沟、土洞的处理。

(5)岩溶地区发现地基存在软夹层、溶洞、土洞等情况的桩基础。应用复合注浆技术处理既简便又较经济,且加固效果可靠。

第二节 静压注浆法设计及施工要点

一、浆液种类

根据待加固地基的土质不同,静压注浆法可分为水泥灌浆法、硅化法和碱液法。

(1)水泥灌浆法适用于砂土和碎石土,也适用于黏性土、填土和黄土中的压密灌浆和劈裂注浆。

(2)硅化法分为单液硅化法(水玻璃)、双液硅化法(水琉璃、氯化钙)。对渗透系数为 0.1～2m/d 的粗颗粒土,用单液硅化法;对渗透系数为 0.1～80m/d 的粗颗粒土,用双液硅化法;对自重湿陷性黄土,宜采用无压力单液硅化法,以减少施工时的附加下沉。

(3)碱液法(氢氧化钠溶液)适用于处理既有构筑物的非自重湿陷性黄土地基。

二、设计要点

1. 设计前的准备

设计前应查明加固土层的分布范围、含水率、土的颗粒级配、地下水和孔隙率等土体的物理力学性能指标;并调查研究以下内容:注浆有效范围、注浆材料的选择、初凝时间、注浆量和压力、注浆孔布置和注浆顺序等。对重要工程,注浆设计前必须进行室内浆液配合比试验。此外,尚宜进行现场注浆试验,以求得合适的设计参数,并检验施工方法和设备。

2. 选择浆液类型

(1)选定浆液及其配合比的设计,必须考虑注浆的目的、地质情况、地基土的孔隙大小、地下水的状态等,在满足所需目的范围内选定最佳配合比。

(2)注浆法处理软土的浆液材料可选用以水泥为主剂的悬浊液,也可选用水泥和水玻璃的双液型混合液。丙凝具有凝结时间短的特点,聚氨酯有遇水膨胀的特性,化学浆液因对环境有污染,选用时应慎重考虑。在有地下动水流的情况下,不应采用单液水泥浆。

(3)用作提高土体强度的注浆液可选用以水泥为主剂的悬浊液,注浆孔间距可按 1.0~2.0m 的范围设计。

(4)用作防渗的注浆至少应设置三排注浆孔,注浆液应选用水玻璃或水玻璃与水泥的混合液。注浆孔间距可按 1.0~1.5m 范围设计。动水情况下的堵漏注浆宜采用双液注浆或初凝时间短的速凝配方。

3. 确定注浆量

注浆量取决于地基土性质和浆液的渗透性等因素。在进行大规模注浆施工时,宜在施工现场进行试验性注浆以决定注浆量。一般黏性土地基中的浆液注入率为 15%~20%。

4. 确定注浆压力

(1)对劈裂注浆,在注浆的范围内应尽量减小注浆压力。注浆压力的选用根据土层的性质及其埋深确定。砂性土的经验数值是 0.2~0.5MPa;黏性土的经验数值是 0.2~0.3MPa。

(2)对压密注浆,注浆压力主要取决于浆液材料的稠度。如采用水泥砂浆液,坍落度可在 25~75mm 左右,注浆压力可选在 1~7MPa 范围内,而且坍落度较小时,注浆压力可取上限值。如采用水泥-水玻璃双液快凝浆液,则注浆压力应小于 1MPa。

5. 确定浆压初凝时间

初凝时间必须根据地基土质条件和注浆目的决定。在砂土地基注浆中,一般使用的浆液初凝时间为 5~20min;在黏性土中劈裂注浆时,一般浆液初凝时间为 1~2h。

6. 注浆工艺的确定

(1)注浆工艺和有效范围应根据不同工程特点,必须充分满足防渗堵洞要求,提高土体强度和模量、充填空隙及托换等目的。注浆点的覆盖土应大于 2m。

(2)在砂性土中注浆,若以防渗为主要目的,则应考虑第二次注浆。第二次注浆的时间宜在第一次注入的水泥浆初凝后进行。注浆材料应采用水玻璃等低黏度的化学注浆材料。

(3)注浆孔的布置原则,应能使被加固土体在平面和深度范围内连成一个整体。

(4)注浆顺序必须适合地基土质条件、现场环境及注浆目的,一般不宜采用自注浆地带某一端单向推进的压注方式,应按跳孔间隔注浆方式进行,以防止串浆。对有地下动水流的特殊情况,应考虑浆液在动水流下的迁移效应,应自水头高的一端开始注浆。

(5)注浆时应采用先外围、后内部的注浆施工方式。注浆范围以外有边界约束条件时,也可采用自内侧开始顺次往外侧注浆的方法。

三、施工要点及质量控制措施

1. 施工前准备

(1)注浆施工必须根据设计要求并考虑周围环境条件进行。施工前,设计单位应向施工单位提供注浆设计文件并负责技术交底。

(2)注浆法施工场地事先应予平整,除干钻法外,应沿钻孔位置开挖沟槽与集水坑,以保持场地的整洁和干燥。

(3)注浆开始前应充分做好准备工作,包括机械器具、仪表、管路、注浆材料、水和电等的检查及必要的试验,其中压力表和流量测定器应是必备的仪表,注浆一经开始即应连续进行,避免中断。

2. 浆液制备

(1)注浆使用的原材料及制成的浆体应符合下列要求:

①制成的浆体应能在设计要求的时间内凝固并具有一定强度,其本身的防渗性和耐久性应满足设计要求。

②浆体在凝固后其体积不应有较大的收缩率,一般应小于3‰的体积量。

③所制成的浆体在1h内不应发生析水现象。

(2)为了改善浆液性能,可在浆液拌制时加入如下外加剂:

①加速浆体凝固的水玻璃,其模数应为3.0~3.3。水玻璃掺量应通过试验加以确定,一般为0.5%~3%。

②提高浆液扩散能力和可泵性的表面活性剂(或减水剂),一般掺量为水泥用量的0.3%~0.5%。

③提高浆液均匀性和稳定性,防止固体颗粒离析和沉淀而掺加的膨润土,其掺加量不宜大于水泥用量的5%。

(3)浆体必须经过搅拌机充分搅拌均匀后,才能开始压注,并应在注浆过程中不停地缓缓搅拌,搅拌时间应小于浆液初凝时间,浆体在泵送前应经过筛网过滤。

(4)注浆用水应是可饮用的自来水、河水、井水及其他清洁水,不宜采用pH值小于4的酸性水和工业废水。

(5)注浆所用的水泥宜用42.5级或52.5级普通硅酸盐水泥,一般不得超过出厂期2个月,受潮结块不得使用。水泥的各项技术指标应符合现行国家标准,并附有出厂试验单和合格证。

(6)满足强度要求前提下,可用磨细粉煤灰或粗灰部分代替水泥,掺入量通过试验确定,一般掺入量约为水泥重量的20%~50%。

(7)封闭泥浆的7d立方体抗压强度宜为$q_0 = 0.3 \sim 0.5$MPa,浆液黏度为$80'' \sim 90''$。

3. 各类方法的施工步骤

(1)塑料阀管注浆施工可按下列步骤进行:

①钻机与灌浆设备就位;

②钻孔;

③当钻机钻到设计深度后,从钻杆内灌入封闭泥浆;

④插入塑料单向阀管到设计深度,当注浆孔较深时,阀管中应加入水,以减小阀管插入土层时的弯曲;

⑤封闭泥浆凝固后,在塑料阀管中插入双向密封注浆芯管进行注浆;
⑥注浆完毕后,应用清水冲洗塑料阀管中的残留浆液;对于不宜用清水冲洗的场地,可考虑用纯水玻璃浆或陶土浆灌满阀管。

(2) 花管注浆法施工可按下列步骤进行:
①钻机与灌浆设备就位;
②钻孔或采用振动法将花管压入土层;
③若采用钻孔法,应从钻杆内灌入封闭泥浆,然后插入花管;
④待封闭泥浆凝固后,移动花管自下向上(或自上向下)进行注浆。

(3) 压密注浆施工可按下列步骤进行:
①钻机与灌浆设备就位;
②钻孔或采用振动法将金属注浆管压入土层;
③若采用钻孔法,应从钻杆内灌入封闭泥浆,然后插入孔径5cm的金属注浆管;
④待封闭泥浆凝固后,捅去金属管的活络堵头,然后向地层注入水泥-砂稠状浆液或水泥-水玻璃双液快凝浆液。

4. 施工质量控制措施

(1) 注浆孔的钻孔孔径一般为70~110mm,垂直偏差应小于1%,注浆孔有设计角度时应预先调节钻杆角度,倾度偏差不大于2°。

(2) 当钻到设计深度后,必须通过钻杆注入封闭泥浆,直到孔口溢出泥浆方可提杆。当提杆至中间深度时,应再次注入封闭泥浆,最后完全提出钻杆。

(3) 塑料单向阀管每一节均应做检查,要求管口平整无收缩、内壁光滑。事先将每6节塑料阀管对接成2m长度以备用。准备插入钻孔内时应复查一遍,必须旋紧每一节螺纹。

(4) 注浆芯管的聚氨酯密封圈使用前要进行检查,应无残缺和大量气泡现象,上部密封圈裙边向下,下部密封圈裙边向上,且都应涂上黄油。所有注浆管接头螺纹均应保持有充足的油脂,这样既可保证丝牙寿命,又可避免浆液凝固在丝牙上造成拆装困难。

(5) 若进行第二次注浆,化学浆液的黏度应较小,不宜采用自行密闭式密封圈装置,宜采用两端用水加压的膨胀密封型注浆芯管。

(6) 注浆管上拔时宜使用拔管机。塑料阀管注浆时,注浆芯管每次上拔高度应为330mm;花管注浆时,花管每次上拔或下钻高度宜为500mm。

(7) 注浆的流量一般为7~10L/min,对充填型灌浆,流量可适当加快,但也不宜大于20L/min。

(8) 如注浆中途发生地面冒浆现象应立即停止注浆,调查冒浆原因,如系浆孔封闭效果欠佳,可待浆液凝固后重复注浆;如是地层灌注不进,则应结束注浆。

(9) 在冬季,当日平均温度低于5℃或最低温度低于-3℃的条件下注浆时,应在施工现场采取适当措施,以保证浆体不冻结。

(10) 在夏季炎热条件下注浆时,用水温度不得超过30~35℃;并应避免将盛浆桶和注浆管路在不注浆状态暴露于阳光下,以免加速浆体凝固。

(11) 注浆施工情况必须如实和准确记录,应有压力和流量记录,宜采用自动流量和压力记录仪,并对资料及时进行整理记录,以便指导注浆工程的顺利进行,为验收工作做好准备。

5. 质量检验

(1) 对注浆效果的检查,应根据设计提出的要求进行,检验时间在注浆结束28d后。可选用标准贯入和静力触探对加固地层进行检测。

(2) 注浆效果检测点一般为注浆孔数的2%~5%,如检测点不合格率大于或等于20%,或虽然,小于20%,但检测点的平均值达不到设计要求时,在确认设计原则正确后,应对不合格的注浆孔实施重复注浆。检测点位置应视检测方法和现场条件由施工单位和设计单位协商决定。

第三节　高压喷射注浆法设计及施工要点

一、设计要点[25]

1. 浆液种类

高压喷射注浆常选用单液水泥浆、水泥水玻璃浆、水泥黏土浆等。采用纯水泥浆时,喷射注浆常用的水灰比为1:1。

2. 固结体直径与喷射参数之间的关系

(1)固结体直径与喷射注浆的压力关系。

在相同的提升速度下,喷射注浆压力越高,注浆固结体的直径越大,二者在喷射压力达到一定程度后,近似呈线性关系。因此,在地基加固中,可采用增大注浆喷射压力的方式来增大固结体注浆技术。注浆技术的喷射压力一般为20～35MPa,但常用的注浆压力为23～25MPa。

(2)固结体直径与喷射提升速度的关系。

在相同的喷射注浆压力下,旋喷提升速度越小,固结体的直径越大,但提升速度减小的幅度与直径增大的增量并不成比例,提升速度减小到一定程度后,固结体直径增大效果不明显,而提升速度过快,则固结体成形不佳。

因此,喷射注浆技术的旋喷提升速度需控制在一定范围内,一般为10～25cm/min,常用的为20cm/min。

(3)固结体直径与注浆回转速度的关系。

在相同的喷射提升速度和相同的喷射压力下,采用不同的回转速度对固结体直径影响不大,但回转速度过小则造成固结体成形不佳,回转速度过大则造成固结体直径减小。因而注浆技术的旋喷回转速度需控制在一定范围内,一般为20～40r/min,常用为20r/min。

(4)固结体直径与注浆土层性质的关系。

在相同的喷射注浆参数和不同的地层条件下,固结体直径不同。土质越硬,固结体直径越小。因而注浆参数需根据地质条件来进行相应调整。如地层相对较硬,则需采用提高注浆压力、减小提升速度等方式来增大固结体直径。

(5)固结体直径与喷射次数的关系。

在相同的喷射注浆参数下,采用先喷射一遍或几遍清水后喷射一遍水泥浆液的方式,或直接喷射两遍水泥浆的复喷方式进行注浆,能增大固结体直径。特别对于较硬的土质条件,这种方法较为有效。在对有缺陷桩基础加固、桩底有软弱持力层及桩身松散时,常采用这种复喷方式来增大固结体直径。

3. 固结体强度与喷射参数间的关系

(1)固结体强度与土质条件的关系。

喷射注浆参数条件相同时,在不同的地层条件下,固结体强度存在差异。沙质土的固结体强度较高,黏性土的固结体强度较低,其中以淤泥固结体强度最低。一般来说,含沙质土的成分越高,固结体强度也越高。

(2)固结体强度与复喷的关系。

在相同的喷射注浆参数下,采用先喷射一遍或几遍清水后,再喷射一遍水泥浆液的方式进行注浆,以增强固结体的强度,特别是对于固结体强度要求较高的情况,这种方法较为有效。采用注浆加固处理桩底软弱持力层时,常采用这种复喷方式来提高固结体强度。

4. 计算要点

(1)对加固前墩台基础的承载力进行估算。

①对目前已不能满足使用要求的桥梁构筑物地基承载力的估算方法。

如现有地基承受的荷载为 W_1,基础底面积为 A_1,则基础底面现有应力 σ 为:

$$\sigma = \frac{W_1}{A_1}$$

由于基础已发生下沉并危及正常使用,地基的现有应力必然已经超过地基的极限承载能力(基础底部及其下卧层),则地基实际极限承载力 σ_0 肯定比 σ 值小。

$$\sigma_0 = \alpha\sigma$$

式中:α——现有地基支承系数($\alpha < 1.0$),视病害程度,α 取 $0.8 \sim 0.95$,对下沉较小或目前已基本稳定的地基,加固后原土层的承载能力,建议取大值;对下沉速度很快或下沉正在迅速发展的地基,建议取小值。

②对于目前没有病害,仅为提高荷载等级而需要加固的地基,地基承载能力有两种方法确定:一种是按地质钻探或土工试验所给出的土体极限强度 σ_0;另一种是依据规范提出的"经过多次压实、未受破坏的旧地基",其允许承载力可予以提高(提高系数为 $1.25 \sim 1.5$)的方法确定。

(2)加固危及正常使用的墩台基础设计计算方法,可按下列步骤进行:

①用地质钻探的方法确定基岩或硬岩的深度,其决定固结体的性质。若基岩较浅,则可设计成端承桩;若基岩较深,则可设计成摩擦桩。

②在现场选各层土样,按加固需要和现场可能达到的水泥、水、土三者之比进行配合比试验,决定固结体的抗压极限强度 $\sigma_{桩}$。

③计算加固所必需的固结体的总面积 $A_{桩}$:

$$A_{桩} = \frac{W_1 - \sigma_0 A_1}{\dfrac{\sigma_{桩}}{K_1} - \sigma_0}$$

式中:K_1——桩柱的安全系数,一般桩基础采用 $K_1 = 2.0$。

也可使用正常的地基加固检算方法:

$$A_{桩} = \frac{K_2 W_1 - \sigma_0 A_1}{\sigma_{桩} - \sigma_0}$$

式中:K_2——地基承载安全系数。

④旋喷注浆加固总面积 $A_{桩}$ 求出以后,可用试桩或经验公式法确定固结体的有效直径 D。

如采用单管法,对 $0 < N \leq 5$ 的黏性土:

$$D = 1.3 \times \left(\frac{1}{2} - \frac{1}{200}N^2\right)$$

对于 $5 < N \leq 15$ 的黏性土:

$$D = \frac{1}{770} \times (350 + 10N - N^2)$$

式中:D——有效直径(m);

N——土壤的标准贯入度。

有了直径便可算出加固所需的旋喷根数 m:

$$m = \frac{A_{桩}}{F} = \frac{A_{桩}}{\dfrac{1}{4}\pi D^2} = 1.273 \times \frac{A_{桩}}{D^2}$$

⑤旋喷注浆根数算出后,即可进行孔位的布置。

(3)旋喷法加固未发生病害,只为提高荷载等级的墩台基础设计计算步骤:

①定出桥梁构筑物将来使用时所需支承的最大荷载 $W_{最大}$;

②标出现有加固前地基所承受的荷载 $W_{现在}$;

③假定加强后结构新增加的荷载全部由固结体承受,则:

$$W_{桩} = W_{最大} - W_{现在}$$

④所需桩柱体总面积:

$$A_{桩} = \frac{W_{最大} - W_{现在}}{\sigma_{桩}/K_3}$$

式中:K_3——加强固结体的安全系数,建议取 2.0;

$\sigma_{桩}$——固结体的抗压极限强度,按配合比试验或现场承载力试验确定。

⑤确定所需固结体总面积后,即可决定固结体的有效直径 D,方法同前。

⑥决定桩数 m,即:

$$m = 1.273 \frac{A_{桩}}{D^2}$$

⑦进行桩位布孔。

二、施工要点[6]

高压喷射注浆设备,可根据工程具体情况和机具条件加以选择,具体如下。

(1)单管法:单独喷射水泥浆液,见图 5.8.1。注浆管钻进至一定深度后,由高压泥浆泵等高压发生装置,以一定的压力将浆液从喷嘴中喷射冲击破坏土体。同时,使浆液与土搅拌混合,在土中形成圆柱状固结体。

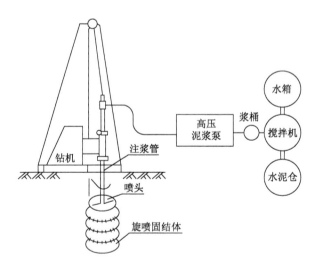

图 5.8.1 单管高压喷射注浆示意图

(2)双重管法:同轴喷射水泥浆液和压缩空气,见图 5.8.2。使用双通道的双重注浆管,当注浆管钻进至预定深度后,通过双重喷嘴,同时喷射出高压浆液和空气两种介质的喷射流冲击破坏土体。在高压浆流和它外围环绕空气的共同作用下,破坏土体的能量增大,最后形成固结体的直径也明显增加。

(3)三重管法:同轴喷射高压水和压缩空气,并注入水泥浆,见图 5.8.3。通过分别使用输送水、气、浆三种介质的三重注浆管,在土中凝固成直径较大的圆柱状固结体。

单管法的桩径可达 0.3~0.8m;双重管法的桩径一般为 1m;三重管法的桩径可达 1~1.5m。

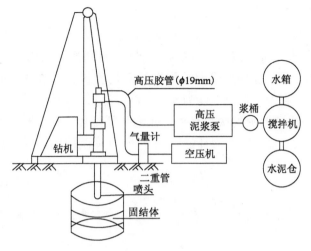

图 5.8.2 双重管高压喷射注浆示意图

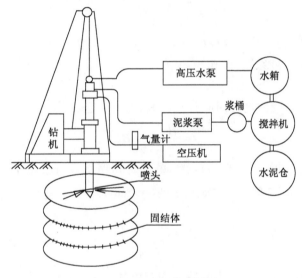

图 5.8.3 三重管高压喷射注浆示意图

旋喷注浆法的单管法及双重管法的高压水泥浆液流和三重管法高压水射流的压力宜大于 20MPa，三重管法使用的低压水泥浆液流压力宜大于 1MPa，气流压力宜取 0.7MPa，提升速度可取 0.1~0.25 m/min。

第四节　复合注浆法设计及施工要点[25]

一、设计要点

1. 注浆材料

采用水泥浆为主剂对既有建筑物地基加固注浆时，水泥一般采用 42.5 号早强型硅酸盐水泥。对桩基础缺陷进行加固补强注浆时，为了获得较高的固结体强度，采用高强度等级的 52.5 号普通硅酸盐水泥。

常用外加剂为速凝剂、早强剂等。速凝剂常采用水玻璃，水玻璃用量一般为水泥用量的 2%~4%。采用双液进行静压注浆时，水玻璃用量可为水泥用量的 10%~100%。早强剂为氯化钙和三乙醇胺，其用量一般为水泥用量的 2% ~4%。

2. 固结体设计

复合注浆固结体直径与土质及注浆工艺参数有关,针对不同的土层需采用与之相适应的喷射压力和提升速度。在地基基础加固中,复合注浆固结体直径平均值设计为 500~600mm。在对缺陷桩基的加固补强中,复合注浆固结体直径平均值设计为 500~800mm。

复合注浆固结体强度与土质及喷射次数有关。在地基基础加固中,设计复合注浆固结体强度极限值为 5.0~15.0MPa。在对缺陷桩基的加固补强中,设计复合注浆固结体强度极限值为 8.0~25.0MPa。

3. 注浆量设计

(1) 旋喷注浆量

复合注浆技术加固地基基础时的旋喷注浆量计算有两种方法,即体积法和喷量法,取其中大者作为设计喷射浆量。

① 体积法。

$$Q = \frac{\pi}{4} D_e^2 Kh\alpha(1+\beta)$$

其中,Q 为浆量(m^3);D_e 为旋喷体直径(m);K 为填充率(0.75~0.9);h 为旋喷长度(m);β 为损失系数,通常为 0.1~0.2;α 为折减系数,取 0.6~1.0。

② 喷量法。

以单位时间喷射的浆量及喷射持续时间计算出浆量,计算公式为:

$$Q = \frac{H}{v} q(1+\beta)$$

其中,Q 为浆量(m^3);H 为喷射长度(m);q 为单位时间喷浆量(m^3/min),它与喷射压力、喷嘴直径有关;β 为损失系数,通常为 0.1~0.2;v 为提升速度(m/min)。

(2) 静压注浆量

复合注浆的静压注浆量可按照下式进行计算:

$$Q = KVn$$

其中,Q 为灌浆浆液总用量(m^3);V 为灌浆加固对象的土量(m^3);n 为土的孔隙率;K 为经验灌注系数,取 0.3~0.8。

通常情况下,复合注浆技术用于加固既有建筑物地基基础时,设计旋喷后静压注浆的水泥用量为 300~800kg/孔。复合注浆技术用于对缺陷桩补强时,设计旋喷后静压注浆的水泥用量为 500~1500kg/孔。

4. 注浆参数

(1) 旋喷注浆压力:对既有建筑物地基加固注浆时常采用单管高压旋喷,其压力常用 20~25MPa;对桩基缺陷进行加固补强注浆时采用单管高压旋喷或三重管高压旋喷,注浆压力常用 25~30MPa。

(2) 喷射提升速度:对既有建筑物地基加固注浆时,喷射提升速度采用 20cm/min;对桩基缺陷进行加固补强注浆时,喷射提升速度采用 10~15cm/min。

(3) 喷射旋转速度:20~40r/min。

(4) 静压注浆压力:对既有建筑物地基加固注浆时,静压注浆压力采用 0.3~2.0MPa;对桩基缺陷进行加固补强注浆时,静压注浆压力采用 0.3~5.0MPa。注浆压力需根据每个工程的不同土质条件及注浆部位进行注浆压力设计。

(5) 浆液水灰比:旋喷注浆时,浆液水灰比采用 1:1~1.2:1;静压注浆时,浆液水灰比采用 0.5:1~1.2:1。

5. 地基承载力及旋喷桩单桩承载力计算

用复合注浆技术加固处理地基时,若原地基为天然地基,则加固处理后的地基可按复合地基计算。复合地基承载力标准值可通过现场复合地基荷载试验确定,也可按下式计算或结合当地情况与其土质相似工程的经验确定。

$$f_{sp,k} = \frac{1}{A_e}[R_k^d + \beta f_{s,k}(A_e - A_p)]$$

其中,$f_{sp,k}$为复合地基承载力标准值(kPa);A_e为一根桩承担的处理面积(m²);A_p为桩的平均截面面积(m²);β为桩间天然地基土承载力折减系数,可根据试验确定,在无试验资料时,可取0.2~0.6,当不考虑桩间软土作用时,可取零;R_k^d为单桩竖向承载力标准值(kN);$f_{s,k}$为原地基承载力标准值(kPa)。

若原地基基础采用桩基础,则复合注浆形成的旋喷桩可按桩基础计算,旋喷桩单桩承载力可通过现场荷载试验确定;也可按下面公式计算,并取其中较小值:

$$R_k^d = \eta f_{cu,k} A_p$$

$$R_k^d = \pi d \sum_{i=1}^{n} h_i q_{si} + A_p q_p$$

其中,R_k^d为单桩竖向承载力标准值(kN);$f_{cu,k}$为桩身试块的无侧限抗压强度平均值(kPa);η为强度折减系数,可取0.35~0.5;d为桩的平均直径(m);A_p为桩的平均截面积(m²);h_i为桩周第i层土的厚度(m);n为桩长范围内所划分的土层数;q_{si}为桩周第i层土的摩阻力标准值(kPa);q_p为桩端天然地基土承载力标准值(kPa)。

通常在对既有建筑物的地基基础加固中,复合注浆形成旋喷桩的单桩承载力设计值为300~500kN。在对缺陷桩基补强时,桩底复合注浆固结体极限抗压强度标准值可取13.0~20.0MPa。

6. 地基变形计算

用复合注浆技术加固处理地基,若原基础采用桩基础,则复合注浆形成的旋喷桩基础可按桩基础计算。若原地基为天然地基,则加固处理后的地基可按复合地基计算。其地基沉降计算为桩长范围内的复合土层以及下卧层地基变形值之和,计算时应按国家标准《建筑地基基础设计规范》(GB 50007—2011)的有关规定进行计算。其中,复合地基的压缩模量可按下式计算。

$$B_{sp} = \frac{E_e(A_e - A_p) + E_p \cdot A_p}{A_e}$$

其中,B_{sp}为旋喷桩复合土层的压缩模量(kPa);E_e为桩间土的压缩模量(kPa);E_p为桩体的压缩模量(kPa);A_e为一根桩承担的处理面积(m²);A_p为桩的平均截面积(m²)。

二、施工顺序及要点

复合注浆技术加固既有桥墩、台地基施工顺序及要点如下:

(1)注浆钻孔施工。

对既有建筑物地基进行加固时,先采用地质钻机钻穿原基础或承台,然后根据设计注浆深度要求,选择采用地质钻机或高压旋喷钻机钻孔到设计深度。一般以土层或强风化岩层作为注浆持力层时,可采用高压旋喷钻机直接钻孔,若以中风化以上岩层作为注浆持力层时,需先采用地质钻机钻至终孔,若地层中有卵砾石层也需采用地质钻机钻孔。

钻孔孔径一般开孔直径为110mm,终孔直径为91mm,钻孔垂直度保证<1%。对岩层或混凝土层采用金刚石钻头钻进,对卵砾石地层采用合金钻头钻进。采用泥浆护壁或套管护壁,钻孔后需保证钻孔不塌孔不堵塞。

(2)建立孔口注浆装置。

注浆钻孔施工完成以后,在注浆孔口建立注浆装置。孔口注浆装置需既满足静压注浆要求,又满足高压旋喷注浆管可以从其中下钻的要求。孔口注浆装置可采用单管接头式或混合器式,单管接头式用于单液注浆,混合器式用于双液注浆。孔口注浆装置采用预埋设的方式固定在注浆孔口,采用水泥浆或水泥水玻璃浆液将孔口装置与钻孔之间的间隙固定密封。

(3)采用高压旋喷注浆方式进行注浆。

孔口注浆装置埋设 1~2d 后,先采用高压旋喷注浆方式进行旋喷注浆。旋喷注浆需按设计规定的工艺参数(喷射压力、提升速度、旋转速度、浆液水灰比)进行注浆,将注浆管分段下入孔底,每段注浆钻杆需连接紧密并采用麻丝密封。旋喷注浆按自下而上的方式进行。为了减小附加沉降,旋喷一般采用单管旋喷注浆方式,下钻时尽量快速且尽量小压力、小流量喷水,旋喷时采用不喷水而直接喷浆一遍的方式,在底部和顶部需喷浆 2 遍。在进行纠偏加固时,为加速浆液凝固,有时采用先喷一遍水泥浆液后喷射一遍水玻璃的方式,进行双液旋喷。

(4)采用静压注浆方式进行注浆。

高压旋喷注浆结束后,利用孔口注浆装置封住孔口进行静压注浆,通过静压注浆可以扩大浆液的注入范围,防止旋喷固结体收缩从而增加旋喷体与原基础混凝土结合的紧密性。静压注浆开始时采用较稀的浆液和较低的注浆压力,随后逐渐增加浆液浓度并加大注浆压力,直至设计注浆量和注浆压力为止。一般静压注浆在浆液终凝前需进行 2~3 次灌注。静压注浆可以采用单液注浆,也可采用双液注浆。

(5)封孔。

静压注浆结束后,若注浆孔口冒浆,需对孔口进行封闭处理,防止浆液流出。若注浆结束后孔内浆液有流失,需补灌浆液到注浆孔内浆液饱满为止。

(6)复合注浆顺序有时需根据实际情况进行调整,有时需采用先静压注浆、后高压旋喷注浆的方式进行。如处理溶洞或裂隙岩层以及卵砾石地层,浆液流失严重时,需先采用静压注浆方式,通过双液注浆的方法,使注浆浆液快速凝固,从而将漏浆通道堵塞,为高压旋喷注浆创造不漏浆的条件后,再进行高压旋喷注浆,此时复合注浆才能获得较好的效果。

静力压浆及旋喷注浆施工要点详见前述章节相关内容。

第五节 工程实例

工程实例 5-11:静力压浆加固桥台地基

1. 桥梁概况

三龙中桥(图 5.8.4)位于景德镇市浮梁县三龙镇境内,建成于 2000 年 10 月。实测桥梁全长 43.7m,桥梁上部结构为 2×16m 预应力混凝土空心板,桥台为扩大基础配浆砌片石 U 形桥台,桥墩为钢筋混凝土双柱式桥墩。现场实测桥面净宽为净—7m(行车道)+2×0.75m(人行道)。2014 年初,巡检人员发现桥台前、侧墙出现严重开裂的病害,且局部伴随外鼓、错位。

2. 加固前状况

2014 年 4 月,专业技术人员对桥梁进行全面检测时,发现两岸桥台及地基存在以下病害:

(1)0 号台上、下游侧存在多处竖向开裂现象,且病害位置大体对应,裂缝呈上宽下窄趋势,侧墙上端均有轻微外鼓现象,上游侧裂缝宽度为 0.2~0.3cm,下游侧裂缝宽度为 0.5~1cm(图 5.8.5、图 5.8.6)。

(2)2 号台上游侧存在多处竖向开裂现象,裂缝宽度为 1~3cm,局部伴随外鼓,外鼓约 2cm;下游侧存在一处竖向开裂现象,裂缝宽度为 1~4cm,伴随明显外鼓,中部外鼓约 6cm,上部外鼓约 10cm(图 5.8.7~图 5.8.9)。

(3)2 号台前墙存在多处竖向裂缝,裂缝多呈现下宽上窄,个别裂缝延伸至台帽,裂缝宽度 0.5~4mm(图 5.8.10)。

(4)1 号桥墩除局部渗水外,未见明显影响结构安全的病害。

图 5.8.4　三龙中桥立面全景

图 5.8.5　0 号桥台上游侧侧墙竖向开裂

图 5.8.6　0 号桥台下游侧侧墙竖向开裂

图 5.8.7　2 号桥台上游侧侧墙竖向开裂

图 5.8.8　2 号桥台下游侧侧墙竖向开裂

图 5.8.9　2 号桥台下游侧侧墙严重外鼓

图 5.8.10　2 号桥台前墙竖向开裂

造成以上现象的主要原因是台腔填料压实度不足,浆砌片石背墙被空心板顶碎,桥面积水由背墙渗入台腔内,增大土压力,致使桥台侧墙位移,从而产生裂缝。桥台前墙裂缝下宽上窄,考虑是由基础不均匀沉降引起的。

3. 加固措施

针对桥台出现的上述病害,设计采取以下措施进行加固:

(1) 对出现竖向开裂的 2 号桥台,靠近前部基础注浆加固,深度不低于基础底面以下 50cm,以提高地基承载力,见图 5.8.11。

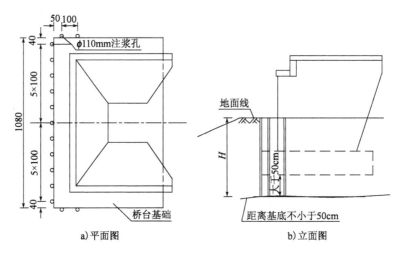

图 5.8.11 桥台地基静力压浆注浆管布置示意图(尺寸单位:cm)

(2) 对两岸桥台侧墙均采用对拉普通钢筋锚杆自平衡框架加固,并设置 C40 钢筋混凝土框架梁。

(3) 拆除并重新施作 2 号台损坏严重的侧墙。

(4) 对 2 号桥台前墙采用 C40 钢筋混凝土框架梁进行加固。

(5) 拆除两岸桥台背墙,重新砌筑钢筋混凝土背墙,并保证背墙与空心板的间距为 4cm。

(6) 采用砂砾换填两岸桥台台腔部分不良填料。

(7) 对桥台裂缝涂抹环氧树脂砂浆进行修补。

4. 施工要点

2 号桥台地基注浆施工工序及要点如下。

(1) 注浆施工工序:钻机就位→钻孔→插管→注浆作业→冲洗共五道工序。

(2) 操作要点。

① 施工前的检查:检查设备、管线系统。

② 垂直施工时,钻孔的倾斜度小于 0.3%,插管和注浆时要防止喷嘴被堵。

③ 注浆时,要做好压力、流量和喷浆量的量测工作,浆的流量一般为 7~10L/min。

④ 保证钻杆的旋转和提升的连续性。拆卸钻杆继续使用时,要注意保持钻杆有 0.1m 的搭接长度。

⑤ 当钻至设计深度时,必须通过钻杆注入封闭泥浆,直至孔口溢出泥浆方可提杆。

⑥ 水泥浆的水灰比要按现场实验值确定,注浆时要防止水泥浆沉底,严禁使用潮湿或过期的水泥(要求混合料抗压强度达到 20MPa)。

⑦ 施工完毕后,立即拔出注浆管,清洗干净注浆设备。

⑧ 钻孔按对称依次进行,以免注浆过程中对原基础产生过大的挠度而发生危险。

⑨ 要求施工前应探明基底高程,保证注浆底面距基底不少于 50cm。

本篇参考文献

[1] 廖朝华,刘红明,胡志坚. 公路桥梁设计手册——墩台与基础[M]. 2 版. 北京:人民交通出版

社,2013.
[2] 江祖铭,王崇礼,黄文机.公路桥梁设计手册——墩台与基础[M].北京:人民交通出版社,2000.
[3] 何晓阳,项贻强,邢骋.混凝土桥梁下部结构病害分析与加固[J].重庆交通大学学报(自然科学版),2013,32(S1).
[4] 陈军,周松国,周永福.水下钻孔桩增大截面加固施工技术[J].城市道桥与防洪,2016(7).
[5] 邹友泉,赵彬,胡伟飞等.预制混凝土管片快速拼装加固水下桥墩技术工程试点研究[J].建筑技术,2015,46(S2).
[6] 张劲泉,王文涛.桥梁检测与加固手册[M].北京.人民交通出版社.2007.
[7] 中华人民共和国行业标准.公路桥梁加固施工技术规范:JTG/T J23—2008[S].北京:人民交通出版社,2008.
[8] 冯忠居,陈景星,邵景干,等.梁桥加宽桩基础沉降差控制技术及工程应用[M].北京:中国建筑工业出版社,2014.
[9] 王芳.既有桥梁下部结构加固施工技术[J].铁道建筑.2012(9).
[10] 刘宙,谌洁君,张红芹,等.注浆配合袋装混合料加固水下基础施工工法[R].2013.
[11] 中华人民共和国行业标准.建筑地基处理技术规范:JGJ 79—2012[S].北京:中国建筑工业出版社,2013.
[12] 中华人民共和国行业标准.建筑桩基技术规范:JGJ 94—2008[S].北京:中国建筑工业出版社.2008.
[13] 中华人民共和国行业标准.公路桥涵地基与基础设计规范:JTG D63—2007[S].北京:人民交通出版社,2007.
[14] 中华人民共和国行业标准.公路桥梁钢结构防腐涂装技术条件:JT/T 722—2008[S].北京:人民交通出版社,2008.
[15] 王东辉.微型钢管桩加固既有桥墩基础施工技术[J].北方交通,2009(6).
[16] 杨敏.微型钢管桩施加预应力加固沉降基础的试验研究[J].建筑技术,2008,39(6).
[17] 田振刚.微型钢管桩在高速公路桥涵基础加固中的应用[J].建筑.2009(4);
[18] 中华人民共和国行业标准.公路桥涵施工技术规范:JTG/T F50—2011[S].北京:人民交通出版社,2011.
[19] 陆婉婷.微型嵌岩钢管桩在桩基础加固中的应用[J].广东土木与建筑,2007.
[20] 张继文.微型钢管桩在桥台桩基下沉处理中的应用[J].北方交通,2011(8).
[21] 杨金刚.微型钢管桩在大吨位桥梁浅基础加固中的应用[J].山西建筑,2010,36(13).
[22] 于鹏,蒋昌平."夹克法"加固桥梁桩基础的应用研究[C].2014年全国公路养护技术学术年会论文集,北京:人民交通出版社股份有限公司,2014.
[23] 曹昌玉.WBA水下玻纤套筒加固系统加固桩基施工工法[J].四川建材,2017,43(6).
[24] 段瑞峰."夹克法"在桥墩桩基加固中的实际应用[J].黑龙江科技信息,2016(3).
[25] 韩金田.复合注浆技术在地基加固中的应用[D].长沙:中南大学,2007.

第六篇

其他下部结构加固技术

- 提高桥梁抗震性能的下部结构加固技术
- 桥墩（台）加宽、加高技术
- 墩柱纠偏

第一章　提高桥梁抗震性能的下部结构加固技术

对桥墩墩柱粘贴增强纤维复合材料布是一种提高桥梁抗震性能的方法,此外还有一些增加下部结构构件的方式可提高桥梁的抗震性能,详见以下各节实例。

第一节　新增牛腿加宽盖梁

工程实例 6-1：增设钢筋混凝土牛腿加宽桥墩盖梁

1. 桥梁概况

宁明大桥(图 6.1.1)位于宁明县境内国道 322 线 K970+221 处,于 1965 年 5 月建成,跨越左江。该桥全长 272.53m,桥面宽度为净—7m(行车道)+2×1m(人行道及护栏),原设计荷载等级为汽车—15 级、挂车—80。桥梁上部结构为 8×33m 钢筋混凝土简支 T 形梁,桥下净空 16m;下部结构采用双柱埋置式桥台配明挖扩大基础,钢筋混凝土单柱墩配明挖扩大基础。桥面铺装层为沥青表面处治,伸缩缝为异型钢伸缩缝,栏杆均为钢筋混凝土栏杆。

图 6.1.1　宁明大桥立面全景

2. 加固前状况

依据检测报告,大桥下部结构使用情况为：

(1)桥墩墩帽普遍存在竖向、横向及网状裂缝,混凝土局部剥落、露筋、锈蚀;

(2)桥墩基础普遍存在周边河床有沙坑的现象;

(3)T 梁梁端至墩、台帽边缘距离不满足现行规范的防震要求,0 号台、1~7 号墩帽梁均未设置防震挡块,横桥向防震的构造措施不足。

3. 加固措施

设计时实测原桥墩盖梁宽度 160cm,按《公路桥梁抗震设计细则》(JTG/T B02-01—2008)的要求,6 度区简支梁梁端至盖梁边缘 $a \geq 70+0.5L=70+0.5\times33=86.5(cm)$。简支梁间净距为 4cm,即要求盖梁宽度为 $2\times86.5+4=177(cm)$。原盖梁宽度为 160cm,需对盖梁增设钢筋混凝土予以加宽。为使新增钢筋混凝土牛腿有一定的承载能力,牛腿厚度不宜太薄,设计牛腿顶面宽度为 20cm。牛腿与原盖梁间通过植筋相连。桥墩盖梁增设钢筋混凝土牛腿加宽构造图见图 6.1.2。

除了增设牛腿外,还对各桥墩基础四周现浇混凝土进行防护,用化学灌浆法修补桥墩、台盖梁裂缝。

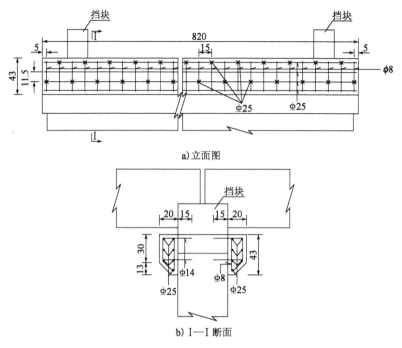

图 6.1.2　桥墩盖梁增设钢筋混凝土牛腿加宽构造图(尺寸单位:钢筋直径 mm;其余 cm)

第二节　盖梁增设挡块

工程实例 6-2:桥墩、台盖梁增设挡块提高抗震性能

1. 桥梁概况

崇左大桥(图 6.1.3)位于广西壮族自治区崇左市内省道 213 线 K187+629 处,于 1967 年 10 月建成。桥梁跨越左江,全长 256.85m,桥面全宽 9.00m。桥梁上部结构为 1×16.80m 钢筋混凝土 T 形梁 + 7×33.00m 钢筋混凝土简支 T 形梁,桥下净空 27.50m,支座为钢板支座。下部结构采用混凝土 U 形桥台配明挖扩大基础,混凝土重力式桥墩配明挖扩大基础。大桥原设计荷载等级为汽车—15 级、挂车—80,桥面宽度为净—7m(行车道) +2×1m(护栏)。

图 6.1.3　崇左大桥立面全景

2. 加固前状况

依据检测报告,大桥下部结构使用情况为:

(1)墩台及帽梁混凝土剥落、露筋且锈蚀,8 号墩帽 1 处竖向开裂;

(2)墩、台身多处出现斜竖向、水平向裂缝,并有粗骨料裸露、混凝土碎裂等病害;

(3)水下基础水生物覆盖、杂物堆积,3~6号墩基础底部多处被掏空(大于30处);

(4)梁端至各墩、台帽边缘距离不满足现行规范的防震要求,墩、台均未设置防震挡块,横桥向也无防震的构造措施。

3. 加固措施

(1)部分二十世纪七八十年代建成的梁式桥墩未设置挡块,为限制上部结构横向移动,提高桥梁抗震性能,可以在桥墩盖梁顶面增设。本项目采用现浇钢筋混凝土牛腿的方式增大桥墩(台)帽截面尺寸,并增设防震挡块(图6.1.4),以满足防震要求。新增挡块高度为50cm、宽度为30cm。

(2)对基础四周现浇混凝土加以防护。

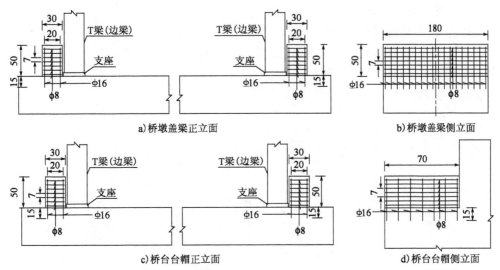

图6.1.4 桥墩、台盖梁增设挡块构造图(尺寸单位:钢筋直径mm;其余cm)

第三节 增设防震锚栓

工程实例6-3:板式桥增设防震锚栓提高抗震性能

1. 桥梁概况

吴圩二桥(图6.1.5)位于南宁市境内国道322线K812+600处,于1965年4月建成通车。桥梁上跨吴圩2号水渠,全长29.30m,桥面全宽8.10m。上部结构为4×5.40m普通钢筋混凝土矩形板;下部结构采用浆砌片石重力式U形桥台配扩大基础,浆砌片石重力式桥墩配扩大基础。桥梁原设计荷载等级为汽车—15级、挂车—80,桥面宽度为净—7m(行车道)+2×0.5m(护栏)。

图6.1.5 吴圩二桥立面全景照片

2. 加固前状况

吴圩二桥下部结构使用状况如下：

(1) 桥墩帽梁局部混凝土剥落、露筋且锈蚀；

(2) 墩、台帽未设置防震挡块，不满足防震要求；

(3) 桥墩上游侧漂浮物堆积、下游侧淤积并滋生杂草；

(4) 0号台左侧锥坡滋生杂草，局部砌石缺失。

3. 加固措施

加固设计荷载等级为公路—Ⅱ级，桥面净宽为净—7.5m(行车道)+2×0.5m(防撞护栏)。对下部结构进行加固措施为：

(1) 修补桥台及桥墩破损处；

(2) 对桥台前墙、侧墙及桥墩裂缝进行灌缝修补；

(3) 在矩形板及墩、台帽间设置防震锚栓，使桥梁满足防震要求，见图6.1.6；

(4) 清理河道中的杂物；

(5) 清除锥坡杂草及树木，修复锥坡。

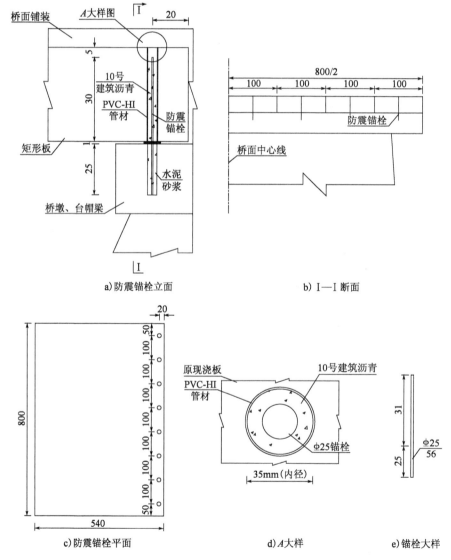

图6.1.6 实心现浇板增设防震锚栓构造图(尺寸单位：钢筋直径mm；其余cm)

第二章　桥墩(台)加宽、加高技术

第一节　加高、加宽盖梁技术

工程实例6-4：为更换上部结构加高、加宽桥台盖梁

1. 桥梁概况

谷龙桥(图6.2.1)位于广西扶绥县境内Z506中六线K38+400处,于1975年建成通车。桥梁上跨新安水库支流,全长31.48m。该桥上部结构为1×11.36m矩形简支梁,下部结构采用组合式桥台。桥梁原设计荷载等级为汽车—13级、拖车—60,桥面宽度为0.26m(护栏)+6.48m(车行道)+0.26m(护栏)。

图6.2.1　谷龙桥立面全景

2. 加固前状况

经过检测发现,桥台侧墙开裂情况严重(图6.2.2),局部混凝土脱落、钢筋外露(图6.2.3)。

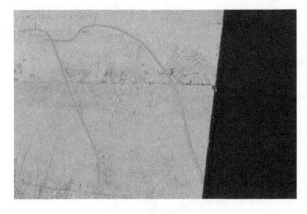

图6.2.2　桥台侧墙开裂　　　　　　　　图6.2.3　桥台局部钢筋外露

原上部结构矩形梁及微弯板病害严重,需更换上部结构为空心板。重建上部结构尺寸(含支座垫石和橡胶)比原结构尺寸矮220mm,需加高、加宽墩(台)帽。加固设计荷载等级为公路—Ⅱ级;加固桥面宽度为 0.5m(防撞护栏) +6.50m(车行道) +0.5m(防撞护栏)。

3. 桥台加高、加宽措施

(1) 加高并加长组合式桥台台帽,在台帽两侧增设防震挡块,见图 6.2.4;

(2) 对两岸组合式桥台 U 形台部分上、下游侧墙外包钢筋混凝土网格梁,并设置对拉锚杆。

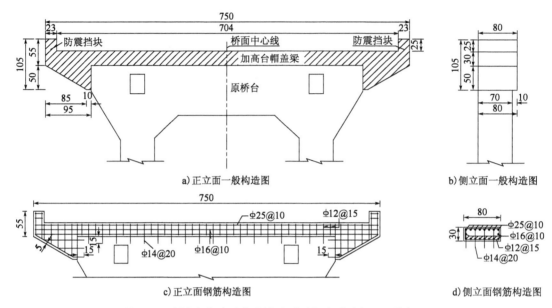

图 6.2.4 桥台加高、加宽构造图(尺寸单位:钢筋直径 mm,其余 cm)

第二节 墩柱接高技术

工程实例 6-5:将柱式墩身切割并接长、加粗[1]

1. 桥梁概况

佛开高速公路北江大桥,全长 1370m。为满足通航要求,引桥需将 11~22 号桥墩范围整联顶升加高 0.326~1.491m。引桥上部结构为连续工字梁,单幅桥面宽 12.098m,桥面板厚 0.2m,单幅 4 片工字梁,梁高 1.1m,横向梁间距 3.2m,为预应力 A 类构件;下部结构为宽 1.4m,高 1.3m 的盖梁,配置直径 1.1m 立柱,下接直径为 1.2m 的钢筋混凝土钻孔灌注桩。

2. 墩柱接高措施

为实现加高,采用在墩柱上安装钢抱箍作为支撑平台,布置千斤顶,割断立柱后顶升切割面以上结构,顶升到位后重新浇筑混凝土接长立柱的方式,见图 6.2.5 墩柱接高。施工工艺流程见图 6.2.6。

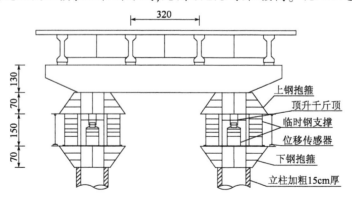

图 6.2.5 立柱顶升方案示意图(尺寸单位:cm)

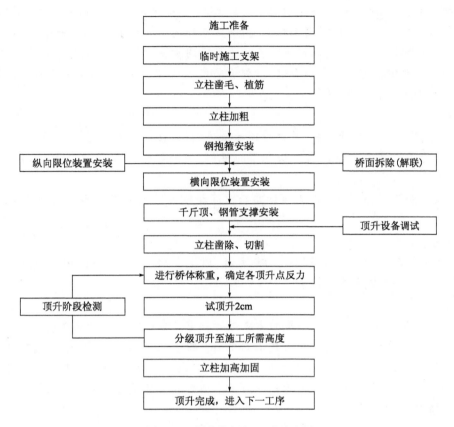

图 6.2.6 墩柱接高施工工艺流程图

3. 施工要点

施工关键步骤：顶升前首先对过渡墩和边墩进行处理，并对梁体解联；对立柱进行加粗、安装钢抱箍；对梁体进行切割、称重和试顶升；对梁体进行正式顶升；对立柱进行接长、加粗和落梁。顶升过程分为同步顶升和比例顶升共分 5 个步骤进行。

(1) 施工准备

①过渡墩的处理。顶升过程中过渡墩位置相对转角会有变化，为防止顶升过程中两联梁端因转角变化发生碰撞，需要在顶升前拆除桥面伸缩缝（预留一定位移空间）。伸缩缝采用机械切割和人工凿除的方法拆除，拆除时不得凿坏其余桥面，尽量保留预埋钢筋，拆除伸缩缝后梁体间空隙为 40~160mm。

②边墩的处理。因考虑结构统一，需对边墩（21 号墩）进行拆除重建。顶升前，在 21 号墩靠近引桥侧设置钢管桩和贝雷架，搭设临时支撑平台以代替拆除的盖梁和立柱，最后用千斤顶直接顶起工字梁。

(2) 解联

为解决顶升过程中出现弦差的问题，确保安全顺利地施工，在 15 号墩处进行解联。采用链条切割的方式切割梁体。切割线离最外端封锚锚头距离不小于 8cm，并将混凝土残渣清理干净。

(3) 立柱加粗

因安装钢抱箍的需要，对立柱进行加粗，原立柱直径为 1.1m，需将立柱直径加粗为 1.4m。首先加粗盖梁底以下 2.1m 至地面以上范围，待顶升完成并接长柱体后，加粗剩余部分立柱。具体如下：

①对第 1 阶段需加粗的立柱凿毛，凿毛深度控制在 6mm 左右，表面露出粗骨料；
②清理凿毛面，利用毛刷或空压机清理凿毛粉尘；
③沿立柱面涂刷 1 层界面胶，为了保证混凝土的流动性，在浇筑前对原柱混凝土面洒水湿润；
④多点同步浇筑混凝土，以避免混凝土的堆积。

(4) 安装钢抱箍

立柱加粗混凝土龄期达到 5d 后安装钢抱箍。

①安装钢抱箍前,在钢抱箍和立柱接触面垫1层土工布,确保钢抱箍和立柱混凝土接触紧密;
②钢抱箍分2片安装在加粗的混凝土柱上,用高强螺栓将2片钢抱箍联成一个整体。在安装钢抱箍时,对局部接触不紧密的地方利用薄钢板垫实。要尽量同步安装两边的高强度螺栓,以避免高强度螺栓局部受力不均和2片钢抱箍接缝面错台过大(错台一般不超过2mm)而造成高强度螺栓剪切破坏。

(5)梁体切割、称重及试顶升
①梁体切割。

安装钢抱箍后,安装液压顶升系统,并进行顶升系统调试,在确保液压顶升系统工作性能正常后进行预顶升(主要是为了验证千斤顶在受力状态下的性能,消除钢结构非弹性变形)。预顶升后切割梁体,具体如下:

(a)在千斤顶均加载到80%后,对立柱切断后需连接钢筋范围的混凝土进行凿除(凿除范围为切断线上、下各25cm);

(b)切断钢筋;

(c)利用新型无振动直线切割设备隔墩切割立柱,以减少切割对上部结构整体的影响。立柱割断后,利用立柱另外两侧钢支撑支撑钢抱箍。

②梁体称重。

根据计算确定顶升荷载,采用逐级加载的方式进行称重。在一定的顶升高度内,通过调整各组油泵的油压,使每个顶点的顶升压力与其上部荷载基本平衡。检查每个墩、每台千斤顶的受力大小,发现除伸缩缝位置比理论值大25%外,其他各墩千斤顶受力与理论值大致吻合。对伸缩缝处进行检查,消除约束干扰后,各墩实际受力与理论值大致吻合。为观察顶升处支座是否脱离,应采用百分表测定顶升处支座的位移变化情况。

③试顶升。

为了考核整个顶升系统的工作状态,需校核称重结果,收集顶升高度、顶升力、桥梁应力、整体姿态、结构位移及持荷变化等情况资料,为正式顶升提供依据,在正式顶升前需进行试顶升。试顶升高度为20mm,试顶升到位后进行持荷观察,持荷时间不少于30min。

(6)梁体顶升

试顶升符合要求后即可进行正式顶升,整个顶升过程分5个阶段进行:

①前3阶段为11~22号墩的等步长同步顶升(即每个点在各次顶升过程中顶升高度相同,使桥梁保持初始姿态,整体平稳顶升),每次顶升的步长为2~5mm,前3阶段的顶升高度分别为0.150m、0.080m、0.096m。

②第4阶段为11~15号墩的等步数比例顶升(即将各墩的不同顶升高度分解为相同的顶升次数,保持梁体各墩支座在同一条直线上,不同墩每步顶升高度不同,使各个墩同时顶升到位),15~22号墩同步顶升,11号墩顶升高度为0,15~22号墩顶升高度为0.240m。

③第5阶段为15~22号墩的等步数比例顶升,15号墩顶升高度为0,22号墩顶升高度为0.925m。采用等步数比例顶升使各墩同时顶升到位,与各墩逐步顶升到位相比,减小了梁体的附加内力。但是各墩同一次的顶升高度不同,对千斤顶的顶升速度设置也不同。为了避免顶升速度不协调而出现高度误差,需要细分顶升步数,每步的顶升高度不大于10mm。

为了确保顶升施工安全顺利进行,在顶升过程中采取了以下措施:

(a)当顶升到一定高度时,利用相应厚度的钢板进行垫实,以避免出现较大空隙。

(b)由于千斤顶的最大行程为20cm,为了安全,最大顶升高度为15cm,后更换一次行程。更换行程时,使用钢支撑临时支撑钢抱箍。顶升过程中将每个墩的4个钢支撑连成一个整体,确保临时钢管支撑固定良好,保证顶升整体的稳定。

(c)根据顶升步骤和顶升实际情况进行监控测试。顶升过程中综合分析顶升系统的顶升值、桥面标高测量值及应力的监测值,对顶升高度进行了微调,及时纠正偏差,有效地防止了偏差的积累。

(d)同一个区域的顶升工作在同一天完成,避免过夜,遇到特殊情况,如下雨、大风等天气,利用临时支撑对钢抱箍顶升装置进行加固。

(e)顶升到位后,检查各墩顶升高度与设计高度是否一致,如不一致,则对梁体高程进行调整。

(f)使各千斤顶的油压同步降低,使梁体的重量由临时支撑与千斤顶共同承担,将千斤顶回油后的油压锁定,在千斤顶保持油压的状态下进行立柱接长工作。

(7)立柱接长加固

①梁体顶升到位后,对割断的立柱断面进行人工凿毛,修整混凝土面呈锥形,清洗混凝土面,不得留有灰尘和杂物。

②采用与原立柱同规格、等数量的竖向主筋和箍筋。须用挤压套筒机械连接竖向主筋与立柱两端露出部分的主筋。

③将钢模板支撑在下钢抱箍上,进行混凝土浇筑。连接立柱的混凝土采用早强微膨胀混凝土,在混凝土浇筑过程中应缓慢放料,并分层浇捣密实。通过总的混凝土用量,推算出浇筑混凝土的高度,每隔30cm左右为一层,以确保每层混凝土的密实性,浇筑后及时进行养护,保证混凝土的早期强度。

(8)落梁

立柱接长混凝土龄期达到7d后,控制各千斤顶同步回缩,使梁体同步下降。待梁体回落到位后,拆除钢抱箍。

(9)立柱加粗

为了提高立柱的受力性能和保证立柱的整体性,凿除初次加粗立柱顶部20cm范围内的混凝土,露出竖向主筋,利用焊接或者挤压套筒,将初次加粗的竖向主筋和剩余需要加粗部分的主筋连接起来,再按照初次加粗立柱的施工工艺完成该部分立柱加粗。

(10)纵、横向限位装置

为了保证施工质量,防止顶升过程中梁体出现倾斜或较大偏位,设置了纵、横向限位装置。

①纵向限位装置。

纵向限位装置是在桥台处或过渡墩处桥面上架设临时固结装置(图6.2.7),使桥梁在顶升及调整纵坡的过程中,整个上部构造不发生纵向滑动。尽量保持纵向限位装置在同一直线上,以保证其受力在同一轴线。为了适应顶升过程中两联间的相对转角变化和避免产生附加内力,采用螺旋千斤顶进行限位。螺旋千斤顶两侧分别顶住临时固结钢架和预埋到混凝土梁体里的钢牛腿,为了防止螺旋千斤顶和钢牛腿之间出现卡位的现象,在滚筒和挡板之间涂抹凡士林(其间隔不大于4mm)。

②横向限位装置。

由于整个上部构造基本没有约束,为了保证顶升过程中连续梁的整体稳定性,在顶升过程中利用旧桥两侧防撞护栏、立柱限位钢管和工字梁与盖梁间的挡块进行横向限位(图6.2.8)。

图6.2.7 纵向限位装置照片　　　　图6.2.8 横向限位装置照片

(a)利用工字钢每隔1个墩设置1个桥面限位装置。桥面限位装置需根据引桥顶升高度的变化进行设置,在圆形滚筒与挡板之间涂凡士林,两者之间的间隙为 5～10mm,以保证能起到限位作用的同时,又不使桥梁顶升受阻。

(b)立柱横向限位装置设置在立柱钢抱箍上,每个钢抱箍设置 4 条 φ102mm 的无缝钢管作为限位装置,钢管长度不得小于顶升高度(图 6.2.9)。

(c)为防止桥梁在支座处发生相对横向位移,需在顶升前对该桥工字梁与盖梁之间进行限位(将其挡块以卡位固定的方式进行限位,见图 6.2.10)。

图 6.2.9　立柱限位装置照片

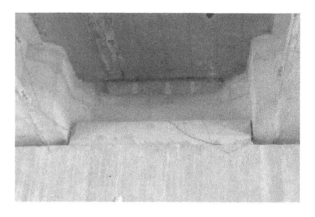

图 6.2.10　盖梁挡块照片

(11)施工过程监控

①监控内容。

在顶升过程中,对梁体的顶升高度、应力和偏位进行监控。在每个墩顶布置 2 个高程测点进行顶升高度测量,以防止顶升过程中纵、横向出现较大的不同步;在墩顶的上、下缘布置传感器进行应力监控,以防止应力变化过大而导致梁体开裂;在每个墩的盖梁上安装垂直向下的莱卡棱镜,对梁体的纵、横向偏位进行监控。

②监控结果。

(a)22 号墩的横向同步误差较大,11 号墩和 22 号墩的横向偏位较大,说明连续梁的端头在顶升过程中不易受控制。除去个别测点因顶升操作出现误差而导致应力出现突变外,其他测点应力变化趋势基本一致。

(b)顶升过程中根据出现的不同步误差,对顶升高度进行了调整。当顶升到位后,各墩顶升高度与设计值基本吻合,误差较小,各梁的应力变化值较小,纵、横向偏位较小,说明结构受力合理,顶升工作没有使结构产生较大的次生内力。

(c)通过顶升监控,得到该桥顶升误差控制的范围:高程同步纵、横向误差均不大于 7mm,梁体的应变变化值不大于 100με,纵向偏位不大于 8mm,横向偏位不大于 5mm。

(12)施工效果

该次顶升从 2012 年 7 月 12 日开始,至同月 18 日完成了整体无损顶升。

第三章 墩柱纠偏

工程实例6-6：千斤顶顶推桥墩墩柱纠偏[2]

1. 桥梁概况

某高速公路桥梁，其立面布置见图6.3.1。桥面纵坡为4%，桥面宽度为2幅×11.75m，荷载等级为公路—Ⅰ级。上部结构采用先简支后连续预应力混凝土T形梁，分两联布置，全长360m，跨径组合为$(6×30)m+(6×30)m$；下部结构采用双柱式桥墩，墩柱直径为1.4~1.6m，最大墩高（6号交界墩）为30.169m；该交界墩为L形，上柱（墩顶帽梁底至下柱顶）直径1.4m、长度13.369m，下柱（上柱底至桩顶）直径1.6m、长度15.0m；墩下设桩基础且均为一柱一桩，桩径1.8m。

混凝土强度等级分别为C50T形梁、C30墩柱和基础。

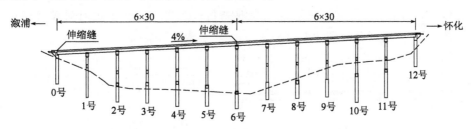

图6.3.1 桥梁立面布置示意图（尺寸单位：m）

2. 加固前状况及原因分析

完成桥面现浇层施工并开放施工交通后，检查发现6号交界墩产生向上坡方向的偏移，左幅两个墩顶的偏移量分别为32.8cm、33.7cm，右幅两个墩顶的偏移量分别为36.6cm、36.1cm，且偏位桥墩靠下坡侧墩底附近区域混凝土被拉裂；其他设置单排支座桥墩的偏位不明显。

现场调查分析表明：6号墩墩顶双排支座处梁底的支座调平装置设置不到位，加之墩的纵向抗推刚度较低，应该是造成墩顶偏位过大的主要原因。

分析如下。假如理想状态下的墩、梁位置关系为：桥墩竖直、梁底支座水平，则梁体升温与降温时，梁体可自由滑动，交界墩墩顶上的双排支座受到的摩擦力将总是大小相等、方向相反、自相平衡，不至于在墩顶产生不平衡的水平推力。若梁体与支座接触处未调平，支座顶板倾斜度与梁底相同，则支座将处于非正常受力状态。温度变化时，墩上两排支座的受力情形会不一致，从而产生不平衡的水平力导致桥墩偏位。升温时，梁体伸长，此时图6.3.2 b)所示梁体1向上坡方向的伸长移动会使墩梁之间被不水平的倾斜支座逐渐楔紧，而梁体2则较易向下坡方向伸长，由此导致的不平衡水平力使得桥墩向上坡方向偏移。降温时，梁体缩短，相比较而言，图6.3.2 c)所示梁体2向上坡方向的回缩移动会被不水平的倾斜支座墩梁之间逐渐楔紧，而梁体1则较易于向下坡方向回缩。由此导致的不平衡水平力使得桥墩向上坡方向偏移。因此，当交界墩上双排支座处于倾斜的非正常工作状态时，无论是升温还是降温，产生的不平衡水平力均将导致墩顶产生向上坡方向的单向偏位累积。

另外还有一个值得关注的因素是：该桥上部结构施工正值7~9月，出现了多年不遇的40多天气温均在36℃以上的极端连续高温天气。这也应该是导致墩顶出现过大偏位的原因之一。因为在此过程中墩顶偏位几乎是单调增加，并导致墩底附近混凝土开裂、墩的刚度降低，且正、负向刚度相异而使墩顶偏位发展更快。

总之，支座工作情况异常、桥墩的抗推刚度偏小以及不利的极端连续高温天气等因素的共同作用，应该是桥墩产生过大偏位的主要原因。

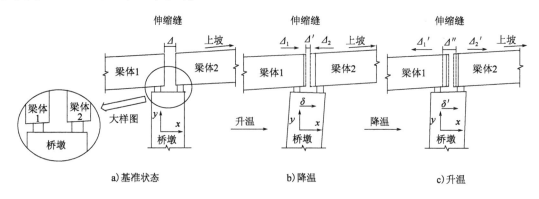

图 6.3.2 大纵坡条件下的墩、梁偏位示意图

3. 纠偏措施

设计采用图 6.3.3 所示顶推装置对偏位交界墩进行复位。该纠偏系统采用伸缩缝处上坡侧主梁梁端作为墩顶偏位施力的反力作用点,利用安置在墩顶帽梁上坡侧面的千斤顶施加向下坡方向的恢复力让桥墩复位。千斤顶的反力支座通过钢导梁与梁端的反力支座连接,施力千斤顶和反力装置均集中在需要纠偏的墩顶位置附近,使墩、梁间产生相对位移而纠偏。纠偏过程中仅对纠偏桥墩产生影响,对其他桥墩几乎不产生影响,使纠偏过程中整体结构受力趋于简单明确。

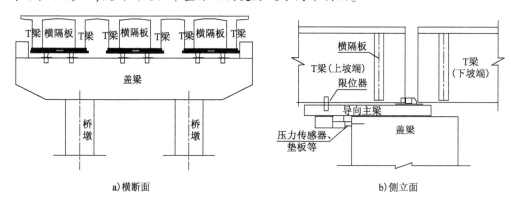

图 6.3.3 纠偏系统示意图

4. 处理效果

从纠偏前、后 6 号桥墩竖直度的检测结果可知,纠偏后墩顶偏位最大值为 1.4cm;纠偏过程中墩梁相对位移量与顶推量基本一致,最大差值仅为 2mm,说明在顶推过程中,梁体基本未移动,纠偏墩复位效果良好。

由于偏位桥墩墩底附近区域已开裂且墩的抗推刚度偏低,因此在纠偏并将支座完全调平后,对偏位桥墩必须予以加固。加固的方法是加大截面法,对墩柱外包 20cm 厚 C40 钢筋混凝土。直径 1.4m、1.6m 墩柱加固混凝土内分别加配 45 Φ 25mm 和 50 Φ 25mm 的 HRB335 钢筋。单一墩柱的抗推承载力提高至 232kN,是加固前的 3.3 倍。

工程实例 6-7:增设预应力锚索对已偏斜桥墩纠偏[3]

某高速公路第六合同段 K390+627.5 桥为 7×30m 空心板简支梁桥,全长 210m,其基础采用人工挖孔灌注桩。该桥在下部结构全部完成并进行上部梁体安装的过程中,发现 3~5 号墩产生不同程度的偏斜。根据对现场布控的测点观测结果分析,可以看出,3 号墩偏斜量较大,其中 3 号墩下行线桥梁墩帽偏斜设计中心线达 120cm 之多。

在理论计算分析的基础上,采用预应力锚索技术对处于滑动带上已产生偏斜的桥梁墩台进行纠偏,并采用预应力锚索抗滑桩防治桥梁基础滑动。

(1)纠偏机理

预应力锚索由内锚固段、张拉段和外锚固段组成,如图6.3.4所示。内锚固段的作用主要是提供预应力,通常置于完整性较好的岩体中。张拉段(自由段)为预应力锚索的主体部分,它是借助于张拉装置使该段锚索受拉,从而提供桥墩纠偏的外力,使偏斜的桥墩复位至原设计位置。外锚固段的作用是安装张拉机械,实施张拉作业,并通过外锚具把已施加于锚索的应力"锁住"。现场对3号墩纠偏时,外锚固段设置在3号墩顺山向承台一侧。

(2)预应力锚索根数的确定

根据对上行线3号墩的偏移与沉降的监测结果分析,其偏移量可通过预应力锚索进行校正。并结合理论分析,要对桥墩墩高15.0m达29cm的偏斜量纠偏,需在承台位置顺桥方向设置预应力锚索,预应力锚索平面位置如图6.3.5所示。预应力锚索的根数为8根,单索直径15.24mm。

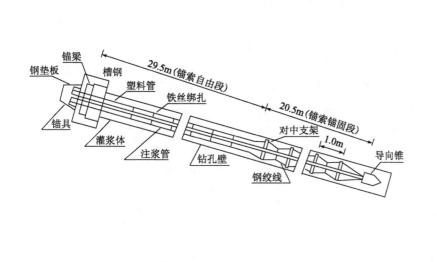

图6.3.4 预应力锚索装置立面构造图　　　图6.3.5 预应力锚索平面构造图

(3)预应力锚倾角的确定

要利用预应力提供的1200kN预应力对已出现偏斜的上行线3号墩进行纠偏,在综合考虑了施工方便、经济合理,及其锚索与滑动面之间的夹角等因素后,确定了锚索对水平面间的夹角为10°。

(4)锚索长度的确定

预应力锚索长度(L) = 内锚固段长(L_1) + 自由段锚索长(L_2) + 锚梁厚(L_3) + 垫板厚(L_4) + 工作锚厚(L_5) + 千斤顶长(L_6) + 工具锚厚(L_7) + 预留长(L_8),各长度需在考虑相关因素后确定。

①内锚固段长度(L_1)。

内锚固段长度在考虑了钢绞线和砂浆的黏结强度,砂浆和岩孔孔壁之间的黏结强度,预应力的大小及岩体的力学性质等因素后,又经工程类比法、锚固段砂浆和孔壁黏结强度计算、钢绞线和砂浆的握裹力计算、锚索端部以上岩体重量与张拉力之间平衡关系计算后,进行综合分析,确定内锚固段长度为20.50m。

②自由段锚索长度(L_2)。

自由段锚索长度是指滑动面至边坡表面之间的距离,它是由现场滑动带的滑动面深度确定的。根据对钻孔作业排碴的颜色情况分析判断,自由段锚索长度为29.50m。

③其余L_3、L_4、L_5、L_6、L_7、L_8的尺寸根据张拉技术的基本要求,分别为780cm、50cm、20cm、40cm、20cm、20cm。

(5)预应力锚索的施工

①成孔。

现场具体方案实施时,由于破碎的覆盖层中较难成孔,且成孔率较低。为方便施工,施工中采用套管钻机成孔使该问题得到了解决。成孔中用 H150 钻具钻孔至 22.0m,下套管 φ146,然后改用 φ130 钻具钻至 49.5m。

②锚索的绑扎、推进及内锚固段注浆。

锚索绑扎时,在将钢绞线理顺后,锚固段的钢绞线每隔 1.0m 用 10 号铁丝绑扎牢固,且每隔 1.0m 设置一道对中支架(架线环);自由段套设聚乙烯防腐管,为便于锚索的推进,在锚固端端头设一导向锥,如图 6.3.4 所示。

注浆时,为确保锚固段注浆质量,注浆前先将钻孔内的积水排除干净后,进行注浆,浆液配合比1:1,第一次注浆量为 2.330m³,通过第二次注浆量为 0.137m³,合计注浆量为 2.467m³。锚固段注浆压力为 0.4~0.6MPa。

(6)锚索张拉

为消除桩侧土体约束纠偏时的张拉,在锚索施加预应力张拉前,将承台的靠山一侧和路线前进方向一侧桩侧 1.2m 范围内的土体挖除,深度约 5.0m,张拉完成后用 20 号混凝土将该孔灌注至承台底。

张拉时锚索最大张拉力达 1200kN,锁定张力为 800~1000kN。

(7)预应力锚索抗滑桩加固滑动带施工

为了防止因滑动带活动使桥墩再次产生偏斜,在考虑了桥位处滑动带的岩土的工程性质、施工条件等因素并结合理论计算分析,在桥梁下行线顺桥向布设了 12 根 2m×2.5m 的预应力锚索抗滑桩,抗滑桩长分为 30m 和 23m 两种,其预应力锚索长度分别为 45m 和 40m。每根桩桩身的配筋:主筋采用 96 根 φ32 与 22 根 φ20 的Ⅱ级钢筋,配筋率为 1.683。

抗滑桩在施工中采用 20cm 的钢筋混凝土护壁,人工挖孔成孔。预应力锚索采用每孔 7 束 15.24mm 的钢绞线,张拉时锁定张力为 1000kN。预应力锚索斜撑及混凝土封端大样如图 6.3.6 所示。

(8)纠偏及加固效果评价

从注浆结果分析可以看出,锚索孔的注浆量远大于理论注浆量,说明锚索注浆有相当一部分砂浆被压入岩体裂隙和充填破碎区,使围岩的整体性增加,岩体强度大大得以提高。

用预应力锚索对偏斜的桥墩进行纠偏,应注意随着纠偏张拉力的增大,桥梁桩基础的工作状况,以免当张拉力过大时造成基础断裂。在对 3 号墩纠偏时,当张拉力达 1200kN 时,桩基础有微裂缝产生,但根据对桩基检测结果的分析,桩质量完全满足工程要求。而张拉力锁定后,桩侧被挖空的部分及时回填,使桩的受力面加大,基础承载力得以提高。

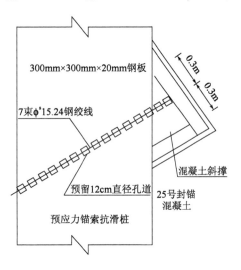

图 6.3.6 抗滑桩锚索斜撑及混凝土封端大样图

根据对布设相应的观测点的观测结果分析,可以看出预应力锚固抗滑桩加固桥位处的滑动带,消除了整个滑动带上桥梁墩台结构的偏斜,效果十分显著。

本篇参考文献

[1] 陈舟,余晓琳,颜全胜. 北江大桥引桥整体顶升施工技术[J]. 桥梁建设,2014,44(4).
[2] 郭彤,汪建群. 大纵坡柔性高墩桥桥墩偏位处治及其安全性评估[J]. 中外公路,2016,36(2).
[3] 冯忠居,张永清. 预应力锚索技术加固处理滑坡上桥墩位移[J]. 西安公路交通大学学报,2001,21(3).

第七篇

综合实例

- 鄱阳大桥下部结构加固实例
- 会埠大桥下部结构加固实例

第一章 鄱阳大桥下部结构加固实例

第一节 大桥概况

鄱阳大桥位于鄱阳县境内省道S208(石宁线)K87+537桩号处,横跨昌江,是进出鄱阳县城的重要公路桥梁。大桥上部结构为10×40m预应力混凝土简支T形梁(图7.1.1)。桥墩为盖梁接柱式墩身配承台接桩基础;0号桥台为肋板式台身配承台接桩基础;10号桥台为盖梁接桩柱式台身。大桥于1984年开工建设,1987年竣工通车,实测大桥全长407.04m,现状桥面净宽为净—9m(行车道)+2×1.5m(人行道)。根据1984年出具的《波阳县姚公渡大桥设计图》(注:原波阳县更名为鄱阳县,姚公渡大桥更名为鄱阳大桥),大桥原设计荷载等级为汽车—20级、挂车—100,通航等级为V级。

图7.1.1 鄱阳大桥立面全景

鄱阳大桥两岸桥头附近均设有采砂场,运输砂石的重车频繁通过大桥,至2013年6月,大桥震感明显、深水桥墩承台严重开裂,影响大桥使用耐久性及承载能力。另外,大桥第四跨及第五跨主梁下缘多处受过往船只刮蹭,并留有混凝土保护层局部脱落的痕迹,3号桥墩下游侧墩柱及5号桥墩上游侧墩柱侧面曾遭受采砂船的撞击(图7.1.2、图7.1.3),以致混凝土局部网状碎裂。

图7.1.2 第4跨主梁腹板受船只刮蹭(1)

图7.1.3 第4跨主梁腹板受船只刮蹭(2)

桥梁管养单位于2013年委托检测单位对全桥进行了详细的结构检测。依据交通运输部颁《公路桥梁技术状况评定标准》(JTG/T H21—2011),评定大桥总体技术状况综合评定得分 $D_r=44.0$,为四类桥梁,需进行大修或改造,应及时进行交通管制。同年对大桥进行全桥维修加固施工图设计。项目施工于2015年开始实施,2016年交工通车。

第二节 大桥结构使用情况及加固技术

鄱阳大桥主要结构性病害及加固方案如图7.1.4所示。

一、预应力混凝土T形梁使用情况及加固技术

1. T形梁使用情况

(1)加固前状况

①为查明预应力混凝土T形梁的变形情况,采用免棱镜全站仪对T形梁两支点附近及跨中处下缘高程进行测量。测量结果表明,各跨预应力混凝土T形梁下缘线形均上拱,上拱值为 $+56.5 \sim +130.5$mm。

②预应力混凝土T形梁碳化深度约为 $3 \sim 4$mm,采用超声-回弹综合分析法(即现场同时测量混凝土的超声传播速度与回弹值)测得预应力T形梁混凝土实测强度值为 $37.71 \sim 41.17$MPa,推定值为37.71MPa。

③部分T形梁端部锚头钢板锈蚀;部分梁底被过往船只刮蹭;部分横隔板接头处砂浆开裂、脱落、钢板外露且锈蚀;部分T形梁铰缝处渗水、翼缘局部混凝土脱落。

(2)原因分析

大桥预应力混凝土T形梁尚未产生结构性病害,仅存在影响耐久性的病害。T形梁上拱的主要原因是梁体长期在预应力的作用下发生向上拱起的变形所致。

2. 加固技术

鉴于本次加固不需对桥梁提载,且T形梁满足原设计荷载等级使用要求,故仅对全桥中横隔板外包钢筋混凝土加固(图7.1.5),以增强上部结构横向联系刚度,达到减轻桥梁振动的目的。横隔板外包混凝土与原横隔板及T形梁腹板间采用植筋连接。由于T形梁腹板内设预应力钢束,为避免钻取植筋孔洞时伤及钢束,仅对跨中附近三道横隔板全截面外包钢筋混凝土,支点附近端横隔板不加固,其余中横隔板以不伤及预应力钢束为原则采用部分外包钢筋混凝土的方式加固。

二、桥面系使用情况及加固技术

1. 桥面系使用情况

(1)加固前状况

鄱阳大桥现有桥面铺装仍为20世纪80年代铺筑的水泥混凝土铺装,铺装内仅在T形梁铰缝附近70cm范围内设置了 $\phi 6@100$mm 钢筋网。桥面系病害主要表现为:

①全桥桥面铺装层磨耗现象严重,大面积粗集料外露;

②全桥各跨均于各T形梁间铰缝处顺桥向通长开裂(每跨均有6条裂缝,裂缝顶部宽度为 $5 \sim 10$mm,见图7.1.6、图7.1.7);

第七篇/第一章 鄱阳大桥下部结构加固实例

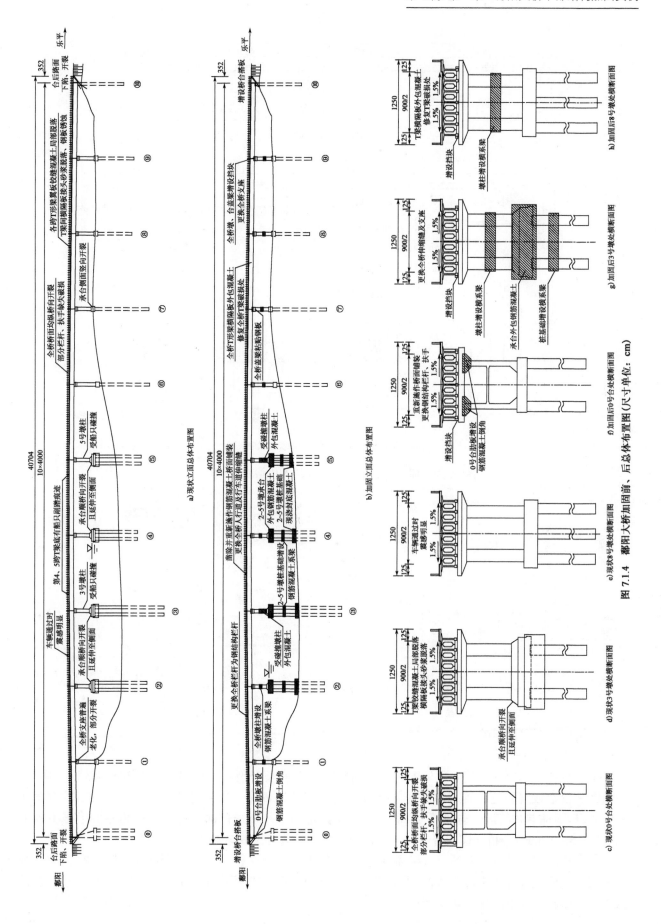

图 7.1.4 鄱阳大桥加固前、后总体布置图（尺寸单位：cm）

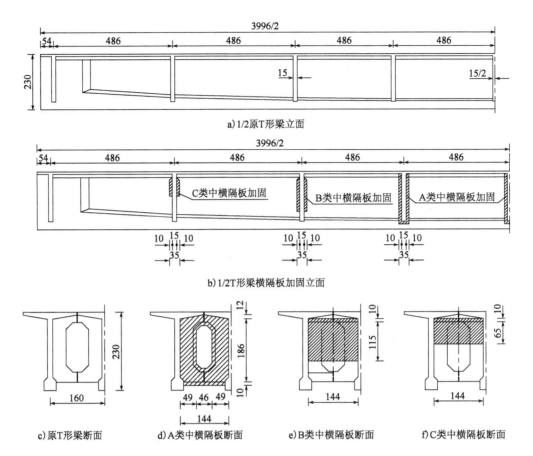

图 7.1.5 30m 预应力 T 形梁中横隔板加固构造图(尺寸单位:cm)

图 7.1.6 桥面铺装顺桥向开裂(1)

图 7.1.7 桥面铺装顺桥向开裂(2)

③两岸桥台路基下陷。

(2)病害原因分析

①全桥各 T 形梁间铰缝对应位置处桥面铺装顺桥向通长开裂的原因是,按照当时的设计习惯,原桥面铺装仅在铰缝附近设置有钢筋网,且钢筋直径偏小(为 φ6mm 光圆钢筋),加上运输砂石的重车往来频繁,桥面铺装在其最薄弱的部位(即 T 形梁铰缝处)开裂,裂缝顶部在过往车辆轮胎的磨损下越来越宽(达 5~10mm)。桥面铺装普遍发生顺桥向开裂的病害亦反映各 T 形梁间联系欠佳。

②大桥两岸均设有采砂场或石料场,运输砂石的重车普遍在桥头转弯,在台后路基处频繁刹车,制动力较大。原设计桥头未设置搭板,桥头路面因此下陷。桥头路面下陷后过往车辆在此跳车,直行车辆的冲击使桥头路面下陷现象愈发严重。

2.加固技术

(1)凿除原桥面铺装,在行车道范围内重建厚度为 12~18.8cm 的 C40 混凝土桥面铺装(内置双层成品焊接钢筋网)。

(2)更换全桥栏杆、扶手为钢结构栏杆,凿除并重新施作人行道抹面。

(3)更换全桥行车道及人行道伸缩缝。

三、支座使用情况及加固技术

1.支座使用情况

全桥各橡胶支座均存在不同程度的老化现象,其中两边梁支座常年受日光照射,老化现象严重。另外,在多年风雨侵蚀等自然条件作用下,支座钢板普遍锈蚀,部分橡胶支座存在横向开裂或剪切现象(图 7.1.8、图 7.1.9)。

图 7.1.8 边梁橡胶支座严重老化

图 7.1.9 橡胶支座移位且横向开裂

2.加固技术

对全桥预应力 T 形梁分跨整体同步顶升后,更换板式橡胶支座,并对支座钢板进行除锈、阻锈处理。

四、桥墩使用情况及加固技术

1.桥墩处河床变迁情况调查

鄱阳大桥最大的问题在于车辆通过时震感明显,影响结构耐久性。大桥 2~5 号桥墩采用的是高桩承台,原设计下部结构自由段长度(即河床面至桥墩墩顶的距离)为 18.221~22.641m。河床下切导致桩基础自由段加长、固定段缩短,不利于桥梁结构稳定及桩基础承载。为查明采砂导致河床下切情况,检测时对各深水桥墩处水深进行了量测。各深水桥墩各部件高度及河床下切深度详见表 7.1.1。

2~5 号墩各部件高度及河床下切情况(m)　　　表 7.1.1

测 量 项 目	2 号墩	3 号墩	4 号墩	5 号墩
盖梁高度	1.40	1.40	1.40	1.40
墩柱高度	6.24	6.70	6.96	7.02
承台高度	2.00	2.00	2.00	2.00
桩基础总长度	27.50	36.40	22.30	24.10
桩基础外露长度	14.50	13.90	11.60	10.30

续上表

测量项目	2号墩	3号墩	4号墩	5号墩
桩基础土中长度	13.00	22.50	10.70	13.80
河床下切深度	2.50	2.70	2.80	3.50
各部件外露总长	24.14	24.00	21.96	20.72

注：桥墩编号系由鄱阳岸往乐平岸依次编排。

2. 桥墩使用情况及原因分析

（1）加固前状况

①桥墩墩柱混凝土碳化深度约为4mm，采用超声-回弹综合分析法测得墩柱及盖梁混凝土实测强度推定值分别为26.19MPa、36.27MPa。

②部分盖梁局部存在混凝土脱落、钢筋外露锈蚀现象。

③由于伸缩缝覆盖钢板局部缺失，导致桥面积水和砂土堆积至盖梁顶面，滋生青苔杂草和积土现象严重。

④3号桥墩下游侧墩柱和5号桥墩上游侧墩柱侧面均存在被船只撞击及刮蹭的痕迹，且局部网状开裂。

⑤2~5号墩、7号墩均存在承台顺桥向三周开裂的现象（裂缝宽度为0.5~2mm，局部最宽达3mm），另有部分承台顶面裂缝尚未贯穿至侧面。裂缝多位于墩柱处或承台横桥向跨中（图7.1.10~图7.1.12）。

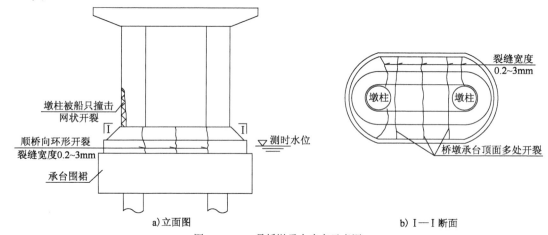

图7.1.10　3号桥墩承台病害示意图

图7.1.11　3号墩承台顺桥向开裂

图7.1.12　4号墩承台顺桥向开裂

(2)病害原因分析

经对桥墩承台进行结构计算后,排除了承台存在顺桥向受弯裂缝或受冲切裂缝的可能。结合有重车通过时,高桩承台存在垂直向振动并伴有水平向晃动的实际情况,分析承台顺桥向裂缝主要系重车偏载通过桥梁时,两墩柱承受了不同荷载,墩柱及相应位置桩基础发生了不一样的挠曲及水平位移,承台作为两墩柱及桩基础的联系构件,产生了超过其可承受的附加内力,并最终在应力集中处(墩柱处)及受力薄弱处(跨中处)开裂。

文献[1]采用 Midas-FEA 建立了三维实体有限元模型,得到承台主应力。计算结果表明,承台短悬臂端顶部靠近墩柱的位置呈受压状态,底部呈受拉状态,且拉应力值远远超过其他部位,导致承台短悬臂端出现上部受压下部受拉的状态[1]。这正好符合了现场检测时,承台短悬臂端出现了自下而上开裂的现象。

3. 桥墩加固技术

(1)重新施作的桥面铺装比原结构更厚,盖梁承受上部结构自重较加固前更大,其承载力达不到规范要求,故对各桥墩盖梁侧面斜向粘贴钢板以提高其抗剪能力,对盖梁底面粘贴钢板以提高其抗弯能力,见图 7.1.13。

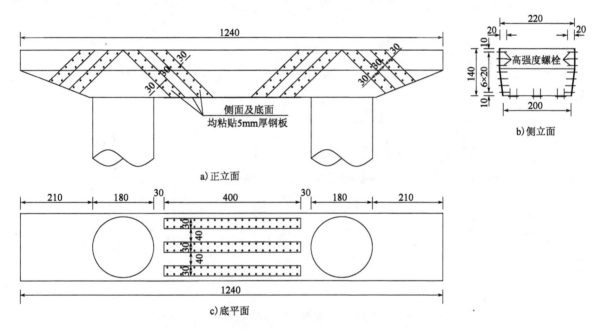

图 7.1.13 粘贴钢板技术加固桥墩盖梁构造图(尺寸单位:cm)

(2)对各桥墩墩柱增设尺寸为 150cm(高度)×140cm(宽度)钢筋混凝土系梁,见图 7.1.14。

(3)对各桥墩盖梁上、下游侧均增设钢筋混凝土挡块,见图 7.1.15。

(4)对 3 号桥墩下游侧墩柱及 5 号桥墩上游侧墩柱被船只撞击处外包钢筋混凝土,见图 7.1.16。

(5)凿除 2~5 号桥墩承台围裙部分混凝土后,对承台外包钢筋混凝土,见图 7.1.17~图 7.1.19。

(6)对 2~5 号桥墩桩基础自由段(即河床顶面以上桩基础)中段位置处增设钢筋混凝土系梁,见图 7.1.20。

五、桥台使用情况及加固技术

1. 两岸桥台使用情况

(1)10 号桥台台帽底面局部混凝土脱落、主筋外露锈蚀。

(2)0 号桥台护坡局部已损坏。

(3)台帽均未设置挡块。

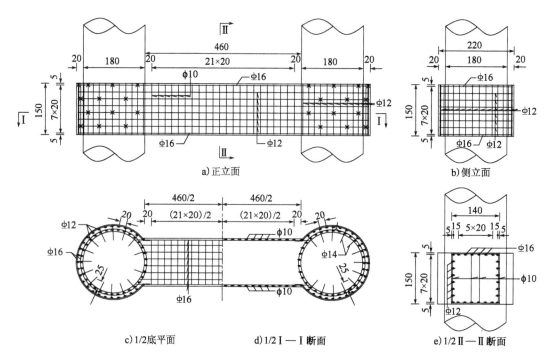

图 7.1.14 各桥墩墩柱增设钢筋混凝土系梁构造图(尺寸单位:钢筋直径 mm;其余 cm)

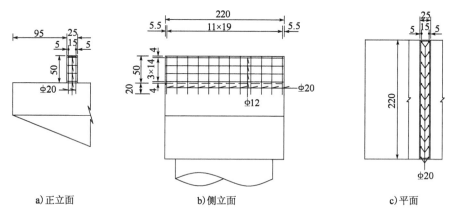

图 7.1.15 桥墩增设挡块构造图(尺寸单位:钢筋直径 mm;其余 cm)

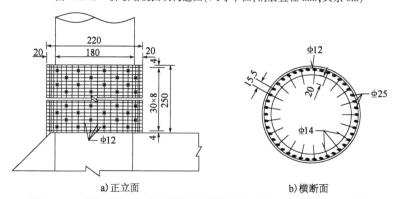

图 7.1.16 墩柱受撞击处外包混凝土构造图(尺寸单位:钢筋直径 mm;其余 cm)

2. 桥台加固技术

(1)对 0 号桥台盖梁与肋板相接处增设 100cm×100cm 倒角,并在盖梁跨中附近底面粘贴钢板;

(2)对两岸桥台盖梁增设钢筋混凝土挡块;

(3)对两岸桥台增设桥头搭板,并重浇搭板上钢筋混凝土铺装。

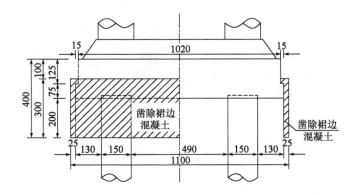

图 7.1.17 凿除承台裙边混凝土一般构造图(尺寸单位:cm)

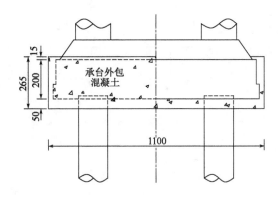

图 7.1.18 承台外包混凝土一般构造图(尺寸单位:cm)

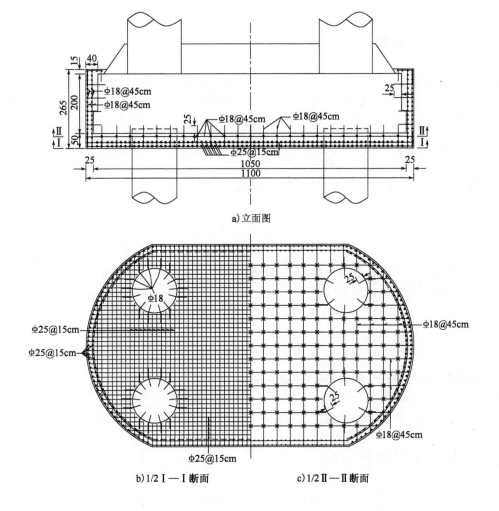

图 7.1.19 承台外包混凝土钢筋构造图(尺寸单位:钢筋直径 mm;其余 cm)

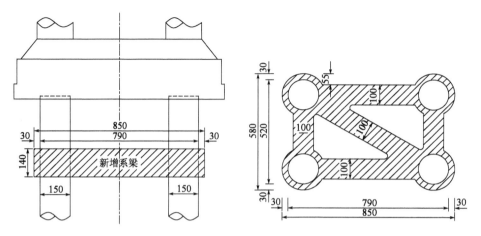

图 7.1.20 桩基础增设系梁一般构造图(尺寸单位:cm)

第三节 结 构 计 算

一、结构计算荷载等级

鄱阳大桥在最初设计阶段被称作姚公渡大桥,原设计于1984年10月完成,当时采用的设计荷载等级是1981年发布《公路工程技术标准》(JTJ 1—81)中所规定的汽车—20级、挂车—100。为使加固后的大桥能够满足现行规范,即《公路桥涵设计通用规范》(JTG D60—2004)及《公路钢筋混凝土及预应力混凝土桥涵设计规范》(JTG D62—2004)中设计荷载等级公路—Ⅱ级的相关要求,加固设计计算采用汽车—20级、挂车—100及公路—Ⅱ级两种设计荷载等级进行。

桥梁安全等级:按《公路桥涵设计通用规范》(JTG D60—2004)取用二级。

二、计算依据的规范

(1)《公路桥涵设计通用规范》(JTG D60—2004);
(2)《公路圬工桥涵设计规范》(JTG D61—2005);
(3)《公路钢筋混凝土及预应力混凝土桥涵设计规范》(JTG D62—2004);
(4)《公路桥涵地基与基础设计规范》(JTG D63—2007);
(5)《公路桥梁加固设计规范》(JTG/T J22—2008);
(6)《公路桥涵设计通用规范》(JTJ 021—1989);
(7)《公路钢筋混凝土及预应力混凝土桥涵设计规范》(JTJ 023—1985);
(8)《公路桥涵地基与基础设计规范》(JTJ 024—1985)。

三、结构计算方法及计算内容

桥梁通计算软件可以全面考虑车辆荷载作用在上部结构不同位置处、不同荷载组合作用下,下部结构各构件受力薄弱截面产生的内力,并计算相应位置承载力。但该软件是针对新建工程开发的,无法考虑采用增设混凝土法、粘贴钢板法加固后各构件的内力,也无法考虑二次受力特性给被加固构件承载力带来的影响。因此,加固后构件内力采用 Midas-Civil 软件计算,计算模型中各支座传递下来的反力采用桥梁通软件的计算结果。Midas-Civil 软件的施工阶段组合截面功能,可以解决在不同施工阶段构件截面尺寸不同的问题,并得到构件内力。加固后构件的承载力采用《公路桥梁加固设计规范》(JTG/T J22—2008)和《结构加固规范》(GB 50367—2013)的相关规定及计算公式,经手算得到。

由于《公路桥梁加固设计规范》(JTG/T J22—2008)中尚没有关于承台"撑杆-拉杆体系"应用增大截面技术加固后,计算承载力的相关规定,设计参考《结构加固规范》(GB 50367—2013)中受弯和受压构件的有关规定,对新增钢筋和新增混凝土强度值乘利用系数的做法,将新建构件计算规定应用在加固构件中,且新增构件只参与承受车辆荷载。《结构加固规范》(GB 50367—2013)中新增钢筋和混凝土的强度利用系数为 0.9,本次计算偏安全地取 0.8。由于外包混凝土将给每个承台增加 133.6×10^4 kN 荷载,经计算原承台无法在新增混凝土未成形前承担这部分重量,施工时应当在桩基础上增设钢套箍,并以钢套箍为支撑设置平台,使新增混凝土的重量传递至桩基础承受。

四、主要计算相关参数

1. 构造尺寸

依据"鄱阳县姚公渡大桥设计图",以及现场测量得到各墩、台细部尺寸,确定各墩、台构造尺寸如图 7.1.21 ~ 图 7.1.24 所示。

2. 配筋情况

(1) 0 号桥台配筋情况。

0 号台盖梁横断面尺寸为 150cm(宽)×90cm(高)。肋板支点附近盖梁上缘设有 15 根 ϕ28mm 钢筋,盖梁跨中附近下缘设有 15 根 ϕ28mm 钢筋。肋板支点附近靠悬臂端设有 4 排(每排 2 根)间距为 30cm 的 ϕ28mm 斜向钢筋,支点附近靠跨中设有 5 排(每排 2 根)间距为 30cm 的 ϕ28mm 斜向钢筋。

0 号台桩基础直径为 150cm,内配竖向 ϕ22mm 钢筋 20 根。

(2) 2 ~ 5 号墩配筋情况。

盖梁宽度为 220cm,高度为 140cm。墩柱附近盖梁上缘设有 21 根 ϕ25mm 钢筋,盖梁跨中附近下缘设有 19 根 ϕ25mm 钢筋。墩柱支点附近靠悬臂端设有 2 排(每排 5 根)间距为 42cm 的 ϕ25mm 钢筋,支点附近靠跨中设有 4 排(每排 5 根)间距为 30 ~ 40cm 的 ϕ25mm 钢筋。

墩柱直径为 180cm,内配竖向 ϕ22mm 钢筋 24 根。

承台内仅在上、中、下各设有一层 ϕ18mm@26 ~ 30cm 构造钢筋。承台内钢筋并未形成骨架。

桩基础直径为 150cm,内配竖向 ϕ20mm 钢筋 32 根。

(3) 1 号墩、6 ~ 9 号墩配筋情况。

盖梁及墩柱、桩基础配筋情况均与 2 ~ 5 号墩一致。

(4) 10 号台配筋情况。

10 号台盖梁横断面尺寸为 170cm(宽)×120cm(高)。桩基础支点附近盖梁上缘设有 15 根 ϕ28mm 钢筋,盖梁跨中附近下缘设有 15 根 ϕ28mm 钢筋。桩基础支点附近靠悬臂端设有 3 排(每排 2 根)间距为 30cm 的 ϕ28mm 斜向钢筋,支点附近靠跨中设有 4 排(每排 2 根)间距为 30cm 的 ϕ28mm 斜向钢筋。

10 号台桩基础直径为 150cm,内配竖向 ϕ22mm 钢筋 20 根。

3. 材料参数

(1) 混凝土参数

墩柱混凝土实测强度推定值为 26.19MPa,桥墩盖梁混凝土实测强度推定值为 36.27MPa。实测混凝土强度推定值均大于设计值,计算时偏安全地取设计混凝土相关参数作结构计算。由于加固设计需要使老桥满足现行规范的要求,故需按《公路钢筋混凝土及预应力混凝土桥涵设计规范》(JTG D62—

2004)附录 A 的相关规定换算后,进行结构计算。

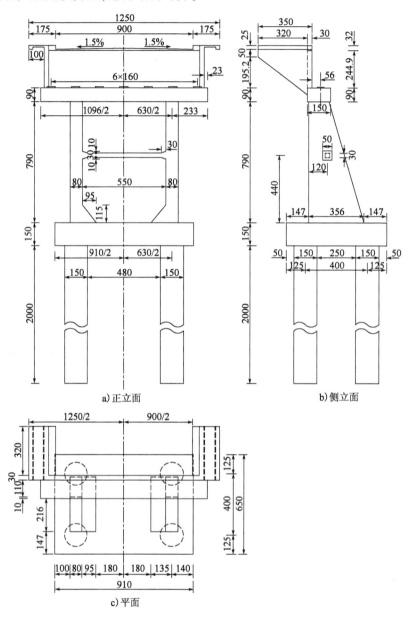

图 7.1.21 0 号台一般构造图(尺寸单位:cm)

①25 号混凝土参数。

依据规定,25 号混凝土可换算为 C23 混凝土。其各项计算参数如下。

抗压强度设计值:$f_{cd}=10.58\text{MPa}$;

弹性模量:$E_c=2.70\times10^4\text{MPa}$;

泊松比:$\nu_c=0.2$;

线膨胀系数:$\alpha_c=1\times10^{-5}$;

重度:$\gamma=25\text{kN/m}^3$。

②30 号混凝土参数。

30 号混凝土可换算为 C28 混凝土。其各项计算参数如下。

抗压强度设计值:$f_{cd}=12.88\text{MPa}$;

弹性模量:$E_c=2.92\times10^4\text{MPa}$;

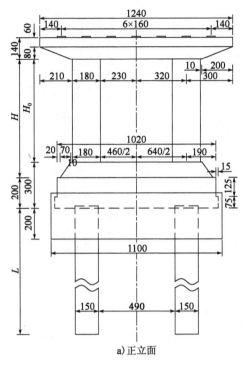
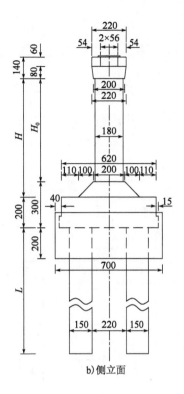
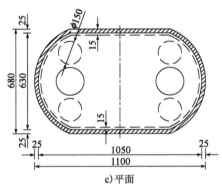

图 7.1.22　2~5 号墩一般构造图(尺寸单位:cm)

泊松比:$\nu_c = 0.2$;

线膨胀系数:$\alpha_c = 1 \times 10^{-5}$;

重度:$\gamma = 25 \text{kN/m}^3$。

(2)钢筋参数

《公路钢筋混凝土及预应力混凝土桥涵设计规范》(JTG D62—2004)第3.2.1条的附注中规定:R235钢筋是指原规范中的Ⅰ级钢筋;HRB335、HRB400钢筋相当于原规范中的Ⅱ级、Ⅲ级钢筋。故在采用现行规范对大桥作结构计算时,取R235钢筋和HRB335钢筋的相关参数。

①Ⅰ级钢筋参数。

抗拉强度设计值:$f_{sd} = 195 \text{MPa}$;

抗压强度设计值:$f'_{sd} = 195 \text{MPa}$;

弹性模量:$E_s = 2.1 \times 10^5 \text{MPa}$。

②Ⅱ级钢筋参数。

抗拉强度设计值:$f_{sd} = 280 \text{MPa}$;

抗压强度设计值:$f'_{sd} = 280 \text{MPa}$;

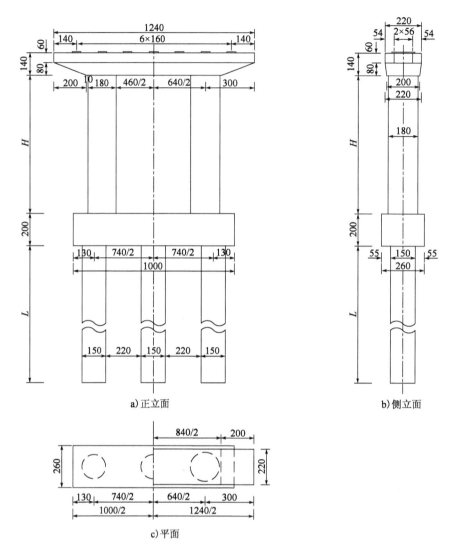

图7.1.23 1号墩、6~9号墩一般构造图(尺寸单位:cm)

弹性模量:$E_s = 2.0 \times 10^5 \text{MPa}$。

4. 地质情况

桥墩、台桩周土从上至下分别为黏土、细砂、卵石夹砂、中风化红砂岩和微风化红砂岩。各桩基础均嵌入微风化红砂岩中。参考《公路桥涵地基与基础设计规范》(JTG D63—2007)中各类土的参数,及原设计提供的岩石单轴抗压强度标准值,本次计算用到的土层参数见表7.1.2。

各类桩周土地质参数　　　表7.1.2

序号	土的种类	土的比例系数 m	摩阻力 q_{ik} (kPa)	单轴抗压强度标准值 f_{rk} (MPa)	岩石影响系数 c_2
1	黏土	5000	50	—	—
2	细砂	10000	65	—	—
3	卵石夹砂	30000	160	—	—
4	中风化红砂岩	—	400	1000	0.03
5	微风化红砂岩	—	600	13000	0.04

5. 竖向力

(1)上部结构自重:经现场复合尺寸后,确定实际上部结构外形尺寸与原设计基本相符,故取原设计图所提供的预应力T形梁及本次加固后的桥面铺装、人行道构件自重。上部结构自重平均分配给两根墩柱承担。

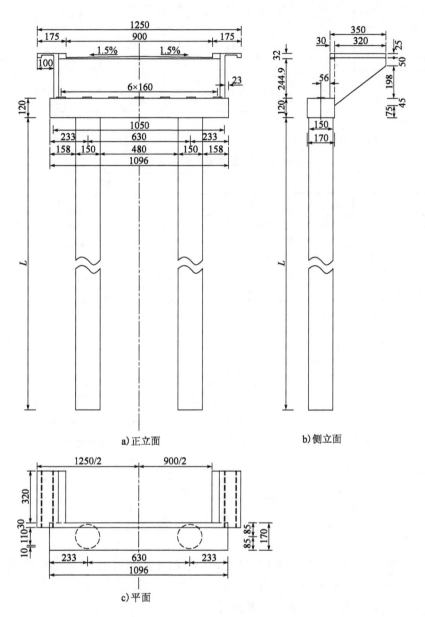

图7.1.24 10号台一般构造图(尺寸单位:cm)

(2)盖梁自重:依据1984年原设计图中所提供的盖梁自重。

(3)墩柱自重:按墩柱截面尺寸计算。

(4)人群、车辆竖向荷载:

双柱式桥墩按经验选择"左右偏载采用偏心受压法,对称布载采用杠杆法"计算汽车荷载横向分配系数。荷载布置按左偏载、右偏载、里对称、外对称分别加载,考虑单孔布载和双孔布载两种情况,且双孔布载时计算跨径取左右跨之和。人群、车辆荷载按最大横向系数分配给每根柱。经软件试算得到墩最不利受力时的竖向荷载。

汽车冲击力按《公路桥涵设计通用规范》(JTG D60—2004)要求计算基频后得到汽车冲击系数$\mu = 1.1785$。

由桥梁通下部结构计算软件计算得到上述竖向荷载由各T形梁支座传递给桥墩、台盖梁顶面的数值,分别见表7.1.3、表7.1.4。

桥墩盖梁顶面承受竖向荷载数值 表7.1.3

序号	荷载名称		荷载数值(kN)						
			1号梁	2号梁	3号梁	4号梁	5号梁	6号梁	7号梁
1	上部结构自重		1158.2	1158.2	1158.2	1158.2	1158.2	1158.2	1158.2
2	人群荷载		269.1	-59.1	0	0	0	-59.1	269.1
3	汽车荷载	最大负弯矩	350.6	301.4	252.3	203.1	153.9	104.7	55.5
		最大正弯矩	0	188.8	311.0	422.0	311.0	188.8	0

注:1. 汽车荷载已计入冲击系数。
   2. 上述荷载均未计入荷载组合系数。

桥台盖梁顶面承受竖向荷载数值 表7.1.4

序号	荷载名称		荷载数值(kN)						
			1号梁	2号梁	3号梁	4号梁	5号梁	6号梁	7号梁
1	上部结构自重		589.1	589.1	589.1	589.1	589.1	589.1	589.1
2	人群荷载		148.7	-32.6	0	0	0	-32.6	148.7
3	汽车荷载	最大负弯矩	259.0	222.7	186.4	150.0	113.7	77.4	41.0
		最大正弯矩	0	139.5	229.7	311.8	229.7	139.5	0

注:1. 汽车荷载已计入冲击系数。
   2. 上述荷载均未计入荷载组合系数。

墩柱顶承受荷载见表7.1.5。

墩柱顶承受竖向荷载数值 表7.1.5

序号	荷载名称	荷载数值(kN)	备注
1	上部结构自重	4053.7	
2	盖梁自重	435.0	含耳墙自重
3	人群荷载	270.8	
4	汽车荷载	1042.1	含汽车冲击力
5	竖向荷载合计	5801.6	

注:上述荷载均未计入荷载组合系数。

6. 纵向水平力

下部结构承受的纵向水平力包括制动力、温度力和混凝土收缩作用力。大桥建成于20世纪80年代,已使用三十余年,可不计混凝土收缩作用力。

(1)计算墩、台顶抗推刚度及橡胶支座抗推刚度:

对于桩顶位于地面以下的桥墩(即7~9号墩),墩顶的抗推刚度计算公式为:

$$\overline{K}_i = \frac{n}{[h^3/(3 \times 0.8 E_h I_h) + \delta_{HH}^{(0)} + \delta_{HM}^{(0)} h + \delta_{MH}^{(0)} h + \delta_{MM}^{(0)} h^2]}$$

式中: n——墩柱数量,$n=2$;

h——墩柱高度(含盖梁高度);

E_h——混凝土弹性模量,25号混凝土 $E_h = 2.7 \times 10^7$ kPa;

I_h——墩柱毛截面惯性矩,$I_h = \frac{\pi d^4}{64} = 0.5153 \text{m}^4$;

$\delta_{HH}^{(0)}$、$\delta_{HM}^{(0)}$、$\delta_{MH}^{(0)}$、$\delta_{MM}^{(0)}$——用"m"法计算基础时的有关系数,与 α 和 z 有关。其中,α 为桩的变形系数,

$$\alpha = \sqrt[5]{\frac{mb_1}{0.8E_cI}};$$

m——非岩石地基水平向抗力系数的比例系数;

b_1——桩的计算宽度(m)。

对于桩顶高于地面的桥墩(1号墩、6号墩及2~5号墩),墩顶抗推刚度计算公式为:

$$\overline{K_i} = \frac{n}{[h_1^3/(3 \times 0.8 E_h I_h) + (h_2^3 - h_1^3)/(3 \times 0.8 E_2 I_2)\delta_{HH}^{(0)} + \delta_{HM}^{(0)} h_2 + \delta_{MH}^{(0)} h_2 + \delta_{MM}^{(0)} h_2^2]}$$

式中:h_1——墩柱高度;

h_2——墩柱顶至最低冲刷线高度。

由于0号桥台为肋板式桥台接盖梁配双排桩基础。其抗推刚度较大,计算时偏安全地认为:计算桥台时,台帽顶面抗推刚度为无穷大;计算桥墩时,不考虑填土作用来计算台帽顶面抗推刚度。10号桥台为桩基础接盖梁,计算时按桥墩来计算台帽顶抗推刚度。

一排橡胶支座抗推刚度计算公式为:

$$K_{nm} = \frac{nAG}{t} = \frac{7 \times 87500 \times 1.1}{37} = 18209.5 (\text{kN/m})$$

式中:n——一排支座数量,$n = 7$;

A——橡胶支座平面面积,$A = a \times b = 250 \times 350 = 87500 (\text{mm}^2)$;

G——橡胶支座剪切弹性模量,$G = 1.1 \text{MPa}$;

t——支座橡胶层厚度,$t = 37 \text{mm}$。

桥墩上两排支座并联后,抗推刚度为:

$$K_r = 2 \times 18209.5 = 36419 (\text{kN/m})$$

各墩、台顶面抗推刚度计算参数及结果见表7.1.6。

各墩、台顶面抗推刚度计算参数及制动力计算结果 表7.1.6

墩、台号	墩、台顶抗推刚度(kN/m)	橡胶支座抗推刚度(kN/m)	串联后支座顶面抗推刚度(kN/m)	桥跨号	制动力分配系数	制动力(kN)
0号台	∞ / 74894.5	18209.5	18209.5 / 14648.0	第一跨	0.753 / 0.710	67.8 / 63.9
1号墩	7161.8	36419.0	5984.9		0.247 / 0.290	22.2 / 26.1
				第二跨	0.282	25.4
2号墩	26140.4	36419.0	15217.7		0.718	64.6
				第三跨	0.483	43.5
3号墩	29546.4	36419.0	16312.3		0.517	46.5
				第四跨	0.486	43.7
4号墩	32853.8	36419.0	17272.3		0.514	46.3
				第五跨	0.492	44.3
5号墩	34856.5	36419.0	17810.3		0.508	45.7
				第六跨	0.787	70.8
6号墩	5553.1	36419.0	4818.4		0.213	19.2
				第七跨	0.414	37.3
7号墩	8409.1	36419.0	6831.7		0.586	52.7
				第八跨	0.535	48.2
8号墩	7098.2	36419.0	5940.4		0.465	41.9
				第九跨	0.484	43.6
9号墩	7658.3	36419.0	6327.7		0.516	46.4
				第十跨	0.319	28.7
10号台	51928.2	18209.5	13481.9		0.681	61.3

(2)制动力:

公路—Ⅱ级车道单孔布载时,集中荷载标准值$P_k = 236.6 \text{kN}$,均布荷载标准值$q_k = 7.875 \text{kN/m}$。制动力$T = (40 \times 7.875 + 236.6) \times 10\% = 55.2 (\text{kN})$,该值小于90kN,故取$T = 90 \text{kN}$。

各墩、台受到的制动力见表7.1.6。

(3)温度力：

因加固后大桥各跨仍为简支结构，且各跨跨径相同、未设置桥面连续，各桥墩受到相邻两跨传递来的大小相等方向相反的温度力，仅两岸桥台需要计及温度力。

经推算施工工期，更换支座及重浇桥面铺装的施工温度为15~25℃，景德镇市年平均最高温度为38℃，年平均最低温度为-3℃。按整体升温38-15=23℃，整体降温按25-(-3)=28℃计算。

各跨中间不动点离桥台的距离x按下式计算：

$$x = \frac{c\sum K_i l_i + \sum \mu N}{c\sum K_i}$$

式中：c——收缩系数，升温23℃时$c=0.00001\times23=0.00023$，降温28℃时$c=0.00001\times28=0.00028$；

$K_i l_i$——第i号墩支座顶集成刚度×桥墩距0号台距离；

μN——桥台活动支座的支座摩阻力，固定橡胶支座此项为0；

K_i——第i号墩支座顶集成刚度。

温度变化引起的水平力计算：

$$H_i = K_i \Delta_i$$
$$\Delta_i = x_i c t = 0.00001 \times 23 \times x_i = 0.00023 x_i$$

式中：x_i——各墩、台距离不动点的距离；

t——整体升温或降温温度。

依据上述公式算得各墩、台承受温度力见表7.1.7。

各墩、台温度力计算结果　　　　　　表7.1.7

升温温度力			降温温度力		
桥跨号	桥跨分配给各墩、台的升温温度力(kN)	墩、台号	各墩、台承受的升温温度力(kN)	桥跨号	桥跨分配给各墩、台的降温温度力(kN)	墩、台号	各墩、台承受的降温温度力(kN)
第一跨	41.4/39.1	0号台	41.4/39.1	第一跨	50.4/47.6	0号台	50.4/47.6
第一跨	41.4/39.1	1号墩	1.9/0.4	第一跨	50.4/47.6	1号墩	2.3/0.5
第二跨	39.5			第二跨	48.1		
第二跨	39.5	2号墩	32.9	第二跨	48.1	2号墩	40.1
第三跨	72.4			第三跨	88.2		
第三跨	72.4	3号墩	4.8	第三跨	88.2	3号墩	5.8
第四跨	77.2			第四跨	94.0		
第四跨	77.2	4号墩	3.5	第四跨	94.0	4号墩	4.2
第五跨	80.7			第五跨	98.2		
第五跨	80.7	5号墩	45.8	第五跨	98.2	5号墩	55.7
第六跨	34.9			第六跨	42.5		
第六跨	34.9	6号墩	8.9	第六跨	42.5	6号墩	10.9
第七跨	26.0			第七跨	31.6		
第七跨	26.0	7号墩	3.2	第七跨	31.6	7号墩	4.0
第八跨	29.2			第八跨	35.6		
第八跨	29.2	8号墩	1.0	第八跨	35.6	8号墩	1.3
第九跨	28.2			第九跨	34.3		
第九跨	28.2	9号墩	11.4	第九跨	34.3	9号墩	13.9
第十跨	39.6			第十跨	48.2		
第十跨	39.6	10号台	39.6	第十跨	48.2	10号台	48.2

各桥墩、台墩柱顶承受的纵向水平力汇总如表7.1.8所示。

墩柱顶承受纵向水平力数值　　　　表 7.1.8

桥墩、台编号	制动力(kN)	温度力(kN)
0 号台	67.8	50.4(河心方向)
1 号墩	26.1	2.3
2 号墩	64.6	40.1
3 号墩	46.5	5.8
4 号墩	46.3	4.2
5 号墩	70.8	55.7
6 号墩	37.3	10.9
7 号墩	52.7	4.0
8 号墩	43.6	1.3
9 号墩	46.4	13.9
10 号台	61.3	48.2(河心方向)

注：上述荷载均未计入荷载组合系数。

7. 荷载组合

结构验算荷载组合见表 7.1.9。

结构检算荷载组合　　　　表 7.1.9

规范	组合类型	说　　　明
04 规范	组合一	1.0(恒载)
	组合二	1.0(恒载)+1.0(温度)
	组合三	1.2(恒载)
	组合四	1.2(恒载)+1.0(温度)
	组合五	1.2(恒载)+1.4(公路—Ⅱ级)+1.12(人群)
	组合六	1.0(恒载)+0.7(公路—Ⅱ级)+1.0(人群)
	组合七	1.0(恒载)+0.4(公路—Ⅱ级)+0.4(人群)
	组合八	1.2(恒载)+1.0(温度)+1.4(公路—Ⅱ级)+1.12(人群)
	组合九	1.0(恒载)+1.0(温度)+0.7(公路—Ⅱ级)+1.0(人群)
	组合十	1.0(恒载)+1.0(温度)+0.4(公路—Ⅱ级)+0.4(人群)

五、加固前主要计算结果及分析

1. 桥台结构计算与分析

依据《公路钢筋混凝土及预应力混凝土桥涵设计规范》(JTG D62—2004)对进行了上部结构加固后(上部结构自重较原设计增加)的大桥 0 号桥台及 10 号桥台进行结构计算。计算结果见表 7.1.10 ~ 表 7.1.13。

桥台盖梁内力验算结果　　　　表 7.1.10

编号	内力名称	验算位置	内　　力	承载能力	计算裂缝宽度(mm)	是否满足规范要求
0 号台	弯矩(kN·m)	跨中	2038	2003.5	0.236	否
		支点	2303	2003.5	0.257	否
	剪力(kN)	支点	2044	2087.1	—	是
10 号台	弯矩(kN·m)	跨中	1904.0	2801.7	0.177	是
		支点	2373.0	2801.7	0.175	是
	剪力(kN)	支点	2120.0	2478.4	—	是

桥台台身验算结果 表 7.1.11

桥台编号	计算截面	内力 轴力(kN)	内力 弯矩(kN·m)	承载能力 轴力(kN)	承载能力 弯矩(kN·m)	计算裂缝宽度(mm)	是否满足规范要求
0 号	肋顶	2324	871	4118	满足	0.193	是
	肋底	3373	187	11563	满足	0.193	是

桥台桩身验算结果 表 7.1.12

桥台编号	内力 轴力(kN)	内力 弯矩(kN·m)	承载能力 轴力(kN)	承载能力 弯矩(kN·m)	是否满足规范要求
0 号	2520	337	12570	1681	是
10 号	2872	393	12465	1705	是

桥台桩基承载力验算结果 表 7.1.13

桥台编号	桩底反力(kN)	桩基容许承载力(kN)	是否满足规范要求
0 号	4616.7	12528	是
10 号	4605.2	7418	是

由上述结构计算结果表格中可以看出,因重做桥面铺装、增设预应力 T 梁间横隔板使上部结构自重增加后,除 0 号台台帽承受的正、负弯矩超出原设计承载力外,其余各主要构件均满足加固后使用要求。

一般来说,为了提高梁式构件抵抗负弯矩的能力,在构件顶面增设钢筋或钢板可以做到在尽量少增加自重的情况下,提高构件抗拉能力。但该方案需要移除上部结构,以获得施工空间。本次设计对肋板式台身顶部附近增设钢筋混凝土倒角的方式缩小盖梁的跨径,以达到减小盖梁正、负弯矩的目的。该方案的缺点是施工时未移除上部结构,仅能减小汽车荷载引起的弯矩,在进行加固设计结构计算时需考虑这一点。

2. 桥墩结构计算

选取最不利组合下对各主要构件控制截面进行验算,验算结果见表 7.1.14 ~ 表 7.1.18。

桥墩盖梁验算结果 表 7.1.14

内力名称	验算位置	内力	承载能力	计算裂缝宽度(mm)	是否满足规范要求
弯矩(kN·m)	跨中	3929	3389.0	0.256	否
	支点	2598	2689.5	0.188	是
剪力(kN)	支点	3505	3227.8	—	否

桥墩墩柱验算结果 表 7.1.15

桥墩编号	内力 轴力(kN)	内力 弯矩(kN·m)	承载能力 轴力(kN)	承载能力 弯矩(kN·m)	是否满足规范要求
1 号	8243.2	808.2	17189.8	1685.1	是
2 号	8057.5	1169.8	15145.0	2198.8	是
3 号	8094.0	906.4	16568.1	1855.4	是
4 号	8114.7	915.9	16529.2	1865.6	是
5 号	8119.4	918.1	16520.1	1868.0	是
6 号	8346.4	834.1	17102.3	1709.1	是
7 号	8121.0	777.6	17289.6	1655.5	是
8 号	8205.1	798.7	17218.3	1676.1	是
9 号	8170.2	790.0	17247.4	1667.7	是

桥墩桩身验算结果

表 7.1.16

桥墩编号	内力		承载能力		是否满足规范要求
	轴力(kN)	弯矩(kN·m)	轴力(kN)	弯矩(kN·m)	
1 号	5820.0	1193.2	17191.2	3524.5	是
2 号	7140.0	1683.9	16085.7	3793.7	是
3 号	7066.4	1155.3	18748.7	3065.3	是
4 号	6724.6	1079.5	18848.0	3025.7	是
5 号	6528.0	1035.2	18923.4	3000.9	是
6 号	5888.7	1245.0	16945.8	3582.7	是
7 号	5655.8	1072.4	17744.6	3364.6	是
8 号	5737.3	1114.6	17571.7	3413.7	是
9 号	5688.6	1097.1	17624.0	3399.0	是

桥墩桩基础承载力验算结果一览表

表 7.1.17

桥墩编号	桩底反力(kN)	桩基容许承载力(kN)	是否满足规范要求
1 号	6531.8	13485	是
2 号	8288.0	15011	是
3 号	8306.3	26984	是
4 号	7314.2	12288	是
5 号	7288.5	13221	是
6 号	7036.8	19881	是
7 号	6964.6	20373	是
8 号	6563.9	10357	是
9 号	6561.2	14099	是

桥墩深水承台验算结果一览表

表 7.1.18

桥墩编号	验算内容	内力(kN)	抗力(kN)	是否满足规范要求
2 号	撑杆受压	13129.7	58085.9	是
	系杆受拉	8106.2	3633.8	否
	柱向下冲切	8254.6	25405.0	是
	桩向上冲切	5164.3	9091.6	是
3 号	撑杆受压	13212.4	58085.9	是
	系杆受拉	8157.3	3633.8	否
	柱向下冲切	8291.0	25405.0	是
	桩向上冲切	5196.8	9091.6	是
4 号	撑杆受压	13259.4	58085.9	是
	系杆受拉	8186.3	3633.8	否
	柱向下冲切	8311.7	25405.0	是
	桩向上冲切	5215.3	9091.6	是
5 号	撑杆受压	13270.2	58085.9	是
	系杆受拉	8193.0	3633.8	否
	柱向下冲切	8316.5	25405.0	是
	桩向上冲切	5219.6	9091.6	是

从以上计算结构表格中可以看出,上部结构加固后桥墩盖梁支点剪力和跨中正弯矩超过原设计承载力,需要进行加固。加固时选择了直接在受力薄弱处粘贴钢板的方式,以提高这两处的承载力。与对桥台盖梁进行加固类似,实施该方案时未移除上部结构,粘贴钢板仅在汽车荷载作用时能共同参与受力。

上部结构加固后,原设计桥墩墩柱及桩基础承载力均能满足加固设计要求,但由于《公预规》(JTJ 023—1985)中未对桩基承台专门提出相关计算规定,原设计仅在承台上、中、下面设置了三层 $\Phi 18@210 \sim 300$mm 钢筋,侧面未设置钢筋。按《公路钢筋混凝土及预应力混凝土桥涵设计规范》(JTG D62—2004)要求对承台短悬臂进行撑杆–系杆体系计算及冲切计算后发现,系杆抗拉承载力不能满足规范要求,需进行加固。加固时采取对承台三周外包钢筋混凝土的方式进行加固,底面配筋依据结构计算确定。

六、加固后主要计算结果

1. 加固后桥台结构计算及分析

Midas-Civil 建立 0 号桥台盖梁结构有限元模型,如图 7.1.25 所示。

选取最不利组合下控制截面进行验算,表 7.1.19 为桥台台帽在最不利荷载组合下内力最大值及相应的承载力。

图 7.1.25　0 号桥台盖梁结构有限元模型

桥台台帽加固后结构内力验算结果　　　表 7.1.19

计算构件	支点弯矩内力(kN·m)	支点弯矩承载力(kN·m)	支点剪力内力(kN)	支点剪力承载力(kN)	跨中弯矩内力(kN·m)	跨中弯矩承载力(kN·m)
0 号台台帽	2390.1	3295.9	1986.2	2617.1	2226.1	2314.8

由表 7.1.19 可见:采用缩减跨径法加固后的 0 号桥台台帽在荷载等级"公路—Ⅱ级"的作用下,各控制截面内力均满足相关规范要求。

2. 加固后桥墩结构计算及分析

下部结构加固时对桥墩盖梁粘贴钢板以提高其抵抗正弯矩和剪力;对承台周边外包钢筋混凝土以满足现行规范对桩基承台的要求;为减小全桥振动,对桥墩墩柱及桩基础分别增设系梁。上述加固方法中,承台外包混凝土及对墩柱、桩基础增设钢筋混凝土系梁的方案均增加了结构自重。故对加固后的桥墩盖梁、承台、桩身及桩底承载力分别进行了验算。

(1)桥墩盖梁

加固时采用粘贴钢板法加固桥墩盖梁,在考虑了被动加固法的二次受力特性后,桥墩盖梁加固后结构内力验算结果见表 7.1.20。

桥墩盖梁加固后结构内力验算结果　　　表 7.1.20

计算构件	支点弯矩内力(kN·m)	支点弯矩承载力(kN·m)	支点剪力内力(kN)	支点剪力承载力(kN)	跨中弯矩内力(kN·m)	跨中弯矩承载力(kN·m)
桥墩盖梁	2598.0	2689.5	3505.0	3518.1	3929.0	4115.3

注:表中弯矩承载力及剪力承载力均按《公路钢筋混凝土及预应力混凝土桥涵设计规范》(JTG D62—2004)相关规定计算。

(2) 桩基承台

加固后深水桥墩承台验算结果见表7.1.21。

加固后深水桥墩承台验算结果　　　　　　　　　　　　　　　　表7.1.21

桥墩编号	验算内容	内力(kN)	抗力(kN)	是否满足规范要求
2号	撑杆受压	14753	161616	是
	系杆受拉	7174	9016	是
	柱向下冲切	8254.6	50194	是
	桩向上冲切	6446	16221	是
3号	撑杆受压	14828	161616	是
	系杆受拉	7210	9016	是
	柱向下冲切	8291.0	50194	是
	桩向上冲切	6479	16221	是
4号	撑杆受压	14685	7141	是
	系杆受拉	7174	9016	是
	柱向下冲切	8311.7	50194	是
	桩向上冲切	6416	16221	是
5号	撑杆受压	14880	161616	是
	系杆受拉	7236	9016	是
	柱向下冲切	8316.5	50194	是
	桩向上冲切	6501	16221	是

(3) 桥墩桩身和基底

计算考虑加固后河床将继续下切2m。桥墩桩身及基底承载力计算结果见表7.1.22、表7.1.23。

桥墩桩身验算结果　　　　　　　　　　　　　　　　表7.1.22

桥台编号	内　　力		承载能力		是否满足规范要求
	轴力(kN)	弯矩(kN·m)	轴力(kN)	弯矩(kN·m)	
2号	9300	2580	10418	3485	是
3号	9362	2618	10373	3493	是
4号	8763	2351	10638	3443	是
5号	8470	2217	10769	3416	是

桥墩桩基承载力验算结果　　　　　　　　　　　　　　　　表7.1.23

桥台编号	桩底反力(kN)	桩基容许承载力(kN)	是否满足规范要求
2号	9860	12703	是
3号	10315	25476	是
4号	9144	14502	是
5号	9399	11713	是

由表中可见：在假定加固后河床将继续下切2m，加固后的深水桥墩承台、桩身及桩基础在荷载等级"公路—Ⅱ级"的作用下，各构件控制截面内力及基底承载力均满足现行规范要求。

第四节　下部结构加固施工

一、施工概述

2015年初完成施工招标,并确定施工单位;2015年3月19日正式开始施工,水下施工部分于下半年枯水季节开始,次年涨水季节前完工。

经查,历年枯水季节2~5号墩桥址处水深为8~12m,为满足桩基础增设钢筋混凝土系梁工作面的要求,施工时需保证水位下降4.1~6.2m。选择单壁钢围堰进行施工。

二、施工过程

钢围堰在后场分块制作,经检验、试拼合格后,汽车运输至大桥鄱阳岸码头,再通过驳船运至墩位处。钢围堰块件运至墩位后,通过驳船上的汽车起重机吊至安装在墩柱间横系梁的拼装平台处并挂好,再对称拼装焊接。焊接完成后通过电动葫芦分节下放入水。视围堰入泥后的具体情况进行围堰内部及外围基底抛填或清理施工,再一次性浇筑水下封底混凝土。封底混凝土达到强度后,抽水至设计高程进行增设桩基础间横系梁施工。

为节省工期,采用两套钢围堰进行施工。先对4号及5号桥墩进行增设钢筋混凝土系梁及承台外包混凝土施工,再对2号及3号桥墩进行加固施工。

三、单壁钢围堰施工

1. 施工工艺流程

单壁钢围堰施工工艺流程如图7.1.26所示。

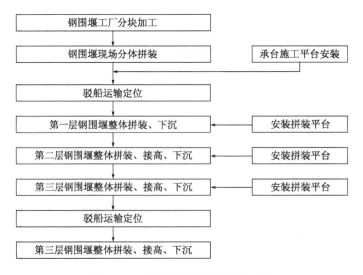

图7.1.26　单壁钢围堰施工工艺流程图

2. 施工平台搭设

在拟加固的承台上搭设施工平台(图7.1.27),平台采用I32工字钢搭设,施工时上铺10mm厚胶合板。I32 工字钢横桥向布置 2 根，纵桥向布置 5 根，采用钢锁口焊接固定在桥梁墩柱上，钢锁口采用 I32 工字钢加工焊接而成。为保持钢平台稳固和满足受力要求，在钢梁与承台外边缘 1/2 的位置设置一道 I25 工字钢支架，钢支架与纵、横分配梁焊接牢固。

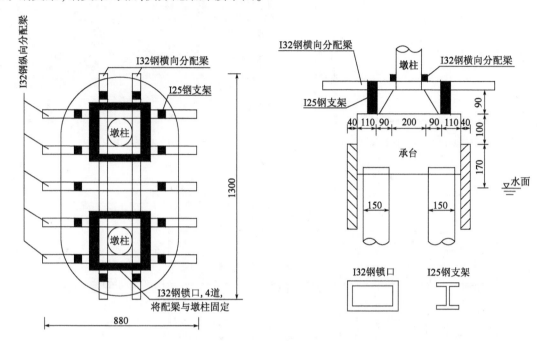

图 7.1.27 单承台施工平台平面图（尺寸单位：cm）

纵、横分配梁长度比单壁钢围堰设计轮廓尺寸短 10cm，在钢围堰施工时可作为下沉时的导向和定位装置。图 7.1.28、图 7.1.29 为现场施工照片。

图 7.1.28 现场施工照片（1）

图 7.1.29 现场施工照片（2）

3. 单壁钢围堰结构形式

以承台外围尺寸宽 1m 作为施工工作面，钢围堰平面几何尺寸确定为 8.8m×13m。单壁钢围堰平面图如图 7.1.30 所示。

（1）壁体

钢围堰采用单壁结构，内轮廓尺寸 8.8m×13m，钢围堰面板厚 10mm，横向设 [10 槽钢，间距 500mm，竖向肋采用 I14b 工字钢，间距 500mm，面板四周设∠40×140×12 角钢与相邻面板连接，面板表面设螺栓用开孔 $\phi22$mm，孔距 150mm。采用 M20×65mm 螺栓，并垫以 4mm 厚橡胶皮，防止漏水。吊点设在横桥向两侧的围堰钢板上，吊点采用 $\phi=20$mm 钢筋吊环，现场施工照片见图 7.1.31。壁体结构见图 7.1.32。

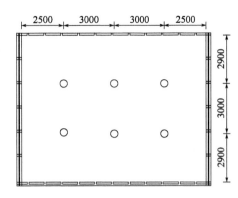

图 7.1.30 单壁钢围堰平面图(尺寸单位:cm)

图 7.1.31 现场施工照片

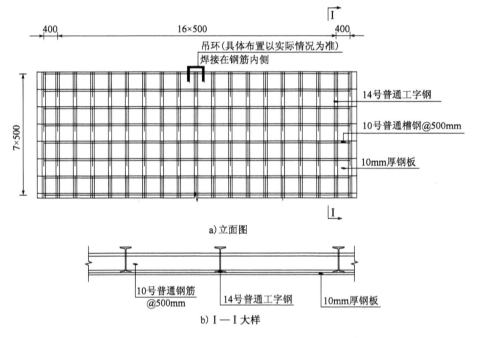

图 7.1.32 壁体结构示意图(尺寸单位:型钢规格 mm;其余 cm)

(2)支撑系统

为了增加钢围堰的整体稳定性和强度,上层围堰内侧分别于 -1.5m 及 -4m 高程处设置上、下两道纵、横向钢梁内支撑。支撑为 I32 工字钢,钢支撑端部采用 40×40mm 钢板焊接于围堰内壁,同时兼作桩基(系梁)施工平台。如图 7.1.33 及图 7.1.34 所示。

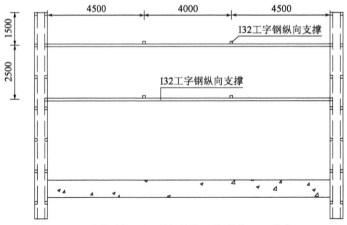

图 7.1.33 支撑系统正立面图(单位:型钢规格 mm;其余 cm)

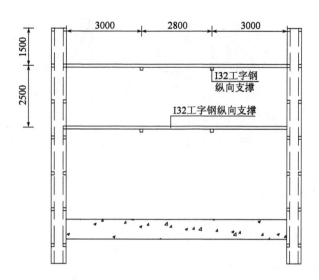

图 7.1.34 支撑系统侧立面图(单位:型钢规格 mm;其余 cm)

4. 钢围堰岸上拼装及下沉

(1) 单壁钢围堰岸上拼装

钢围堰由上、中、下三层组成,上、中层各高 5.5m,下层高度为 3.5m,各层截面尺寸一样。各层分别由各种正面板、侧面 U 形板等构件组成,各层面板间用螺栓连接,如图 7.1.35 所示。

单壁钢围堰分块、分层地按照设计尺寸要求在工厂加工成单层①~⑥号整体块,汽车运至施工现场进行场地组装。在现场组装场地上将①号、②号、④号和③号、⑤号、⑥号整体块组装成左、右两个安装分体块,用 50t 吊车分别吊放至驳船上。驳船运至拟施工的承台位置进行合拢,组装成单层整体围堰。

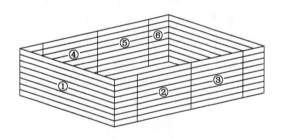

图 7.1.35 单层单壁钢围堰整体拼装图

(2) 拼装沉放

① 拼装平台。

拼装平台长 2m,宽 1.5m。踏脚梁采用 I10 型钢,踏脚面板采用 10mm 厚胶合板。拼装平台外侧设防护栏杆,栏杆立柱采用 I10 型钢,长 1.5m,在 0.45m 和 0.9m 处焊接 I10 型钢防护栏杆。拼装平台采用钢丝绳固定在钢围堰外壁上,在其上面进行钢围堰拼装紧固螺栓工作,如图 7.1.36 及图 7.1.37 所示。

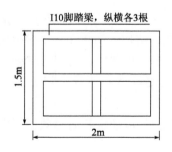

图 7.1.36 拼装平台平面图

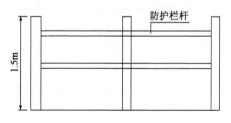

图 7.1.37 拼装平台立面图

② 驳船定位。

驳船上安放 1 台 50t 吊车,将已经组装好的左(①、②、④)、右(③、⑤、⑥)两个安装分体块分别吊放至驳船上,驳船运至拟施工的承台位置,驳船与纵桥向平行,抛锚固定,见图 7.1.38。

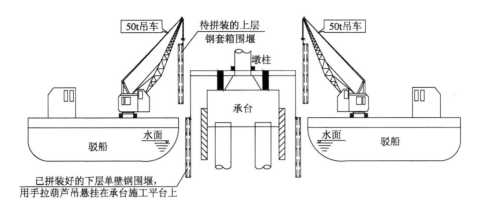

图 7.1.38 驳船定位

③钢围堰沉放。

钢围堰下放选择当日白天进行。其下放操作步骤如下。

步骤 1：将左、右两个钢围堰安装体从承台上、下游缓缓吊入，利用承台施工平台作为导向和定位，采用手拉葫芦将两安装体拉紧固定；

步骤 2：安放拼装平台，紧固钢围堰连接螺栓；

步骤 3：解除钢围堰上的拼装平台和固定手拉葫芦；

步骤 4：吊车将拼装好的整体钢围堰下沉，下沉时专人指挥，下沉速度做到同步、缓慢；

步骤 5：钢围堰下沉至水面 +100cm 时停止下沉，将钢围堰用葫芦吊悬于承台施工平台上；

步骤 6：摘除吊车吊钩。

进行第二、三层钢围堰接高下沉，施工工艺与第一层围堰相同。

④内撑系统安装。

(3)钢围堰着床

利用单壁钢围堰自重切土下沉。围堰在水中时放慢下降速度，在围堰进入河床前校正其轴线位置、垂直度。钢围堰利用自重下沉停止后，考虑到河床存在坡度和淤积物厚度不均，围堰会偏拉、倾斜，可采用工字钢结合千斤顶对承台底部结合施力，使倾斜纠正。还可采用水力机械冲射、空气吸泥机水下挖土等方法使围堰下沉，确保着床稳固。

四、混凝土封底处理

1. 钢围堰基底处理

钢围堰定位下沉后，由于河床底面高差不平，需对围堰基底进行有效处理和防护。为确保钢围堰着床稳定，采用袋装干拌混合料(简称"干混袋")对钢围堰进行防护。防护范围为钢围堰内部填平基底，钢围堰外轮廓线每边外扩 1.5m，呈梯形状，坡度 1:1，如图 7.1.39 所示。潜水员找平钢围堰底平面，抛填干混袋高度视基底高差情况而定。干混袋由编织袋装填水泥、砂石干拌物组成，水泥、砂石干拌物按 C20 混凝土配置。

另外，封底混凝土浇筑前还应准备若干吨干拌袋装混合料，以便浇筑时有效应对混凝土外漏等突发状况。

2. 导管布置与安装

导管选用直径 220mm 的专用快速接头导管。导管使用前做水压、水密性试验，合格后使用。导管上口接 1.5m³ 的小料斗，固定在内支撑施工平台上，并在施工平台分配梁上安装 2 个 3t 手拉葫芦用于导管提升。导管底口距河床底 30～40cm。考虑水下封底混凝土的实际流动性,导管浇筑作用半径取 4m,保证所有导管的累加作用区域能够覆盖围堰内部所有区域。

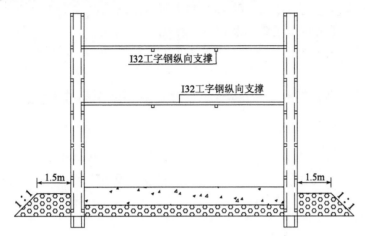

图 7.1.39　抛填干混袋示意图

3. 灌注封底混凝土

(1)混凝土来料:封底用混凝土在拌和站拌制,由罐车运至现场。

(2)混凝土的灌注原则:一次到位,储料足够,保证导管埋深。

(3)首灌混凝土注意事项:

①首灌混凝土浇筑顺序为横桥向,由上游向下游浇筑。

②首灌采用隔水栓、拔塞法施工工艺。即在小漏斗的底部、导管的顶口安装薄膜隔水栓,再用盖板封住导管口。盖板通过钢丝绳挂在起重设备吊钩上,当漏斗内灌满混凝土后立即吊出盖板,使混凝土沿导管下落,同时泵车不间断通过溜槽向集料斗注入混凝土,保持集料斗内的混凝土不间断地通过料斗和导管灌注至水下,从而完成首批混凝土的灌注。

③为保证导管有一定埋深,一般不随便提升导管,即使需要提管,每次提升都必须保证导管埋深在 2m 之内。

(4)补灌混凝土注意事项:

①首批封底混凝土浇筑完成后,及时测量导管埋深。在一根导管封口完成后进行其相邻导管封口时,先测量待封导管底口处的混凝土顶面高程,根据实测值重新调整导管底口的高度。灌注过程中,对已封口的导管处混凝土高程及时跟踪测量,按每隔 20min 对已经开罐完毕的导管进行补料,补料时间一般为 10min。

②在导管封口全部完成后,按最大不超过 30min 为限制,控制同一根导管两次灌入混凝土的间隔时间。

(5)施工控制测点布设及测量要点:

①封底混凝土施工前,在相邻两根导管混凝土作用半径交点处均布设一个测点。浇筑混凝土时做好测深、导管原始长度、测量基准点高程等记录,同时每根导管封口结束后应及时测量其埋深与流动范围,做好详细记录,并以测点为控制点绘制混凝土深度断面图以作施工控制图。

②浇筑过程中注意对每一浇筑点在补料后的高程,及周围 4m 范围内的测点,都要测量一次,并记录灌注、测量时间。

③混凝土浇筑临结束时,全面测出混凝土顶面高程,重点检测导管作用半径相交处及围堰周边等部位,根据结果增加高程偏低的测点附近导管混凝土的浇筑量,力求封底混凝土顶面平整,并保证封底厚度达到要求。当所有测点均符合要求后,终止混凝土浇筑,上拔导管,冲洗堆放。

4. 围堰抽水

（1）当封底混凝土强度达到设计强度的90%时进行钢围堰内抽水工作。

（2）钢围堰抽水时注意观察围堰壁体及钢管支撑的变形情况，一旦出现异常，应立即停止抽水，并向围堰内适当注水保证围堰安全。待分析原因并采取有效措施后，方可继续施工。

五、桩基础增设钢筋混凝土系梁与承台外包钢筋混凝土施工

1. 系梁、承台施工顺序

施工顺序：施工准备→施工平台搭设→钢筋制作、安装→模板安装、加固→混凝土浇筑→脱模养护。

2. 系梁、承台施工要点

1）钢筋工程

（1）钢筋制作。所有钢筋进场应附有质保书，并由项目部组织自检试验。合格后报监理抽检，监理检测合格后，才能进行加工、制作。钢筋放置在加工棚内，按直径分类堆放，下面用边长为20cm的方木垫高。钢筋在制作场严格按设计图纸加工，待底模制作检验合格后开始绑扎钢筋骨架。

（2）钢筋接长：钢筋直径≥12mm的接头采用双面搭接焊，焊接钢筋轴线应在一条直线上，双面搭接焊长度为$5d$。

（3）保护层控制：在绑扎钢筋时同步垫放呈梅花形布置的水泥垫块。垫块与钢筋间用扎丝扎紧。

2）凿毛、钻孔植筋

（1）混凝土凿毛

在浇筑混凝土之前，新、旧混凝土接触面必须凿毛、清洗，在浇筑混凝土前表面应干净并保持湿润，以保证新、旧混凝土结合良好。人工进行凿毛，不得使用机械，要求凿毛面积大于原构件面积的80%，凿毛深度大于碳化层厚度，并凿成麻坑或沟槽状。麻坑或沟槽的深度均不小于6mm，并露出粗骨料。

（2）植筋

植筋施工顺序：定位→钻孔→清孔→注浆→植筋→静置固化。

①定位：先按设计要求标出植筋钻孔位置、型号，钻孔前可用钢筋探测仪确定钢筋位置，或凿掉混凝土保护层暴露钢筋，钻孔位置处若存在受力钢筋，可对钻孔位置做适当调整，但调整范围不得超过±10cm。

②钻孔：钻孔直径应较钢筋公称直径大4mm，直径允许偏差为±2mm，钻孔深度与植筋埋设深度相同，钻孔深度偏差不得大于±5mm，孔位应避让原结构钢筋，孔道应顺直。

③清洁孔壁、钢筋：先将喷嘴伸入成孔底部并吹入洁净无油的压缩空气，并向外拉出喷嘴，反复3次，然后将硬毛刷插入孔中，往返旋转清刷3次，再将喷嘴伸入钻孔底部吹气，向外拉出喷嘴，反复3次。

④注胶：灌注植筋胶应采用专门的灌注器或注射器进行，灌注方式不妨碍孔中空气的排出。严禁采用将植筋胶直接涂抹在钢筋上植入孔中的植筋方式。灌注量应保证在植入钢筋后有少许浆液溢出，注入量一般为孔深2/3。

⑤植筋：钢筋植入前应对要植入钢筋上的锈迹、油污进行除锈和清理，注入植筋胶后应立即单向旋转插入钢筋，直至达到设计深度，并保证植入钢筋与孔壁间的间隙基本均匀，校正钢筋的位置和垂直度，清除孔口多余的植筋胶。

⑥静置固化：胶黏剂完全固化前，不得触动或振动已植钢筋，以免影响其黏结性能。

3）模板支立

钢筋检查合格后安装底模，底模安装于钢围堰内支撑上，模板拼装应无错台、无露缝。正面模板采用钢模，根据系梁、承台形状加工成形。模板用加设斜支撑固定于钢围堰内壁上。

4）混凝土浇筑

混凝土在拌和站集中拌和，混凝土输送车运输至现场，由泵车、溜槽送入模内分层浇筑。浇筑时，将溜槽伸入模板内，保证混凝土自由下落高度小于2m，以防止离析。混凝土分层浇筑厚度不超过30cm。采用插入式振捣棒振捣，振捣每一层混凝土时，振捣棒要插入下层混凝土5cm，以利于层间结合。

5）拆模、混凝土养护

混凝土达到设计强度的75%方可拆模，拆模后应及时洒水、覆盖养护。

第五节　加固经济效益分析

鄱阳大桥横跨昌江，是进出鄱阳县城的重要公路桥梁。加固前，大桥两岸桥头附近设有采砂场，运输砂石的重车频繁通过大桥，加上位于水中的2~5号桥墩自由段（即盖梁顶面至河床线）长度为20.72~24.14m，震感明显，过往车辆及行人深感不安。过往采砂船只多次撞击桥体，导致3号墩下游侧墩柱及5号墩上游侧墩柱表面网状开裂。为此，对桥梁进行加固时，下部结构加固是重点也是难点。

以同一时间拆除既有大桥，并在原址重建一座同样规模、同样结构形式的梁式桥为参照对象，对加固工程和新建工程的造价进行比较。

由表7.1.24可见，对鄱阳大桥进行加固提载的工程造价约为662万元，而拆除原桥重建同规模梁式桥大约需要2099万元，加固费用仅约为新建费用的31.5%左右。而且重建工程的施工工期较长，因此产生的"客货运输成本提高导致的损失；客货运输时间延长导致的损失；附近相关公路增加拥挤导致的损失；车辆绕行里程增加导致的损失；交通事故增加、货损事故增加导致的损失"等社会宏观经济损失较多。可以认为，采用加固方案的经济效益显著，而下部结构加固技术的应用在本项目中起着技术关键点的作用。

加固与拆除新建同规模桥梁工程造价表格　　　　　表7.1.24

项　目	细　目	加　固　工　程	新　建　工　程
工程概况	桥型	10×40m预应力混凝土T形梁	
	全长	407.04m	
	净宽	净—9+2×1.0m人行道	
	设计荷载等级	公路—Ⅱ级	
	全桥面积	4681m²	
第一部分 建筑安装工程费(元)	T形梁加固	349768	按4000元/m²单价计， 18724000元
	桥面系处理	2327591	
	更换支座	307102	
	0号台缩跨加固	16196	
	盖梁粘贴钢板	173156	
	盖梁增设挡块	20048	
	增设桥台盖板	60672	
	桥墩增设系梁	192911	

续上表

项 目	细 目	加固工程	新建工程
第一部分 建筑安装工程费(元)	墩柱外包混凝土	19941	按4000元/m²单价计，18724000元
	承台外包混凝土	532455	
	桩基础增设系梁	1596321	
	修复破损	174709	
	小计	5770870	
第三部分 工程建设其他费用(元)	建设单位管理费	195045	548665
	工程监理费	144272	468100
	设计文件审查费	5771	18724
	检测设计费	200000	407040
	交通维护费	108000	216000
	小计	653088	1658529
第一、二、三部分 费用合计(元)		6423958	20382529
预备费(元)		192718	611476
总造价(元)		6616676	20994005

第二章　会埠大桥下部结构加固实例

第一节　大桥概况

会埠大桥(图7.2.1)位于奉新县会埠镇境内,是会埠镇连接昌铜高速的重要桥梁,建成于2007年。现场实测大桥全长140.54m,斜交角度10°。上部结构采用6×20m预应力混凝土空心板,桥墩采用双柱式墩接钢筋混凝土盖梁配扩大基础,桥台为重力式U形桥台配扩大基础。桥面宽度为7m(行车道)+2×1.25m(人行道)。大桥原设计荷载等级为公路—Ⅱ级。桥址附近设有采沙厂,满载砂石的重载汽车频繁通过该桥。

图7.2.1　会埠大桥立面全景

2016年12月初,因违规采砂作业导致部分桥墩基础底面被严重淘空,出现桥面沉陷、拉裂和桥梁下部结构倾斜等病害。在邀请有关专家察看现场后,立即对基础底面空洞用砂砾土进行有效填充,确保桥墩不因基础继续下沉、变形而侧向倾斜,防止桥梁垮塌事故的发生。

第二节　基础专项检查及抢险加固技术

一、基础专项检查

1. 河床线下切情况

为查明各桥墩基础实际淘空情况,潜水员对1~5号桥墩基础进行了探摸。探摸结果表明:全桥桥墩处河床线均存在较严重的下切现象,河床下切值为0.717~3.706m,其中3号桥墩处河床线下切值为2.804m,4号桥墩处河床线下切值为3.706m。全桥桥墩处河床线测量数据详见表7.2.1。

各桥墩处河床线测量结果（m）　　　表7.2.1

1号桥墩		2号桥墩	
原河床线高程	92.14	原河床线高程	91.74
现河床线高程	90.833	现河床线高程	89.733
下切量	1.307	下切量	2.007
3号桥墩		4号桥墩	
原河床线高程	91.407	原河床线高程	91.24
现河床线高程	88.603	现河床线高程	87.534
下切量	2.804	下切量	3.706
5号桥墩			
原河床线高程	92.06		
现河床线高程	91.289		
下切量	0.717		

2. 桥墩基础底面淘空情况

(1) 1号及5号桥墩基础顶面尚在河床线以下，基底未出现淘空现象。

(2) 2号桥墩基础河床下切较严重，但尚未淘空，河床线高于基础底面仅30cm。

(3) 由于检测时3号及4号桥墩基础底部被淘空部位已被回填，无法现场测量。据桥梁管养单位在实施抢险施工前的测量结果，3号桥墩及4号桥墩基础底面上游侧最大淘空深度分别为40cm和160cm。

3. 墩柱倾斜度情况

现场采用免棱镜全站仪对水面以上各桥墩各墩柱竖向倾斜度进行了测量，发现各桥墩墩柱倾斜度为0.32%～2.19%，其中3号及4号桥墩墩柱倾斜度最高，且均往上游侧倾斜，测量数据详见表7.2.2。

桥墩墩柱倾斜值与倾斜度测量结果一览表　　　表7.2.2

桥墩编号	测量指标			
	上游侧		下游侧	
	最大倾斜值(cm)	最大倾斜度(%)	最大倾斜值(cm)	最大倾斜度(%)
1号	1.7	0.32	2.5	0.44
2号	5.1	1.03	5.8	1.02
3号	12	2.19	11	1.97
4号	8	1.49	7.6	1.34
5号	2.3	0.53	2.6	0.46

二、基础抢险加固技术

在解除可能导致桥梁整体垮塌的险情后，对2～4号桥墩扩大基础四周作填土围堰，并采用U形钢板桩围护，再浇筑C30水下混凝土填塞基底掏空部位。在原基础范围内梅花形钻取直径11cm、自基底起算深4m的孔洞，在孔洞内高压旋喷水泥浆对地基进行加固。待施工完成后，对钢板桩河床线以上部位采用抛片石防护。2～4号桥墩基础加固构造见图7.2.2，施工现场照片见图7.2.3～图7.2.6。其余

1号、5号桥墩基础采用抛片石防护。

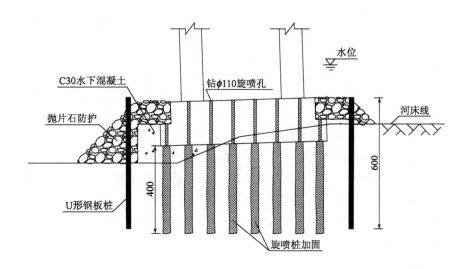

图7.2.2　2~4号桥墩基础加固构造图(尺寸单位:旋喷孔直径mm;其余cm)

图7.2.3　插打U形钢板桩现场(1)

图7.2.4　插打U形钢板桩现场(2)

图7.2.5　桥墩基础钻取灌浆孔现场

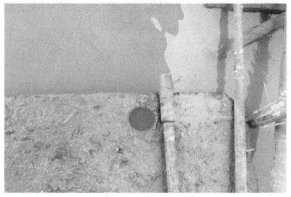

图7.2.6　已钻好的灌浆孔

施工期间在墩柱上粘贴竖向小钢尺并测量各工序基础变位情况,以确保施工时不因地基扰动导致基础突然沉降引发失稳。测量结果见表7.2.3。

各工序开始及结束时 2~4 号墩柱沉降(mm)情况　　　表 7.2.3

工　序	开始/结束	2 号墩		3 号墩		4 号墩	
		上游柱	下游柱	上游柱	下游柱	上游柱	下游柱
打插钢板桩	开始	−4	−2	−6	−8	−4	−1
	结束	−54	−54	−29	−33	−22	−14
旋喷水泥浆	开始	−36	−36	−19	−24	−8	−11
	结束	−76	−78	−41	−49	−1	−14
挖除围堰后	结束	−50	−51	−24	−35	−9	+5

注：1. 桥墩编号由会埠往收费站方向依次编排。
　　2. 表中数值为各阶段累计沉降值，"+"值表示上抬，"−"表示沉降。

由表 7.2.3 中数值可以看出，施工期间非常有必要对基础沉降情况进行监控，打插钢板桩、旋喷水泥浆及挖除土围堰等各工序均会扰动地基，使基础发生沉降，其中打插钢板桩基础使扩大基础产生的沉降量达 −52~−12mm，旋喷水泥浆导致沉降量达 −42~+7mm；且各工序完成并经过一段时间后，沉降会有所恢复，最终导致沉降量累计达 −51~+5mm。

第三节　上、下部结构病害及加固设计、施工技术

会埠大桥主要结构性病害情况及加固总体布置如图 7.2.7 所示。

一、上部结构主要病害及加固技术

1. 上部结构主要病害及原因分析

由于 3 号和 4 号桥墩基础下沉，导致第 3~5 跨上部结构上游侧下沉(其中 3 号墩处桥面高程沉陷最严重，下沉值约 20cm)，4 号墩和 5 号墩附近下游侧空心板上拱、支座脱空且人行道局部拱起(图 7.2.8)。因下部结构的支撑作用，支点附近空心板刚度较大，空心板及其上桥面铺装产生横向贯穿裂缝并伴局部网裂(图 7.2.9)。

在第五跨空心板两对角支座脱空的情况下，超重车辆行驶于桥面中心线附近时(桥面只有一辆超重车辆的情况下，车辆通常会沿桥面中心线行驶)，直接承受车辆作用的 3~5 号空心板斜向开裂，裂缝贯穿整个横向底面。裂缝宽度在 0.15~1mm 之间(图 7.2.10、图 7.2.11)。

2. 上部结构加固技术

(1) 凿除并重新施作全桥桥面铺装及人行道系，并更换伸缩缝。重新施作桥面铺装厚度为 12cm，内设双层钢筋网(图 7.2.12)。

(2) 更换第 5 跨所有空心板。

(3) 采用凿除并重新浇筑混凝土的方式，修复空心板顶板破损部位(图 7.2.13)。遇有严重变形或断裂的钢筋，需帮焊相同直径钢筋。

二、下部结构病害及加固技术

1. 下部结构主要病害及原因分析

(1) 桥墩盖梁。

①病害情况：4 号墩盖梁上游侧负弯矩处有 2 条竖向裂缝，裂缝长度约 10cm，裂缝宽度约 0.1mm；

盖梁上堆积了大量泥沙。

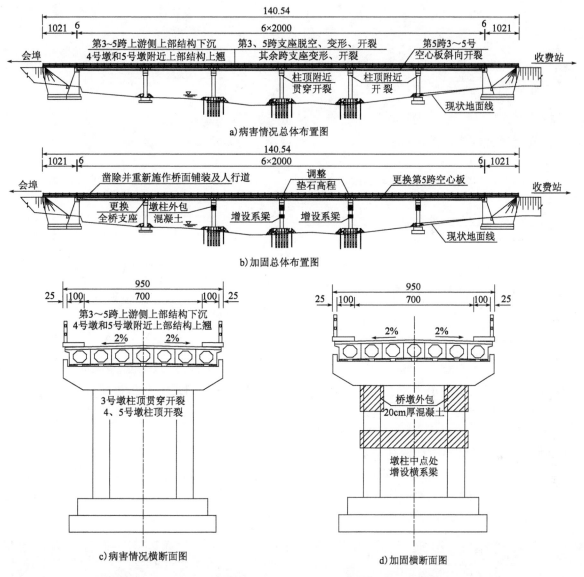

图 7.2.7 会埠大桥主要结构性病害情况及加固总体布置图(尺寸单位:cm)

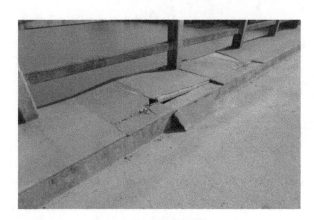

图 7.2.8 人行道局部拱起

图 7.2.9 桥墩附近桥面铺装横向开裂

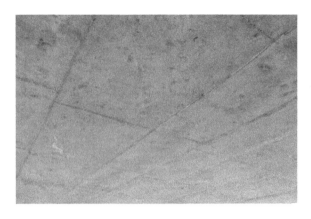
图 7.2.10 第 5 跨空心板底斜向开裂(1)

图 7.2.11 第 5 跨空心板底斜向开裂(2)

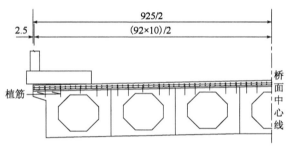
图 7.2.12 重浇桥面铺装构造图(尺寸单位:mm)

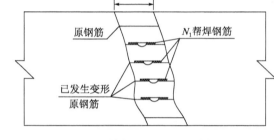
图 7.2.13 修复空心板顶板钢筋构造图

②原因分析:盖梁负弯矩区开裂仅为个别现象,且裂缝长度短、宽度细,分析该裂缝的成因是局部混凝土浇捣质量欠佳所致,不属于结构受力性裂缝。

(2)桥墩墩柱。

①病害情况:3 号墩上游侧墩柱顶部附近有 3 条基本贯穿的环向裂缝,裂缝宽度在 0.05~0.3mm 之间(图 7.2.14);下游侧墩柱有 1 条未贯穿裂缝,裂缝宽度为 0.05mm(图 7.2.15)。4 号墩上游侧墩柱顶部附近贯穿开裂,裂缝距盖梁底面约 0.3m,裂缝宽度为 0.05mm。5 号墩墩柱顶部附近有两条未贯穿的裂缝,裂缝长度约 1.2m、宽度约 0.2mm。

图 7.2.14 3 号墩上游侧墩柱环向开裂

图 7.2.15 3 号墩下游侧墩柱环向开裂

②原因分析:当墩柱未发生倾斜时,与基础之间可视为固结,在恒载及汽车荷载竖向力、汽车荷载引起的水平力及温度力作用下,竖向力和弯矩最大的部位是墩柱底部,但墩柱底部并未开裂。分析原因是当桥墩基础底部被淘空,桥墩下沉并发生倾斜时,墩柱底部约束被释放,其边界条件不可视作固结。与被淘空的河床及配筋较少的基础相比,配筋较多的盖梁及上部结构的约束性更大,墩柱顶部内力比底部

内力更大,故墩柱与盖梁相接处开裂,且沉降最严重的3号墩开裂也最严重。

(3)桥墩、台盖梁受雨水侵蚀。

(4)支座。

①病害情况:部分支座存在脱空(甚至可以完整取出)、剪切变形及开裂现象(图7.2.16、图7.2.17)。各支座病害情况详见表7.2.4。

②原因分析:产生支座脱空病害原因是基础沉降时,桥墩盖梁也一起下沉,而空心板间有铰缝和钢筋混凝土桥面铺装连接,受相邻板块及跨段的连带作用,其下沉量较小,从而造成空心板与支座间脱空的现象。

图7.2.16　5号墩7号板下支座严重脱空　　　　　　图7.2.17　可完全取出的橡胶支座

全桥支座病害情况 表7.2.4

位　置		脱　空	剪切变形	开　裂	老　化
第1跨	会埠岸支座		6号、9号支座		
	收费站岸支座				
第2跨	会埠岸支座			2号、14号支座	
	收费站岸支座				
第3跨	会埠岸支座	13号、14号支座	4号支座	2号支座	
	收费站岸支座	1号、2号、3号、5号支座	8号、11号支座	12号、13号、14号支座	
第4跨	会埠岸支座		8号、11号支座	4号、14号支座	14号支座
	收费站岸支座				
第5跨	会埠岸支座	1号、2号支座			
	收费站岸支座	12号、13号、14号支座	1~7号、9号、11号支座	4号、5号支座	
第6跨	会埠岸支座		3号、5号、6号、8号、9号、11号支座		
	收费站岸支座				

注:桥跨编号是由会埠向收费站方向起算,支座编号是由上游向下游起算。

2.下部结构加固技术

(1)加高、整平支座垫石。

最初发生沉降的桥墩为3号墩和4号墩,后因对基础作抢险施工时扰动了地基,使2号墩基础产生了约50mm的沉降,故需对2~4号墩支座垫石予以增高,以恢复上部结构横坡。由于现场检测时无法移除上部结构空心板,很难准确得到各支座垫石顶面高程,故施工时以实测5号墩会埠岸盖梁顶面高程反推算得到 5 号墩支座垫石高程,并以此为依据确定 2~4 号墩支座垫石顶面高程。

加固方案:采用预制安装 C40 钢筋混凝土垫石的方法加高支座垫石(各垫石需加高数值见表7.2.5),并对加高后垫石四周粘贴 5mm 厚钢板(四角处增焊 L 形钢板)及植筋进行固定(图7.2.18),垫石间空隙填充 M40 砂浆。

2~4 号墩支座垫石加高数值(mm)　　　　　表 7.2.5

垫石编号	2 号墩垫石加高值		3 号墩垫石加高值		4 号墩垫石加高值	
	会埠岸	收费站岸	会埠岸	收费站岸	会埠岸	收费站岸
1	50	50	239	265	204	271
2	50	50	206	266	293	269
3	50	50	186	258	156	265
4	50	50	159	252	162	202
5	50	50	159	252	162	202
6	50	50	137	209	142	205
7	50	50	113	162	155	192
8	50	50	93	115	97	162

注:支座垫石编号系由上游往下游依次编排。

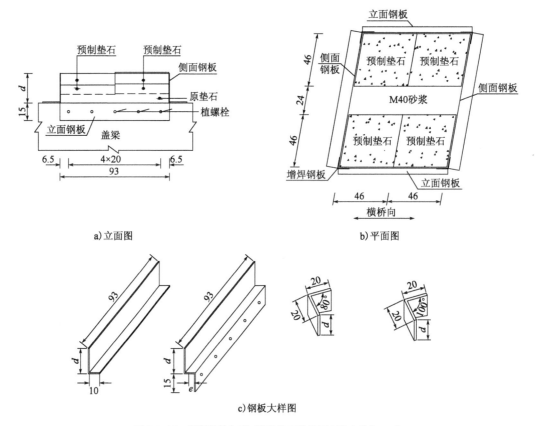

图 7.2.18　预制垫块加高、整平垫石构造图(尺寸单位:cm)

预制支座垫石有 5cm 和 10cm 两种标准厚度,并依据实际需抬高的尺寸增设非标准厚度支座垫石。10cm 厚预制垫石内配置 2 层 Φ12@50mm 钢筋网,5cm 厚预制垫石内配置 1 层 Φ12@50mm 钢筋网。

由于实际支座垫石尺寸与设计尺寸间存在偏差,且原支座垫石尺寸各不相同,故设计采用四周分块粘贴钢板(钢板宽度与增高后的支座垫石相同),再在四角处增焊 L 形钢板使四块钢板形成整体,以固定预制钢筋混凝土支座垫石。为提高增高垫石与盖梁间的连接,将立面钢板向下延伸至盖梁侧面,并植入螺栓。鉴于采用现浇法施工的各支座垫石边缘与盖梁边缘间距离不等,加固立面钢板前需实测该数值。

植入螺栓和粘贴钢板的工艺要点详见第二篇第二章的相关要求。

(2)更换全桥支座。原大桥各桥墩、台均采用圆形板式橡胶支座。本次加固所用支座规格尺寸均与原设计相同,各桥墩上使用的是 GYZ250 板式橡胶支座,两岸桥台使用的是 $GYZF_4250$ 四氟板式橡胶支座。

(3)经计算,对恢复支座垫石横坡后的已倾斜桥墩(即 3 号墩和 4 号墩),当杆件计算长度 $l_0 = 1.6l \sim 2.0l$ 时,原墩底截面配筋满足强度和裂缝验算要求。为提高已倾斜墩柱刚度、减小多方向荷载作用下构件挠曲引起的二阶弯矩,对 3 号墩和 4 号墩墩柱中间位置均增设一道高度 1m、宽度 0.8m 的钢筋混凝土系梁,见图 7.2.19。

(4)对已开裂的 3~5 号桥墩墩柱顶部 1.5m 范围内外包 20cm 厚钢筋混凝土进行加固。

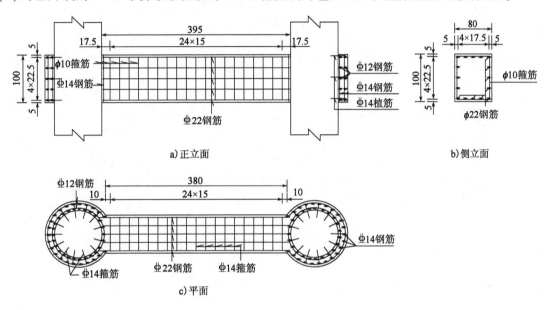

图 7.2.19 墩柱间增设系梁构造图(尺寸单位:钢筋直径 mm;其余 cm)

第四节 结 构 计 算

一、结构计算荷载等级

采用原设计荷载等级:公路—Ⅱ级,人群—3.5kN/m²;
桥梁安全等级:二级。

二、计算采用规范

采用原设计所用规范,即:
(1)《公路桥涵设计通用规范》(JTG D60—2004);
(2)《公路钢筋混凝土及预应力混凝土桥涵设计规范》(JTG D62—2004);
(3)《公路桥涵地基与基础设计规范》(JTG D63—2007);

(4)《公路桥梁加固设计规范》(JTG/T J22—2008)。

三、结构计算方法及计算内容

选择倾斜最严重的3号墩(倾斜度约为2.2%)及温度作用力更大的4号墩(倾斜度约为1.5%)做结构计算。采用"桥梁通下部结构计算软件"得到未倾斜3号墩承受的竖向力和顺桥向水平力,再用Midas-Civil建立倾斜后的3号墩立柱及4号墩立柱有限元模型,并在立柱顶施加由桥梁通软件算得的竖向力和纵向水平力,最终验算墩柱受力最不利截面承载力及裂缝宽度。

四、主要计算相关参数

1. 构造尺寸

依据实测盖梁顶面倾斜情况及桥墩细部结构尺寸,确定了3号墩及4号墩盖梁及墩身尺寸,详见图7.2.20。

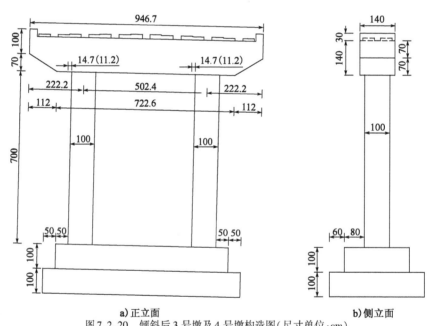

a) 正立面　　　　b) 侧立面

图7.2.20　倾斜后3号墩及4号墩构造图(尺寸单位:cm)

注:括号内数值4号墩用,括号外数值3号墩用

2. 配筋情况

桥墩墩柱横断面配有20根$\underline{\Phi}20mm$竖向主筋,箍筋为间距200mm的$\phi 8mm$螺旋钢筋。设计钢筋净保护层厚度为30mm。

3. 材料参数

(1)混凝土参数。

实测墩柱混凝土强度为32.6MPa,计算时偏安全地按原设计混凝土强度值C30确定材料参数。

抗压强度设计值:$f_{cd}=13.8MPa$;

弹性模量:$E_c=3.00\times10^4MPa$;

泊松比:$\nu_c=0.2$;

线膨胀系数:$\alpha_c = 1 \times 10^{-5}$;

重度:$\gamma = 25\text{kN/m}^3$。

(2)钢筋参数。

竖向主筋抗拉强度设计值:$f_{sd} = 280\text{MPa}$;

竖向主筋弹性模量:$E_s = 2.0 \times 10^5\text{MPa}$;

螺旋箍筋抗拉强度设计值:$f_{sd} = 195\text{MPa}$;

螺旋箍筋弹性模量:$E_s = 2.1 \times 10^5\text{MPa}$。

4. 竖向力

(1)上部结构自重:经现场复合尺寸后,确定实际上部结构外形尺寸与原设计基本相符,故取原设计所提供的空心板及桥面铺装、人行道构件自重计算。上部结构自重平均分配给两根墩柱承担。

(2)盖梁自重:除依据盖梁尺寸及混凝土密度得到的盖梁自重外,需计入因调整盖梁垫石高程及横坡所增加的那部分自重。盖梁自重平均分配给两根墩柱承担。

(3)墩柱自重:按墩柱截面尺寸计算。

(4)人群、车辆竖向荷载。

双柱式桥墩按经验选择"左右偏载采用偏心受压法,对称布载采用杠杆法"方式计算汽车荷载横向分配系数。荷载布置位置按左偏载、右偏载、里对称、外对称分别加载,荷载布置范围考虑单孔布载和双孔布载两种情况,且双孔布载时计算跨径取左、右跨之和。人群、车辆荷载按最大横向系数分配给每根柱。经软件试算得到墩最不利受力时的竖向荷载。

汽车冲击力按《桥通规》(JTG D60—2004)要求计算基频后,得到汽车冲击系数$\mu = 1.315$。

由"桥梁通下部结构计算软件"计算得到上述竖向荷载数值,见表7.2.6。

墩柱顶承受竖向荷载数值　　表7.2.6

序　号	荷　载　名　称	荷载数值(kN)	备　注
1	上部结构自重	1645.0	
2	盖梁自重	221.5	含耳墙自重
3	人群荷载	91.6	
4	汽车荷载	720.4	含汽车冲击力
5	竖向荷载合计	2678.4	

注:上部荷载均未乘组合系数。

5. 纵向水平力

桥墩墩柱承受的纵向水平力包括制动力、温度力和收缩作用力。由于大桥建成于2007年,至今使用了13年,混凝土收缩徐变已基本完成,故本次计算不考虑收缩作用力,仅计入制动力和温度力。

(1)计算墩顶与支座的集成刚度。

会埠大桥桥墩均采用扩大基础,故墩顶抗推刚度计算公式为:

$$\overline{K}_i = \frac{n}{h^3/(3 \times 0.8E_h I_h)}$$

式中:n——墩柱数量,$n = 2$;

h——墩柱高度(含盖梁高度),对1号、2号、5号墩$h = 7.9\text{m}$,对3号、4号墩$h = 8.4\text{m}$;

E_h——混凝土弹性模量,C30混凝土$E_h = 3 \times 10^7\text{kPa}$;

I_h——墩柱毛截面惯性矩,$I_h = \frac{\pi d^4}{64} = 0.0491\text{m}^4$。

大桥两岸桥台均为 U 形桥台,故认为桥台抗推刚度无穷大。

计算得到各桥墩、桥台顶抗推刚度如表 7.2.7 所示。

各桥墩、桥台顶抗推刚度计算 表 7.2.7

项目名称	1号、2号及5号墩	3号及4号墩	桥 台
混凝土弹性模量(kPa)	3×10^7	3×10^7	—
墩柱毛截面惯性矩(m^4)	0.0491	0.0491	—
墩柱根数	2	2	—
墩柱高度(m)	7.9	8.4	—
墩、台顶抗推刚度(kN/m)	14340.4	11909.1	无穷大

一排橡胶支座抗推刚度为:

$$K_{mm} = \frac{nAG}{t} = \frac{14 \times 49087.4 \times 1.1}{35} = 21598.4 (kN/m)$$

式中:n——一排支座数量,$n = 2 \times 7 = 14$;

A——橡胶支座平面面积,$A = \pi r^2 = 3.14 \times 125^2 = 49087.4 (mm^2)$;

G——橡胶支座剪切弹性模量,取 1.1 MPa;

t——支座橡胶层厚度,取 35 mm。

桥墩上两排支座并联后,抗推刚度为:

$$K_r = 2 \times 21598.4 = 43196.9 (kN/m)$$

墩与支座串联后各桥墩、桥台集成刚度 K_i 计算公式如下。

桥墩:$K_i = \dfrac{\overline{K_i} K_r}{\overline{K_i} + K_r}$;

桥台:$K_0 = \dfrac{\infty \times K_{nm}}{\infty + K_{nm}} = K_{nm}$。

各桥墩、桥台支座顶面抗推刚度计算见表 7.2.8。

各桥墩、桥台支座顶面抗推刚度(kN/m)计算 表 7.2.8

项目名称	1号、2号及5号墩	3号及4号墩	桥 台
墩顶抗推刚度	14340.4	11929.1	∞
一排支座抗推刚度	—	—	21598.4
两排支座抗推刚度	43196.9	43196.9	—
墩、台支座顶抗推刚度	10766.3	9347.7	21598.4

(2)制动力。

按公路—Ⅱ级车道全桥布载时,集中荷载标准值 $P_k = 270 kN$,均布荷载标准值 $q_k = 7.875 kN/m$。单孔布载时,集中荷载标准值 $P_k = 237.3 kN$,均布荷载标准值 $q_k = 7.875 kN/m$。

全桥布载时制动力 $T = (6 \times 20 \times 7.875 + 270) \times 10\% = 121.5 (kN)$。该值不小于 90 kN,故取 $T = 121.5 kN$。

单孔布载时制动力 $T = (20 \times 7.875 + 237.3) \times 10\% = 39.5 (kN)$。该值小于 90 kN,故取 $T = 90 kN$。

本次计算偏安全地取全桥布载进行制动力计算。

制动力分配如下。

总刚度:

$$\sum K = K_0 + K_1 + K_2 + K_3 + K_4 + K_5 + K_6 = 2 \times 21598.4 + 3 \times 10766.3 + 2 \times 9347.7 = 94191.1 (kN/m)$$

$$\Delta_\mathrm{r} = \frac{T}{\sum K} = \frac{121.5}{94191.1} = 0.00129$$

各墩、台分配到的制动力为：

$$H_0 = H_6 = \Delta_\mathrm{r} K_0 = 0.00129 \times 21598.4 = 27.9(\mathrm{kN})$$
$$H_1 = H_2 = H_5 = \Delta_\mathrm{r} K_1 = 0.00129 \times 10766.3 = 13.9(\mathrm{kN})$$
$$H_3 = H_4 = \Delta_\mathrm{r} K_3 = 0.00129 \times 9347.7 = 12.1(\mathrm{kN})$$

(3) 温度力。

经推算施工工期，更换支座及重浇桥面铺装的施工温度为 10～20℃，高安县年平均最高温度为38℃，年平均最低温度为 -3℃。按整体升温 38 - 10 = 28(℃)，整体降温按 20 - (-3) = 23(℃)计算。

中间不动点离桥台的距离 x 按下式计算：

$$x = \frac{c\sum K_i l_i + \sum \mu N}{c\sum K_i}$$

式中：c——收缩系数，$c = 0.00001 \times 23 = 0.00023$；

$K_i l_i$——第 i 号墩支座顶集成刚度×桥墩距 0 号台距离，即

$$\sum K_i l_i = 21598.4 \times 0 + 10766.3 \times 20 + 10766.3 \times 40 + 9347.7 \times 60 + 9347.7 \times 80$$
$$+ 10766.3 \times 100 + 21598.4 \times 120 = 5623094(\mathrm{kN})；$$

μN——桥台活动支座的支座摩阻力，两岸桥台支座摩阻力大小相等，方向相反，故此项为 0；

K_i——第 i 号墩支座顶集成刚度，即

$$\sum K_i = 2 \times 21598.4 + 3 \times 10766.3 + 2 \times 9347.7 = 94191.1(\mathrm{kN/m})$$

$$x = \frac{0.00023 \times 5623094}{0.00023 \times 94191.1} = 59.7(\mathrm{m})$$

各墩整体升温引起的水平力计算：

$$\Delta_i = x_i c t = 0.00001 \times 28 \times x_i = 0.00028 x_i$$

式中：x_i——各墩距离不动点的距离；

t——整体升温温度，取 28℃。

$$H_3 = K_3 \Delta_3 = 9347.7 \times 0.00028 \times 0.3 = 0.9(\mathrm{kN})$$
$$H_4 = K_4 \Delta_4 = 9347.7 \times 0.00028 \times 20.3 = 53.1(\mathrm{kN})$$

各墩整体降温引起的水平力计算：

$$\Delta_i = x_i c t = 0.00001 \times 23 \times x_i = 0.00023 x_i$$
$$H_3 = K_3 \Delta_3 = 9347.7 \times 0.00023 \times 0.3 = 0.6(\mathrm{kN})$$
$$H_4 = K_4 \Delta_4 = 9347.7 \times 0.00023 \times 20.3 = 43.6(\mathrm{kN})$$

将 3 号墩及 4 号墩承受的纵向水平力汇总，如表 7.2.9 所示。

墩柱顶承受纵向水平荷载数值(kN) 表 7.2.9

序 号	荷载名称	荷载数值 3 号墩	荷载数值 4 号墩
1	制动力	12.1	12.1
2	温度力	0.6	43.6
3	水平荷载合计	12.7	55.7

注：上部荷载均未乘组合系数。

6. 荷载组合及所承受荷载数值

计算所采用荷载组合见表 7.2.10、表 7.2.11。从表中可以看出，受力最不利截面为 4 号墩墩底截面。

3号墩墩柱承载力计算荷载组合 表7.2.10

序号	荷载名称	3号墩柱顶截面			3号墩柱底截面		
		N(kN)	H(kN)	M(kN·m)	N(kN)	H(kN)	M(kN·m)
(1)	上部结构自重(含墩柱)	1645.0			1645.0		
(2)	盖梁自重	221.5			221.5		
(3)	系梁自重				28.6		
(4)	人群荷载	91.6			91.6		
(5)	汽车荷载	720.4			720.4		
(6)	制动力		12.1	18.2		12.1	102.9
(7)	温度力		0.6	0.9		0.6	5.1
(8)	1.0(1+2+3)	1866.1	39.2		2037.9	42.8	287.2
(9)	1.0(1+2+3+7)	1866.1	39.2	0.9	2037.9	42.8	287.2
(10)	1.0(1+2+3+4+5+6+7)	2677.9	56.3	19.1	2849.7	59.9	420.7
(11)	1.2(1+2+3)+1.4(4+5+6)+1.05(7)	3375.9	70.9	26.4	3582.0	75.3	533.2
(12)	1.0(1+2+3)+1.4(4+5+6)+1.05(7)	3002.6	63.1	26.4	3174.4	66.7	478.4
(13)	1.0(1+2+3)+0.7(4+5+6)+1.0(7)	2434.4	51.2	13.6	2606.1	54.8	378.7
(14)	1.0(1+2+3)+0.4(4+5+6)+1.0(7)	2190.8	46.0	8.2	2362.6	49.7	338.2

4号墩墩柱承载力计算荷载组合 表7.2.11

序号	荷载名称	4号墩柱顶截面			4号墩柱底截面		
		N(kN)	H(kN)	M(kN·m)	N(kN)	H(kN)	M(kN·m)
(1)	上部结构自重(含墩柱)	1645.0			1645.0		
(2)	盖梁自重	221.5			221.5		
(3)	系梁自重				28.6		
(4)	人群荷载	91.6			91.6		
(5)	汽车荷载	720.4			720.4		
(6)	制动力		12.1	18.2		12.1	102.6
(7)	温度力		43.6	65.4		43.6	370.6
(8)	1.0(1+2+3)	1866.3	29.9		2038.0	32.6	218.6
(9)	1.0(1+2+3+7)	1866.3	29.9	65.4	2038.0	32.6	430.3
(10)	1.0(1+2+3+4+5+6+7)	2678.2	42.9	83.6	2849.9	45.6	565.7
(11)	1.2(1+2+3)+1.4(4+5+6)+1.05(7)	3376.2	54.0	94.1	3582.3	57.3	660.4
(12)	1.0(1+2+3)+1.4(4+5+6)+1.05(7)	3002.9	48.1	94.1	3174.7	50.8	635.6
(13)	1.0(1+2+3)+0.7(4+5+6)+1.0(7)	2434.6	39.0	78.1	2606.3	41.7	525.0
(14)	1.0(1+2+3)+0.4(4+5+6)+1.0(7)	2191.0	35.1	72.7	2362.8	37.8	484.3

五、主要计算结果

依据《公路钢筋混凝土及预应力混凝土桥涵设计规范》(JTG D62—2004)第5.3.9条和第5.3.10条进行正截面抗压承载力计算,依据第6.4.5条要求进行最大裂缝宽度计算。当杆件计算长度分别为 $2l$、$1.8l$ 及 $1.6l$ 时,承载力计算结果见表7.2.12,最大裂缝宽度计算结果见表7.2.13。

4 号墩墩底截面正截面抗压承载力计算结果　　　　表 7.2.12

计算组合	内力值		承载力值					
			$l_0 = 2l$		$l_0 = 1.8l$		$l_0 = 1.6l$	
	$N(kN)$	$M(kN \cdot m)$	$N(kN)$	$M(kN \cdot m)$	$N(kN)$	$M(kN \cdot m)$	$N(kN)$	$M(kN \cdot m)$
(9)	2038.0	430.3	3798.8	1366.1	4048.6	1388.5	4680.6	1425.8
(10)	2849.9	565.7	4048.6	1388.5	4300.1	1406.5	4808.3	1430.1
(11)	3582.3	660.4	4426.6	1414.1	4680.6	1425.8	5193.9	1435.7
(12)	3174.7	635.6	4048.6	1388.5	4426.6	1414.1	4808.3	1430.1

4 号墩墩底截面最大裂缝计算宽度结果 (mm)　　　　表 7.2.13

计算项目	容许裂缝宽度	计算裂缝宽度		
		$l_0 = 2l$	$l_0 = 1.8l$	$l_0 = 1.6l$
计算数值	0.2	0.050	0.048	0.047

可见墩底计算裂缝宽度满足规范要求。

六、计算结果分析

1. 承载力计算分析

墩柱计算长度系数通常依据工程经验，在 $1.6l \sim 2l$ 范围内取用，最小取 $1.4l$。由计算结果可以看出，$l_0 = 1.6l \sim 2.0l$ 时，受力最不利截面承载力及最大裂缝计算宽度均符合规范要求。但墩柱计算长度系数是按墩柱与上部结构间的约束程度取值，与构件刚度有关。为了提高已倾斜墩柱刚度、减小多方向荷载作用下构件挠曲引起的二阶弯矩，对 3 号和 4 号墩墩柱中间位置各增设一道高度 1m、宽度 0.8m 的钢筋混凝土系梁。

2. 增设钢筋混凝土系梁后已倾斜桥墩刚度变化情况

为得到增设钢筋混凝土系梁后桥墩刚度的变化情况，采用 Midas-Civil 分别建立增设系梁及不设系梁的倾斜后 4 号墩有限元模型（图 7.2.21）。考虑到抢险加固时采用了旋喷水泥桩对地基进行了加固，故建模时认为墩柱底为固结。模型仅受活载及温度荷载，且数值与桥梁通软件计算时所用荷载一致，其中使墩柱受力最不利的活载组合采用桥梁通软件试算得到的组合，即人群 +2 列车道双孔布载，最不利情况下各块空心板所受人群及车道荷载见表 7.2.14。

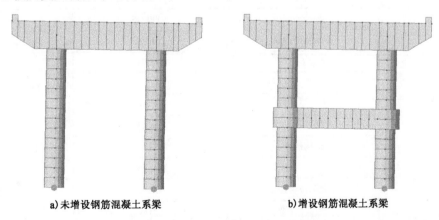

a) 未增设钢筋混凝土系梁　　　　b) 增设钢筋混凝土系梁

图 7.2.21　已倾斜 4 号墩有限元模型分散图

最不利情况下各空心板所受人群及车道荷载(kN)　　　　表7.2.14

空心板编号	1号	2号	3号	4号	5号	6号	7号
人群荷载	33.6	25.8	17.9	10.0	2.1	0	0
车道荷载	223.1	204.9	186.6	168.4	150.2	131.9	113.7

经计算,得到在"人群+2列车道双孔布载+纵向制动力+温度力"作用下,墩顶和中点处(即设置系梁处)纵桥向和横桥向变位如表7.2.15所示。

有/无钢筋混凝土系梁4号墩墩顶及中点变位数值(mm)　　　　表7.2.15

计算项目	未设系梁		增设系梁		位移减少	
	墩顶	中点	墩顶	中点	墩顶	中点
纵向变位	7.524	1.698	6.847	1.687	9%	1%
横向变位	0.364	0.149	0.108	0.049	70%	69%

由表7.2.15中数值可见,增设钢筋混凝土系梁后,墩顶及中点横向变位均可大幅度减小,但对纵向变位影响不大。对构件横桥向挠曲产生的二阶弯矩有很好的约束作用,可提高墩柱横桥向的刚度。

第五节　加固经济效益分析

会埠大桥位于奉新县会埠镇境内,是会埠镇连接昌铜高速公路的重要桥梁。2016年12月初,因采砂船违规作业导致大桥桥面沉陷且被严重拉裂、下部结构倾斜等病害,桥梁管养单位立即封闭交通,并组织人员对倾斜桥墩基础底面空洞及周围采用砂砾进行回填,以免病害继续恶化,导致桥梁垮塌。

以同一时间拆除既有大桥,并在原址重建一座同样规模、同样结构形式的空心板桥为参照,对加固工程和新建工程的造价进行比较,见表7.2.16。

加固与拆除重建同规模桥梁工程造价表格　　　　表7.2.16

项目	细目	加固工程	新建工程
工程概况	桥型	6×20m预应力混凝土空心板	
	全长	140.54m	
	净宽	净—7m行车道+2×1.0m人行道	
	设计荷载等级	维持原设计标准	
	全桥面积	1335.13m²	
第一部分 建筑安装工程费(元)	基础加固	1090086	按3500元/m²单价计算, 4672955元
	重做桥面铺装	268505	
	重做人行道	247950	
	支座安装	107375	
	更换第五跨	288004	
	桥墩加固	36947	
	结构修复	47486	
	小计	2086353	
第三部分 工程建设其他费用(元)	建设单位管理费	72605	162619
	工程监理费	52159	116824
	设计文件审查费	2086	4673

续上表

项　　目	细　　目	加 固 工 程	新 建 工 程
第三部分 工程建设其他费用(元)	检测设计费	140000	200000
	交通维护费	72000	216000
	小　计	338850	700116
第一、二、三部分 费用合计(元)		2425203	5373071
预备费(元)		72756	161192
总造价(元)		2497959	5534263

由表7.2.16可见,对会埠大桥进行全面加固,使倾斜后的大桥恢复承载功能,其工程造价约为249万元,而拆除重建大约需要553万元,节约工程造价约55%左右,节约程度超过50%造价,认为加固方案可行。而且重建工程的施工工期较长,社会宏观经济损失较多,可以认为加固方案的经济效益显著。

本篇参考文献

[1] 鄢真.基于"撑杆—系杆体系"桩基承台加固研究[J].山西建筑,2013,39(34).